U0919979

此书谨献给公元2015年

中国人民抗日战争暨世界反法西斯战争胜利70周年

中国第一所大学——天津大学(原北洋大学)成立120周年

中国第一所大学工程学门

绵亘图录

天津大学建筑工程学院编

天津大学出版社

图书在版编目（CIP）数据

中国第一所大学工程学门绵亘图录 / 天津大学建筑工程学院编. — 天津 : 天津大学出版社, 2015.9
ISBN 978-7-5618-5410-5

Ⅰ. ①中… Ⅱ. ①天… Ⅲ. ①天津大学－史料 Ⅳ. ①G649.282.1

中国版本图书馆CIP数据核字(2015)第203451号

组稿编辑　油俊伟　田　晴
责任编辑　油俊伟　李文慧
装帧设计　石　盼　马　印

出版发行　天津大学出版社
地　　址　天津市卫津路92号天津大学内（邮编：300072）
电　　话　发行部：022—27403647
网　　址　publish.tju.edu.cn
印　　刷　北京雅昌艺术印刷有限公司
经　　销　全国各地新华书店
开　　本　230mm×290mm
印　　张　52
字　　数　514千
版　　次　2015年9月第1版
印　　次　2015年9月第1次
定　　价　850.00元

《中国第一所大学工程学门绵亘图录》
编委会

前言

随着北洋大学尘封百年的历史档案相继面世，国内史学界及档案业界诸学者逐步形成共识，北洋大学是中国第一所大学，她所承载的历史记忆与人文精神，对增强当代大学生的历史使命与社会责任意识，促进我国大学文化软实力的建设产生了积极影响。

十九世纪中叶，中国五千年之文明遭遇了亘古未有的巨变。西方列强的坚船利炮，敲开了中国闭关锁国的大门，昔日强大的王朝急速衰落。中国人在痛苦与屈辱的磨难中看到了自己与西方的巨大差距，为了扭转这种局面，以清朝重臣曾国藩、李鸿章、张之洞、王文韶等人为核心的新洋务派提出抛弃陈腐的“祖宗之法”，转而引进西洋先进技术，提出“师夷之长技以制夷”“中体西用”等口号，开展了一场在近代中国颇具影响的“洋务运动”，又称“同光新政”。1864年李鸿章主张，“用人最是急务，储才尤为远图……而所用非所学，人才何由而出？”奏请朝廷改革科举制度。在他的坚持下，清政府陆续开办了外文、军事、西医、电报等学校培养技术人才，并于1872年开始向海外派出留学生，多年之后这些留学生成了中国军队、外交、教育、工商等方面的骨干中坚。1895年9月30日，李鸿章、时任直隶总督兼北洋大臣王文韶、津海关道盛宣怀等人运筹帷幄、高瞻远瞩，提出了“自强之道，以作育人材为本；求才之道，以设立学堂为先”的教育强国之策，向光绪皇帝进折陈奏成立北洋西学学堂。1895年10月2日，光绪帝朱批“该衙门知道”。至此，中国诞生了第一所大学——北洋大学。

创建北洋大学时为国家一件特别重大的事件。由朝廷正一品官级大学士亲自向皇帝进折陈奏，皇帝将处理意见用朱砂红笔批于折上。其章程还要咨送内阁、军机处、总理事务衙门核查。在当时成立如此一所新式学校，其行政审批程序之严格、复杂、涉及中央政府机构之多绝无二者。它的政治及历史影响在于：为清政府教育改革确立了方向，以培养中西贯详、实用型的高新科技人才，为取代绵延了一千多年科举取士的教育制度铺平了道路，开启了中国现代高等教育历史的新纪元。

北洋大学（今天津大学）土木工程和水利工程学科，是始建于学校创办初期的五大学门之一的工程学门，初衷主要是改变中国公路、铁路、桥梁工程施工以及治理水患和改善农田灌溉技术落后之状况。随着专业课程不断充实、培养方向不断延伸，在原工程学门建制的基础上调整为土木工程系。1934年教育部根据国家的需要令北洋大学在土木工程系中分设了“水利卫生工程组”；1938年教育部令，正式批准北洋大学成立水利工程系。北洋大学土木工程和水利工程学科是中国大学教育领域最早成立的学科之一。这两个学科自成立以来，始终肩负着时代赋予它的使命与社会责任，为国家培养了一批又一批德才兼备的科技人才，他们在全国大专院校、科研机构或工程建设岗位上不断建功立业，为中华民族复兴大业倾尽了毕生的心血，实为中国一代知识分子的楷模。

今年，是天津大学建校120周年华诞，又恰逢纪念中国人民抗日战争暨世界反法西斯战争胜利70周年。天津大学既有着“实事求是”的办学理念，又有着“爱国主义”的光荣传统。抗日战争的历史丰碑上镌刻着：北洋大学师生在1935年“一二·九”抗日救亡运动中的英勇事迹，历史不会忘记1937年日本发动七七事变，京津地区沦陷，北洋大学受教育部的指令全校迁至西安，立足未稳再翻秦岭、过潼关、千里跋涉、风餐露宿、重重辗转，最后落脚于陕西汉中城固县的古路坝镇，直至1945年日本投降，在那极其艰苦的条件下坚持办学八年，使北洋大学教育免遭日寇奴化，保护了中国知识分子的尊严，为战后恢复国家经济以及建设新中国培养和积蓄了大批的科技有生力量。

在抗战期间，北洋学子不仅用所学的知识和技能修建公路、铁路、机场、大桥、治水兴利支援前方抗战，还有不少同学投笔从戎参加抗日队伍赴前线参加战斗，甚至为国捐躯，献出了自己年轻的生命。其中有土木工程系毕业生、教授兼系主任张润田，毕业生吴树德、张佩环、王从善、周保祺等，他们用血肉之躯撑起了中华民族不屈的脊梁，是人们永远的学习榜样。

为了保护北洋大学时期的历史文化遗产并赋予它们新的生命，建工学院领导决定值此纪念中国人民抗日战争暨世界反法西斯战争胜利70周年，庆祝天津大学建校120周年华诞之际，以北洋大学及土木工程与水利工程两学科的发展历史为主线，档案史料为载体，北洋大学人物为主人公，绘制一幅反映悠悠学府、水木兴邦的历史画卷——《中国第一所大学工程学门绵亘图录》。

《中国第一所大学工程学门绵亘图录》共收录千余件珍贵的档案和历史照片，200多位历史人物及其事迹。全书分为三章：大学肇启、水木兴邦、宏铸津梁，以档案语言讲述中国第一所大学与工程学门昨天的故事。

《中国第一所大学工程学门绵亘图录》是一部深入研究中国大学历史文化的史料图集；是一座以弘扬爱国主义精神为主题的平面博物馆。

为今天收藏昨天、为明天收藏今天。

天津大学建筑工程学院有着悠久、深厚的历史文化。以先进文化引领各项工作是本院一贯的发展理念。组织出版系列图集、文集，记忆历史、弘扬时代主旋律，坚持秉承“实事求是”的校训和“爱国奉献”的光荣传统，按照“形上形下、达材成德”的办学理念，弘扬“严谨治学”的校风和“日新又新”的人文精神，致力于培养具有家国情怀、全球视野、创新精神和实践能力的卓越人才，为实现中华民族的伟大复兴而不断努力奋斗。

2015年为天津大学（原北洋大学）建校120周年华诞。回首，为大川之舟楫，作济世之津梁；今朝，百年砥砺，励精图治，风鹏正举，再显峥嵘。

编者

第9教学楼

目录

大学肇启……02

水木兴邦……94

工学宏开……96

中国第一水工试验所……144

华水横亘……208

新港筑梦……250

钱塘江大桥……282

路魂……304

济民安澜……314

水泥轶事……328

宏铸津梁……344

人物传略检索……378

本书专家顾问简介……406

后记……408

鸣谢……409

国立北洋大学钢印

大学肇启

悠悠运河　大学肇启

京杭运河是中国古代劳动人民创造的一项伟大的水利工程，形成了象征着中华民族精神并享誉世界的“运河文化”。天津发祥于“南运河”和“北运河”的交汇处的三岔河口，明永乐二年(1404年)在此设卫筑城，是运河水哺育的北方的一个商业、交通、金融、文化重镇。

清咸丰十年（1860年）天津辟为对外通商口岸，成为中国北方最早的沿海开放城市。清光绪二十一年（1895年），清政府采纳了美籍教育家丁家立博士的建议，按照美国耶鲁和哈佛大学的办学模式在天津创建了中国第一所大学——北洋大学（今天津大学）。就此，开创了中华民族文明史上的一个重要文化元素——大学文化。

运河文化架起了中华各民族文化大融合的桥梁，中国第一所大学的诞生扬起中国高等教育学夷强国、中西贯通的航帆。“运河文化”与“大学文化”在北运河河畔相遇后所产生的文化力量，不断推动着中华民族振兴的车轮滚滚向前。

大学文化不仅是社会先进生产力的基石，民族创造力的源泉；更是不断推动国家富强与民族复兴的文化力量。天津大学水利学科120年的教育与实践生动诠释了大学文化与水文化相互依赖、共同发展的关系，展示了中国“人与自然和谐相处”“人类社会、经济和生存环境可持续发展”“水资源可永续利用”等现代水文化的理念。

《九省运会泉源水利情形图》节选（此图为于乾隆五十五年（1790年）前后朝廷为加强运河漕运管理而命人采用传统山水画法精工彩绘而成的大运河全图。图中明显标有北洋大学在北运河河畔原西沽校址所处）

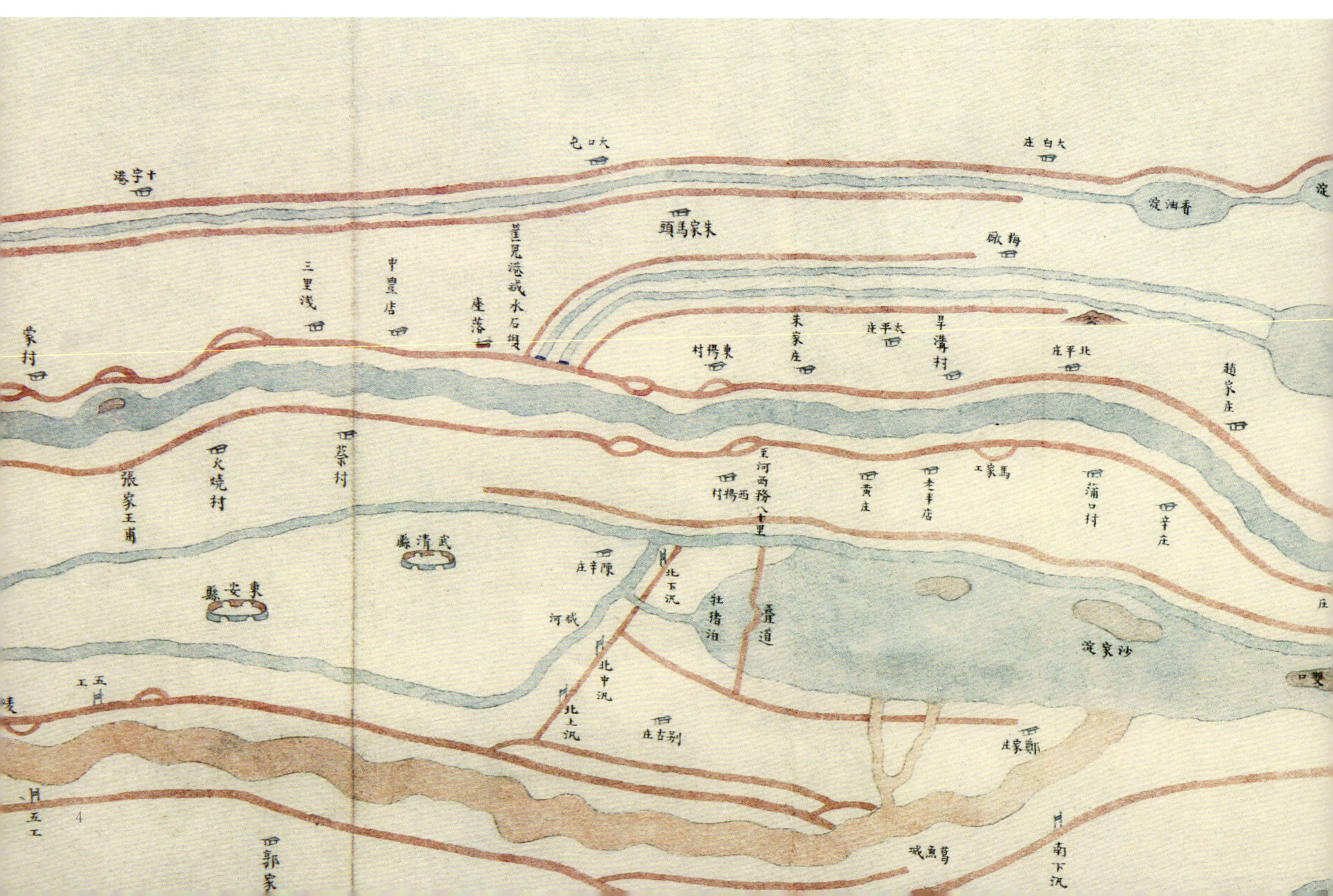

北洋大学工程馆

請祠復因雨水過大沿海一帶
汪洋將稻田淹沒無畜而至今頻
其宣洩城南之積水夏閉冬開
春涸灌臨近村庄田園於
乾隆二十八年三次水利案內添
設雙港閘又於庚戌年
皇上巡幸天津指示馬家口添設
一閘共計六閘矣

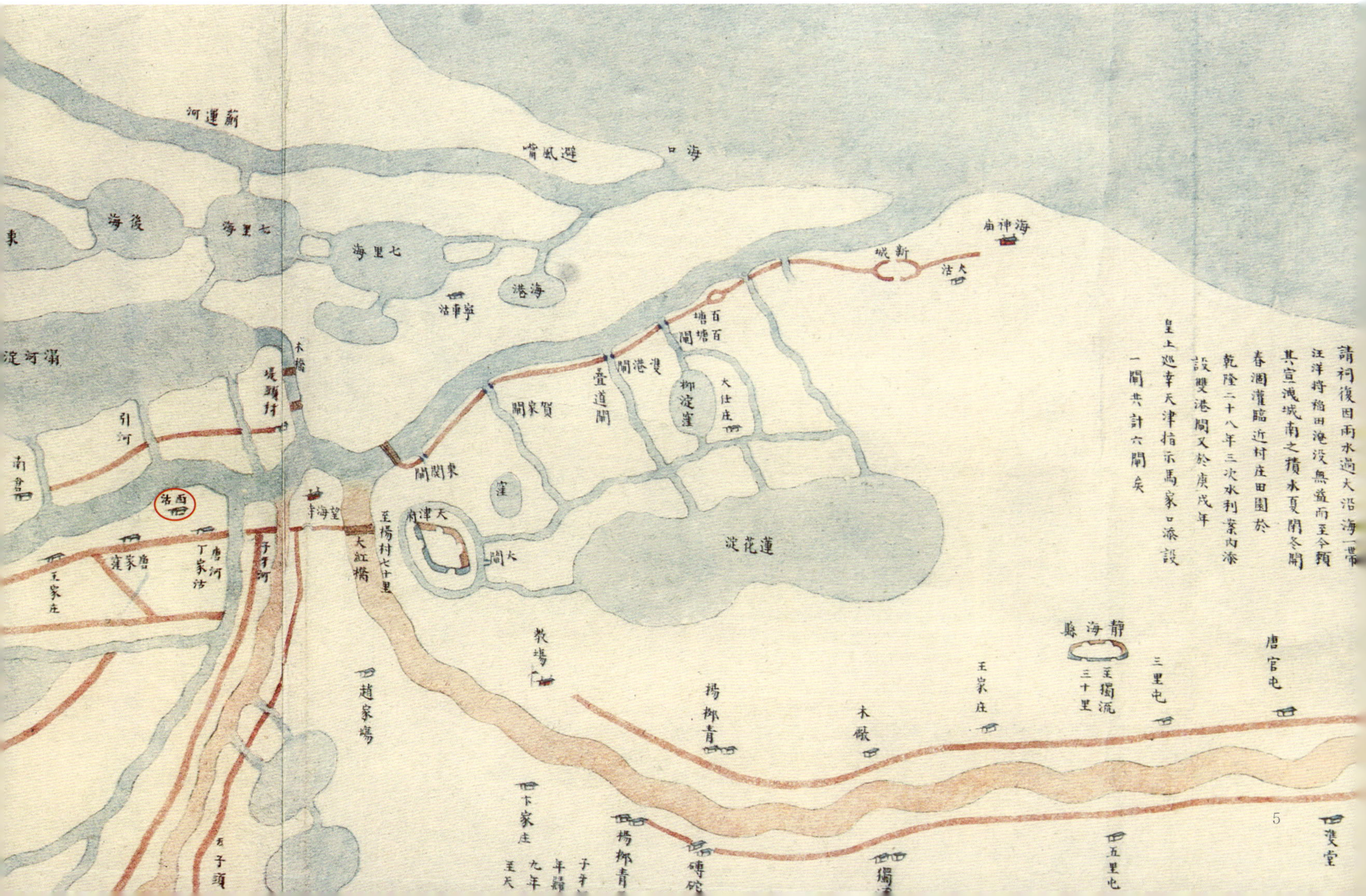

原文

直隶总督北洋大臣臣王文韶跪奏，为道员创办西学学堂倡捐集资，不动公款，奏明立案，恭折仰祈圣鉴事。

窃据津海关道盛宣怀禀称：自强之道以作育人材为本；求才之道以设立学堂为先。光绪十二年前，关道周馥请在津郡设立博文书院，招募学生课以中西有用之学。嗣因与税务司德璀琳意见不合，筹款维艰，致将造成房屋抵押银行未能开办。惟学堂迟设一年，则人材迟出一年。日本援照西法，广开学堂书院，不特陆军海军将弁取材于学堂，即外部出使诸员及制造开矿等工，亦皆取材于学堂。中国智能之士，何地蔑有。但选将才于俦人广众之中，拔使才于诗文帖括之内。至于制造工艺，则皆用不通文理不解测算之匠徒，而欲与各国絜长较短难矣。该道拟请设立头等、二等学堂各一所，以资造就人材。惟二等学堂功课必须四年方能升入头等学堂，头等学堂功课亦必须四年方能造入专门之学，不能躐等。现拟通融求速，二等学堂本年即由天津、上海、香港等处，先招已通小学堂第三年功夫者三十名列作头班，已通第二年功夫者三十名列作二班，已通第一年功夫者三十名列作三班。来年再续招三十名列作四班，合成一百二十名为额。第二年起，每年即可拔出头班三十名升入头等学堂，其余以次递升。仍每年挑选三十名入堂补四班之额，源源不绝。此外国所谓小学堂也。至头等学堂本年先招已通大学堂第一年功夫者，精选三十名列作末班，来年即可升列第三班。并取二等之第一班三十名，升补头等第四班之缺。嗣后按年递升，亦以一百二十名为额。至第四年头等头班三十名，准给考单挑选出堂，或派赴外洋分途历练；或酌量委派洋务职事。此外国所谓大学堂也。

该道与曾充教习之美国驻津副领事丁家立考究再三，酌拟头等、二等学堂章程功课，必期切近易成，约计头等学堂每年需经费银四万余两。二等学堂每年需经费银一万五千余两，共需银五万五千余两，现值国用浩繁，库款竭蹶，事虽应办而费实难筹。查津海钞关近年税项尚旺，该道情愿每年倡捐银一万五千两。又天津米麦进口，自光绪十九年禀明每石专抽博文书院经费银三厘，每年得收捐银三四千两。今拟每石改收银五厘尚不为多。又电报局众商每年拟捐缴英洋二万元。招商局众商每年捐缴规银二万两，统计每年可收银五万四五千两。以之拨充学堂经费，不相上下。所有头等学堂即照前督臣李鸿章批准周馥原议，以博文书院房屋为专堂。现经广西臬司胡燏棻设法筹款向银行赎回。至应购格致、化学器具、书籍等项及聘请教习川资，创办应用各款不在常年经费之内。计自光绪十九年起至本年四月止，米捐存银八千余两，应即核实动支。其二等学堂须觅地另行盖造，拟在开办初年，教习、学生尚未齐全，应余经费内提用，毋庸请发公款。房屋未成之先，借用头等学堂暂行栖止，拟定章程功课，禀请具奏立案前来。

臣查光绪二十一年闰五月二十八日奉上谕：自来求治之道必当因时制宜，况当国事艰难尤宜上下一心，图自强而弭隐患。朕宵旰忧勤，惩前毖后，惟以蠲除痼习，力行实政为先。叠据中外臣工条陈时务，详加披览，采择施行。如修铁路，铸钞币，造机器，开矿产。折南漕减兵额创邮政，练陆军，整海军，立学堂。大抵以筹饷练兵为急务，以恤商惠工为本源，皆应及时举办。等因。钦此。设立学堂即其中应办之

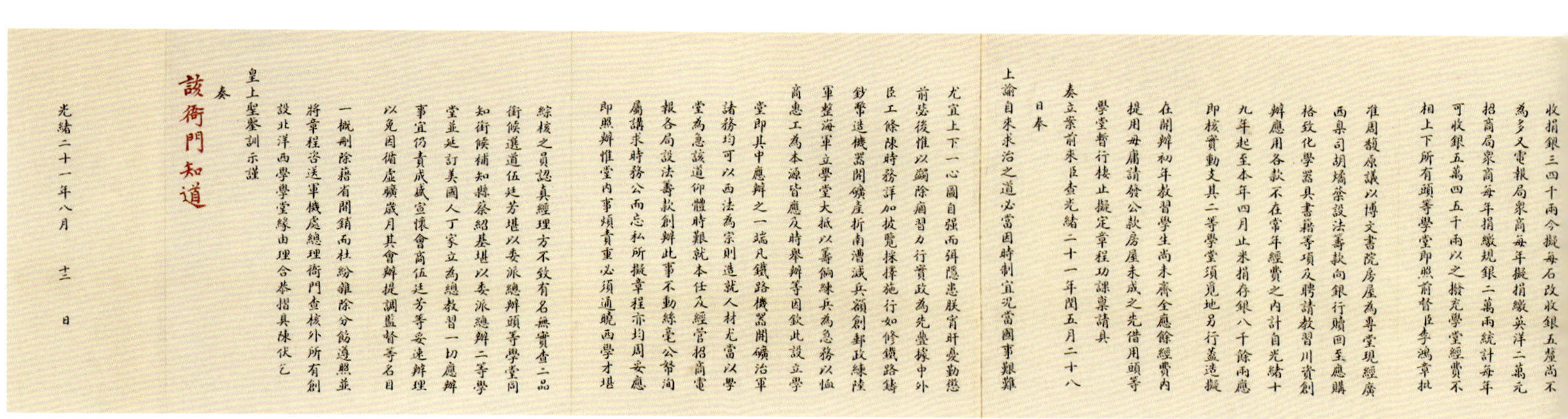
收捐銀三四千兩今擬每石改收銀五釐尚不
為多又電報局衆商每年擬捐繳英洋二萬元
招商局衆商每年捐繳規銀二萬兩統計每年
可收銀五萬四五千兩以之撥充學堂經費不
相上下所有頭等學堂即照前督臣李鴻章批
准周馥原議以博文書院房屋為專堂現經廣
西臬司胡燏棻設法籌款向銀行贖回至應購
格致化學器具書籍等項及聘請教習川資創
辦應用各款不在常年經費之內計自光緒十
九年起至本年四月止米捐存銀八千餘兩應
即核實動支其二等學堂須覓地另行蓋造擬
在開辦初年教習學生尚未齊全應餘經費內
提用毋庸請發公款房屋未成之先借用頭等
學堂暫行棲止擬定章程功課稟請具
奏立案前來臣查光緒二十一年閏五月二十八
日奉
上諭自來求治之道必當因時制宜況當國事艱難
尤宜上下一心圖自強而弭隱患朕宵旰憂勤懲
前毖後惟以蠲除痼習力行實政為先疊據中外
臣工條陳時務詳加披覽採擇施行如修鐵路鑄
鈔幣造機器開礦產折南漕減兵額創郵政練陸
軍整海軍立學堂大抵以籌餉練兵為急務以恤
商惠工為本源皆應及時舉辦等因欽此設立學
堂即其中應辦之一端凡鐵路機器開礦治軍
諸務均可以西法為宗則造就人材尤當以學
堂為急該道仰體時艱就本任及經管招商電
報各局設法籌款創辦此事不動絲毫公帑洵
屬講求時務公而忘私所擬章程亦均周妥應
即照辦惟堂內事頗責重必須通曉西學才堪
綜核之員認真經理方不致有名無實查二品
銜候選道伍廷芳堪以委派總辦頭等學堂同
知銜候補知縣蔡紹基堪以委派總辦二等學
堂並延訂美國人丁家立為總教習一切應辦
事宜仍責成盛宣懷會商伍廷芳等妥速辦理
以免因循虛糜歲月其會辦提調監督等名目
一概刪除藉省開銷而杜紛雜除分飭遵照並
將章程咨送軍機處總理衙門查核外所有創
設北洋西學學堂緣由理合恭摺具陳伏乞
皇上聖鑒訓示謹
奏
該衙門知道
光緒二十一年八月 十二 日

光绪二十一年（1895年）八月十二日，《直隶总督王文韶奏为津海关道盛宣怀创办西学学堂倡捐集资不动公款奏明立案事奏折》。

一端。凡铁路、机器、开矿、治军诸务均可以西法为宗，则造就人材尤当以学堂为急。该道仰体时艰，就本任及经管招商电报各局，设法筹款创办此事，不动丝毫公帑，洵属讲求时务，公而忘私。所拟章程亦均周妥，应即照办。惟堂内事烦责重，必须通晓西学才堪综核之员认真经理，方不致有名无实。查二品衔候选道伍廷芳，堪以委派总办头等学堂。同知衔候补知县蔡绍基，堪以委派总办二等学堂。并延订美国人丁家立为总教习，一切应办事宜，仍责成盛宣怀会商伍廷芳等妥速办理，以免因循，虚旷岁月。其会办、提调、监督等名目一概删除，藉省开销而杜纷杂。除分饬遵照并将章程咨送军机处总理衙门查核外，所有创设北洋西学学堂缘由，理合恭折具陈，伏乞皇上圣鉴训示。谨奏。

朱批：该衙门知道。

光绪二十一年八月十二日

清光绪皇帝朱批

《直隶总督王文韶奏为道员创办北洋西学学堂倡捐集资不动公款奏明立案事致军机处咨呈》（左一）
《直隶总督王文韶奏为道员创办北洋西学学堂倡捐集资不动公款奏明立案事抄折》（左二）
《直隶总督王文韶为拟设天津头等学堂章程功课经费与总教习丁家立酌议各款事清折》（左三）
《直隶总督王文韶为拟设天津二等学堂章程功课经费与总教习丁家立酌议各款事清折》（左四）
（中国第一历史档案馆馆藏）

奏
直隸總督北洋大臣臣王文韶跪
奏為道員創辦西學學堂倡捐集資不動公款
奏明立案恭摺仰祈
聖鑒事竊據津海關道盛宣懷稟稱自強之道以作
育人材為本求才之道以設立學堂為先光緒
十二年前關道周馥請在津郡設立博文書院
招募學生課以中西有用之學嗣因與稅務司
德璀琳意見不合籌款維艱致將造成房屋抵
押銀行未能開辦惟學堂應設一年則人材應
出一年日本援照西法廣開學堂書院不特陸
軍海軍將弁取材於學堂即外部出使諸員及
製造開礦等工亦皆取材於學堂中國智能之
士何地蔑有但選將才於俦人廣衆之中拔使
才於詩文帖括之內至於製造工藝則皆用不
通文理不解測算之匠徒而欲與各國絜長較
短難矣該道擬請設立頭等二等學堂各一所
以資造就人材惟二等學堂功課必須四年方
能升入頭等學堂頭等學堂功課亦必須四年
方能造入專門之學不能躐等現擬通融求速
二等學堂本年即由天津上海香港等處先招
已通小學堂第三年功夫者三十名列作頭班
已通第二年功夫者三十名列作二班已通第
一年功夫者三十名列作三班來年再續招三
十名列作四班合成一百二十名為額第二年
起每年即可拔出頭班三十名升入頭等學堂
其餘以次遞升仍每年挑選三十名入堂補四
班之額源源不絕此外國所謂小學堂也至頭
等學堂本年先招已通大學堂第一年功夫者
精選三十名列作末班來年即可升列第三班
並取二等之第一班三十名升補頭等第四班
之缺嗣後按年遞升亦以一百二十名為額至
第四年頭等頭班三十名准給考單挑選出堂
或派赴外洋分途歷練或酌量委派洋務職事
此外國所謂大學堂也該道與曾充教習之美
國駐津副領事丁家立考究再三酌擬頭等二
等學堂章程功課必期切近易成約計頭等學
堂每年需經費銀四萬餘兩二等學堂每年需
經費銀一萬五千餘兩共需銀五萬五千餘兩
現值
國用浩繁庫款竭蹶事雖應辦而費實難籌查津

奏折中对创办大学堂的历史背景、校址、教师、设备、学生选拔、经费来源等情况一一进行了陈述（中国第一历史档案馆馆藏）

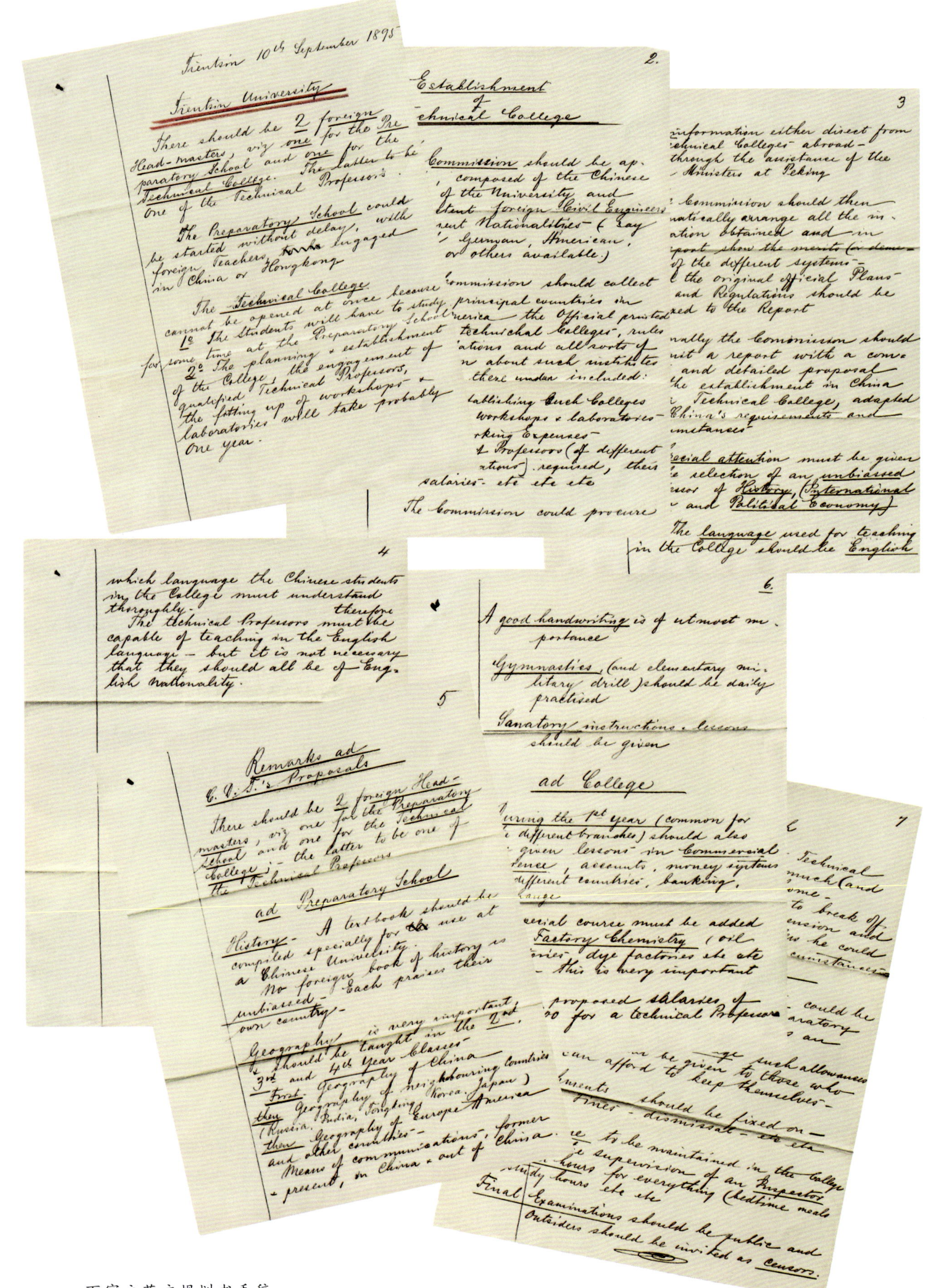

Tientsin 10th September 1895

Tientsin University

There should be 2 foreign Head-masters, viz one for the Preparatory School and one for the Technical College. The latter to be one of the Technical Professors.

The Preparatory School could be started without delay, with foreign Teachers, to be engaged in China or Hongkong.

The Technical College cannot be opened at once because 1° The Students will have to study for some time at the Preparatory School 2° The planning & establishment of the College, the engagement of qualified Technical Professors, the fitting up of workshops & laboratories will take probably One year.

2.

Establishment of …echnical College

… Commission should be ap… , composed of the Chinese … of the University and …stant foreign Civil Engineers …rent Nationalities (say …, German, American, or others available)

… Commission should collect … principal countries in …merica the Official printed … technical Colleges, rules …ations and all sorts of …n about such institutes … there under included: …ablishing such Colleges … workshops & laboratories …rking Expenses … & Professors (of different …ations) required, their salaries etc etc etc

The Commission could procure

3

… information either direct from …echnical Colleges abroad … through the assistance of the … Ministers at Peking

… Commission should then …matically arrange all the in…ation obtained and in …port show the merits or deme… of the different systems … the original Official Plans … and Regulations should be …ed to the Report

…nally the Commission should …nit a report with a com… and detailed proposal …he establishment in China … Technical College, adapted … China's requirements and …umstances

…ecial attention must be given …e selection of an unbiassed …essor of History, (International … and Political Economy)

The language used for teaching in the College should be English

4

which language the Chinese students in the College must understand thoroughly. The Technical Professors must therefore be capable of teaching in the English language – but it is not necessary that they should all be of English nationality.

5

Remarks ad C. V. D.'s Proposals

There should be 2 foreign Head-masters, viz one for the Preparatory School and one for the Technical College; the latter to be one of the Technical Professors

ad Preparatory School

History – A text book should be compiled specially for use at a Chinese University. No foreign book of history is unbiassed – Each praises their own country.

Geography is very important & should be taught in the 2nd 3rd and 4th Year Classes

First Geography of China
then Geography of neighbouring countries (Russia, India, Tongking, Korea, Japan)
then Geography of Europe, America and other countries.

Means of communications, former & present, in China & out of China.

6.

A good handwriting is of utmost importance

Gymnastics (and elementary military drill) should be daily practised

Sanatory instructions & lessons should be given

ad College

During the 1st year (common for … different branches) should also … given lessons in Commercial …ience, accounts, money systems … different countries, banking, …hange

…ecial course must be added … Factory Chemistry (oil …ies, dye factories etc etc – This is very important

… proposed salaries of …0 for a technical Professor

…an … be given … such allowances … afford to keep themselves

…ments should be fixed on …times – dismissal – etc etc

…e to be maintained in the College …e supervision of an Inspector … hours for everything (bedtime meals …udy hours etc etc

Final Examinations should be public and Outsiders should be invited as censors.

7

… Technical … much (and … some … to break off… …ension and … he could …cumstances

… could be …aratory …s an

丁家立英文规划书手稿

译文

天津大学堂
（天津大学堂为非正式命名的校名，是俗称——编者按）

天津，1895年9月10日。

天津大学堂应设洋总教习两人，一为预科学堂（二等学堂——译者注）总教习，另一为西学学堂（头等学堂——译者注）总教习。西学学堂总教习应为熟悉西学教习之技术专业教授。

预科学堂可立即开办，洋教习应在内地或香港聘请。

因学生须先在预科学堂学习一段时间，且西学学堂之规划设置，选延合格西学教习及装备机器操作房、实验室等约需一年时间，故西学学堂不能马上开办。

西学学堂之设立

须指派一考察团，其中华员一人为驻堂总办，洋员三人为有能力之土木工程师，分属不同国籍，如英、德、美、法或其他国家。

此考察团成员须于欧美主要国家搜集设立大学堂之规划、章程等所有信息，包括购办机器房实验室等项、常年经费及聘请教习川资等等；此等信息可直接由国外此类大学获得，亦可咨询驻北京之外交使节。借此，考察团可系统比较并整理一份报告，汇报国外不同大学体系之优劣，所有原始规划、章程等一并附于报告内。

考察团最终须呈递一份完整且详细之报告书，详述如何建立一所适合中国需要且适应中国国情之西学学堂。

挑选历史（国际法与政治经济学）方面教习应特别注意选择一位没有偏见之教习。学堂授课使用英语，头等学堂所选学生须通英文。故洋教习须使用英语授课，但无须具有英国国籍。

丁家立规划书之备注

天津大学堂应设洋总教习两人，一为预科学堂总教习，另一为西学学堂总教习。西学学堂总教习应为熟悉西学教习之技术专业教授。

关于预科学堂

历史学——须编辑一本适合在中国大学使用之教科书。
所有国家之教科书均称扬本国，故无一本外国教科书不带偏见。

地理学——极为重要，须与第二年班、第三年班和第四年班讲授。先行讲授中国之地理，其后讲授邻国之地理（如俄国、印度、越南、朝鲜、日本），再后讲授欧洲、美国及其他国家之地理，古今内外交通之手段。

书法——极为重要。

体育（并基本军事训练）——须每日操练。

卫生教育及课程——应予讲授。

关于西学学堂

第一年（公共课）讲授商业学、账目、各国货币制度、银行学、贸易。

化学制造（石油工厂、染厂等等）作为一门特殊课程非常重要，应予讲授。

洋教习每人每月薪水银二百两并不为高。真正有能力之西学教习在其家乡可以得到同样有时甚至更多之报酬。除非获得比现有环境更优越之待遇，西学教习不可能冒中断事业、失掉养老金之风险而离开本国。

二等学堂之学生每月补贴膏火银，以吸引学生报名。

头等学堂之学生如能负担者，不予补贴。

惩处条例须预先制定，如罚款、除名或解雇，等等。

头等学堂纪律须严明，由监学官行监督之责。

学生就寝、就餐、学习等一切作息时间须固定。

年终大考须公开考试，邀请学堂以外人员监试。

大学肇启

在中国近代洋务事业的创办和发展过程中，李鸿章和盛宣怀是不可不提的两个关键人物，二人在思想上有很多共同之处。在近代教育事业的发展上，李鸿章和盛宣怀也是相得益彰的，李鸿章把教育看作洋务运动的重要组成部分，他希望通过新式教育培养出“学贯中西”的新型人才，既可以在近代工业和科技领域中代替洋匠，又能够实现他强兵富国的梦想。李鸿章认为：“用人最是急务，储才尤为远图。……而所用非所学，人才何由而出？”因此，他竭力提倡派遣留学生，并创办了上海广方言馆、天津水师学堂、武备学堂、电报学堂等专科学堂。盛宣怀的教育思想和李鸿章不谋而合。在兴办实业的过程中，盛宣怀常常感到实用型人才的缺乏，他认为强国之道在于“练兵、理财、育才”，而“育才”则以“振兴实业为主义”，必须着力培养技术人才、管理人才和外交人才。

北洋大学堂是盛宣怀教育思想的集中反映。他认为：“中国欲图自强必储才，则筹设学堂实为急务，乃还顾全国，未有绸缪及此者。……此后各种人材皆当取资于学堂，学堂迟设一年，则人材迟出一年，此非可缓图者。”

早在1886年，李鸿章就曾让当时的津海关道周馥在天津设立博文书院讲授西学。但因周馥与津海关税务司德璀琳意见不合，筹款为难，致使书院未曾开办。同年抵津的美国学者丁家立在津创办了中西书院，并担任李鸿章的家庭教师，与李鸿章、盛宣怀、德璀琳等人私交甚好。1892年，盛宣怀任津海关道，他秉承李鸿章的旨意开始筹办新型大学堂。在此期间，他多次与时任美国驻津副领事的丁家立商议创办大学堂的具体事宜，并得到天津海关及电报局、招商局的财政支持。1895年，盛宣怀请新任直隶总督王文韶转奏光绪帝，获得批准，终于建成北洋西学学堂。

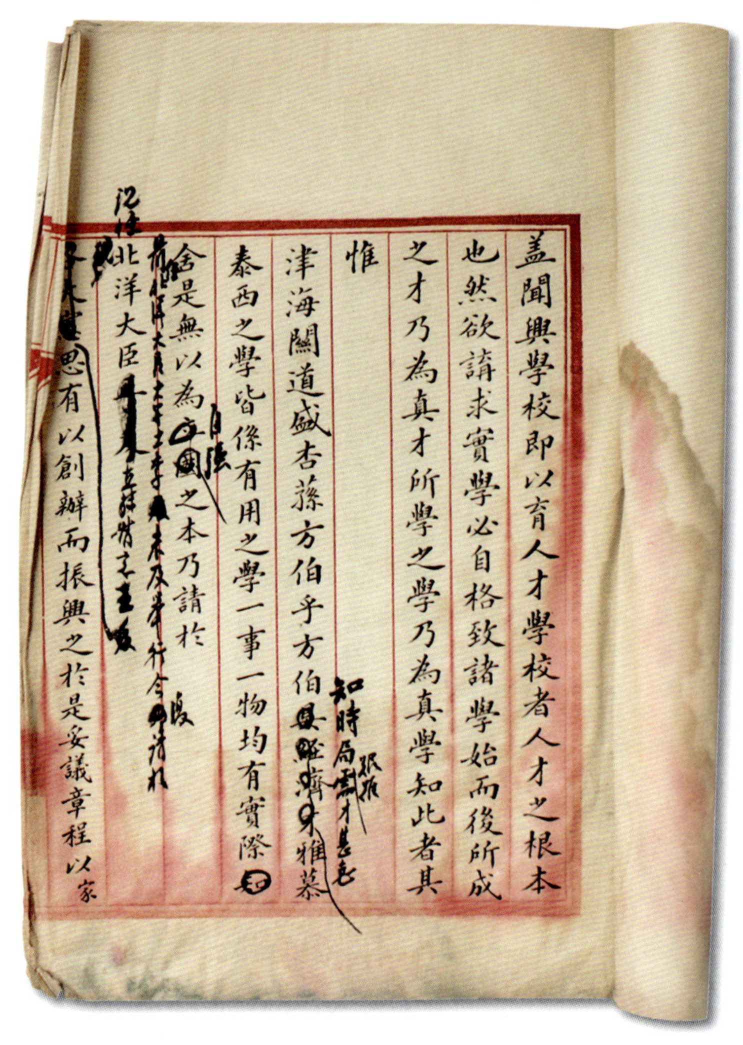
蓋聞興學校即以育人才學校者人才之根本
也然欲講求實學必自格致諸學始而後所成
之才乃為真才所學之學乃為真學知此者其
惟
津海關道盛杏蓀方伯乎方伯……雅慕
泰西之學皆係有用之學一事一物均有實際
念是無以為……之本乃請於
北洋大臣……
……恩有以創辦而振興之於是妥議章程以家

1895年，丁家立拟登《申报》《直报》草底一件（上海市图书馆馆藏）

丁家立拟稿在《申报》上刊登北洋西学学堂成立及招生的公告，盛宣怀批改此件，在谈到创办过程时特将李鸿章列上，称“前任北洋大臣大学士李未及举行”。

积极倡导并亲自运作创建北洋大学的清末洋务领袖、朝廷重臣

李鸿章（1823—1901），一等肃毅侯，谥文忠，文华殿大学士、直隶总督兼北洋通商大臣

张之洞（1837—1909），谥文襄，体仁阁大学士、军机大臣

王文韶（1830—1908），谥文勤，武英殿大学士、政务大臣、户部尚书、直隶总督兼北洋大臣

盛宣怀（1844—1916），津海关道、太子太保、邮传部尚书

丁家立博士

丁家立（Tenney Charles Daniel，1857—1930），毕业于美国达特茅斯学院和奥柏林大学研究院。1895年任美国驻天津领事馆副领事，协助盛宣怀创建北洋大学，并受聘为总教习，直至1906年去职。1902年为校舍被德军侵占事亲赴德国交涉索赔，使北洋大学堂于一年后复校。1906—1908年任北洋大学堂留美学生监督。1908年达特茅斯学院授予丁家立名誉法学博士学位。1919年任美国代理驻华公使。

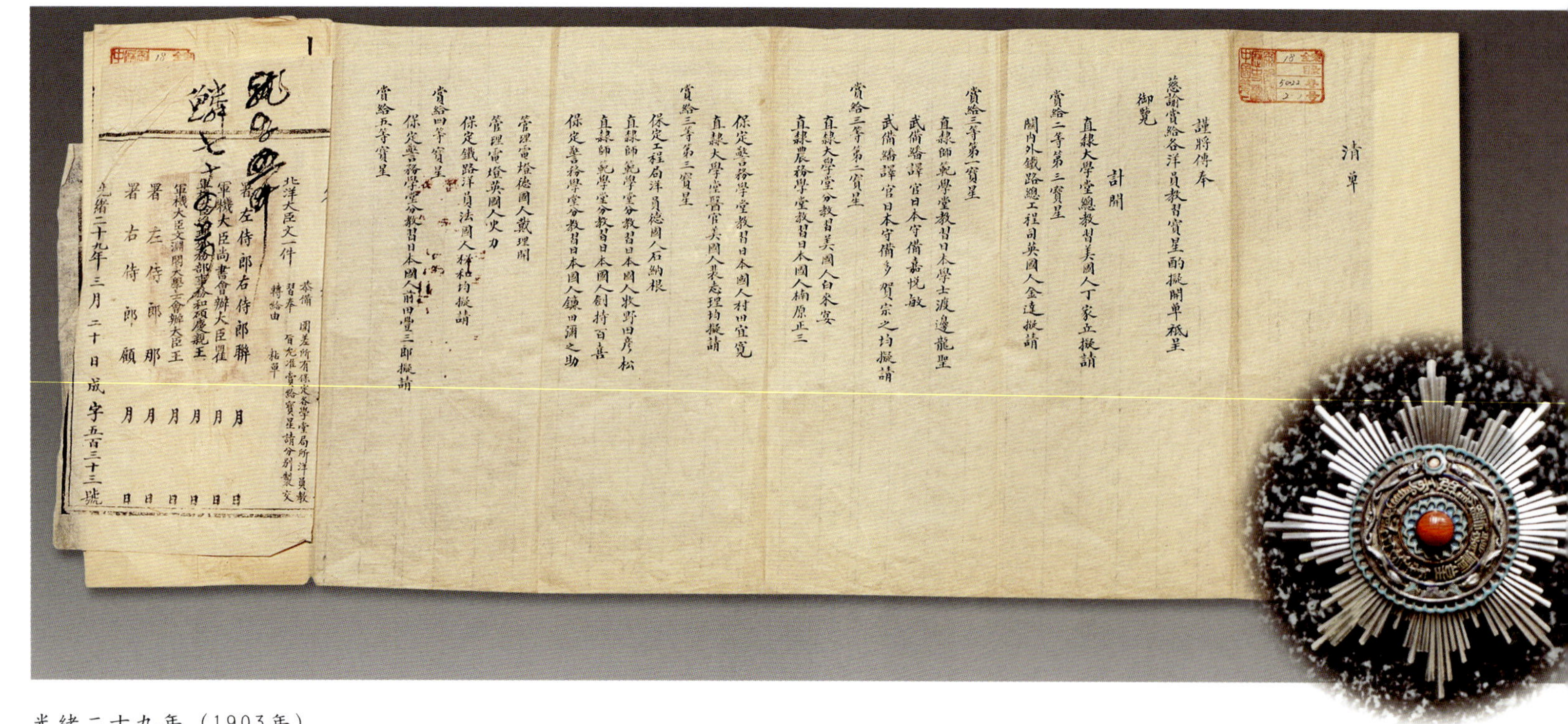

清单

謹將傳奉
慈諭賞給各洋員教習寶星酌擬開單恭呈
御覽
計開
賞給二等第三寶星
直隸大學堂總教習美國人丁家立擬請
關內外鐵路總工程司英國人金達擬請
賞給三等第一寶星
直隸師範學堂教習日本學士渡邊龍聖
武備繙譯官日本守備嘉悅敏
武備繙譯官日本守備多賀宗之均擬請
賞給三等第二寶星
直隸大學堂分教習美國人白來宴
直隸農務學堂教習日本國人楠原正三
保定警務學堂教習日本國人村田宜寬
直隸大學堂醫官美國人裴志理均擬請
賞給三等第三寶星
保定工程局洋員德國人石納根
直隸師範學堂分教習日本國人牧野田彥松
直隸師範學堂分教習日本國人劍持百喜
保定警務學堂分教習日本國人鎌田彌之助
管理電燈德國人戴理開
管理電燈英國人史力
保定鐵路洋員法國人林和均擬請
賞給四等寶星
保定警務學堂分教習日本國人前田豐三郎擬請
賞給五等寶星

北洋大臣文一件

光緒二十九年三月二十日成字五百三十三號

光绪二十九年（1903年）三月二十日，直隶总督袁世凯为奉旨办理所有保定各学堂局所洋员教习赏给宝星事。附教习职名清单（中国第一历史档案馆馆藏）

此件档案记载了拟赏学堂中教学功绩显著之各洋教习宝星并名单。其中包括直隶大学堂的教习丁家立、白来宴、裴志理等人。由政府向有功于国家的人颁发勋章，在中国是从清末期开始的，即奖励有功以殊荣，励忠勇以后进。随着近代中国与世界各国家往来的日益频繁，清政府亦改传统赏赐马褂花翎等而颁制勋章。勋章外形呈星状，图式仿照清朝的国旗，以龙为识，绘以双龙，上嵌珍宝，因此命其名为“双龙宝星”。

双龙宝星勋章的等第分列五等，一、二、三等中每等分三级，计有五等十一级。根据勋章等第的不同，糅合清代官员顶戴品级，在宝星上镶嵌或珠宝、或珍珠、或珊瑚、或宝石，分其颜色以示区别尊卑。

原文

光绪七年十二月十九日，总理各国事务衙门奏定宝星章程：

头等第一，专赠各国之君。
头等第二，给各国世子、亲王、宗亲国戚等。
头等第三，给各国世爵大臣、总理各部务大臣、头等公使等。
二等第一，给各国二等公使等。
二等第二，给各国三等公使、署理公使、总税务司等。
二等第三，给各国头等参赞、武职大员、总领事官、总教习等。
三等第一，给各国二三等参赞、领事官、正使随员、水师头等管驾官、六路副将教习等。
三等第二，给各国副领事官、水师、二等管驾官、六路参将等。
三等第三，给各国翻译官、游击都司等。
四等给各国兵弁等。
五等给各国工商人等。

头等，应用赤金地法蓝双龙。第一中嵌珍珠金龙，金红色带。第二中嵌红宝石。第三中嵌光面珊瑚。俱银龙，大红色带。
二等，应用赤金地银双龙，中嵌起花珊瑚黄龙，紫色带。
三等，应用法蓝地金双龙，中嵌蓝宝石红龙，蓝色带。
四等，应用法蓝地银双龙，中嵌青金石绿龙，酱色带。
五等，应用银地法蓝龙，中嵌砗磲蓝龙，月白带。
头等宝星式：
尚方计营造尺长三寸三分，宽二寸二分。
二等以下宝星式：
尚圆二等，径二寸七分。三等：径二寸五分。四等：径一寸九分。五等：径一寸六分。其上皆有环首。
头二等带均长，一尺三寸宽一寸五分，两头有穗丝绳束结。三等带长一尺三寸，宽一寸五分。四五等带均长五寸宽寸一分。

北洋大学工学创始人之一——德雷克博士

“一位曾奔走多国的地质学家、工程师，一位曾在东方国家和美国教授地质学的伟大教师，一位美国黑胡桃研究方面的权威专家，一位著有多学科科学著作的作者，一位曾在中国和阿肯色州工作过的建筑师。”

诺亚菲尔茨·德雷克（1864年1月30日—1945年5月4日），于1888年获得阿肯色大学土木工程学位，1893年进入斯坦福大学学习地质学， 1894年在斯坦福大学获得了文学学士学位，1895年获得了文学硕士学位，1897年获得了哲学博士学位。

德雷克将地质学作为长期的事业。1898—1900年和1905—1911年期间，德雷克在北洋大学担任地质学和矿物学教授。在斯坦福大学学习期间，德雷克绘制并制作了加利福尼亚州的地势图和模型，并将其带到了北洋大学。1901年八国联军入侵天津时，模型、模具和整张地图都遭到了德国士兵的毁坏，原因是他们想用模型凑齐材料为德国军官建造一间公共厕所。

在天津工作期间，德雷克通过自己的调查绘制了天津市地图。调查过程中，他使用了不同类型的设备进行线性测量，包括绳子和自行车。1901年，他自己出资在上海美华书馆将地图影印了1000份，和一份有关天津的简易宣传册搭配销售给大众。当时出版的地图比例尺为图上4.75英寸代表实际距离4000英尺。

1902—1904年，他被美华合兴公司聘为地质顾问。在此期间，他对粤汉铁路沿线的煤矿和其他矿物资源进行了研究。此外，他还利用假期在中国不同地区进行了多次实地调查。调查涉及多种矿物资源，主要是煤矿。多数项目由他出资，部分项目由北洋大学出资，而有一些项目则是受公司和山海关内外铁路局委托开展的。

在对中国煤藏进行调查期间，他赴各省进行考察，成为中国煤藏方面的权威专家，并发表了多篇文章。其中最具综合性的《中国煤矿资源》出版于1913年，在第一卷《世界煤矿资源》中，他描述了中国的地质和煤矿情况，并对中国的煤藏进行了估算，预计总量为99661270万公吨。这一数字并未包括东北地区，而他在一份未出版的手稿中预计了东北地区的储量为364500万公吨。在中国期间，德雷克博士对其他领域也给予了特殊关注，其中一个便是地震。他曾写过一篇具有重大意义的文章《中国毁坏性地震》。文章中几乎所有数据都直接或间接来源于中国的历史记录，而地震详细信息的主要内容得益于北洋大学的中国文学教授Yen Ch'eng Chueh的帮助。文章中记录了破坏性地震528次，最早可追溯到公元前1831年，最近的是在1911年。这篇文章讲述的是地球和人类之间的故事，简单易懂，阅读性强。据他所述，中国历史上最严重的地震可能发生在1556年，范围波及陕西、山西和河南，超过83万人在地震中丧生。德雷克博士对地震的起因和发生有过这样的总结：“第一，在地震活动末期，急剧、强烈的天气变化以及下雨天气是最显著的现象。第二，一般情况下，沿海省份的地震容易同时发生，特别是福建北部，此后300年内，多期地震活动朝中亚方向移动，随后移动方向发生逆转；换句话说，地震沿带状线接近地震活动性强的区域，随后远离该区域，因此地震重复发生的周期是600年。第三，地震的移动速度似乎受地震强度的控制。”

同时，德雷克博士投入了大量时间进行沙尘暴的研究。起初，德雷克博士想了解华北地区沿海区域的湖区和近岸地区被飞沙填满的速度以及飞尘物质的性质、来源和分布，后来转化成了对沙尘暴的研究。1898年，他在天津开始对飞尘样本进行监测和收集，并一直持续到1911年。他所采用的研究方法、飞尘收集结果以及飞尘样本都保存在他的个人资料中。

德雷克博士在中国天津和美国阿肯色州费耶特维尔两个城市的居住时间最长，同时被上述两个城市的

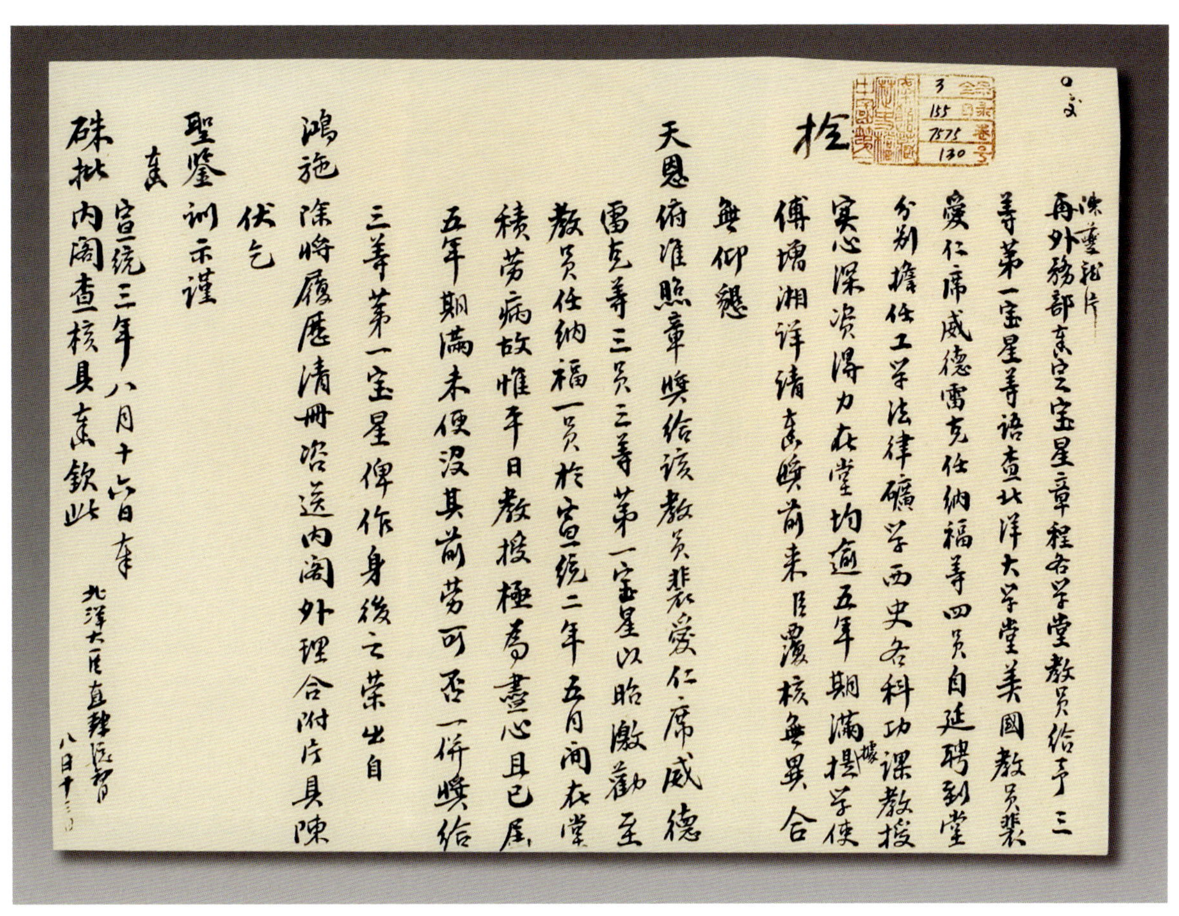

陳夔龍片

再外務部奏定寶星章程各學堂教員給予三等第一寶星等語查北洋大學堂美國教員裴愛仁席威德雷克任納福等四員自延聘到堂分別擔任工學法律礦學西史各科功課教授實心深資得力在堂均逾五年期滿據提學使傅增湘詳請奏獎前來臣覆核無異合無仰懇

天恩俯准照章獎給該教員裴愛仁席威德雷克等三員三等第一寶星以昭激勸至教員任納福一員於宣統二年五月間在堂積勞病故惟平日教授極為盡心且已屆五年期滿未便沒其前勞可否一併獎給三等第一寶星俾作身後之榮出自

鴻施除將履歷清冊咨送內閣外理合附片具陳伏乞

聖鑒訓示謹

奏

宣統三年八月十六日奉

硃批內閣查核具奏欽此

北洋大臣直隸總督

宣统三年（1911年）八月十六日，《直隶总督陈夔龙奏为奖励北洋大学堂美籍教员裴爱仁等宝星事》
（中国第一历史档案馆馆藏）

市政府授予杰出贡献奖。天津临时政府授予其三项荣誉，其中之一便是“莲花勋章”。

1945年5月6日，即德雷克博士逝世后第二天，《阿肯色州公报》发表了一篇社论，借以表达对德雷克博士的真挚缅怀与崇高敬意，原文翻译如下：“德雷克博士推动了他所研究领域的科学进步。他的教学激发了亚洲和美国地质学家在职业上的成就。作为一名国际化的费耶特维尔市公民，他一直真诚地致力于改善其所在社会的状况。他利用自己对全球问题的了解和所掌握的知识，专注于研究欧扎克斯资源的最优化利用。他是一位在国际上负有极高声誉的地质学家。他的知识遍及世界各地但却一直心系欧扎克斯。”

原文

再外务部奏定宝星章程，各学堂教员给予三等第一宝星等语。查北洋大学堂美国教员裴爱仁、席威、德雷克、任纳福等四员，自延聘到堂，分别担任工学、法律、矿学、西史各科功课，教授实心，深资得力，在堂均逾五年期满，据提学使傅增湘详请奏奖前来。臣覆核无异，合无仰恳天恩，俯准照章奖给该教员裴爱仁、席威、德雷克等三员三等第一宝星，以昭激励。至教员任纳福一员，于宣统二年五月间在堂积劳病故。惟平日教授极为尽心，且已届五年期满，未便没其前劳，可否一并奖给三等第一宝星，俾作身后之荣。出自鸿施。除将履历清册咨送内阁外，理合附片具陈，伏乞圣鉴训示。谨奏。

宣统三年八月十六日
奉朱批：内阁查核具奏　钦此

斐陶斐励学会创始人
爱乐斯(Joseph H.Ehlers)，美国人

爱乐斯出生于康涅狄格州的哈德佛，先后毕业于加州大学三一学院及康奈尔大学公共工程学院。1920年他来到中国，在北洋大学土木工程系任教，讲授结构工程。1921年5月25日，他发起并组织创办中国大学最早的励学组织“中国斐陶斐励学会”。爱乐斯在中国期间还曾担任黄河治理部门的工程师，中国政府荣誉工程顾问等职。

1926年至1931年，爱乐斯任职于日本的美国领事馆，负责美国工程贸易及代理商务洽询的工作。1931年他就职于联邦工务局之国家会议工程会，任会长。1940年至1955年被任命为美国土木工程师协会（简称ASCE）的华盛顿代表。1955年任都市更新行政委员会的工程服务助理代言人。爱乐斯是许多ASCE国家委员会以及参议院的成员，美国建筑学会荣誉会员，他曾荣获中国荣誉勋章。

爱乐斯曾在美国和东南亚的刊物上发表过多篇专业论文。他的经历及在不同国家的见闻都记载在他的著作《远方的水平线——一个工程师的旅游日记》之中。

斐陶斐励学会，也称斐陶斐荣誉学会(The Phi Tau Phi Scholastic Honor Society)，是民国时期最重要的学术团体之一。

民国10年5月25日，北洋大学美籍教授爱乐斯致函国内各大学发起全国励学会之组织，会名定为斐陶斐，即希腊文字母Phi，Tau，Phi之译音，用以代表哲学、工学、理学（Philosophia，Technologia，Physiologia）三种学术。哲学为科学之母；工学即工艺之学，为应用科学；理学即生理学，为纯理论科学。

本会筹备期间，由爱乐斯亲任总干事之职，教育总长范德源、南京高等师范学校校长郭秉文、国立北京大学教授胡适、南开大学校长张伯苓、燕京大学校长司徒雷登、圣约翰大学校长卜舫济、金陵大学校长包文为第一届董事会筹备会员。

斐陶斐励学会以“选拔贤能、奖励学术研究、崇德敬业、共相劝勉、俾有助于社会之进步”为宗旨，在全国各主要高校设立了分会，并迅速成为民国时期最重要的学术团体之一。在各分会，皆以校内最知名及品格高尚之教授为会员；行将毕业之大学学生品行兼优者、大学毕业后对于学问研究或社会事业有特殊成绩者，方能入选为斐陶斐励学会会员。

史料记载，成为“中国斐陶斐励学会会员”的北洋大学毕业优等生有：

1917年土木工程系毕业生徐世大；

1923年土木工程系毕业生李书田；

1923年矿冶工程系毕业生魏寿昆；

1939年航空工程系毕业生吴自良；

1929年机械工程系毕业生张文治；

1923年采矿工程系毕业生叶秀峰；

1935年土木工程系毕业生林志远、贾荣显、苏翔达、刘呈祥；

1935年矿冶工程系毕业生马鸿儒、黎超海；

1935年机械工程系刘颖，等。

“中国斐陶斐励学会”会员徽章

1929年毕业于北洋大学的魏寿昆因品学兼优被接纳为会员，徽章背面刻有魏寿昆名字的英文缩写。

留美幼童、津海关道与北洋大学督办

1872—1875年的“中国留美幼童”开启了中国官费留学的先河，为“中华创始之举，古今未有之事”。

容闳，毕业于美国耶鲁大学的第一个中国留学生，中国留学生事业的先驱。1871年8月5日，时任两江总督、南洋通商大臣曾国藩，直隶总督、北洋通商大臣李鸿章接受容闳“派遣中国幼童到美国留学”的建议，特向朝廷会奏。经慈禧太后批准，清政府先后派出4批共120名学生赴美国留学。他们以惊人的速度克服了语言障碍，相继成为美国哈佛大学、耶鲁大学、哥伦比亚大学、麻省理工学院的学生。

留美幼童回国后，或进入中国矿业、铁路业、电报业、教育业，成为这些领域的开拓者；或进入政界，成为中国最早的一批外交官和政界翘楚；或投身军旅，参加了1884年中法海战和1894年甲午海战，舍生赴死、为国捐躯。他们跌宕曲折的故事被人们世代相传。

这些人中，蔡绍基、唐绍仪、梁如浩、梁敦彦在任清政府津海关道期间曾兼任北洋大学督办，与北洋大学有着不解之缘。

津海关道是指北方三个通商口岸（今天津、营口、烟台）及沿海各州县专管海关税务及洋务、外交以至参与海防事务的官员。

北洋大学督办：官派校长。

留美幼童在美留学期间组成的“东方人棒球队”
（后排左起：蔡绍基、钟俊成、吴仲贤、詹天佑、黄开甲
前排左起：陈巨溶、李桂攀、梁敦彦、邝咏钟）

1905年，幼童聚会时合影
（前排：左一蔡绍基、右一梁如浩
三排：左三唐绍仪、左四梁敦彦）

1872年，首批留美幼童出国前在上海轮船招商局门前合影

1912年，唐绍仪与孙中山在南京总统府门前合影

唐绍仪（1862—1938），字少川，广东香山人

1874年留美幼童，入哥伦比亚大学学习，1881年归国。曾任天津税务衙门官员，中国驻朝鲜总领事，津海关道兼北洋大学督办，外务部右侍郎，全国铁路总公司督办，税务处会办大臣，奉天巡抚，邮传部尚书，南京国民政府财政部部长，中华民国首任内阁总理等职。

蔡绍基（1859—1933），字述堂，珠海拱北北岭人

1872年首批留美幼童，入耶鲁大学学习法律。回国后曾经担任上海海关道署翻译，牛庄海关道台，津海关道台，直隶总督府北洋洋务总办等职。北洋大学首任二等学堂总办，北洋大学督办。

梁敦彦（1857—1924），广东顺德人

1873年留美幼童，入耶鲁大学学习法律。回国后历任汉阳海关道，津海关道兼北洋大学督办，清政府外务部尚书、外务部大臣，北京政府交通总长等职。

梁如浩（1861—1941），广东唐家镇人

1873年留美幼童，入美国史蒂芬工学院学习。回国后任关内铁路运输处处长，北宁铁路总办。驻荷兰，后纳资捐升候补道，任锦山海关道兼关内外铁路总办，牛庄海关道，津海关道兼北洋大学督办，外务部右参议，外务部右丞兼署奉天左参赞，华盛顿会议中国代表团高等顾问，“华洋义赈会”会长等职。

历任津海关道兼北洋大学督办的有：

盛宣怀，1895—1897年兼任北洋大学堂首任督办；

李岷琛，1896—1903年任北洋大学督办；

唐绍仪，1903—1904年任北洋大学督办；

梁敦彦，1904—1907年任北洋大学督办；

梁如浩，1907—1908年任北洋大学督办；

蔡绍基，1908—1910年任北洋大学督办；

钱明训，1910—1911年任北洋大学督办。

北洋大学建校初期由政府派官员兼任校长并主持校务，因此北洋大学关于聘请教师、教师薪金、各项经费开支、购置教学设备、招生、毕业考试、学生出国留学等事宜均需呈报中央政府相关机构。以上在中国第一、第二档案馆至今保存有翔实的档案记载。

李岷琛（1838— 1912），字少东，四川安县人。

历任云南学政、国史馆协修、翰林院撰文、顺天乡试同考官、文渊阁校理、起居注协修、方略馆纂修、詹事府右赞善、直隶天津道、津海关道兼北洋大学督办、江西督粮道、湖北按察使、江西布政使、湖北布政使、护理湖广总督等职，著名书法家。

钱明训，生卒年不详，字心垞，号浣碧，浙江嘉善人。

诗、书、画三绝，堪称一代鸿儒。

原文

谨将北洋大学堂办学异常寻常出力各员，拟请奖叙，缮具清单恭呈御览。
计开。
监督花翎直隶试用知府蔡儒楷，请免补知府以道员仍留原省补用，并请赏加二品衔。
教务提调分省补用知县王劭廉，请免补本班以直隶州知州分省补用。
国文经史教员直隶候补盐大使严俑恪，请免补本班以知县仍留原省补用，并请赏加五品衔。
法律教员附贡生刘国珍、土木工科副教员县丞职衔张玉崑等二员，均请以县丞分省补用并加理问衔。
以上五员异常出力。
文案官花翎同知衔直隶候补知县甘联超，请俟补缺后以直隶州知州在任候补。
会计官县丞衔徐德林，请以县丞不论双单月选用。
文案官五品顶戴候选县丞汪福熙，请俟选缺后以知县补用。
以上三员寻常出力。
览。

《直隶总督陈夔龙缮具奖励北洋大学堂办学出力人员名单》（中国第一历史档案馆馆藏）

法律教員附貢生劉國珍土木工科副教員縣
丞職銜張玉崑等二員均請以縣丞分省補
用並加理問銜
以上五員異常出力
文案官花翎同知銜直隸候補知縣甘聯超請
俟補缺後以直隸州知州在任候補
會計官縣丞銜徐德林請以縣丞不論雙單月
選用
文案官五品頂戴候選縣丞汪福熙請俟選缺
後以知縣補用
以上三員尋常出力

蔡儒楷　刘国珍　王劭廉　张玉崑

清單

謹將北洋大學堂辦學異常尋常出力各員擬

請獎敘繕具清單恭呈

御覽

計開

監督花翎直隸試用知府蔡儒楷請免補知府

以道員仍留原省補用並請

賞加二品銜

教務提調分省補用知縣王劭廉請免補本班

以直隸州知州分省補用

國文經史教員直隸候補鹽大使嚴偁恪請免

補本班以知縣仍留原省補用並請

五月初九日

1912年北洋大学部分教职员合影

校长徐德源，教务提调王劭廉，斋务提调钱俊（北洋大学法科），庶务提调吴大业，法学兼理财学教员赵天麟（美国哈佛大学法学博士），算学教员张玉昆，法科教员刘国珍，法科教员孙大鹏，国际法教员爱温斯（美国哈佛大学文学士、法学士），法科教员柯雷因（美国布朗大学文学士、哈佛大学法学士），铁路工程学教员道彬士（美国加州大学文学士、理学士），机械工程学教员亚当士（美国麻省理工学院理学士），结构工程学教员毛理尔（美国麻省理工学院理学士），冶金教员施渤理（美国西北大学），矿冶教员亚当士（美国堪萨斯大学文学士、理学硕士，普林斯顿大学理学博士，曾在德国慕尼黑大学和美国耶鲁大学任教），化学教员傅乐尔（美国明尼苏达大学硕士、瑞士巴塞尔大学博士），英语教员来映（美国奥柏林学院文学士）。

盛宣怀（坐者左三）在北京宅邸与丁家立（坐者左二）、徐德源（坐者左一）、蔡儒楷（坐者左四）和北洋大学部分教师合影

1923年丁家立与北洋大学部分学生合影
（1.姚仲虞2.李晋3.袁修蒴4.刘国诜5.朱祖铉6.梁钜屏7.无考8.慕学勋9.王建祖10.陈绎11.孙润宇12.程时韶13.丁家立14.王治昌15.刘景山16.钱方轼17.杨钟琦18.龚凤锵19.张新吾20.杨楚湘21.张煜全22.王宠惠23.胡栋朝24.李旭光）

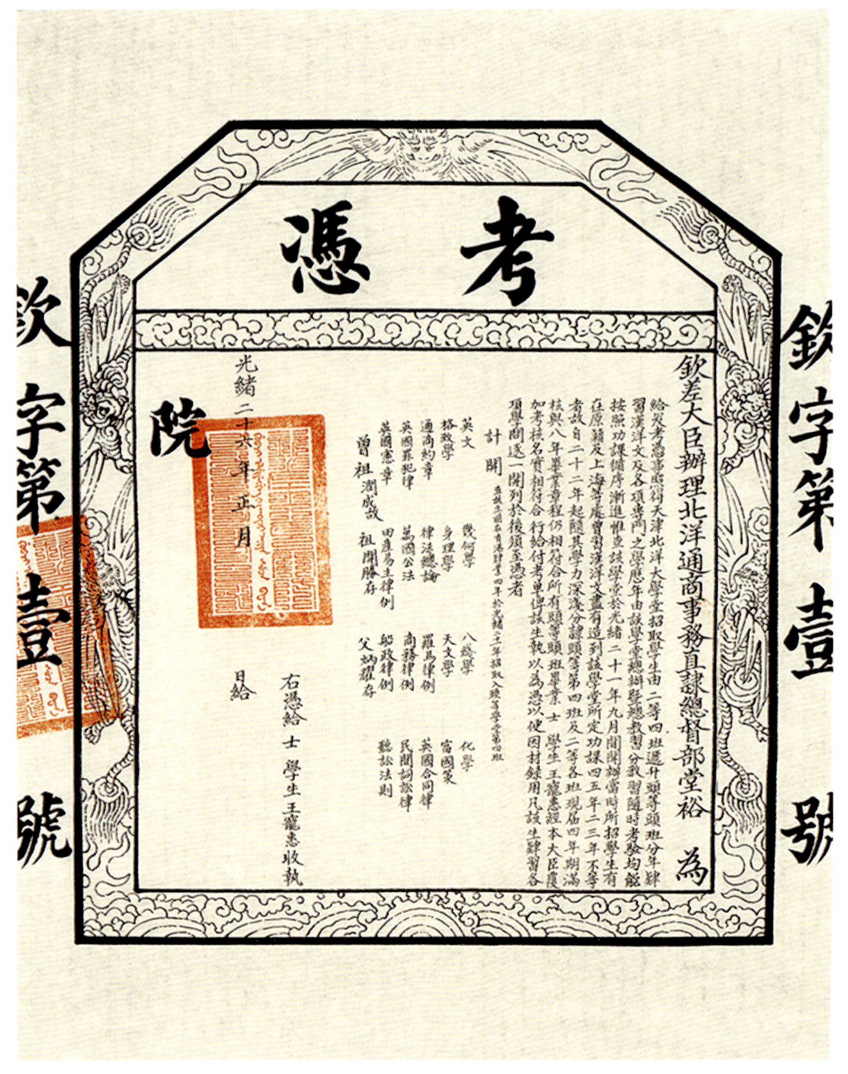
欽字第壹號

考憑

欽差大臣辦理北洋通商事務直隸總督部堂裕　為

給發考憑事照得天津北洋大學堂招取學生由二等四班遞升頭等頭班分年肄習漢洋文及各項專門之學歷年由該學堂總辦暨總教習分教習隨時考驗均能按照功課循序漸進惟查該學堂於光緒二十一年九月間開辦當時所招學生有在原籍及上海等處曾習漢洋文畫有造到該學堂所定功課四五年二三年不等者故自二十二年起隨其學力深淺分隸頭等第四班及二等各班現屆四年期滿核與八年畢業章程仍相符合所有頭等頭班畢業　士　學生　王寵惠經本大臣覆加考核名實相符合行給付考憑俾該生執以為憑以便因材録用凡該生肄習各項學問逐一開列於後須至憑者

計開

英文　幾何學　八綫學　化學

格致學　身理學　天文學　富國策

通商約章　律法總論　羅馬律例　英國合同律

英國罪犯律　萬國公法　商務律例　民間詞訟律

英國憲章　田產易主律例　船政律例　聽訟法則

曾祖　潤成故　祖　開勝存　父　[illegible]存

右憑給　士　學生　王寵惠收執

光緒二十六年正月　日給

院

欽字第壹號

中国第一张大学毕业文凭(钦字第一号考凭)

北洋大学第一张考凭是由光绪皇帝钦定为北洋大学首届毕业生王宠惠颁发的，该考凭于光绪二十六年（1900年）正月签发，它既是北洋大学签发的第一件考凭，又是我国第一张大学毕业文凭，弥足珍贵。

考凭主要由图案、文字和印章三部分组成。考凭上钤满汉文对照的“钦差大臣关防”印章。该朱文印章为7.5厘米×11.5厘米，印文分三部分，左右两边为满汉文篆体对照的“钦差大臣官防”，中间一行满文为“咸丰八年五月”。一枚印章用三种字体制成并镌有年、月，这在古代官方印章中也是比较罕见的。

考凭边框中间的图案是一种带翅膀的益兽，名为 “天鹿”，它形似鹿，尾似马，有角有翼，能驱邪镇恶，又有“辟邪”之称。在古代，“鹿”与“禄”同音，代表着高官厚禄、仕途通顺以及吉利祥瑞，所以又有“天禄辟邪”之说。而“考凭”正预示着走向仕途，即将食君之禄。益兽旁边配以祥云、海水、火焰等纹饰，益兽在天空飞翔，穿梭于祥云之中，下面是波涛汹涌的大海，整个构图给人以整体感。

北洋大学首届毕业生合影（清光绪二十六年）
（王宠惠（后排左一）、王宠佑（前排左五）、温维清、徐振华、区沃信、关应麟（伯振）、薛颂瀛、谭天池、唐连球、江维善、梁炜枢、蔡国藻、林添祥、林润剑、郑裕光、黎科、程锡培、胡栋朝（振庭））

金邦平
光绪三十一年

张煜全
光绪三十二年

王建祖
光绪三十三年

胡栋朝
光绪三十四年

光绪三十一年（1905年），光绪帝谕旨“停科举兴学堂”，并设“学部”以管理全国学堂，故学堂毕业成绩优异者奖励出身成学部之责。自光绪三十一年至宣统三年（清朝统治结束），北洋大学毕业优等生经殿试后着赏进士者名录如下。

宣统元年：吴仰曾。

宣统二年：冯熙敏、王正黼、王钧豪、王正廷、朱行中、王瓒、徐岳生、卢芳年、萧家麟、黄保传、程良模、冯誉臻、叶德言、陈祖良。

宣统三年：曾仰丰、朱焜、郭养刚、陈祖诲、于震、吴炽菜、邝英杰、梁朝玉、詹荣锡、杨卓、钮翔青、水崇逊、陈紞、周镐川、赵玉田、郑礼谦、孙亦谦、刘永嘉、吕金藻、黑树铭、胡栋朝、水崇庞、胡振禔、李成章、何炳麟、张务滋、苏企由、张寿祺、吴大业、钱寯均。

其中：胡栋朝、冯熙敏、曾仰丰、梁朝玉、水崇庞、郑礼谦、孙亦谦、郭养刚、陈祖诲、于震、詹荣锡为本校土木学门毕业学生。内阁奉旨议复：“此次北洋大学毕业生其奉旨钦用主事之郑礼谦、孙亦谦、水崇庞等三名习土木工种分邮传部……”

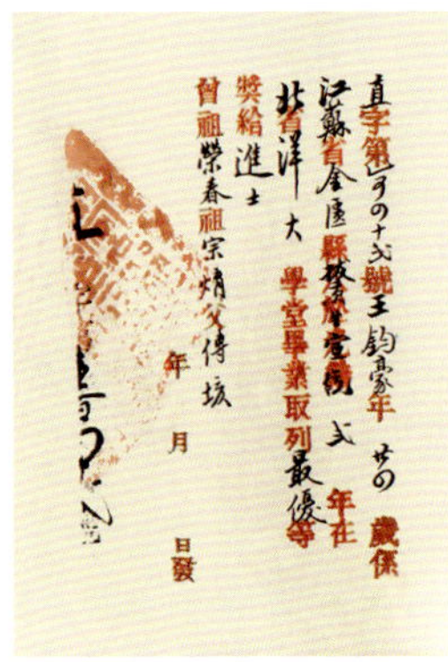

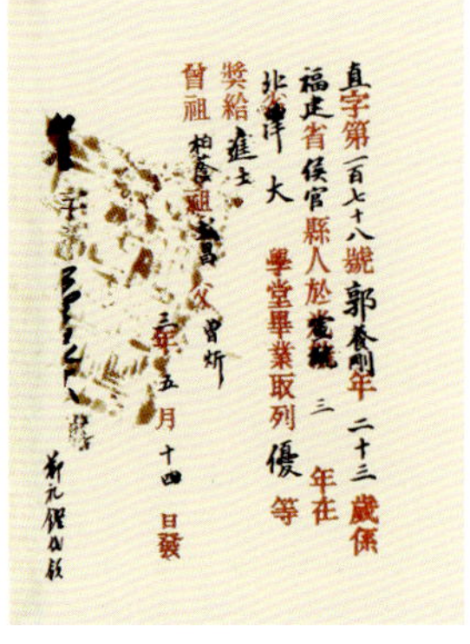

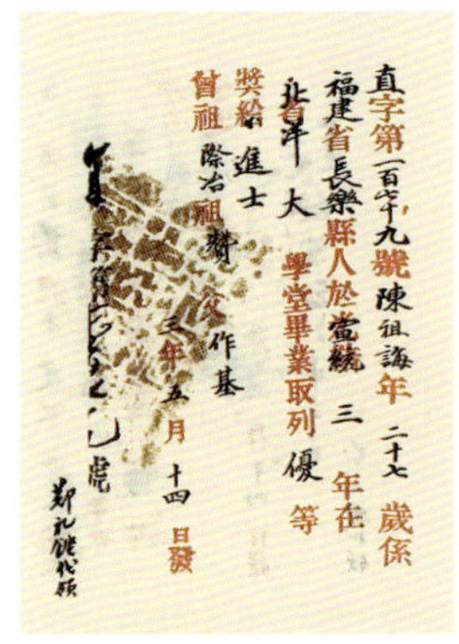

清廷赏北洋大学毕业优等生授进士证书存根

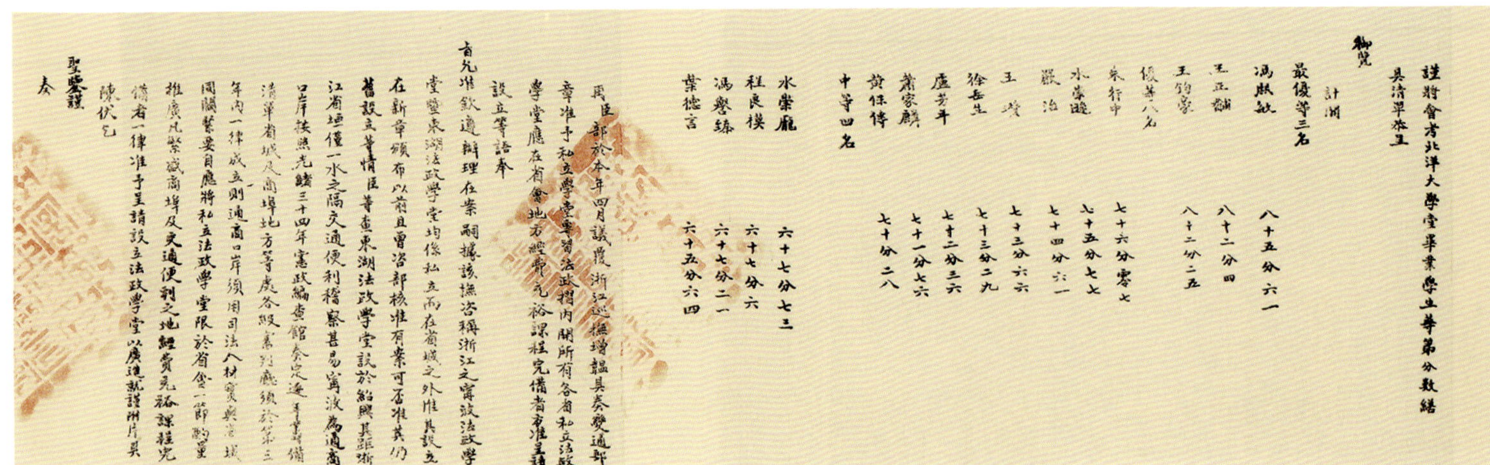

謹將會考北洋大學堂畢業學生等第分數繕具清單恭呈

御覽

計開

最優等三名

馮熙敏	八十五分六一
王正黼	八十二分四
王鈞豪	八十二分二五

優等八名

朱行中	七十六分零七
水崇璇	七十五分七七
嚴治	七十四分六一
王瓚	七十三分六六
徐岳生	七十三分二九
盧芳年	七十二分三六
蕭家麟	七十一分七六
黃保傳	七十分二八

中等四名

水崇龐	六十七分七三
程良模	六十七分六
馮譽臻	六十七分二一
葉德言	六十五分六四

宣统二年（1910年）十月十六日，《学部为会考北洋大学堂毕业学生事竣致会议政务处咨呈》附：毕业学生等第分数清单（中国第一历史档案馆馆藏）

冯熙敏

王正黼

王钧豪

鈐章
宣統二年十一月初九日內閣奉
上諭本日引見北洋大學堂畢業學生考列最優等
之馮熙敏王正黼均著賞給進士出身授為翰林
院編修王鈞豪著賞給進士出身授為翰林院檢
討考列優等之朱行中王瓚徐岳生盧芳年蕭家
麟黃保傳均著賞給進士出身改為翰林院庶吉
士考列中等之程良模馮譽臻葉德言均著賞給
進士出身以主事分部儘先補用欽此
軍機大臣署名
臣奕
臣毓

《宣统二年十一月档》

宣统二年十一月九日内阁奉皇帝谕：北洋大学堂毕业优等生冯熙敏、王正黼着赏给进士出身，授翰林院编修；王钧豪着赏给进士出身，授翰林院检讨等。列中之程良模等着赏给进士出身。

咨呈
學部為恭錄咨呈事專門司案呈本月
初九日本部具奏會考北洋大學堂畢業
學生事竣一摺一單奉
旨知道了欽此又附奏繁盛商埠及交通便利
之地准予設立法政學堂一片奉
旨依議欽此相應恭錄
諭旨粘抄原奏咨呈
貴處欽遵可也須至咨者
右 咨 粘原奏弍件
會議政務處
宣統弍年拾月 十六 日

奏為會考北洋大學堂畢業學生事竣謹將考試情形恭摺
會陳仰祈
聖鑒事竊學部於本年八月二十八日具奏請
簡大臣會考北洋大學堂畢業學生一摺奉
硃筆圈出張亨嘉陳寶琛欽此臣等遵即會商定期於九月初九
至十六等日在學部署內分場扃試並由學部遴派司員
在場內輪流監察以防弊端該生等亦能恪守場規秩然
有序試畢由臣等將各場試卷詳細校閱計取列最優
等三名優等八名中等四名謹將分數繕具清單恭呈
御覽除該生等獎勵應由學部照章帶領引
見請

光绪二十一年八月十二日（1895年10月2日），清光绪皇帝朱批创建中国第一所大学——北洋大学。校址设于天津大营门外海河与墙子河交口处梁家园村原博文书院旧址处（今海河中学及毗连的解放南园一带）。“北洋大学天津特区大营门外校址，东至海河路，南至苏州路，西至中山路，北至墙子河路。东面宽七百二十英尺，南面宽六百六十五英尺，西面宽九百英尺，北面宽七百四十英尺，约共五百二十七公亩，合旧亩八十六亩”。

光绪二十六年（1900年），八国联军入侵天津后，校舍先被美军抢占，后又沦为德国兵营。在此期间校舍被强行霸占，设备、文档案卷惨遭毁坏，校务遂而中断。时任直隶总督北洋大臣袁世凯几经交涉未果，于光绪二十八年（1902年）八月十四日，委派蔡绍基为总办，将位于天津城西北八里外的北运河右岸西沽废弃武库（李鸿章存放军用物资的仓库）改建为新校舍。美籍教育家、校总教习丁家立还亲赴柏林进行交涉，根据德国“购地章程”规定地价房价，从德国政府取偿金白银五万两，国立北洋大学遂复。

北洋大学堂旧址

1900年“庚子事变”八国联军入侵中国，联军司令官瓦德西将司令部设在天津北洋大学堂内。《辛丑条约》签订以后，在北洋大学堂修建兵营，驻扎军队。校舍先为美军占领，后成为德国兵营，直至1917年。

墙子河对岸北洋大学堂外景

北洋大学堂前门墙子河威廉路木桥

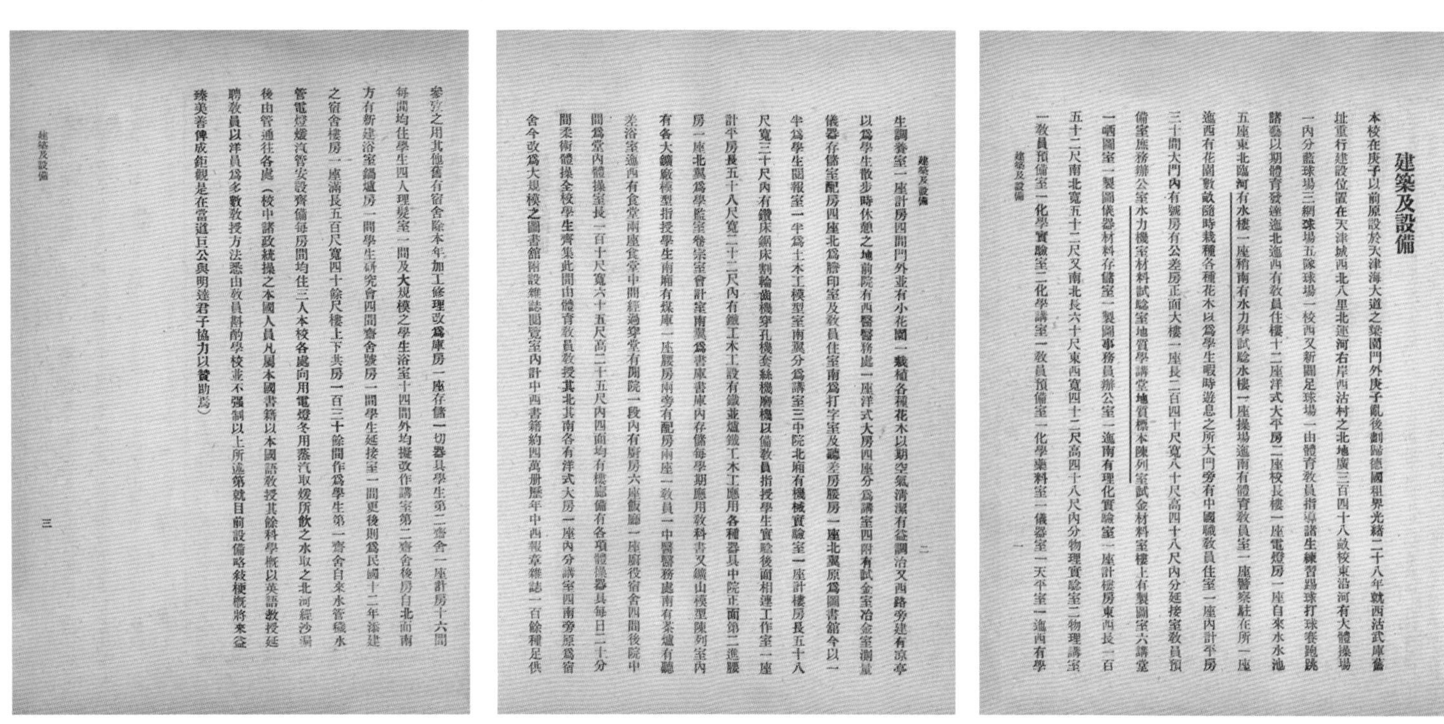

建築及設備

本校在庚子以前原設於天津海大道之梁園門外庚子亂後劃歸德國租界光緒二十八年就西沽武庫舊址重行建設位置在天津城西北八里北運河右岸西沽村之北地廣三百四十八畝校東沿河有大體操場一內分籃球場三網球場五隊球場一校西又新闢足球場一由體育教員指導諸生練習蹋球打球賽跑跳諸藝以期體育發達迤北迤西有教員住樓十二座洋式大平房二座校長樓一座電燈房一座自來水水池五座東北臨河有水樓一座稍南有水力學試驗水樓一座操場迤南有體育教員室一座警察駐在所一座迤西有花園數畝隨時栽種各種花木以爲學生暇時遊息之所大門旁有中國職教員住室一座內計平房三十間大門內有號房有公差房正面大樓一座長二百四十尺寬八十尺高四十八尺內分延接室教員預備室庶務辦公室水力機室材料試驗室地質學講堂地質標本陳列室試金材料室樓上有製圖室六講堂一晒圖室一製圖儀器材料存儲室一製圖事務員辦公室一迤南有理化實驗室一座計樓房東西長一百五十二尺南北寬五十二尺又南北長六十尺東西寬四十二尺高四十八尺內分物理實驗室二物理講室一教員預備室一化學實驗室二化學講室一教員預備室一化學藥料室一儀器室一天平室一迤西有學

建築及設備　一

建築及設備　二

生調養室一座計房四間門外並有小花園一栽植各種花木以期空氣清潔有益調治又西路旁建有涼亭以爲學生散步時休憩之地前院有西醫醫務處一座洋式大房四座分爲講室四附有試金室冶金室測量儀器存儲室配房四座北爲謄印室及教員住室南爲打字室及聽差房腰房一座北翼原爲圖書館今以一半爲學生閱報室一半爲土木工模型室南翼分爲講室三中院北廂有機械實驗室一座計樓房長五十八尺寬三十尺內有鑽床鏇床割輪齒機穿孔機套絲機磨機以備教員指授學生實驗後面相連工作室一座計平房長五十八尺寬二十二尺內有鐵工木工設有鍛並爐鐵工木工應用各種器具中院正面第二進腰房一座北翼爲學監室卷宗室會計室南翼爲書庫書庫內存儲每學期應用教科書又礦山模型陳列室內有各大礦廠模型指授學生南廂有煤庫一座腰房兩旁有配房兩座一教員一中醫醫務處南有茶爐有聽差浴室迤西有食堂兩座食堂中間經過穿堂有閒院一段內有廚房六座飯廳一座廚役宿舍四間後院中間爲堂內體操室長一百十尺寬六十五尺高二十五尺內四面均有機廊備有各項體操器具每日二十分間柔術體操全校學生齊集此間由體育教員教授其北其南各有洋式大房一座內分講室四南旁原爲宿舍今改爲大規模之圖書館附設雜誌閱覽室內計中西書籍約四萬册歷年中西報章雜誌一百餘種足供

參攷之用其他舊有宿舍除本年加工修理改爲庫房一座存儲一切器具學生第二齋舍一座計房十六間每間均住學生四人理髮室一間及大規模之學生浴室十四間外均擬改作講室第二齋舍後房自北而南方有新建浴室鍋爐房一間學生研究會四間齋舍號房一間學生延接室一間更後則爲民國十二年添建之宿舍樓房一座滿長五百尺寬四十餘尺樓上下共房一百三十餘間作爲學生第一齋舍自來水管穢水管電燈煖汽管安設齊備每房間均住三人本校各處向用電燈冬用蒸汽取煖所飲之水取之北河經沙濾後由管通往各處（校中諸政統操之本國人員凡屬本國書籍以本國語教授其餘科學概以英語教授延聘教員以洋員爲多數教授方法悉由教員斟酌學校並不強制以上所述第就目前設備略敘梗概將來益臻美善俾成鉅觀是在當道巨公與明達君子協力以贊助焉）

建築及設備　三

刊登在1925年《北洋大学纪念建校30周年纪念册》中关于学校建筑与设备状况的实录

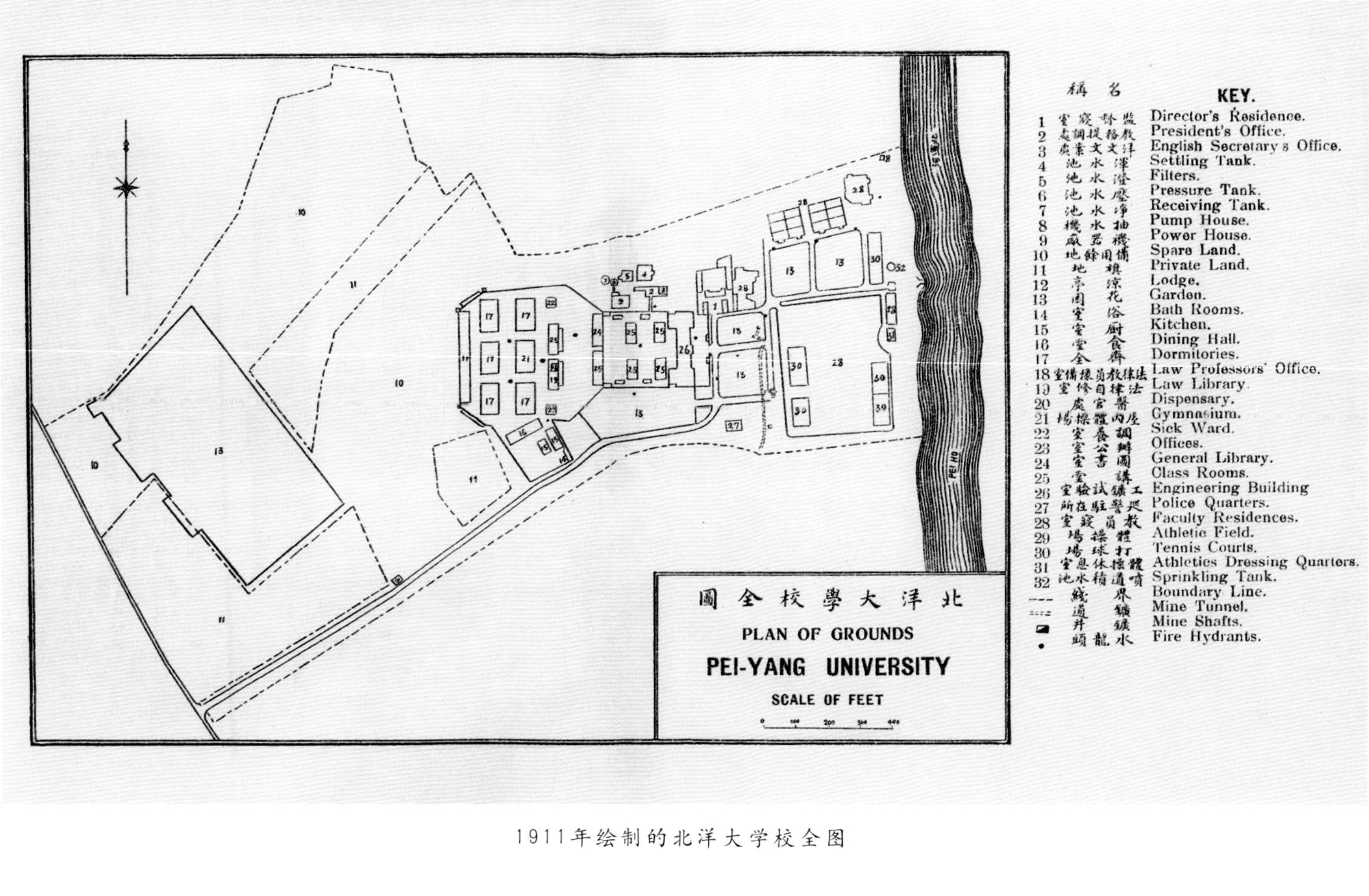

1911年绘制的北洋大学校全图

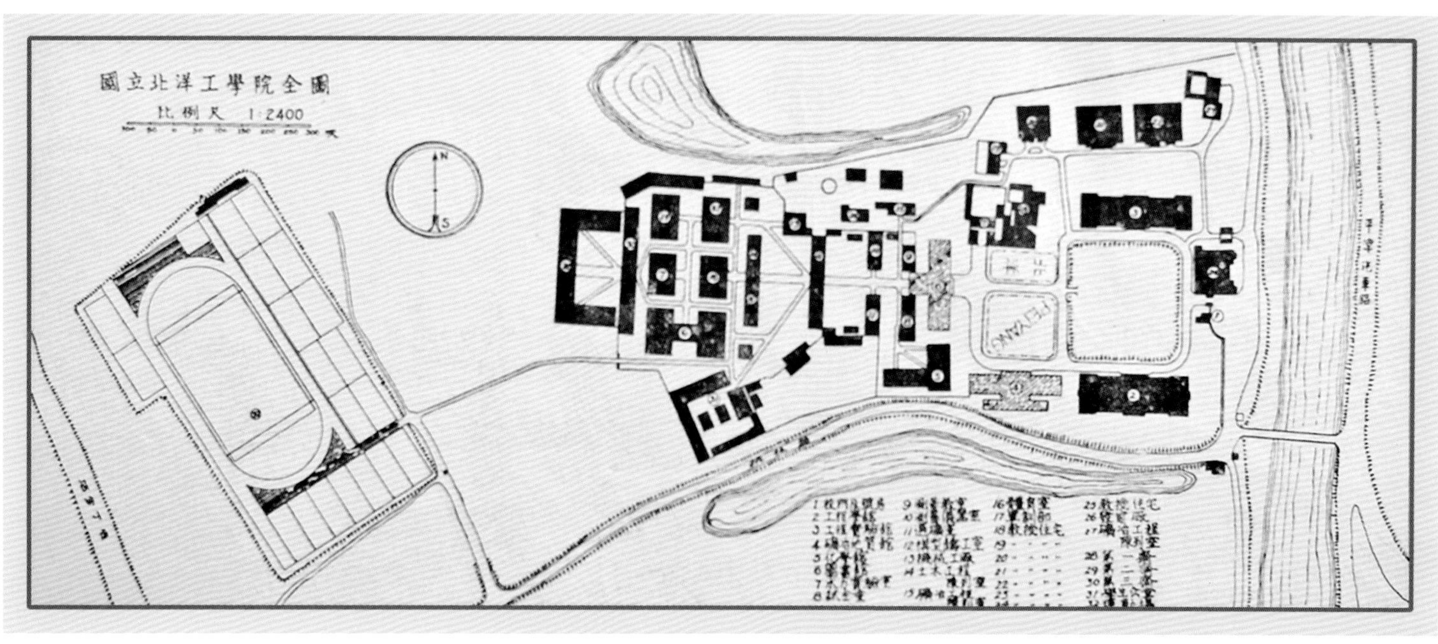

1935年绘制的国立北洋工学院全图

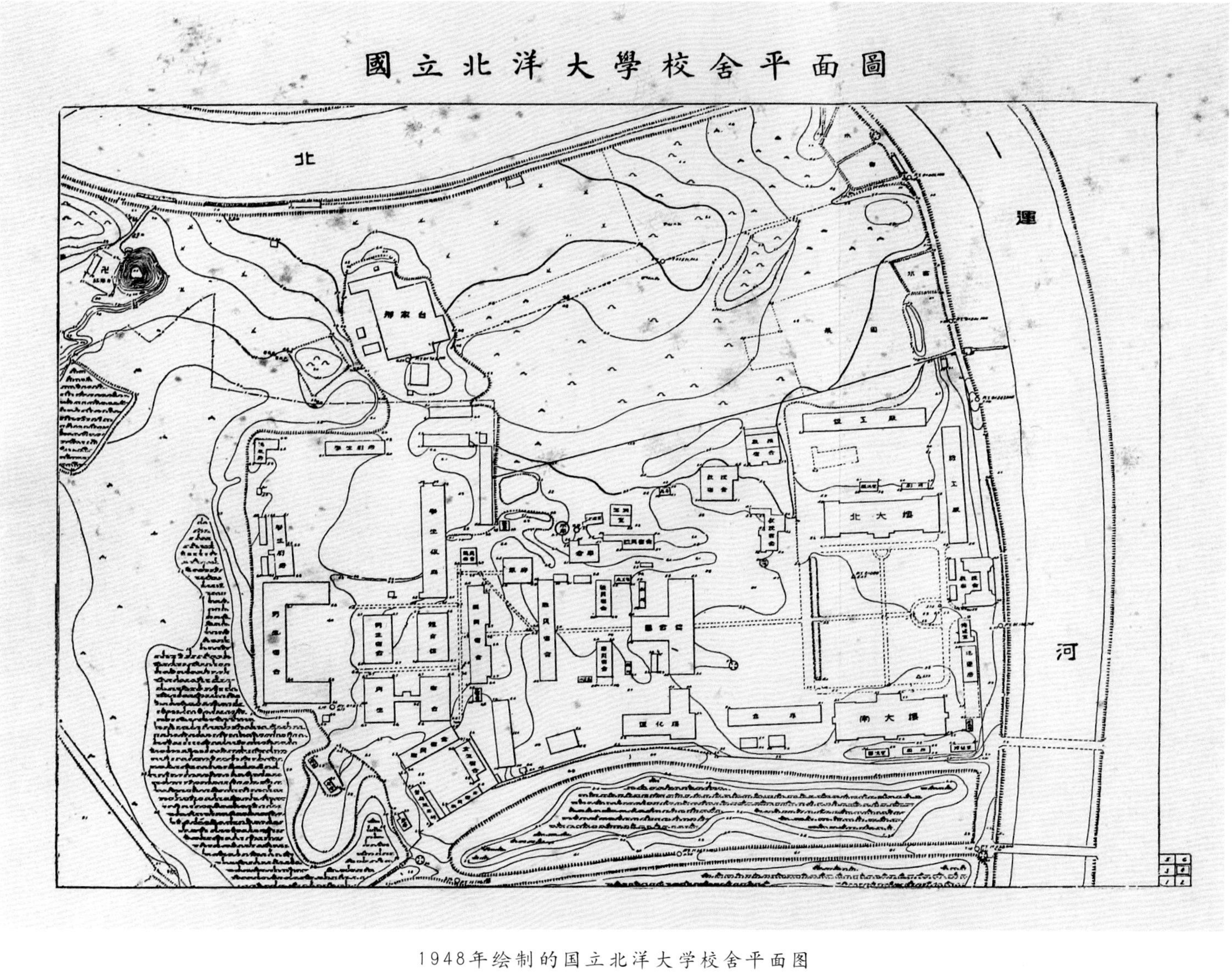

國立北洋大學校舍平面圖

1948年绘制的国立北洋大学校舍平面图

花堤蔼蔼
北运滔滔
巍巍学府
北洋高
悠长称历史
建设为同胞
不从纸上逞空谈
要实地把中华改造
穷学理
振科工
重实验
薄雕虫
望前驱之英华卓荦
应后起之努力追踪
念过去之艰难缔造
愿一心一德
共扬校誉于无穷

——《北洋大学校歌》

北洋大学校门前的北运河古渡(摄于1911年)

在北洋大学工程馆(钟楼)上俯瞰位于西沽的校园景观，上方为北运河(美籍土木工学教师毛理尔摄于1911年)

陈立夫，又名陈祖燕，1923年毕业于北洋大学矿冶工程系。

桃花堤、北运河是北洋学子心中的回忆，青年时代求学于北洋大学的陈立夫曾与同学们一起，在此种下过许多桃树，并且每天都要到桃花堤散步，思考国家的前途和未来。1992年，94岁高龄的陈立夫赋诗一首以抒发对北洋母校的情感。

名都胜迹运河东，曾共芸窗听晓钟。
何事麻姑问沧海，桃花依旧笑春风。
——陈祖燕

北洋大学之桃花堤(摄于1925年)

北洋大学之东南面(摄于1925年)

北洋大学之东北面(摄于1925年)

龙徽

在中国封建社会“龙”象征着皇权，所以，龙徽为皇帝之专用。北洋大学工程馆建于清光绪二十九年，建筑中央拱门上方镶嵌有双龙徽雕，可见当时朝廷对北洋大学育才寄望之殷切。

北洋大学工程馆

1903年落成的北洋大学工程馆，又称“龙楼”。房屋占地面积一万九千平方尺，大楼呈H形，为欧式建筑，气势宏伟，大楼中央拱门上方镶嵌双龙徽雕，龙徽下方镶嵌有金光闪闪的“北洋大学堂”五个大字。大楼中央顶部为一座四面钟楼（这座钟，学校经常测太阳校正，是当时天津唯一的标准钟，钟声嘹亮，传播很远）。北洋大学堂工程馆内设教室、实验讲堂、水力机室、材料实验室、地质实验室、地质标本陈列室、试金材料室、制图室、晒图室、精密仪器储存室等。

北洋大学校园内景组图

校园一瞥

理化楼

1935年工程实验馆开馆仪式

远眺工程馆

实验楼

1903年，北洋大学在武库废墟上新建了中外教员宿舍。此后，房屋逐年添建，到1925年，共有教员住宅楼12座，洋式大平房2座，校长楼1座。北洋大学的学生宿舍叫“斋”，有由原来存放武器的仓库改建而成的大房子，也有新建的长条式瓦房。

外籍教员宿舍外景(摄于1911年)

学生宿舍一斋(长500尺，宽40尺，两层楼共有130个房间)

教员宿舍之一部分(摄于1925年)

由北洋大学工程馆钟楼俯视教员宿舍(摄于1925年)

学校正门丁香花盛开时(摄于1928年)

北洋大学校门(摄于1933年)

北洋大学校门(摄于1937年)

学生在国立北洋大学校门前合影(摄于1951年)

本校學科沿革略

光緒二十一年開辦時分全校爲頭等二等兩堂稱之曰頭等學堂二等學堂頭等學堂卽相當現在之正科二等學堂卽相當現在之預科惟年限多二年耳學生自入堂之日起在二等學堂肄業四年每年以次遞升第五年升入頭等學堂亦以四年爲期又二等學堂第一年級謂之第四班第二年級謂之第三班第三年級謂之第二班第四年級謂之第一班頭等學堂亦然頭等學堂第二班以前課程不分科別迨升入第二班以後各就其性質所近課以專門之學當時奏准之專門凡四一曰法律學門二曰土木工學門三曰採礦學門四曰機械工學門

光緒二十四年從京奉路局之請爲特設鐵路班兩班（當時名曰鐵路學堂）專造就該路工程人材至光緒廿六年拳匪亂作未及畢業（以上根據庚子以前學生之口述及光緒廿六年編印之北洋大學課程錄）

光緒二十九年四月新校落成招集舊生及前水師學堂學生得數十人作爲備齋生（意卽補習或預備）補習普通學科二年至光緒三十一年暑假後補習期滿分入法律學門土木工學門及採礦冶金學門本校至是始又有正科生又當光緒二十九年開辦時爲造就譯學人材起見曾附設法文俄文二班謂之譯學班至

光緒三十二年春畢業計法文班十五人俄文班十四人後遂裁去

光緒三十二年七月初一日爲造就中學師資起見稟准附設師範科就保定預備班及五城中學堂撥來諸生中擇其年齡稍長國文較優西學程度亦高者撥入肄業一年期滿畢業者二十五人次年又續辦一班畢業者三十六人光緒三十四年暑假後遂停止

光緒三十四年春重行釐定課程將高等普通科目作爲預科課程專門課程亦另行編配呈准學部立案仍分法律土木工及採礦冶金三學門

民國三年二月四日奉到教育部第七十三號訓令內開「查本部前以北京北洋兩大學並立於京津咫尺之地於學區分劃既嫌不符而應合應分尤須籌畫、、、委專門教育司長湯中會同參事王振先許壽裳秘書湯彥潔擬具說帖使兩大學採相對的分立制北京大學設文法理醫四科北洋大學專設工科而漸加擴充、、、」是年四月二十四日本校呈准教育部及直隸民政長自民國四年起本校於擴充工科未經實行以前法科仍續招新生照常辦理

民國五年暑假因招考本科學生時入學試驗多不及格故設一補習班將校外相當學生招集數十人分爲第一第二兩部補習半年再按照定章舉行入學試驗擇尤錄取不錄者卽行出校至民國八年裁去

民國六年二月教育部會議議決實行民國三年部令分函本校與北京大學使本校預科第一部畢業願入法科學生併入北京大學法科肄業使北京大學預科第二部畢業願入工科學生併入本校工科肄業又本校所有之法科正科及北京大學所有之工科正科則各辦至畢業爲止

民國八年九月一日添設工科冶金學門其設備經常費用均自法科節省項下動支舊日之採礦冶金學門遂分爲採礦與冶金兩學門

民國九年五月六日奉到教育部第二三三七號訓令令本校法科於是年暑假卽行終結專辦工科所有法科經費全數移撥以爲擴充工科之用並由部擬就開辦電機機械兩學門預算令於兩科之中擇設一科後因設備費需款過鉅無力籌辦加之預科畢業人數甚少不敷分配遂遷延未行

民國九年六月本校法科停止

民國九年七月因招考預科新生時及格者常不及額數之半遂添設一預科補習班查試卷中分數雖不及格然相差無幾尚堪造就者數十名令補習中學課程一年期滿試驗及格者歸入預科肄業不及格者卽行

出校至本年暑假裁去

本年三月十九日本校因各種工業以機械工之應用最爲普遍亦最爲吾國現時社會所需要而各種電氣工業之發展亦均有一日千里之勢本校既奉令專辦工科並令漸加擴充此兩學門似在急須添設之列遂擬具計畫書呈請省長轉咨教育部自十四年七月份起每月增加經費五千元仍由直省解部款內劃撥在二年以內用所增之款陸續設備一方面自本年暑假增加預科新生人數二年以後卽添設兩學門正科班次彼時設備亦大致就緒再用所增經費聘請該兩門正科教授後於五月間奉到回批僅准先與備案俟省庫稍裕再行呈請實行

本年八月四日因本校自將冶金學門與採礦學門分立以來每年收入學生爲數甚少本屆預科畢業志願升入該學門者又僅只一人暑期招考正科新生冶金學門原擬錄取十五人以便成班又竟無一人投考似此情形若不設法變通勢須爲一人特設一班殊非經濟之道故呈請將冶金學門仍暫併入採礦學門稱曰採礦冶金學門而以所省之經常費改辦機械工學門其設備費則就金案分得之教育費擇要添購不足之數再陸續設籌

《北洋大学建校30周年(1925年)纪念册》摘录

北洋大学教学实验室及陈列室

北洋大学有着严谨的教学计划、丰富完整的课程体系、一丝不苟的教师教员、充实齐全的实验设备，尤其是工科设备之完善堪称全国之最。北洋大学凡是有关理化、地质、矿冶、土木、机械等科所需模型、标本、仪器以及各种探测分析实验等器材，都是参照美国各著名大学所用设备从美、英、德等国购置的，并每年陆续补充，力求创造良好的学习条件，保证一流的教学质量。在军阀混战、政局动荡、经费拮据、内忧外患的岁月里，北洋大学培养出一批又一批国家建设需要的栋梁之材。

1895—1900年，北洋大学博物馆兼实验室

1895年9月10日，丁家立在创建北洋大学堂的英文规划书中提出派考察团赴欧美主要国家收集设立大学堂之规划、章程等所有信息，包括购办装备机器操作房、实验室等，并提出详细的考察报告。北洋大学按照当时美国著名大学的模式，筹建了中国高等教育史上第一座博物馆及实验室。

冶金工程系

矿山模型陈列室(摄于1925年)

矿冶工程模型陈列室(摄于1935年)

选矿实验室

(选矿实验室主要设备有压碎机、捣碎机、浮动机、簸淘机等)

冶金实验室

(冶金实验室主要设备有汽油高温熔炼炉、温度可达2000℃的电气化熔炼炉、可放大2000倍显微镜附照相设备冷却曲线仪、汽油试金炉、反射炉、精细天平等)

北洋大学矿山工程模型室主要设备有汉阳化铁炉模型、大冶地面采矿模型、林西洗煤机全部模型、赵各庄矿石布置模型及井口截面模型、13尺高井架模型、木制井架模型、矿用铁车、玻璃制造的井下工作模型、矿用翻车模型、矿井吊笼带矿车模型、方式支柱模型、洋灰及木制矿内工作模型等51件。

机械工程系

北洋大学机械实验室长58尺，宽30尺，工作室长58尺，宽22尺。主要设备有立式蒸汽机、车床、铣床、刨床、钻床、螺丝机、修锐机、立压钻床、截磨机、煤气机、电动机、空气压榨机和木工机床等。

机械实验室(摄于1925年)

1925年呈准教育部恢复停办24年的机械学门。1935年，机械工程系分设机械工程组、航空工程组。同年国民政府教育部指令：北洋大学成立中国第一个航空工程系。

飞机陈列室(摄于1933年)

机械实验室

机械工厂

电机工程系

无线电收发报实习室(摄于1935年)

无线电实习室

电机实验室

化学工程系

北洋大学化学大讲室(摄于1925年)

北洋大学化学大讲室一座，可容纳300余人同时听讲。讲台有自来水、电门及自制煤气等实验所需设备；定性定量分析室一座，可容纳120人；普通化学实验室一座，可容纳80人。到1928年，定量分析天平、白金器皿及普通化学用具共3400余件。

化学实验室

冶金及化学工程陈列室

北洋大学矿业三十三年班一行15人在著名地质专家、北洋大学地质教员冯景兰教授的率领下，利用三周春假的时间到山东枣庄、大汶口、曲阜、泰安、泰山、济南等十地，进行地质构造以及矿藏分布情况的考察。

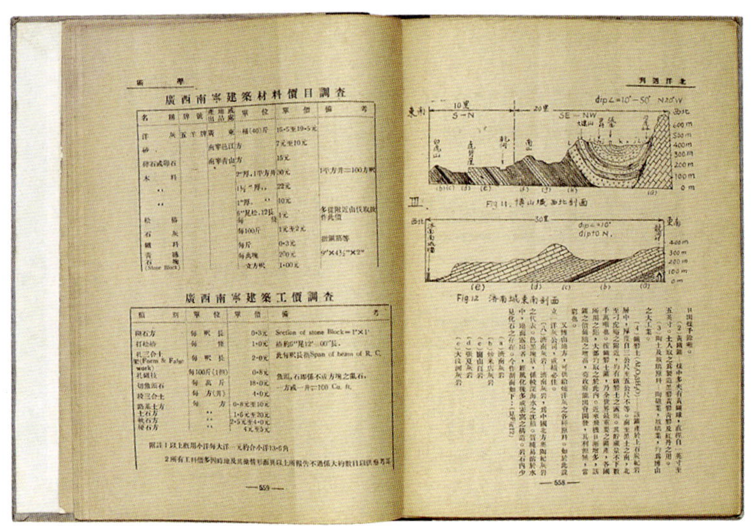

廣西南寧建築材料價目調查

廣西南寧建築工價調查

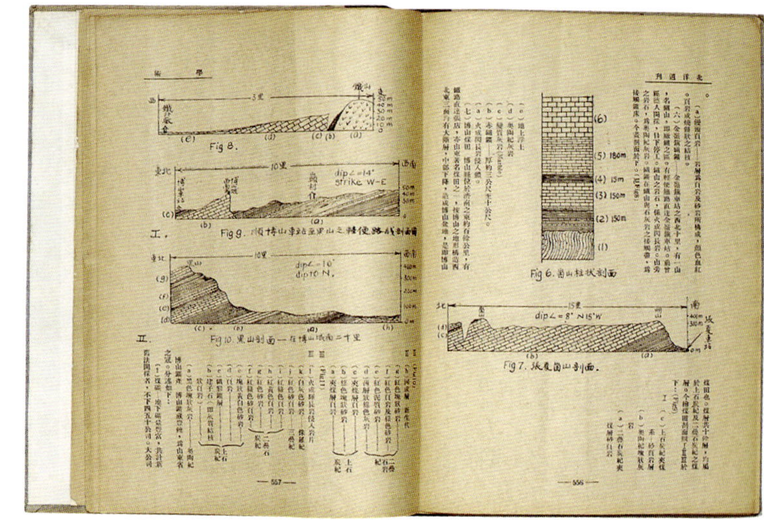

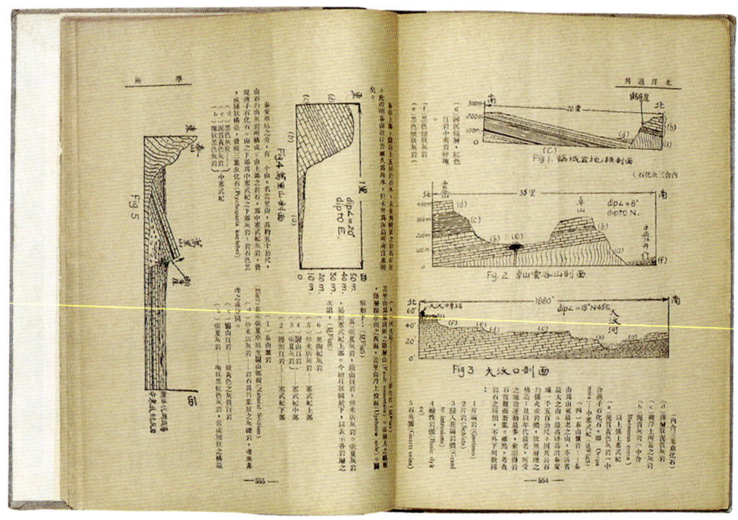

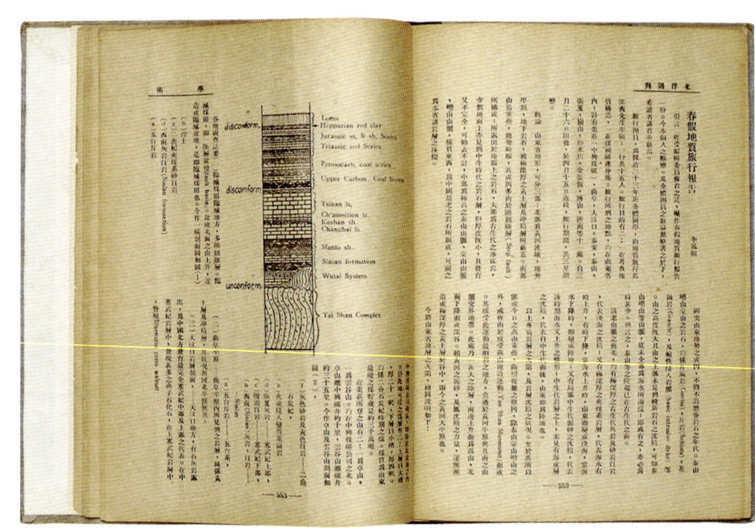

春假地質旅行報告

力凤桐撰写并发表在《北洋周刊》的《春假地质旅行考察报告》

北洋大学学生在山东进行地质考察（一）

北洋大学学生在山东进行地质考察（二）

北洋大学学生在山东进行地质考察（三）

北洋大学学生在山东进行地质考察（四）

北洋大学安排土木系和矿冶系学生到野外进行地质实习，培养学生的实践能力。档案记载：1914年班（矿冶科丁班）在地质学美籍教员乔治·I.亚当士（George I.Adams）的带领下于暑期赴山东泰安一带考察下古生界剖面并采集标本。

工程地质学

工程地质学是研究与人类工程建筑等活动有关的地质问题的学科，是地质学的一个分支。工程地质学的研究目的在于查明建设地区或建筑场地的工程地质条件，分析、预测和评价可能存在和发生的工程地质问题及其对建筑物和地质环境的影响和危害，提出防治不良地质现象的措施，为保证工程建设的合理规划以及建筑物的正确设计、顺利施工和正常使用，提供可靠的地质科学依据。

工程地质学主要研究建设地区和建筑场地中的岩体、土体的空间分布规律和工程地质性质，控制这些性质的岩石和土的成分和结构以及在自然条件和工程作用下这些性质的变化趋向；制定岩石和土的工程地质分类。由于各类工程建筑物的结构、作用、所在空间范围内的环境不同，所以可能发生的地质作用和工程地质问题也不同。据此，工程地质学往往分为水利水电工程地质学、道路工程地质学、采矿工程地质学、海港和海洋工程地质学和城市工程地质学等。工程地质学的研究方法有运用地质学理论和方法查明工程地质条件和地质现象空间分布、发展趋向的地质学方法；测定岩、土体物理、化学特性，测试地应力等的实验、测试方法；利用测试数据，定量分析评价工程地质问题的计算方法；利用相似材料和各种数理方法，再现和预测地质作用的发生、发展过程的模拟方法。

北洋大学开设工程地质学专业课程可追溯至公元1895年，在光绪皇帝朱批创建北洋大学的清折中所列工程（土木）学门及矿物学门的课程中有所涵盖。仅就地质课而言，则有地质学、石工学、金石学、测量地学等，还有地质实验，毕业前要撰写论文。1911年以后在土木系正式开设了工程地质学课程。以期扩大学生知识领域，还经常邀请校外名人讲演、讲学。例如当时正在天津工作的胡佛（Herbert Clark Hoover，1874—1964），其本人为矿业工程师，曾任第31任美国总统，曾多次来北洋大学为矿业科讲演。聘请翁文灏、李四光、冯景兰、谭锡寿、王炳章、谢家荣、王竹泉等中国著名地质学家为北洋大学教授。培养了如王宠佑、魏寿昆、俞建章、黄汲清、孙云铸、何作霖等诸多中国著名冶金学家和地质学家。

1946年北洋大学正式成立地质系，由阮维周任系主任，专职及兼职教授有王炳章、伍克潜、杨遵仪、陈兆东，教员有张启祉、方鸿慈等人。1952年全国院系调整，天津大学工程地质系调往北京组建中国地质大学。

在原北洋大学保留下来的仪器设备和珍贵的岩石标本以及成熟的教学管理经验的基础上，工程地质学成为天津大学水利、港口、土木及工程管理等专业的一门必修课。该课程的主要任务是使学生了解和掌握一些与工程有关的、必要的工程地质基本知识以及获取和运用这些知识解决实际问题的能力。工程地质涉及的范围包括建筑物地基、选址选线、边坡工程、地下工程的围岩与环境等学科领域。天津大学水利系工程地质教研室在承担教学及科研任务的同时，支持国家经济建设成立了“岩土工程研究所”，正在朝着更加科学化、现代化的方向阔步前进。

岩矿鉴定用显微镜

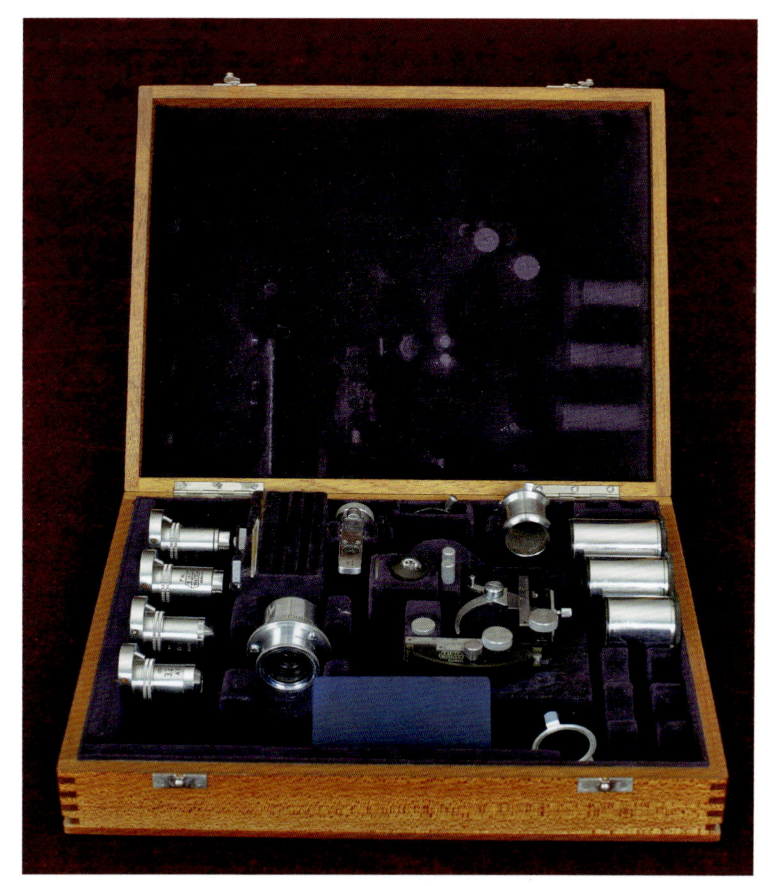

莱兹偏光显微镜配件盒

地质野外地面勘查人员必配用品

地质矿物标本陈列室

矿物及岩石标本陈列室

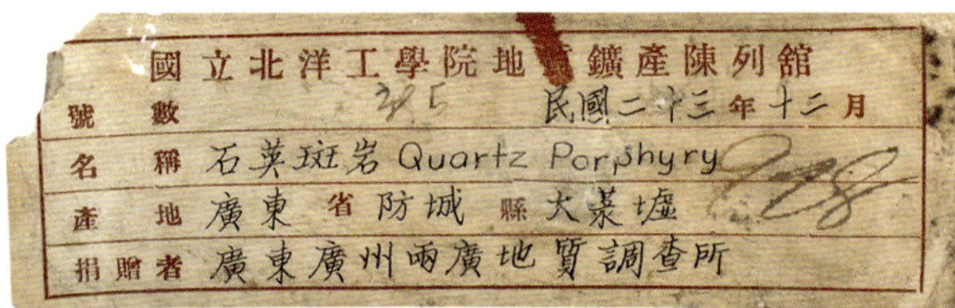
國立北洋工學院地[illegible]鑛產陳列館

號數	[illegible]　民國二十三年十二月
名稱	石英斑岩 Quartz Porphyry
產地	廣東省防城縣大菉墟
捐贈者	廣東廣州両廣地質調查所

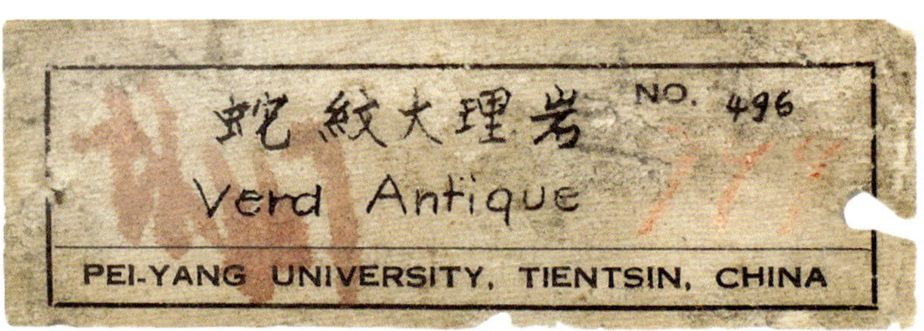
蛇紋大理岩　NO. 496
Verd Antique
PEI-YANG UNIVERSITY, TIENTSIN, CHINA

北洋大学初创时就设有矿物实验室、岩石实验室及自然地质标本陈列室、地质标本陈列室、矿物及岩石标本陈列室、经济地质标本陈列室等。

收藏标准矿物标本216种；
重要金属矿物标本50种；
造岩矿物标本50种；
经济矿物标本125种；
工业用矿物标本30种；
肥料矿物标本12种；
研磨用矿物标本15种；
着色矿物标本20种；
表示硬度矿物标本10种；
表示溶性矿物6种；
表示组织矿物15种；
表示结晶聚形矿物40种；
假象物15种；
宝石已经切磨者38颗，
未经切磨者19颗；
标准岩石510种；
比石标本500种；
应用岩石标本700种；
美国岩石125种；
实习用美国岩石125种；
建筑石料标本36种；
岩石组织表示标本25种；
景通地质现象标本147种；
普通地质用岩石标本50种；
花岗岩风化标本8种；
化石700余种；
中国岩石薄片50种；
美国岩石薄片125种；
矿岩石薄片36种；
喷发岩石薄片30种；
矿岩石薄片36种；
矿物藤片130种；
光学矿物学用薄片35种。

1934年由北洋大学与中央地质研究所、中国矿物工程学会及中国矿业联合会，在校内联合举办全国矿业地质展览会。闭会后，许多标本、模型及其他展品留赠北洋大学，其中地质、矿物、岩石、矿产等标本甚多。1937年北洋大学沦为日本兵营，许多珍贵矿石标本遭到掠夺或损毁。1952年院系调整，部分岩石标本调剂到北京新成立的中国地质大学。

矿物岩石实验室

构造工程应力研究仪器

制图室

矿石分析实验室

岩石截片设备

试金天平室

1937年7月7日，日军全面侵华。7月30日天津沦陷，北洋大学校舍不幸沦为日军坦克兵营。1937年9月10日，教育部发布第16696号令，以国立北洋工学院、国立北平大学、国立北平师范大学和北平研究院为基干组成国立西安临时大学，迁往西安，李书田为主要负责人。1938年2月，山西临汾失陷，日寇兵临风陵渡，陕西门户潼关告急，同年3月，国民政府教育部电令，命令西安临大向南迁往汉中。4月3日，教育部下发国民政府行政院第350次会议通过的《平津沪地区专科以上学校整理方案》，令“国立西安临时大学”更名为“国立西北联合大学”。联合大学有文、理、法商、教育、工、农、医等七个学院。1938年7月教育部指令国立西北联合大学改组为西北大学、西北工学院、西北师范学院和西北医学院，其中工学院独立设校并沿用当初北洋工学院关防。

1945年8月15日日本投降，1946年1月，教育部下达恢复北洋大学令。同年9月，陕西汉中“西北工学院”、浙江“泰顺北洋工学院”、西安“北洋工学院西京分院”三路北洋师生齐聚天津，10月20日北洋大学在天津西沽校址复校开学，至此结束了八年颠沛流离的生活。

北洋大学西迁时正值学校发展的盛年，为了支持抗战和为抗战胜利后国家恢复建设储备力量，北洋大学一方面继续培养各类科技人才，另一方面利用学校良好的设备以及人才条件主动协助并参与各项战地工程，积极支持西北地区的经济建设。如组织师生改进西安飞机场，增阔陕西公路，修建汉中军用机场，修建滇缅公路，修通四川乐山至西昌的公路、湘桂黔公路等。另外北洋大学师生还参与建立八路军兵工学校和工厂，指导抗日后方军民引水挖渠，支持延安大生产运动，勘察西北水利资源，包括勘测和修建泾惠渠、渭惠渠、梅惠渠、织女渠、汉惠渠在内的各项水利工程，测量并修复五门堰水利枢纽的防洪和灌溉能力。在抗日战争这八年中，北洋大学维护了中国知识分子的尊严，避免中国高等教育遭日寇奴化，为抗战胜利后恢复经济和新中国建设保护和储备了强大的科技力量，并且为改变西北地区教育以及经济落后的状况做出了巨大的贡献。

位于陕西省汉中城固县古路坝的意大利文主教堂，在抗日战争时期为国立北洋工学院的部分临时校舍（摄于2007年3月24日）

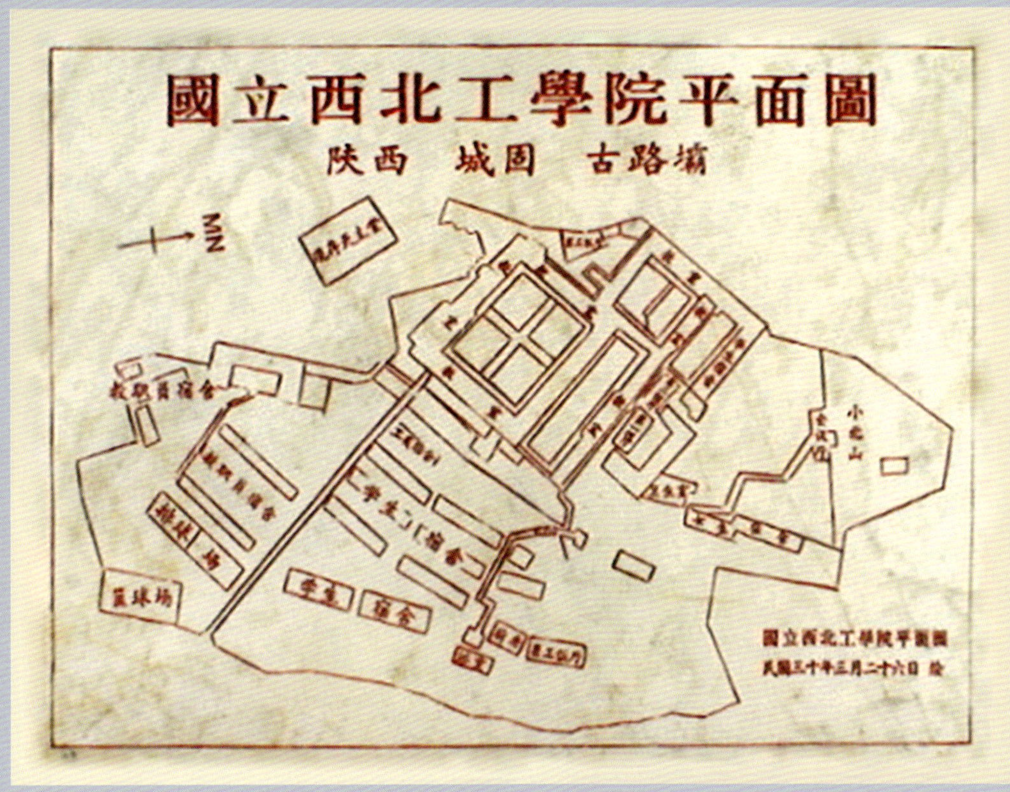

国立西北工学院平面图

國立西北工學院平面圖
陝西 城固 古路壩
教職員宿舍
排球場
籃球場
學生 宿舍
國立西北工學院平面圖
民國三十年三月二十六日 繪

西安临时大学旧址（原东北大学，现西北大学）（摄于2007年）

西安临时大学旧址老照片（原东北大学，现西北大学）

北洋大学师生徒步穿越秦岭的情景

1938年2月，日寇迫近西安，“临大”分成三个中队向陕南迁移。行动中师生采取行军编制，工学院属第二中队，共五百余人，中队长为土木二十二年班学长刘德润。每日徒步前行30到80华里不等。途经咸阳、马嵬坡、宝鸡益门镇、黄牛铺、东河桥、凤县、留坝县、庙台子、马道、褒城、柴关岭，最终到达城固县古路坝镇。

“临大”师生向陕南迁移途中的情景

陕西省汉中城固县古路坝镇北洋大学西迁旧址

校本部设在城固县城内的考院和文庙（图为考院前影壁）

北洋大学部分西迁教师在陕西汉中城固县的合影（后排右三为李书田）

北洋大学学生在城固县七星寺下读书

城固县古路坝天主教堂
（原北洋大学西迁时期行政与教师宿舍旧址）

北洋大学师生在室内球场做操
（古路坝天主教堂后修女院内）

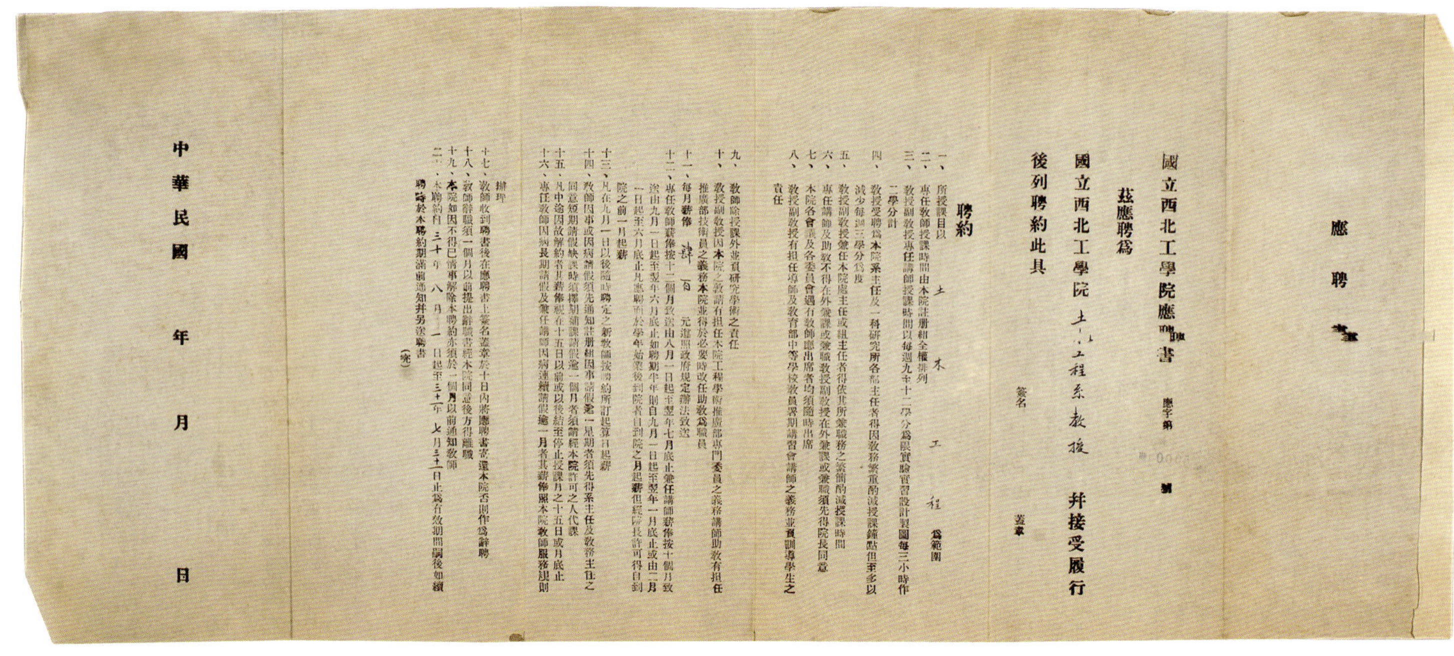

應聘書

國立西北工學院應聘書　應字第　號

茲應聘爲

國立西北工學院　土木工程系教授　并接受履行

後列聘約此具

簽名　蓋章

聘約

一、所授課目以　土木工程　爲範圍

二、專任教師授課時間由本院註冊組全權排列

三、教授副教授專任講師授課時間以每週九至十二學分爲限實驗實習設計製圖每三小時作二學分計

四、教授受聘爲本院系主任及一科研究所各部主任者得因教務繁重酌減授課鐘點但至多以減少每週三學分爲度

五、教授副教授兼任本院處主任或組主任者得依其所兼職務之繁簡酌減授課時間

六、專任講師及助教不得在外兼課或兼職教授副教授在外兼課或兼職須先得院長同意

七、本院各會議及各委員會遇有教師應出席者均須隨時出席

八、教授副教授有担任導師及教育部中等學校教員暑期講習會講師之義務並負訓導學生之責任

九、教師除授課外並負研究學術之責任

十、教授副教授因本院之敦請有担任本院工程學術推廣部專門委員之義務講師助教有担任推廣部技術員之義務本院並得於必要時改任助教爲職員

十一、每月薪俸　肆百　元遵照政府規定辦法致送

十二、專任教師薪俸按十二個月致送由八月一日起至翌年七月底止兼任講師薪俸按十個月致送由九月一日起至翌年六月底止如聘期半年則自九月一日起至翌年一月底止或由二月一日起至六月底止凡應聘而於學年始業後到院者自到院之月起薪但經院長許可得自到院之前一月起薪

十三、凡在九月一日以後隨時聘定之新教師按聘約所訂起算日起薪

十四、教師因事或因病請假須先通知註冊組因事請假逾一星期者須先得系主任及教務主任之同意短期請假缺課時須擇期補課請假逾一個月者須請經本院許可之人代課

十五、凡中途因故解約者其薪俸視在十五日以前或以後結至停止授課月之十五日或月底止

十六、專任教師因病長期請假及兼任講師因病連續請假逾一月者其薪俸照本院教師服務規則辦理

十七、教師收到聘書後在應聘書上簽名蓋章於十日內將應聘書寄還本院否則作爲辭聘

十八、教師辭職須一個月以前提出辭職書經本院同意後方得離職

十九、本院如因不得已情事解除本聘約亦須於一個月以前通知教師

二十、本聘約自　三十年　八月　一　日起至三十一年　七月三十一日止爲有效期間屆後如續聘時於本聘約期滿前通知并另送聘書

（完）

中華民國　年　月　日

北洋大学西迁至陕西省汉中期间的《国立西北工学院应聘书》（土木工程系）

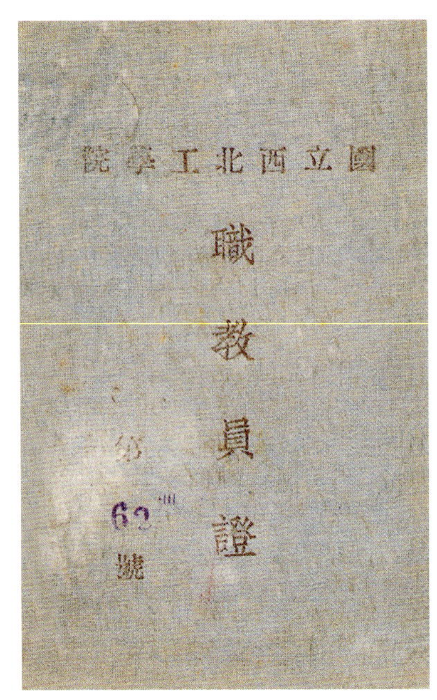

國立西北工學院

職教員證

第 62 號

姓名	籍貫	性別	職別
趙玉振	河北	男	土木系教授

注意

（一）此證不得毀損或轉借

（二）如有遺失須登報一週方准補發

（三）此證限至廿　年　月底作廢

中華民國二十八年五月　日

1939年，国立西北工学院职教员证

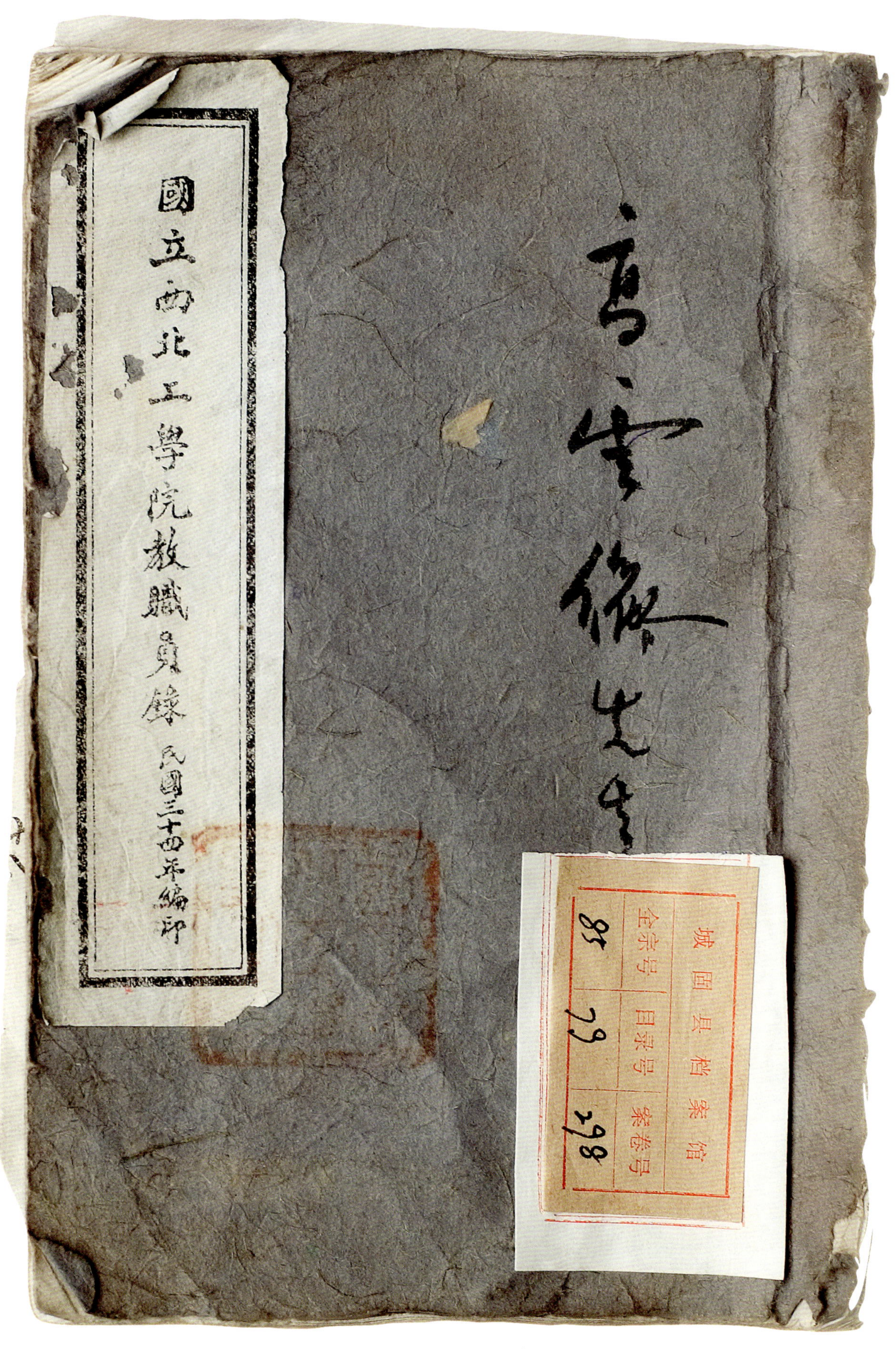

1945年，国立西北工学院教职员录

大学肇启

五门堰，位于陕西省城固县城北15公里处的湑水河右岸。截湑水灌田，因渠首横列五洞进水故名五门堰。北宋大中祥符至南宋绍兴年间（1008—1162年），县令鲁宗道、阎苍舒、薛可光等重视水利，相继扩修，灌田达三千余亩。元至正七年（1347年）县令蒲庸兴堰务，开渠道，在引水口重修五洞，创修石渠，可灌地四万余亩。

明、清各代曾不断加固改造，灌地面积达五六万亩。民国时期，五门堰因年久失修，屡遭冲决之患、堰堤塌溃、水洞塌陷。

北洋大学迁至城固县期间，利用自身在水利人才及设备等方面的良好条件，对五门堰水利枢纽进行了全面的测量、设计和改进，提高了五门堰的疏水与灌溉效能，造福于一方百姓，此举成为汉中地区百姓间流传的一段佳话。

北洋大学师生在五门堰上游的湑水河进行水文调查（常锡厚摄于1938年）

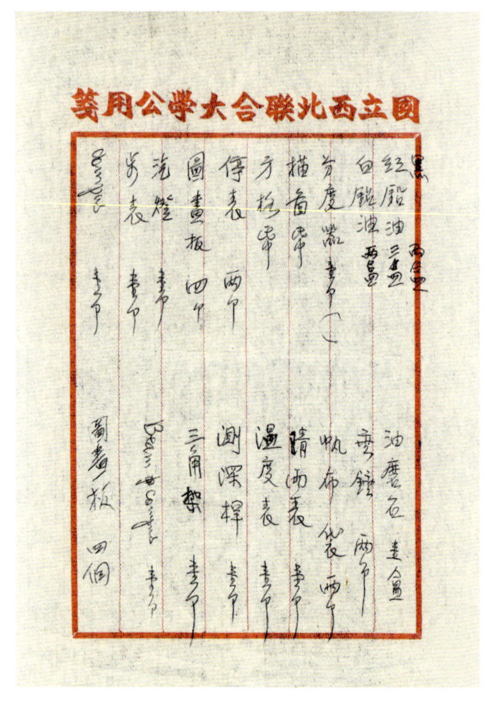

國立西北聯合大學公用箋

紅鉛 三盒 黑 兩盒
白鉛油 兩盒
分度器 壹個
描圖筆 壹個
方格紙 壹個
傳表 兩個
圖畫板 四個
洗燈 壹個
步表 壹個
[illegible] 壹個
油磨石 壹盒
[illegible] 兩個
帆布袋 兩個
晴雨表 壹個
溫度表 壹個
測深桿 壹個
三角架 壹個
Beam compass 壹個
圖畫板 四個

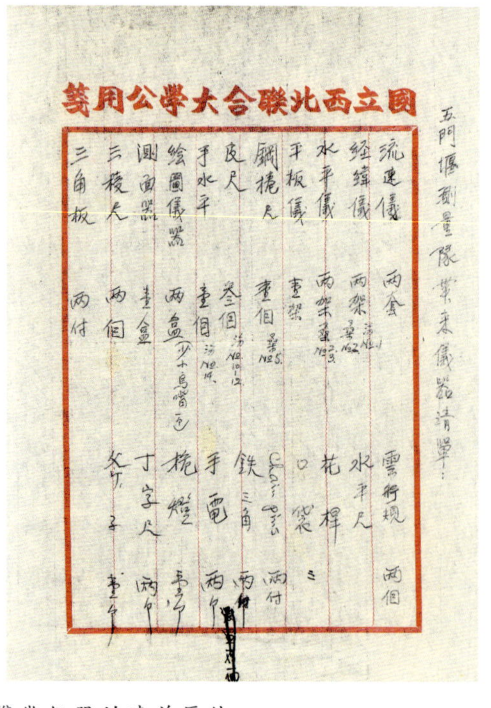

國立西北聯合大學公用箋

五門堰測量隊帶來儀器清單：

流速儀 兩套
經緯儀 兩架
水平儀 兩架
平板儀 壹架
鋼捲尺 壹個
皮尺 叁個
手水平 壹個
繪圖儀器 兩盒（少小鳥嘴一個）
測面器 壹盒
三稜尺 兩個
三角板 兩付
雲行規 兩個
水平尺
花桿
口袋
Chain 兩付
鐵三角 兩付
手電 兩個
捲燈 壹個
丁字尺 兩個
[illegible]子 壹個

北洋大学五门堰测量队携带仪器的清单原件

北洋大学师生在改造五门堰坝体（常锡厚摄于1938年）

北洋大学师生在改造五门堰坝体（常锡厚摄于1938年）

北洋大学师生对五门堰堰口进行测量（常锡厚摄于1938年）

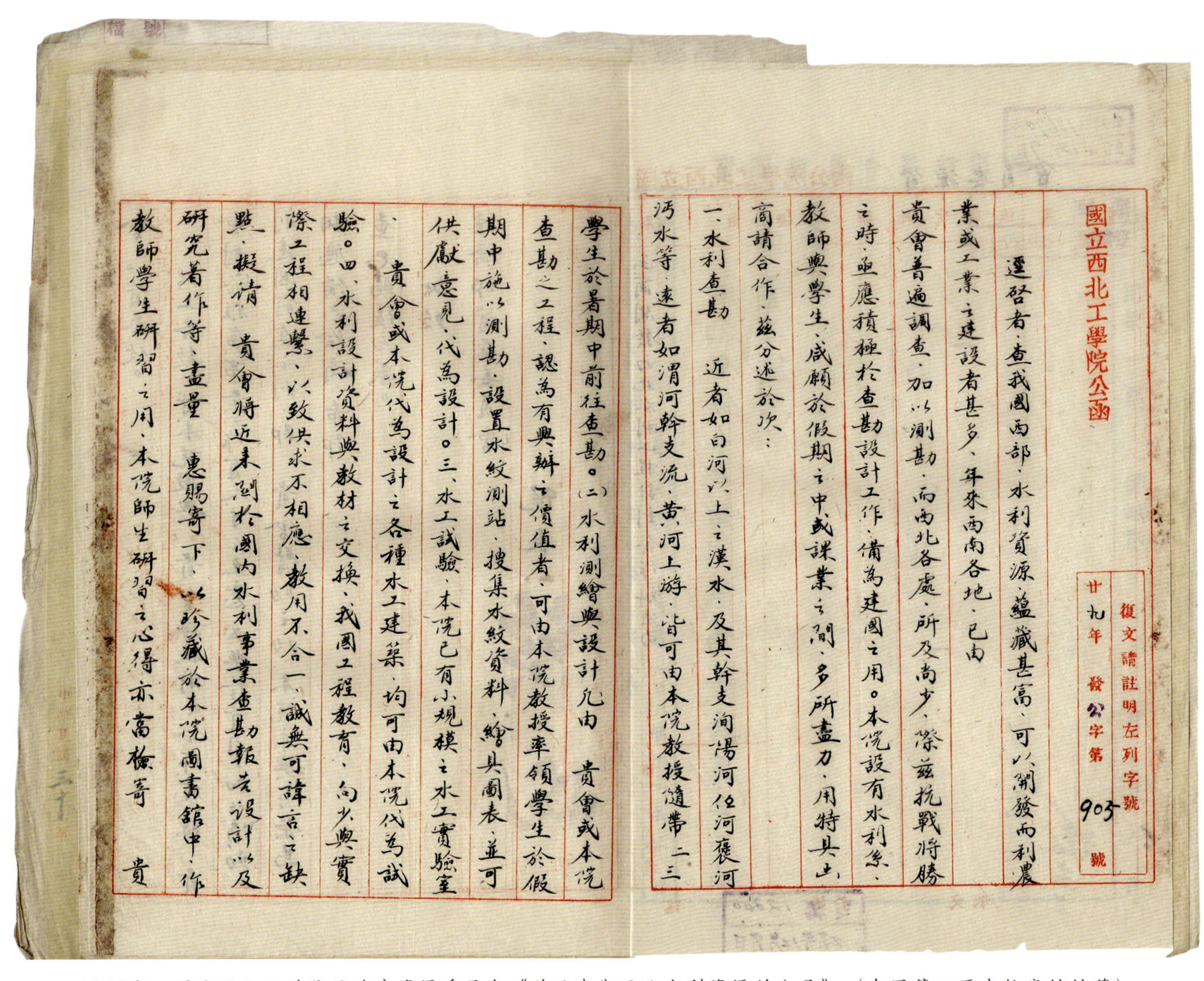

國立西北工學院公函

復文請註明左列字號
廿九年　發　公字第　903　號

逕啓者、查我國西部、水利資源、蘊藏甚富、可以開發西利農業或工業之建設者甚多、年來西南各地、已由
貴會普遍調查、加以測勘、而西北各處、所及尚少、際茲抗戰將勝之時、亟應積極於查勘設計工作、備為建國之用。本院設有水利系、教師與學生、咸願於假期之中或課業之閒、多所盡力、用特具此商請合作、茲分述於次：

一、水利查勘　近者如白河以上之漢水、及其幹支洵陽河伍河褒河沔水等　遠者如渭河幹支流、黃河上游、皆可由本院教授隨帶二三學生於暑期中前往查勘。(二)水利測繪與設計　凡由　貴會或本院查勘之工程、認為有興辦之價值者、可由本院教授率領學生於假期中施以測勘、設置水紋測站、搜集水紋資料、繪具圖表、並可供獻意見、代為設計。三、水工試驗　本院已有小規模之水工實驗室、　貴會或本院代為設計之各種水工建築、均可由本院代為試驗。四、水利設計資料與教材之交換、我國工程教育、向少與實際工程相連繫、以致供求不相應、教用不合一、誠無可諱言之缺點、擬請　貴會將近來關於國內水利事業查勘報告設計以及研究著作等、盡量　惠賜寄下、以珍藏於本院圖書館中、作教師學生研習之用、本院師生研習之心得亦當檢寄　貴

1940年，国立西北工学院呈政府资源委员会《关于查勘西北水利资源的公函》（中国第二历史档案馆馆藏）

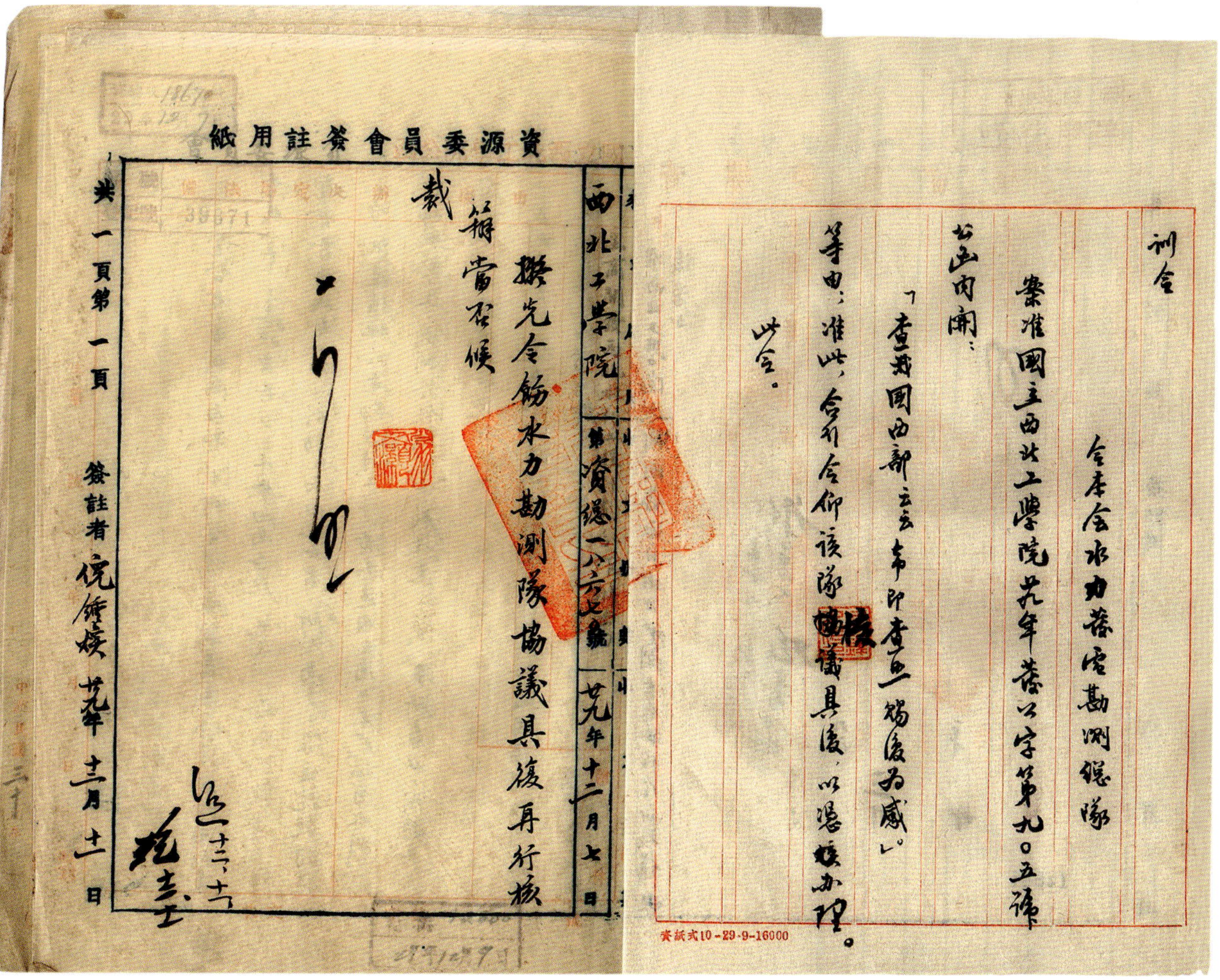

中華民國二十九年十二月廿九日

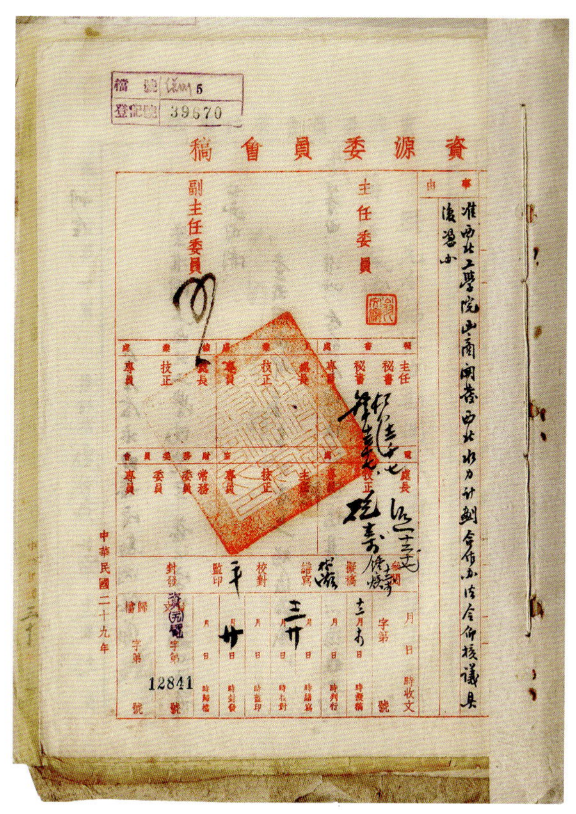

資源委員會稿

事由：准西北工學院函請西北水力計劃令飭水力勘測隊協議具復由

主任委員

副主任委員

中華民國二十九年

12841

資源委員會簽註用紙

西北工學院

擬先令飭水力勘測隊協議具復再行核辦當否候裁

共一頁第一頁

簽註者 倪鍾崚 廿九年十二月十一日

訓令

令本會水力發電勘測總隊

案准國立西北工學院廿九年發〇字第九〇五號公函內開：

等由；准此，合行令仰該隊協議具復，以憑核辦。

此令。

資稿式10-29-9-16000

1940年，国民政府资源委员会《关于案准国立西北工学院查勘西北水利资源的训令》（中国第二历史档案馆馆藏）

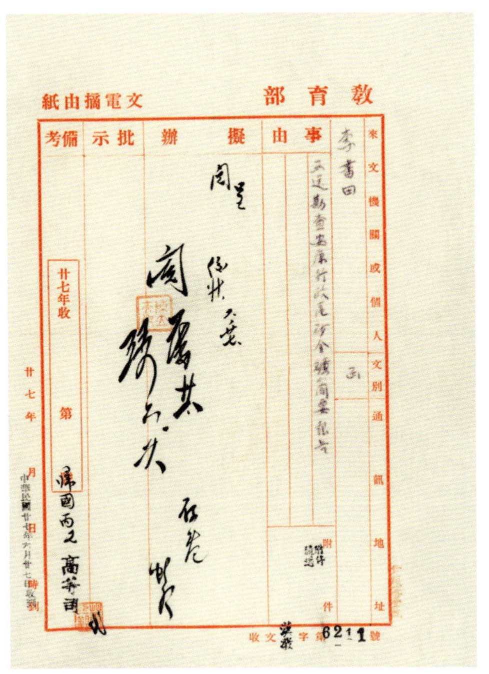
教育部 文電摘由紙

來文機關或個人	事由	擬辦	批示	備考
李書田	呈送勘查安康行政區砂金鑛簡要報告			廿七年收 第

文別 函　附件 報告　收文字第6211號

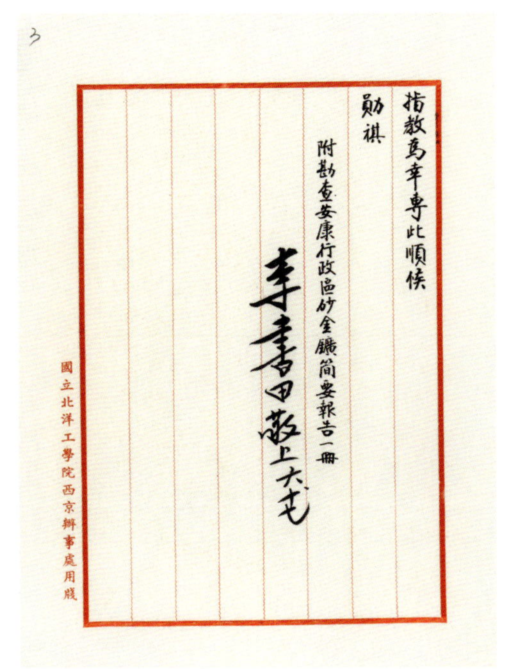
指教為幸專此順候

勛祺

附勘查安康行政區砂金鑛簡要報告一冊

李書田敬上 六、七

國立北洋工學院西京辦事處用箋

1938年6月17日，教育部签收的由李书田呈递的《勘察安康行政区砂金矿简要报告》（中国第二历史档案馆馆藏）

魏寿昆（1907—2014），天津人。冶金学和冶金物理化学家、冶金教育家。

1923年以第一名的成绩考入北洋大学。1930年，考取公派留学，1935年获德国德累斯顿工业大学博士学位。1936年回国，任北洋大学矿冶系教授，1937年七七事变后，随北洋工学院西迁，任西北联合大学、西北工学院、西康技艺专科学校教授，矿冶系主任。在抗日后方的艰苦条件下，进行了多项当时急需的生产性科研课题的研究并获奖。1945年抗战胜利后，他回到天津母校北洋大学。任北洋大学冶金系主任、采矿系主任、教授，北洋大学工学院院长，天津大学副教务长。1952年，高等院校进行院系调整，他赴北京参加组建北京钢铁学院的工作，曾担任教务长、一级教授、北京钢铁学院副院长等职。1980年当选为中国科学院学部委员（院士）。

雷祚文（1907—1946），字潄云，江西靖安仁首团岗人。地质学家。

1924年以优异成绩考进天津北洋大学矿冶专业学习，1930年大学毕业后回南昌，在心远中学和省立工业学校任教。1933年以优异成绩考入美国科罗拉多矿业学院，后取得硕士学位。抗战时期，他毅然回国搞实业救国，先后在西南联合大学任教授，西北工学院工科研究所任矿冶部主任。1940年被西康西昌行辕聘任为会理金矿矿长兼总工程师。1942年为调查和开采西南地区的金矿，他单身一人，沐风栉雨，不辞劳苦，踏遍了四川、云南的山山水水。1943年赴重庆，任西康技艺专科学校校长，直到抗战胜利。1946年9月20日，雷祚文乘飞机去重庆大学和西南工业专科学校任教时，飞机在螺髻山撞山坠毁，雷祚文不幸罹难，年仅39岁。

张伯声（1903—1994），曾用名张遹骏，河南荥阳人。地质学家、大地构造学家、地质教育家。

1926年毕业于清华学校，同年赴美国留学。1928年从美国芝加哥大学化学系毕业，获得学士学位。1928—1930年，在美国斯坦福大学地质系研究生部攻读地质学。1930年回国，1933年被聘为天津北洋工学院教授。1937年，七七事变后，他跟随北洋工学院西迁，直至1946年任地质系教授。抗战胜利后，任西北工学院教授、系主任，西北大学理学院院长，西安地质学院名誉院长。1980年当选为中国科学院地学部委员（院士）。

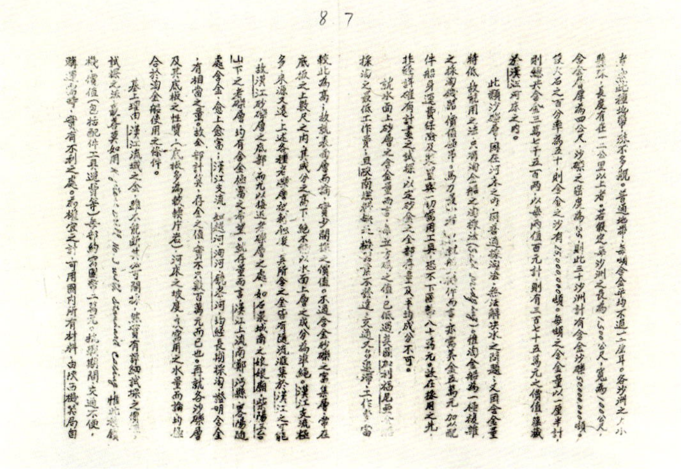

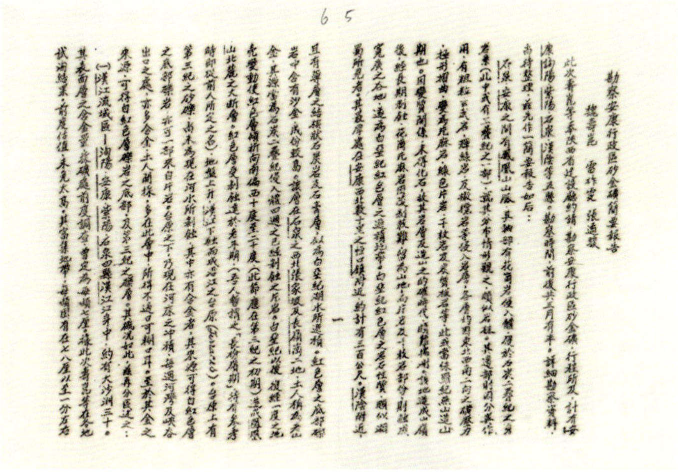

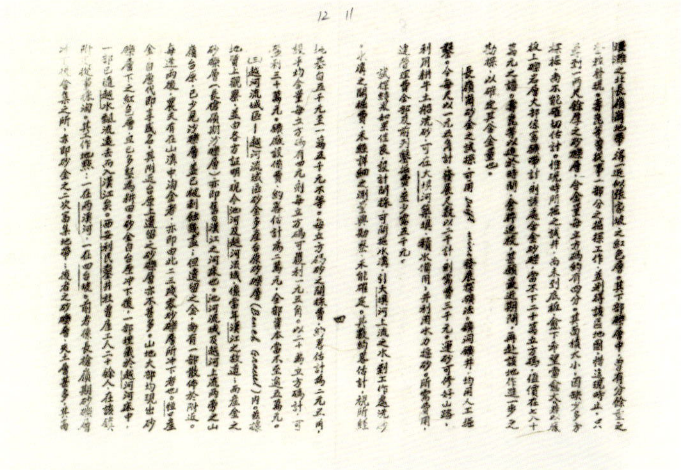

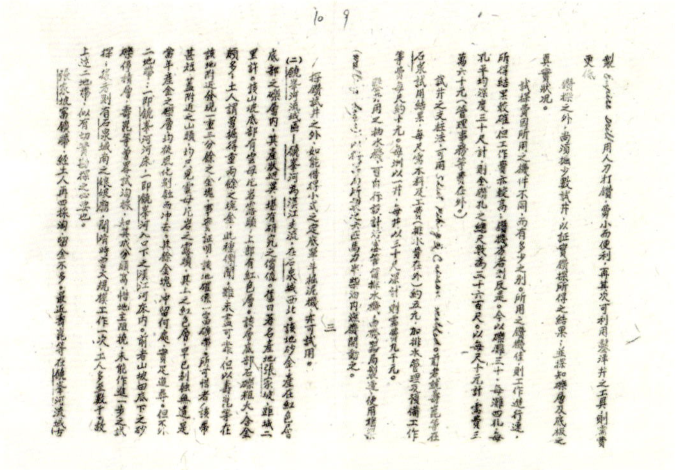

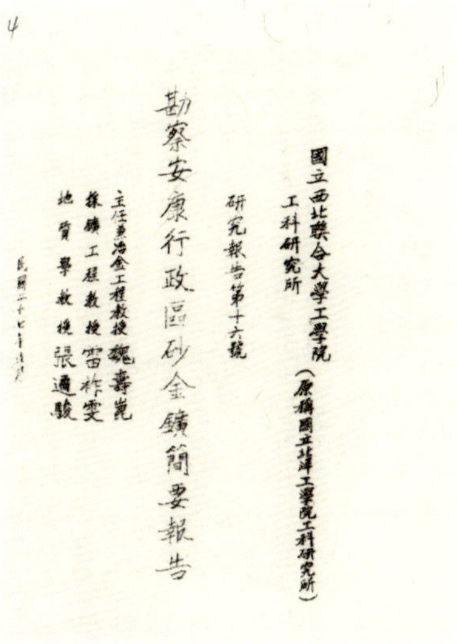

国立西北联合大学工学院（原称国立北洋工学院工科研究所）

工科研究所

研究报告第十六号

勘察安康行政区砂金矿简要报告

主任兼冶金工程教授 魏寿崑

采矿工程教授 雷祚雯

地质学教授 张通骏

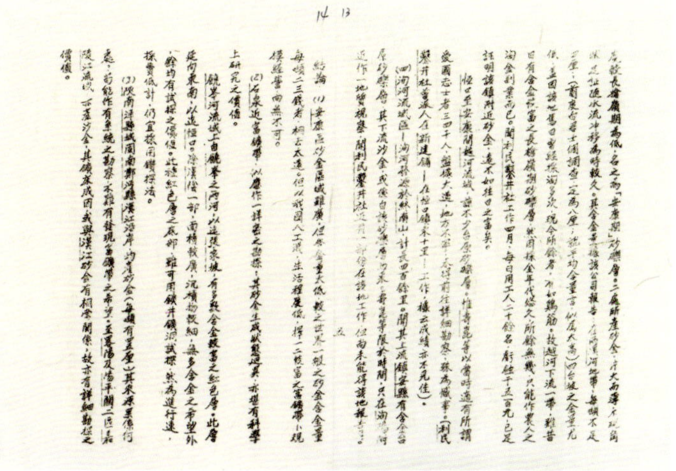

1938年6月，由国立北洋工学院工科研究所主任兼冶金工程教授魏寿昆、采矿工程教授雷祚文、地质学教授张通骏三人共同完成勘察并撰写的《勘察安康行政区砂金矿简要报告》（中国第二历史档案馆馆藏）

刘之祥教授

刘之祥（1902—1987），河北清苑人。

1922年考入北洋大学预科，1924年转入采矿专业，1928年毕业并留校任教。1937年随北洋大学西迁，任国立西北工学院矿冶系副教授。1940年随李书田创建国立西康技艺专科学校，任教授、总务长、教务长、采矿系主任。1945—1947年先后到英国皇家采矿学院、美国科罗拉多矿业学院进行考察和研究。后回北洋大学任教，任采矿系教授、系主任、采矿研究所所长。1948年年底任北洋大学临时维持委员会副主席，后兼代理工学院院长；1949年年初任新组建的北洋大学校务委员会常委兼秘书长，教学和研究职务不变。1952年院系调整，随北洋大学矿冶学科一起调入新建的北京钢铁学院，担任校务委员会委员、工会主席、采矿系教授等。

1940年5—7月，刘之祥受委派对宁属北部地区开展地质矿产调查，他只身进入极度荒凉和落后的少数民族地区，初步探查了这一地区的地貌特征、地质结构，探明了储藏的金、银、铜、铁、煤、石棉、云母、瓷土等多种矿产资源，考察了该地区资源的初期开发情况。1940年8月17日，刘之祥带队从西昌出发，用87天的时间，行程逾1880公里，途经盐源、盐边等西康省多县和云南省丽江、永胜两县，用地质调查仪器，对沿途地质矿产进行了测量、勘探、调查，11月11日回到西昌。

刘之祥先生对发现攀枝花铁矿的经过描述非常生动："说起攀枝花铁矿的发现，也很有趣。开始是从一户人家的院子里'发现'的。记得我们由盐边县城向南，经老街、新开田、棉花地，一直到把关河、金沙江北岸，然后沿江南行，经过大水井、新庄，9月5日下午到达攀枝花，住在硫磺沟附近的罗明显家。傍晚，我在罗家院子内散步，无意中看到地上有两小块石头很像是磁铁矿。捡起一看，果然不错。第二天早晨，我把这两小块矿石拿给常隆庆看，他也肯定了确是磁铁矿。我们找来了主人罗明显，问他这两块矿石的来历，他说这样的石头附近很多。早饭后，我们就让罗带路出去找矿，走到尖包包，果然发现了铁矿露头，测量以后，再走到乱崖，又发现了铁矿露头，而且比尖包包的更大更厚。我们不禁欣喜若狂。"《宁远日报》为此发布了消息。这次地矿调查历时87天，于11月11日回到西昌。刘之祥先生于1941年8月发表了调查报告《康滇边区之地质与矿产》。由于在这次地质调查中的发现，重庆教育部奖励了刘之祥2000元。在《中国大百科全书》上记载的是"1940年，北洋大学教授刘之祥在四川盐边县发现了攀枝花大型铁矿床"。

1940年11月27日，由李书田先生撰写并签发的一篇新闻稿在《宁远日报》上发表，攀枝花拥有大型铁矿床的消息向全世界公开。就像攀枝花市文物局钟先生所说："这是攀枝花城的原点，攀枝花的建设史从这一刻开始书写。"

勘查康滇边区之地质与矿产途中之刘之祥教授（中）

勘查康滇边区之地质与矿产途中之刘之祥教授（左）

攀枝花巨型铁矿发现之由来

余于1939年代表教育部参加川康视察团，事后建议政府成立国立西康技专遂得集合群贤，而获刘之祥之加入而为采矿教授。复员以后，刘教授先后服务于北洋大学及北京钢铁学院。

北京钢铁学院刘教授之祥，卧病年余，终因医治无效，闻于今年七月廿五日病故，致令国家失去良师之一。

刘教授先后在西康技专和北洋大学工作期间，适余长校，其向往学术，致力矿产调查，裨益国家。尤其在西康技专时，余曾于1940年5月30日至7月14日，及1940年8月17日至11月11日，分别派伊（指刘之祥）赴宁属北部和西部进行过两次地质和矿产调查，并写有两份地质调查报告，一份是《西康宁属北部之地地质与矿产》，一份是《西康云南边区地质与矿产》。这两份报告在1941年7月，由学校丛刊第2号第3号出版。调查报告中说明，这两次调查是由西康技专和西康地质调查所合作进行的。第二次调查时“同行者有常兆宁君”（就是当时西康行辕的常隆庆先生），这次调查发现了攀枝花大铁矿。当时我所以发起这两次调查者，纯为开发国家资源，遂和西康地质调查所的张伯颜先生共同商决，由西康技专出人（刘之祥），由西康地质调查所出钱，负担经费。调查出发前，常隆庆先生临时加入，刘之祥为领队。在9月6日发现攀枝花铁矿后，刘之祥写信向余报告，遂把这一消息通知了西昌的《宁远日报》，该报刊登了国立西康技专教授刘之祥在盐边县发现攀枝花大铁矿的消息。调查结束后，刘之祥负责写了两份调查报告，并受到教育部和西康省主席的表扬。采集的矿物标本共10箱，分别由技专和地质调查所两处保存。

近闻攀枝花已建设成为中国的大型钢铁公司，这个公司的所在地渡口市，成为有40万人口的城市。最近，渡口市在搜集攀枝花的历史资料过程中，自然希望刘教授提供当年发现攀枝花矿的详细资料，并希望得到有关当事人的证明。余因为原来调查的发现者、组织者，且亲派刘教授之祥亲往调查。刘教授今虽仙逝，但其伟大发现，及今日渡口市为40万人口之都市，悉为刘教授发现功果。余何幸如之。远承刘教授令婿吴焕荣先生函请回忆，原录如上以记往事。

1987年10月17日

李书田于北美南达州速城

勘查康滇边区之地质与矿产途中之刘之祥教授（后中）

勘查康滇边区之地质与矿产途中之刘之祥教授（中）

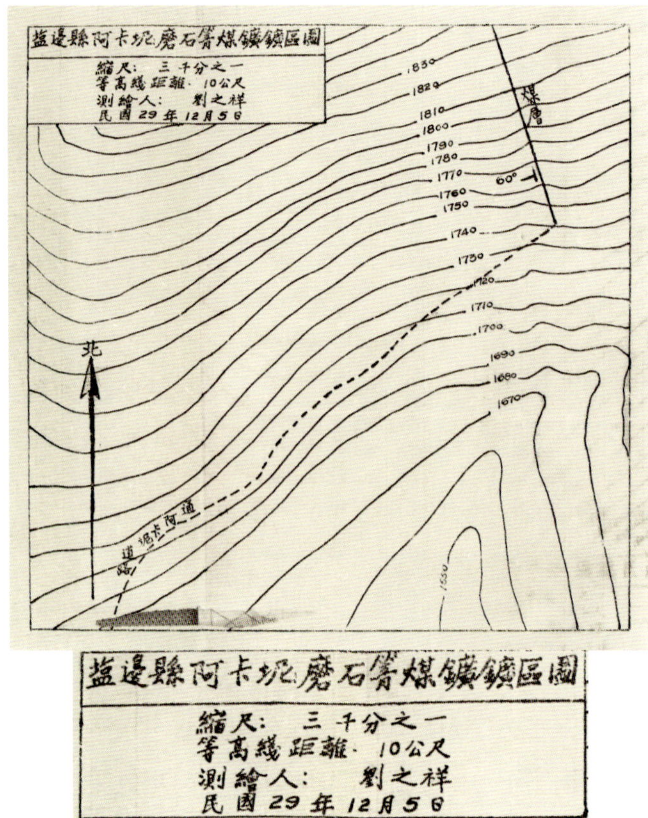

1940年12月5日，刘之祥教授测绘的盐边县阿卡坭磨石箐煤矿矿区图

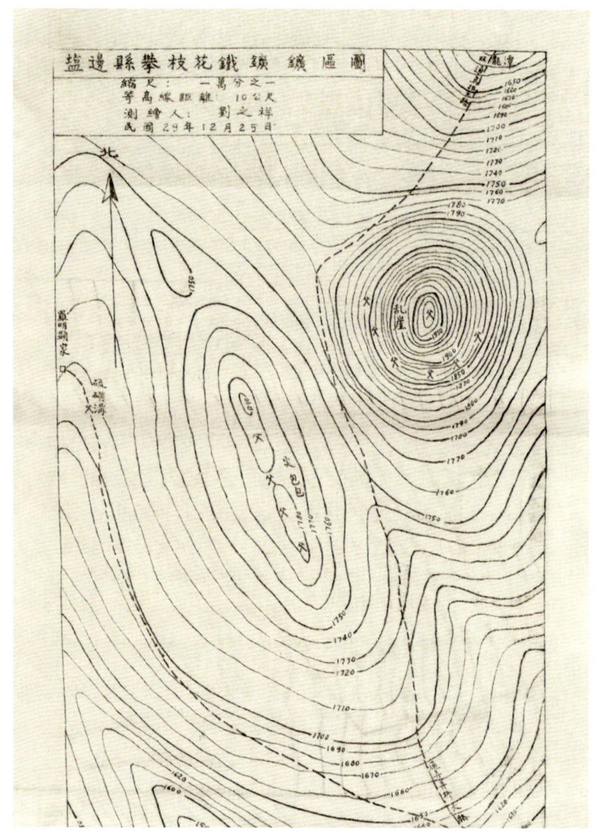

1940年12月25日，刘之祥教授测绘的盐边县攀枝花的铁矿矿区图

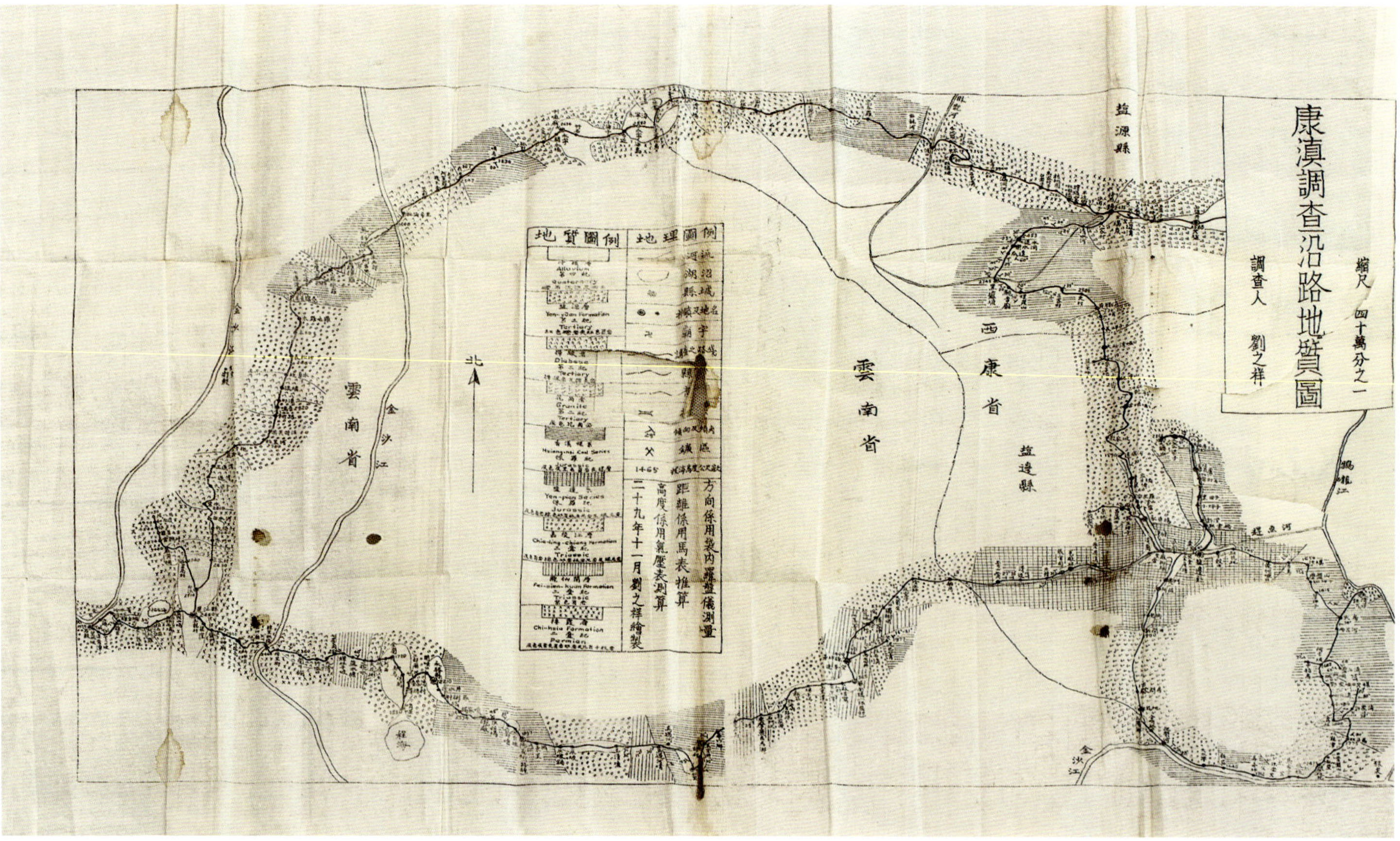

1940年11月，刘之祥教授测绘的康滇调查沿路地质图

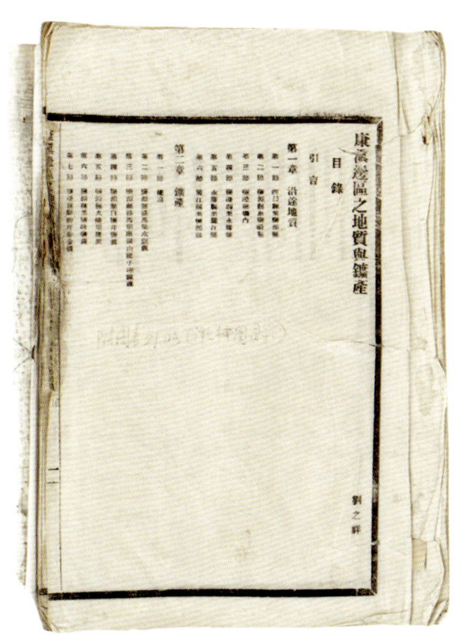

1940年，刘之祥完成的《康滇边区之地质与矿产》报告

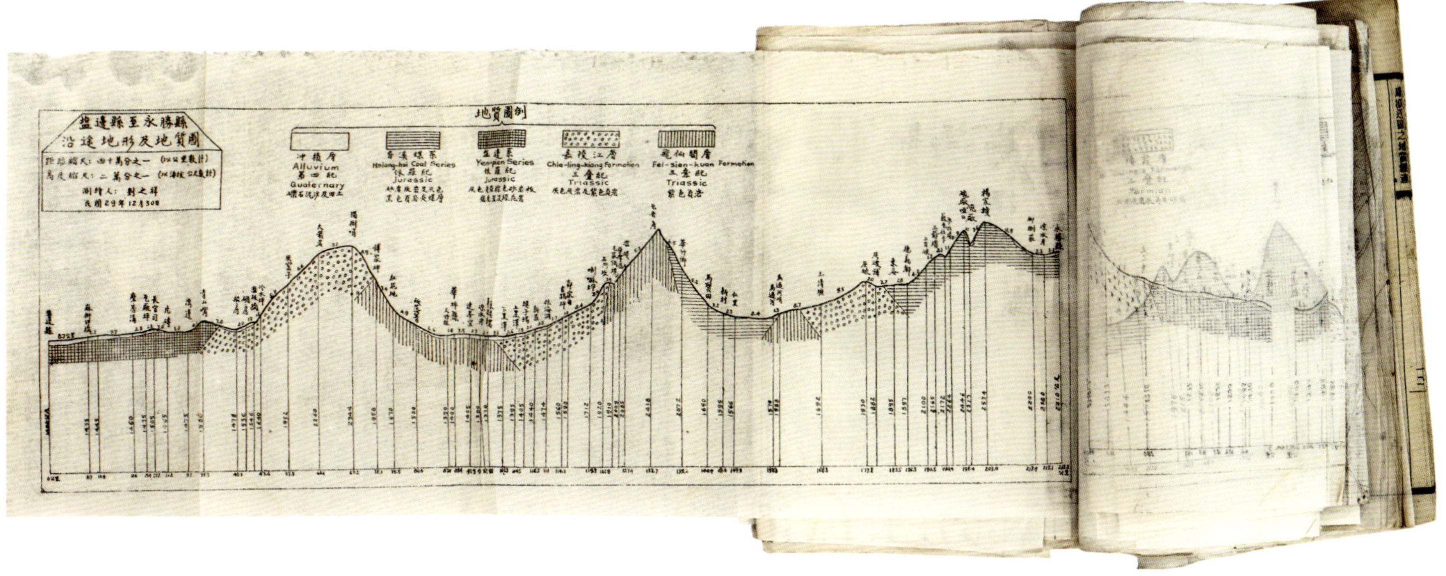

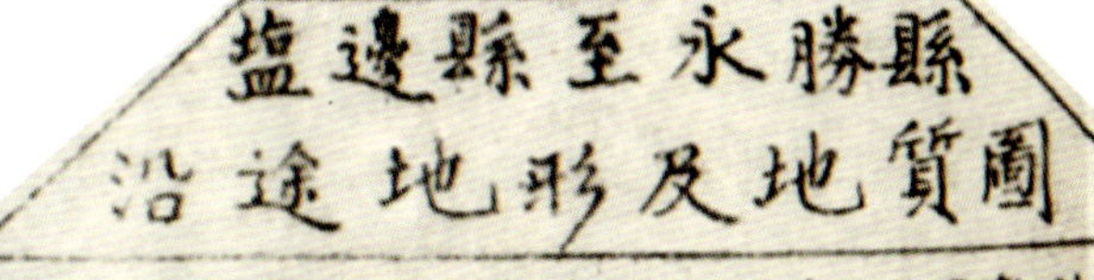

1940年12月30日，刘之祥教授测绘的盐边县至永胜县沿途地形及地质图

國立西北工學院教職員錄
△院長　賴璉　教務長　潘承孝　訓導長　王際強　總務長
趙玉振　工科研究所主任　劉錫瑛　礦冶研究部主任
任殿元　工程學術推廣部主任　王文華　分院兼主任　賴
璉　分院教務主任　黃蒼林　分院訓導主任　黃其起　分
院總務主任　袁明道　大學先修班主任　郝瑞符
△土木工程系主任　金寶楨　教授　趙玉振　李榮夢　徐百
川　副教授　李兆源　特約講師　李葆厚　助教　李銳
王汝僧　張寅　魯承宗　趙化天　張鴻陞
△礦冶工程系主任　任殿元　教授　馬[illegible]　李餘慶　石心
三

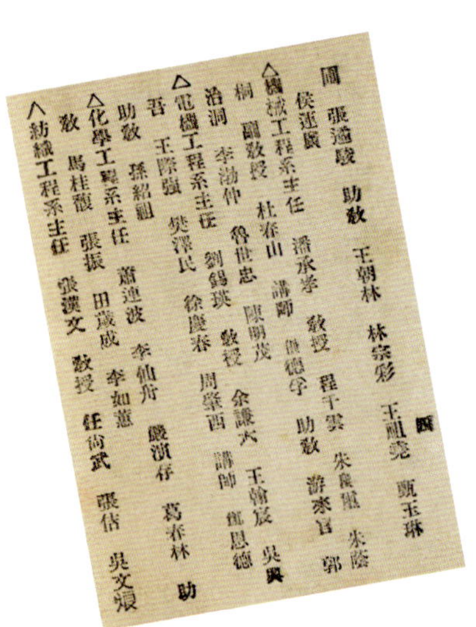
圜　張適駿　助教　王朝林　林宗彩　王祖堯　甄玉琳
侯運廣
△機械工程系主任　潘承孝　教授　程千雲　朱良璧　朱蔭
桐　副教授　杜春山　講師　俞德孚　助教　游來官　郭
治洞　李渤仲　魯世忠　陳明茂
△電機工程系主任　劉錫瑛　教授　余謙六　王翰宸　吳興
吾　王際強　樊澤民　徐慶春　周肇西　講師　盧恩德
助教　孫紹祖
△化學工程系主任　蕭連波　李仙舟　嚴演存　葛春林　助
教　馬桂馥　張振　田葳成　李如蕙
△紡織工程系主任　張漢文　教授　任尚武　張佶　吳文煨
四

郭鴻文　助教　王絳緖　陳逵
△水利工程學系主任　劉德潤　教授　彭榮閣　邢不緒　常
錫厚　趙文欽　助教　周芸田　毛昶熙　郭青雲　董　傑
△航空工程學系主任　羅明燏　張國藩　丁履德　助教　張
開敏　李森林
△工業管理系主任　李榮夢
△社會科學教授　劉鳳年　數學教授　齊汝璜　馬純德　段
子美　王不揺　數學講師　張景淮　劉冠勳　數學助教
祝先安　陳鴻勉　趙鶴齡　王尙霖　李　毅　英文教授
張　佶　郝瑞符　英文助教　金榮庭　石　磊　物理教授
黃蒼林　張維正　物理助教　丁淑賢　秦啓泉　黃昌齡
五

國立西北工學院畢業同學錄
第一屆畢業同學錄（二十八年班）
△土木工程學系　陳松茂　馬樹蔭　王文起　吳威三　陸仕
鴻　李自新　李奉先　黎紹熙　陶世昌　蘇青選　成纘徵
王家璧　董育璧　鄭家齡　鄭鳳池　劉桐韶　袁鴻志
李惟湛　桂承棠　何鍾秀　趙翰中　張崇堯　李宗咸　黃
癸亮　黃克明　杜茂森　壽文彬　袁克智　梁欠敬　梁武
韜　張順廷　劉鴻捷　王樹梓　梁文璞　劉天順　郭安民
李耀銓　俞濟瀛　孫繼葆　孟慶勳　劉春一　查慶豐
王維新　李鴻謨　於福民　賀祚蓀　趙榮陞　蘇顧謨　蘇
世綿　洪文佩　王繼宏　潘壽彭　鄭木森　于瀚祥　龔攀
桂　王達伯　婁國珍　張之樑　么文翰　易寬助　朱吟龍
王允發　李濟尊　皇甫其魯　岳崇志
一一

廷棟　羅立銘　蕭逢霖
△化學工程學系　王尚華　文調陽　田斌　胡杏芸　梁飛彪
張振　陳珍　郭剛東　郭承俊　葛樹萱　楊茂春　鄭淑芸
燕惠蘭
△紡織工程學系　王文光　王興富　王有澤　陳逵　劉宸生
蘇先劼
△水利工程學系　王福元　毛昶熙　艾連根　李昌榮　周芸
田　周　汾　房廣猷　孫天齡　張文集　張家斌　郭青雲
鐵子莊
△航空工程學系　王希周　李森林　佘驥龍　冷霽　宋超傑
荆廣生　黃光耀　張桂聯　張祖烈　張耀宸　陳樑善　童
一九

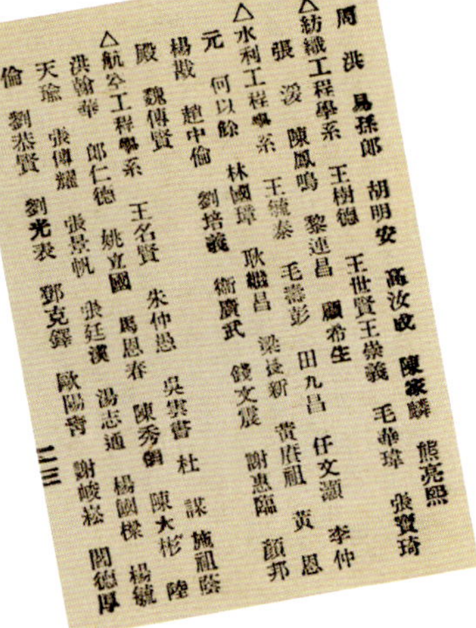
周　洪　馬孫郎　胡明安　高汝成　陳家麟　熊亮熙
△紡織工程學系　王樹德　王世賢王崇義　毛翀瑋　張寶琦
張　浚　陳鳳鳴　黎連昌　顧希生
△水利工程學系　王鏡泰　毛壽彭　田九昌　任文灝　李仲
元　何以餘　林國璋　耿繼昌　梁達新　黃康祖　黃　恩
楊戩　趙中倫　劉培義　衞廣武　錢文震　謝惠臨　顏邦
殿　魏傳賢
△航空工程學系　王名賢　朱仲愚　吳棠書　杜　謀　施祖蔭
洪翰華　郎仁德　姚立國　馬恩春　陳秀劍　陳大彬　陸
天瑜　張傳耀　張景帆　張廷漢　湯志通　楊國樑　楊毓
倫　劉恭賢　劉光表　鄧克鐸　歐陽齊　謝峻崧　閔德厚
二三

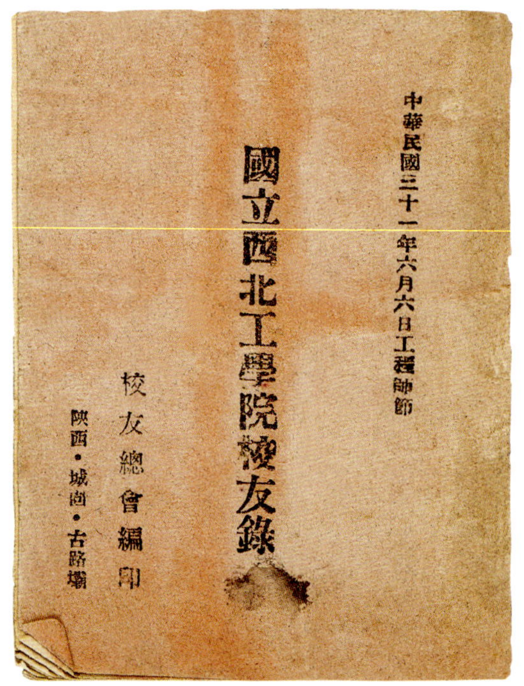
中華民國三十一年六月六日工程師節
國立西北工學院校友錄
校友總會編印
陝西・城固・古路壩

1942年，《国立西北工学院校友录》（节选）

北洋大学在抗战时期极其艰苦的条件下，不屈不挠、坚持办学，为抗战胜利以及新中国成立以后的各方面建设培养出了一千多名优秀毕业生，他们步入社会后，大多成为工程宿将、建设良才，为祖国和民族做出了杰出的贡献。如：

中国物理冶金学家、“两弹一星”元勋吴自良；

中国微波通信与光纤通信的开拓者之一叶培大；

中国高速柴油机的开创者、内燃机专家、内燃机专业教育家史绍熙；

中国空气动力学家和航空教育家戴昌晖；

中国通信专家、教育家杜锡钰；

电机工程专家、电机工程教育家高景德；

中国核材料、材料科学专家李恒德；

中国光弹性学家，中国实验力学的奠基人之一贾有权；

中国飞行器制导与仿真领域的开拓者之一文传源；

中国转炉炼钢技术研究和开发的先驱者之一、冶金学家、教育家林宗彩；

中国岩石力学与工程学科的创始人之一于学馥；

中国船用内燃机专业的奠基人李渤仲；

中国高温合金研究的奠基人、材料腐蚀领域的开拓者师昌绪；

航空材料学专家、教授胡振渭、康沫狂；

电机电力专家邵洪泮；

中国电气工程专家、“双水内冷发电机技术”国家发明一等奖，国家科技进步一等奖获得者郑光华（女）；

纺织教育家李友山；

建筑学家董维域；

铁道工程技术专家吴成三；

桥梁专家殷万寿；

上海有色金属研究所总工程师、高级工程师田庚锡；

天津经委高级工程师杨翠芳、徐鸿济；

邮电部设计院主任工程师张农；

辽宁省机械研究所总工程师杨绍南；

机械电子部科技情报所高级工程师王恩民；

铁道部第四勘察设计院总工程师李嘉昌；

高级工程师、水利专家时文生、周汾、吴正准、耿鸿桓，等。

大学肇启

“中华民族解放先锋队”
（1936年在中国共产党领导下建立的青年抗日救国组织）

张根仁（1880—1944），字涵初，安徽怀远城关人。1904年毕业于北洋大学。同盟会会员，任孙中山先生秘书。参加黄花岗“三·二九”起义。九一八事变后，任东北抗日义勇军宣慰使。1939—1942年赴香港为抗日募款，返回重庆后去世。

赵天麟（1886—1938），字君达，天津人。1903年考入北洋大学法科，1906年作为官费留学生入读美国哈佛大学法律系，1909年获法学博士学位并被授予哈佛大学金钥匙奖。1912年，回国任教于北洋大学，1914—1920年任国立北洋大学校长。天津沦陷后，抵制日寇奴化教育、保护爱国师生，遭日本特务暗杀。

吴树德（1899—1942），上海人。1923年毕业于北洋大学土木工程系。华北水利委员会工程师、测候室主任。1937年天津沦陷后，为不使气象水文资料中断，吴树德带领两名助手继续做观测记录。由于天津测候所仍按照业务规定向重庆拍发气象电报，吴树德于1944年4月15日下午遭日本宪兵队逮捕，惨遭杀害。

张润田（1900—1937），字倬甫，河北滦县人。1924年毕业于北洋大学土木工程系。1934年，他利用兼任北宁铁路局工务局副局长、代局长的合法身份，以铁路为依托开展对日寇的斗争，并积极支持“一二·九”抗日救亡运动。1937年七七事变后，多次策划和组织破坏日寇军用物资补给线。1937年冬在天津被捕，遭严刑拷打、壮烈牺牲。

1946年7月，为纪念抗日战争胜利，缅怀抗日烈士的功绩，天津市民为在抗日战争中天津各界的98名烈士隆重举行公祭和烈士祠揭幕仪式。烈士祠中第六位是著名的工程界、教育界爱国知识分子张润田烈士。在纪念会上，黄河水利委员会为纪念张润田烈士生前对黄河治理工作的贡献和英勇抗日的精神，专门定制了一个刻有纪念文字约2尺高的纯金纪念杯交其亲属。

马耀南（1902—1939），山东长山人。1930年毕业于北洋大学机械工程系。八路军山东纵队第3支队司令，1939年7月22日，在桓台牛王庄战斗中壮烈牺牲。

刘致中（1904—1942），又名刘以和。1928年毕业于北洋大学冶金工程系。八路军总部军工部柳沟铁厂副厂长，太行工业学校副校长。1942年5月25日，工校师生转移到了辽县十字岭，总部机关也在这里，敌人对这个地区进行“铁壁合围”，左权副总参谋长在指挥战斗中英勇牺牲。在突围中副校长刘致中英勇牺牲。

于伯显（1905—1942），原名于希增，化名李达。山东招远金岭镇中村人。1930年北洋大学机械工程系学生。1937年冬参加了黑铁山抗日武装起义。1938年，随八路军鲁东抗日游击队7、8支队东进胶东，后转入胶东山东人民抗日救国军第三军政治部联合出版社工作，胶东《大众报》创刊后，他被委任为《大众报》社电台台长。并于《大众报》创刊三周年纪念日首次发报成功。从此，胶东区不仅可以听到党中央的号令，而且也可把胶东军民的抗日英雄事迹向外界及时播发。1942年11月19日，在牙前县反日伪“扫荡”战斗中牺牲。

刘文华（1913—1942），北京人。北洋大学毕业，后留学德国专学机械工程。在德国前后学习工作8年并加入中国共产党，七七事变后即启程返国，1938年赴八路军总部任朱德、彭德怀之秘书，1941年刘文华奉命到冀中工作，因任务艰巨积劳成疾诊治无效不幸于1942年6月30日返总部途中病逝。

马克昌（1913—1942），字建宏，陕西米脂县杨家沟人。1935年考入北洋大学电机工程系。1935年参加“一二·九”抗日救亡运动，中华民族解放先锋队队员。1937年赴延安。转年赴冀南抗日根据地开展群众武装工作，历任冀南军区政治部民运科科长、军区武装部动员科科长、组织科科长（团级）等职。1942年5月，在冀中遭遇日寇扫荡部队，突围中不幸牺牲。

黄诚（1914—1942），河北安次县人。1934年北洋大学预科毕业，升入本校二十七年班电机工程系。1938年春，参加新四军，曾担任新四军政治部秘书处处长。

1941年年初，在皖南事变中，不幸被捕。面对威胁，黄诚视死如归，他说："从事抗战，无愧于心，我绝不因斧钺在前而变初衷!" 1942年4月23日，从容就义。

孙景芳（1915—1948），河北冀县人。1938年毕业于北洋大学机械工程系。1935年参加"一二·九"抗日救亡运动，中华民族解放先锋队队员。七七事变后投笔从戎，参加八路军，随八路军一二〇师转战晋西北，在东北因公牺牲。

张祖舜（1917—1938），河北武邑县人。1938年北洋大学预科毕业。1935年参加"一二·九"抗日救亡运动，中华民族解放先锋队队员。1937年七七事变后参加革命，在抗战名将宋哲元的二十九军参与兵运工作，后在战斗中牺牲。

于奇（朱树荣），1937年毕业于北洋大学采冶工程系。1935年参加"一二·九"抗日救亡运动，中华民族解放先锋队队员。1937年参加八路军，参加新军暂一师二队，从事抗日游击战争，后在冀中的战斗中牺牲。

张佩环，1937年毕业于北洋大学土木工程系。1935年参加"一二·九"抗日救亡运动，中华民族解放先锋3

李恒林，1937年毕业于北洋大学机械工程系。1935年参加"一二·九"抗日救亡运动，中华民族解放先锋队队员。后在太行区战斗中牺牲。

刘讷，1939年毕业于北洋大学机械工程系（航空组）。1935年参加"一二·九"抗日救亡运动，中华民族解放先锋队队员。1937年参加八路军，在保卫延安时病逝。

王从善，1937年毕业于北洋大学土木工程系。1935年参加"一二·九"抗日救亡运动，中华民族解放先锋队队员。1937年参加八路军被分配到晋绥抗日根据地工作，后在解放战争东北战场上牺牲。

房荫枢（1911—1943），天津人。1935年毕业于北洋大学机械工程系，中国飞行员，抗战英烈，南京抗日航空纪念碑上刻有房荫枢的名字。（抗日战争时期"驼峰航线"是运输战争物资的线路，往返于中国昆明与印度汀江之间。1942年年末，航委会一纸调令，把欧亚航空公司最优秀的林大纲机组抽调出去，执行"特殊任务"。正驾驶林大纲是技术最高超的飞行员，副驾驶房荫枢原是正驾驶，不仅飞行人员精挑细选，连飞行任务也绝对保密。1943年10月28日凌晨，飞机"失联"，从时间上推算，他们失踪的地方，正好是在"驼峰航线"中最艰险、最难飞的一段。）

刘齐滨（1908—1942），原名刘福海，山东曹县韩集镇刘岗村人。1928年北洋大学预科毕业。是鲁西南抗日根据地的主要创建人之一，曾担任鲁西南专署第一任抗日专员。九一八事变后，参加了北大学生请愿团。1937年卢沟桥事变爆发后，毅然返回家乡刘岗一带，加入了农民抗日互助会。为了宣传抗日救国的道理，刘齐滨在刘岗村又开办了农民夜校，并结合实际，自编教材，不但教农民读书识字，还向他们灌输革命的道理。1937年底，刘齐滨在曹东南黄岗集一带建立了青年救国会，选举为会长。任鲁西南抗日救国总会总会长。在刘齐滨的领导下，抗日救国总会的会员很快发展到7万余名，遍布曹县、菏泽、定陶、东明、考城等县，形成了一股强大的抗日力量，为鲁西南抗日根据地的开辟打下了良好的群众基础。1939年任，中共鲁西南地委统战部部长。1942年4月15日，刘齐滨在张子高村病故。

周保祺（1893—1949），江苏淮安县人。1920年北洋大学土木科毕业。1946年参加革命，在苏皖边区人民政府水利局任工程师、山东省河务局工程科长兼技术室主任，是山东黄河主要技术负责人。1948年华北人民政府受党中央委托，筹建冀鲁豫解放区黄河水利委员会。1949年6月15日，周保祺作为华东解放区的代表，参加了在济南举行的黄河水利委员会成立大会，会上他当选为黄河水利委员会委员。1949年6月23日因积劳成疾病逝。山东省政府批准为革命烈士并立碑纪念。

北洋大学抗日战争英烈

张根仁 赵天麟 吴树德 张润田 马耀南

刘致中 于伯显 刘文华 马克昌 黄诚

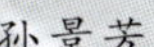

孙景芳

张祖舜

于奇

张佩环

李恒林

刘讷

王从善

房荫枢

刘齐滨

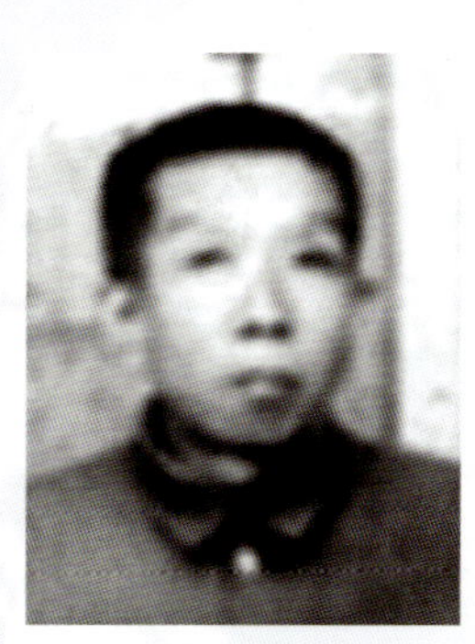

周保祺

晉冀魯豫
人民解放軍
烈士公墓
一九四七年十一月七日
晉冀魯豫人民解放軍全體指戰員敬立

刘文华烈士之墓

八路军前方总部晋冀鲁豫军区及一二九师团以上干部和边区战斗英雄墓区

标明"北洋大学北平部工学院"所在位置的1947年北京市地图

坐落在原北京西北城端王府夹道七号（现育幼胡同）的北洋大学北平部东校门（门前站着的是参加北洋大学北平部入学考试的1951年班航空工程系校友李安格）

北洋大学北平部校徽

1928年7月，南京国民政府在教育上推行大学区制，议改北平、天津两市为北平大学区，其中取消“国立北洋大学”名称，改为“北平大学第二工学院”。不得人心，有关学校群起攻之，1929年6月夭折。1929年7月26日，南京国民政府同样成立“恢复北洋大学筹备委员会”，此期间暂称“国立北洋工学院”。之后，因国家战乱、日本入侵，北洋大学复名遭搁置。

1945年8月15日，日本宣布无条件投降。抗日战争胜利，北洋大学师生和各地校友人心所向、强烈要求复名国立北洋大学。1946年1月，国民政府批准，教育部正式下达了关于恢复北洋大学的函令。随即成立以王宠惠为主任，李煜瀛、王正廷、陈立夫、茅以升、淩鸿勋、何杰、卢恩绪、钱新之、李晋、周纶阁为委员的国立北洋大学筹备委员会，并责令陈范有、张务滋接收被日军（坦克兵营）占据8年的天津北洋大学（包括日伪期间所谓的北京大学工学院，接收后为北洋大学北平部）的校舍及所有财产，复校工作正式全面启动。

北洋大学筹备委员会推举茅以升为校长。茅以升聘请金问洙为代理校长。北洋大学设：工学院、理学院、北平部工学院。在天津本部设：土木工程系、水利工程系、采矿工程系、冶金工程系、电机工程系、航空工程系、机械工程系、化学工程系。理学院下设；物理学系、化学系、地质学系。北平部设：土木系、机械系、电机系、建筑系、应用化学系等五个系。李书田为工学院院长，陈荩民为理学院院长并兼管北平部校务。时任土木工程系主任曾威，1948年更为张湘琳（兼任土木工程研究所所长）。常锡厚为水利工程系主任并兼任水利工程研究所所长。地质学系主任为阮维周。

1946年10月2日，来自泰顺北洋工学院、北洋工学院京西分院和北平部的师生会集天津本部，隆重举行了庆祝北洋大学建校51周年大会。天津《大公报》当日专门发表了“社评”。社评中说：“北洋大学在半个世纪以来中华建国的工作中，有其光辉的成就。在天津，以文化教育观点言，更为现代天津城市之一大支柱。就学术水准论，北洋大学早已跻于世界大学之林。可惜抗战八年，受尽颠仆流离之苦。当今复员并恢复国立北洋大学，实为国人之望。值此北洋大学复校和51周年校庆之际，我们谨以此文表示祝贺。”

1946年10月22日，国立北洋大学历时17年正式复名后全面开课。

优胜者纪念杯——“复大杯”

个人单项第一名的奖章

1947年元旦，由校学生自治会组织承办了国立北洋大学“复大杯”全校运动会。图为西京分队赢得运动会总成绩冠军所荣获的优胜者纪念杯——“复大杯”和个人单项第一名的奖章。

1946年秋，国立北洋大学全体复员同学在（天津西沽）校工程实验楼（北大楼）门前合影

1949年，魏寿昆为北洋大学冶金系1949年毕业班讲课

1949年6月，北洋大学冶金系1949年毕业班全体学生在北洋大学校内小桥上合影（桥右后为教员住宅4号楼，左后为西大楼。站立者前排左四为魏寿昆）

1949年6月，北洋大学冶金系1949年毕业班全体学生在北洋大学大门口合影（站立者前排右三为魏寿昆）

新中国成立伊始，国家面临着大规模经济建设的恢复时期以及其后接踵而至的第一个五年计划，国家必须尽早部署矿产资源的勘探开发，而当时地质干部的储备又少得可怜，全国仅有专业人员二百余人，专业门类也不齐全。为此，政务院所属各有关工业部都在想方设法寻求培养高校毕业生的门路，迅速充实地质勘探队伍以应急需。中央燃料工业部石油管理总局遂委托北洋大学招收石油地质勘探专业的本科生，于1950年1月在京、津两地同时考试，2月份入学，是为北洋大学地质工程系的第一班学生（春季班）。

1950年，北洋大学地质工程第一班全体师生在校门前的合影（中排右五为王炳章教授、中排左四为苏良赫教授）

1952年，卫津河上为天津大学新校区建设运料的船只

1952年，教师参加新校区建设劳动

1952年，参加新校区建设劳动教师的集体留影

1952年，3000名建设工人日夜奋战在天津大学新校区建设工地上

新中国成立以后，1951年9月26日，国立北洋大学更名为天津大学。学校为满足教学、实习和生活发展的需要，1952年经中央教育部与天津市委研究决定，在南开区六里台到七里台、卫津河以西建设新校址，勘定土地面积1020000平方米，水塘面积245000平方米，实际占地1977亩。1952年5月26日，新校址建设一期工程正式开工。仅150天，在一片旷野上建成87000多平方米的各类建筑物。于当年10月25日举行了新校址落成仪式和开学典礼。

20世纪60年代，天津大学校园中心区北洋广场，中心为1958年落成的第九教学楼，右侧为1952年落成的第五教学楼

懿歟母校雄踞北洋人才薈萃無間殊方
往予來領擘劃尚詳實事求是永作羹牆
蔚為楨榦邦家之光至今食報更冀未央
同人易象伐木詩章衆擎易舉獨力難將
偉哉多士識度高張爰有學會編錄仙鄉
按圖索驥聲氣芬芳一手一足其烈不揚
矧茲建設必集衆長建國方略意美法良
次第實現我校首當羣策羣力事業發皇
願本校訓互助勿忘聊抒小引用祝無疆
中華民國二十四年五月上澣趙天麟撰

“实事求是”一词出于《汉书》，文中说刘德“修学好古，实事求是”。后被人们沿传引申，意为：办事求学必须根据实证，求索真相，踏踏实实，知之为知之，不知为不知。

北洋大学校长赵天麟任校长期间（1914—1920年），总结北洋大学近二十年办学经验，概括出“实事求是”四个字，以“实事求是”的精神，对待科学技术知识，端正学风，遂成为校训，一直沿袭至今。

In a lifetime, it is only possible to absorb a small portion of knowledge of any particular branch of learning and the knowledge obtained at the University can only be regarded as the foundation on which subsequent experience is based. If the student is to be successful after leaving the University he must continue to build the structure with the same care that was spent on the foundation.

Many difficulties will be encountered and at these times it will be well to remember that the University is always anxious to help and that the discussion of any particular problem may be helpful both to the University and to Industry.

Wm. E. Cooke.

Professor of Mining.

一个人一生中只能汲取某一特定学科的一小部分知识，在大学阶段所获得的知识也只能作为一个基础，去支撑人们获得更多的人生经历。学生如果希望在大学毕业后获得成功，他就必须继续努力，在大学知识的基础上继续构建知识结构。

努力的过程中会遇到诸多困难，此时，应铭记大学里一直希望秉持的东西，以及对大学和行业都有益的特定问题的探讨。

温·库克

大学教授

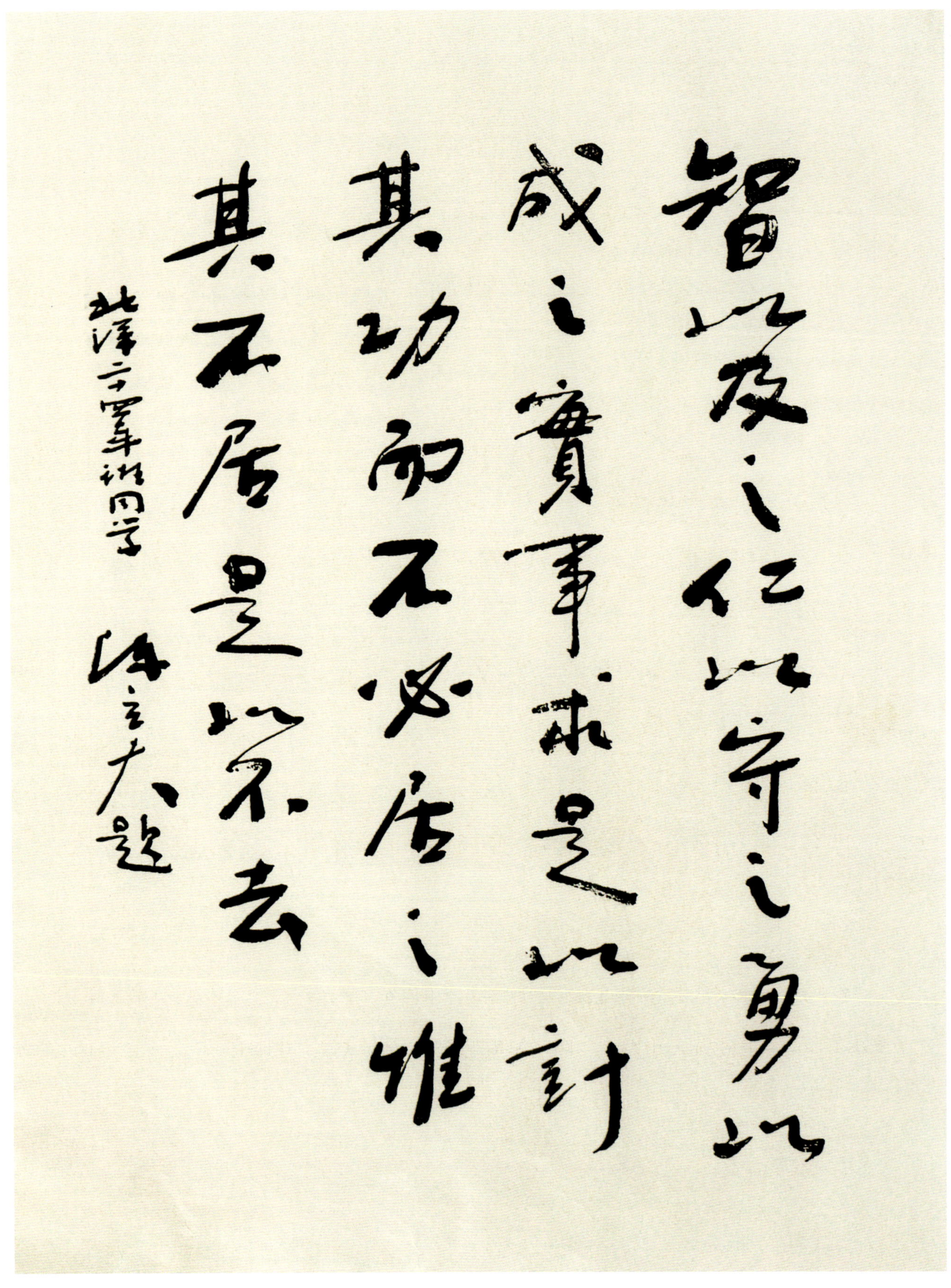

智以及之、仁以守之、勇以成之、实事求是，以计其功而不必居之，惟其不居是以不去

陈祖燕（1900—2001），又名陈立夫，浙江湖州人。1923年毕业于北洋大学采矿系，1925年获美国匹兹堡大学采矿学硕士学位。任北洋大学校友会会长多年。

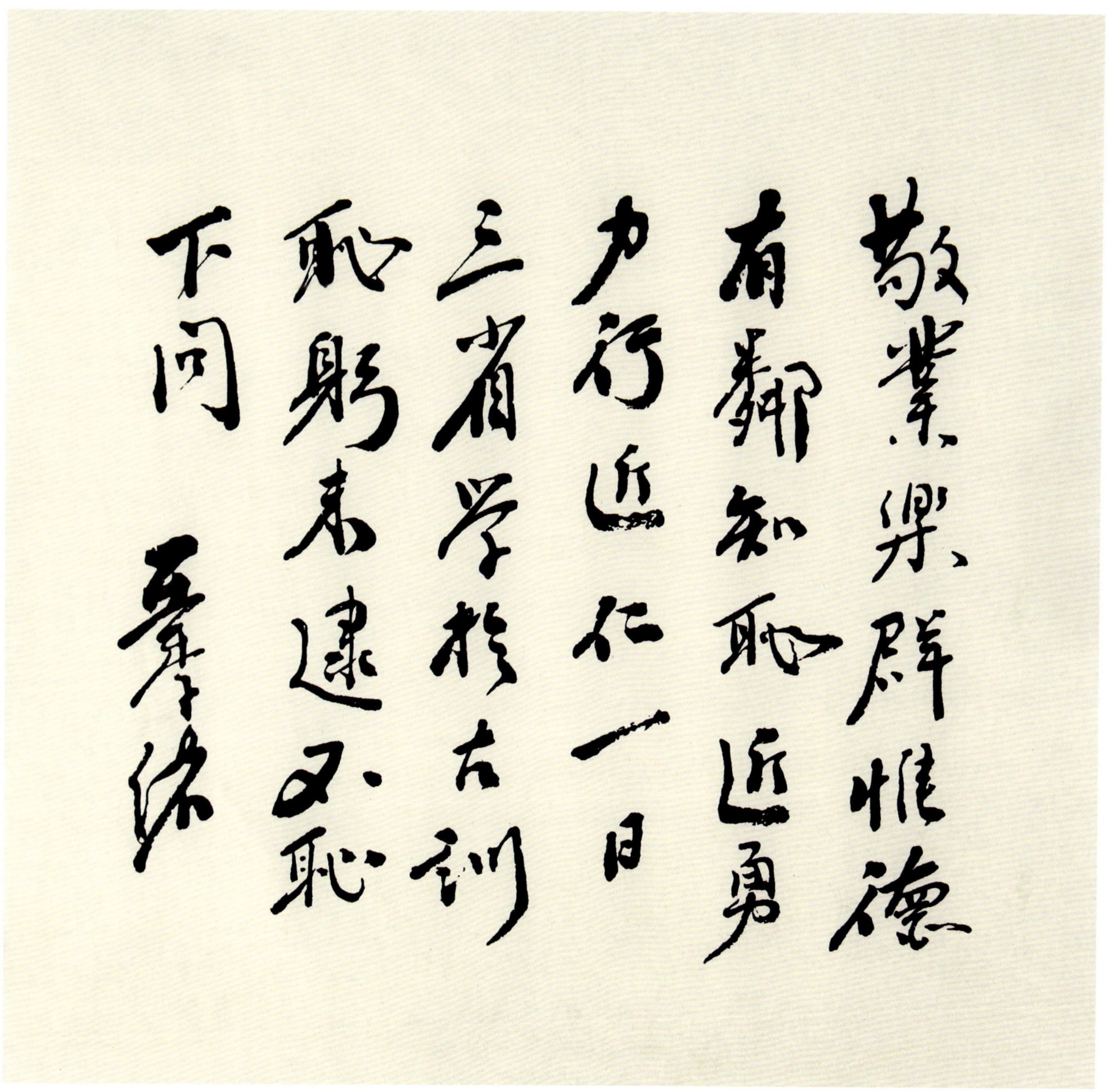

敬业乐群、惟德有邻、知耻近勇、力行近仁、一日三省、学于古训、耻躬未逮、不耻下问

王季绪（1882—1967），山东人。1912年毕业于英国剑桥大学，获博士学位。1912—1937年先后任国立北洋大学教授、教务长兼机械科主任、北洋工学院代理院长等职。作为我国最早的机械工程专家之一，1935年10月10日，王季绪和刘仙洲（原北洋大学校长）等人联名发起成立中国机械工程学会。

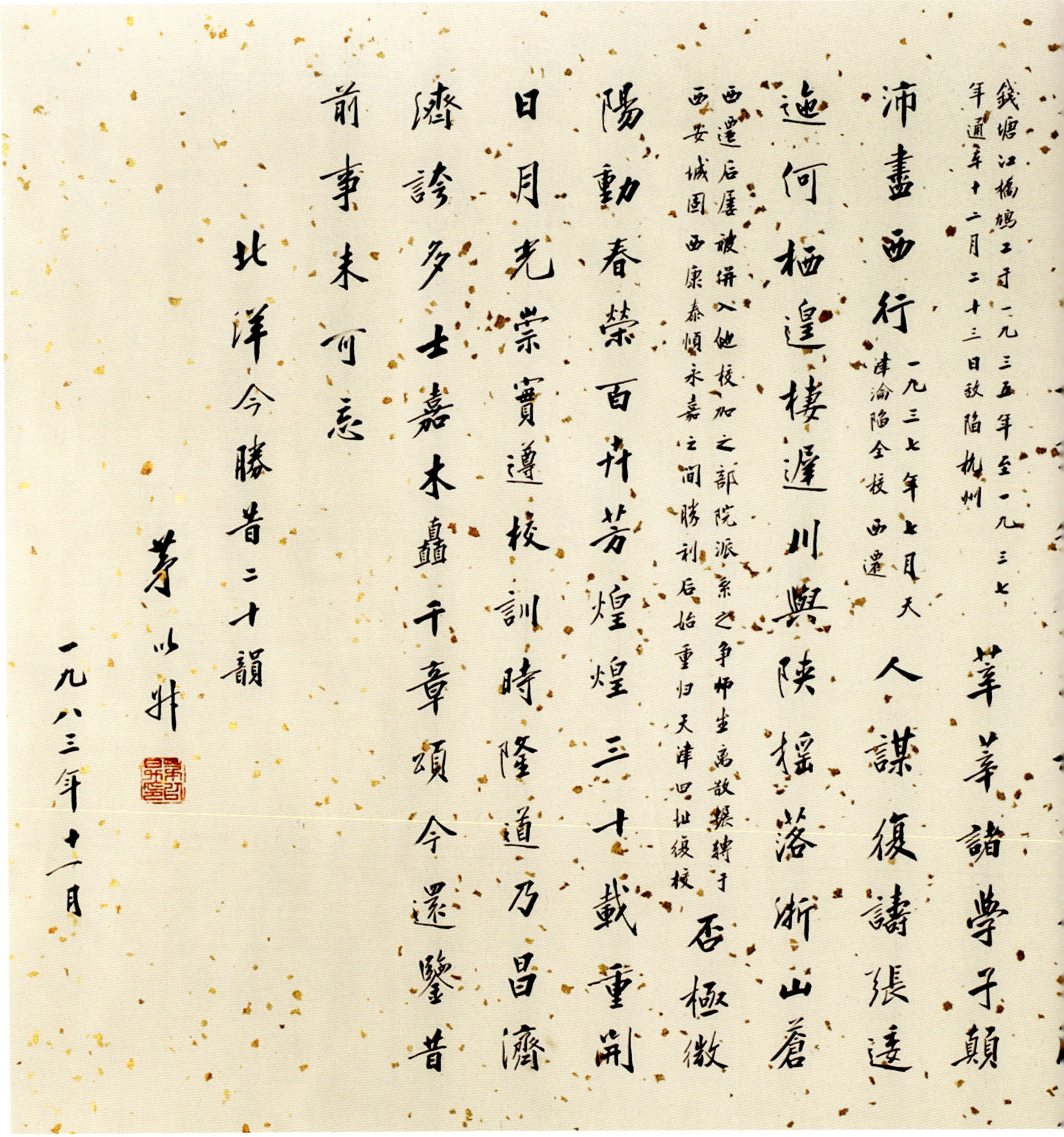

錢塘江橋鳩工于一九三五年至一九三七年通車十二月二十三日敌陷杭州

莘莘諸學子顛
沛盡西行
一九三七年七月天津淪陷全校西遷
人謀復譸張遠
遁何栖遑棲遲川與陝搖落浙山蒼
西遷后屢被拼入他校加之部院派系之爭師生离散輾轉于西安城固西康泰順永嘉之間勝利后始重归天津四址復校
否極徵
陽動春榮百卉芳煌煌三十載重開
日月光崇實導校訓時隆道乃昌濟
濟誇多士嘉木矗千章頌今還鑒昔
前事未可忘

北洋今勝昔二十韻

茅以升

一九八三年十一月

新學既東漸，北洋卓有聲（北洋創建于一八九五年，初名天津北洋西学堂，與清華、唐山、南洋四校著名于時）。

延我即講席，朝夕對羣英（一九二六年夏應劉仙洲先生之聘，主講結構工程等課程）。

我亦方少壯，奮强意縱横。切磋不知倦，析疑四座傾（我任課每周達二十多小時，采用新教授法，深受歡迎，上屆學生多来再次聽課）。

兵余復絃歌，昇我以校政（一九二八年因战禍停課，学生迎我出任工學院院長）。

师友惟相得，翕然归淳正。國事方多故，邪正角相競（北洋学生思想進步，唇與黑暗势力斗争不挠）。

魔火不為災，新廈俄頃竟（一九二九年春教学大樓突遭火焚，我為籌募工款十万元）。

南土忽相招，錢塘潮浪高。自古空寥闊，秦皇不安橋（唐施肩吾錢塘渡口詩：天塹茫茫連沃焦）。

面對[illegible]

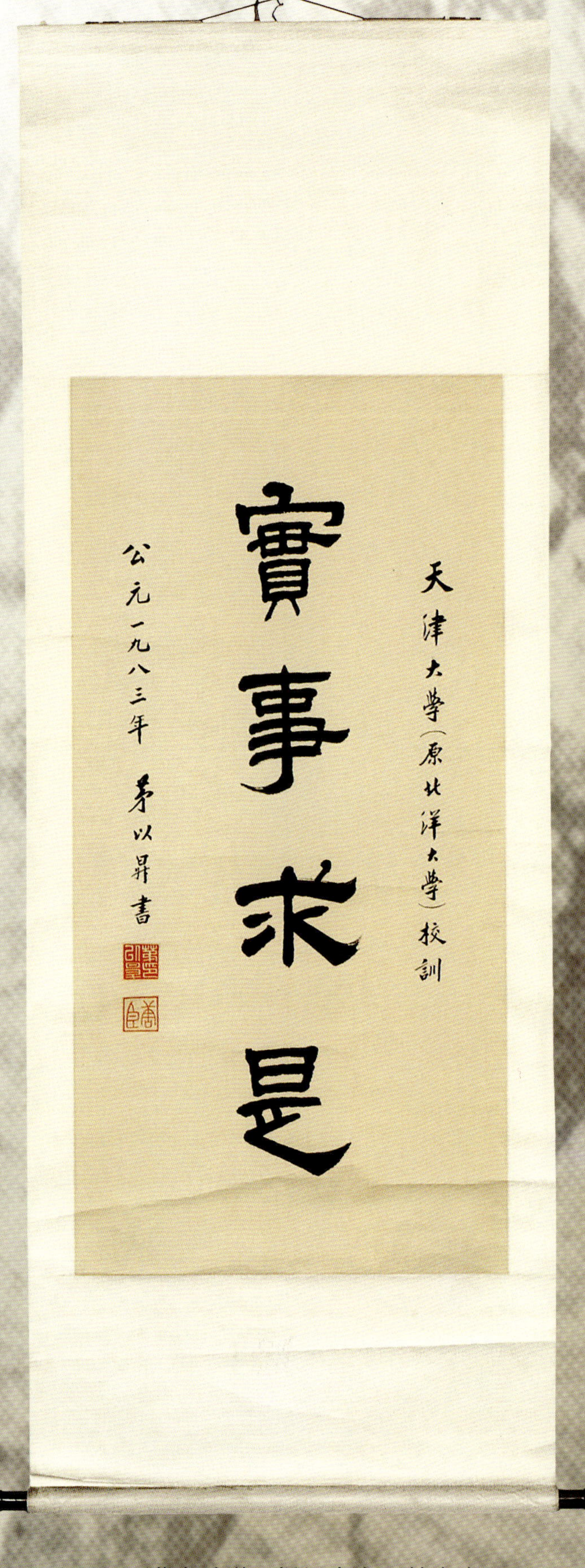

茅以升，著名铁道、桥梁专家，教育家。

1926—1928年、1932年曾两任北洋大学教授。1928—1930年，1946—1948年曾两任北洋大学校长。

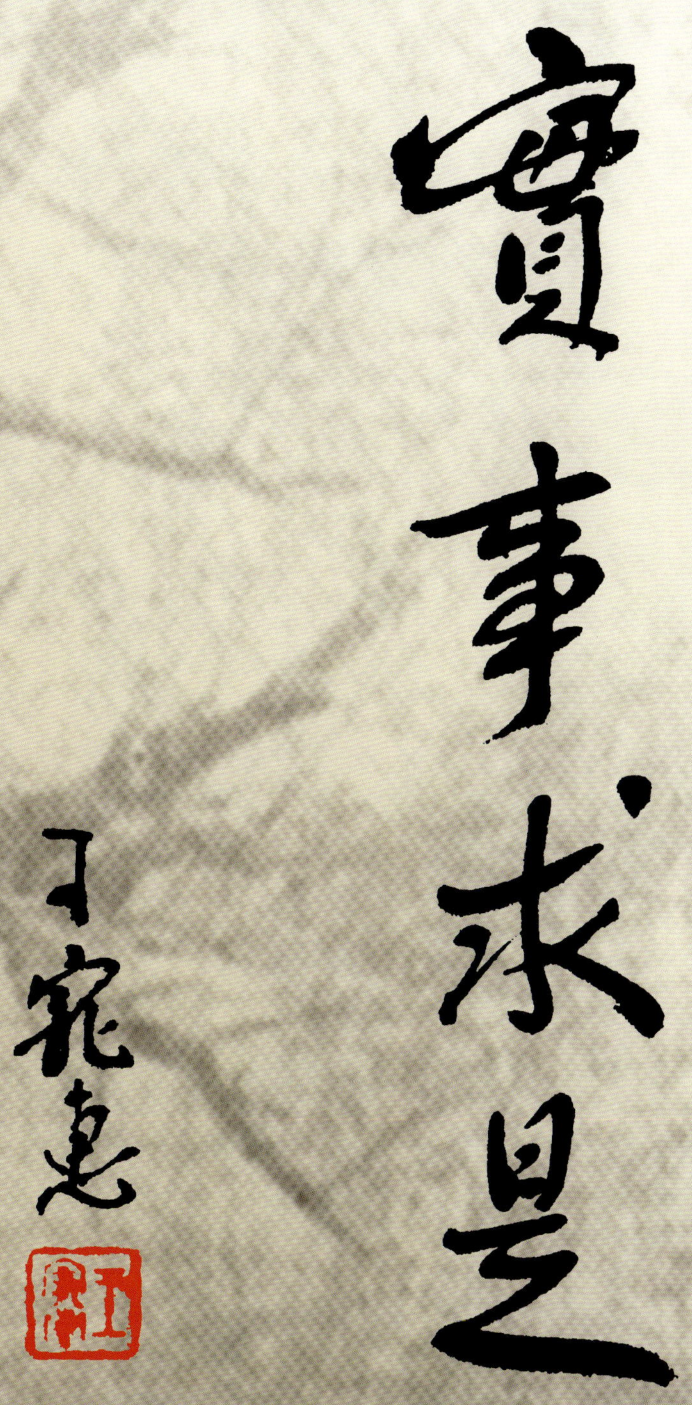

王宠惠（1881—1958），字亮畴，广东东莞人。中国近代著名外交家、法学家。

1900年毕业于北洋大学法科，获钦字第一号大学毕业考凭，毕业后公派赴美留学，获美国耶鲁大学民法学博士学位。英国伦敦中殿律师学院获英格兰及威尔士高等法院大律师资格。

北洋大学土木工程系之教学设备——经纬仪

水木兴邦

工学宏开

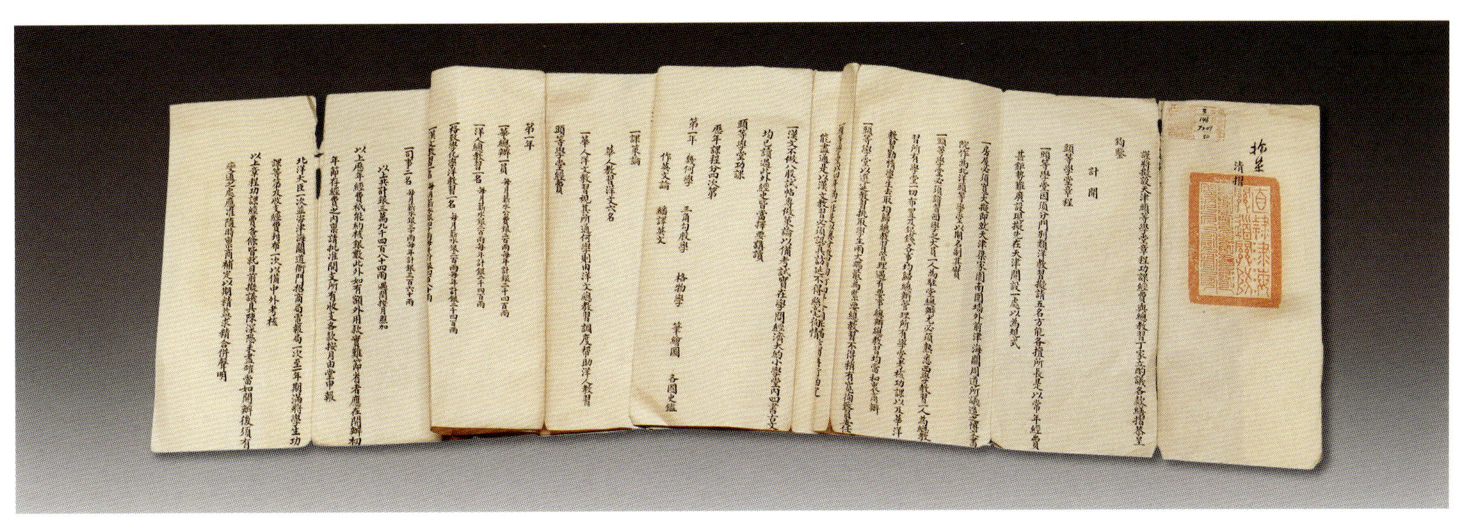

《直隶总督王文韶为拟设天津头等学堂章程功课经费与总教习丁家立酌议各款事清折》（中国第一历史档案馆馆藏）

清光绪二十一年（1895年）八月十二日，创建中国第一所大学北洋西学学堂光绪帝朱批奏折，并附带五件录副奏折：抄折一件、清折两件、咨呈一件。

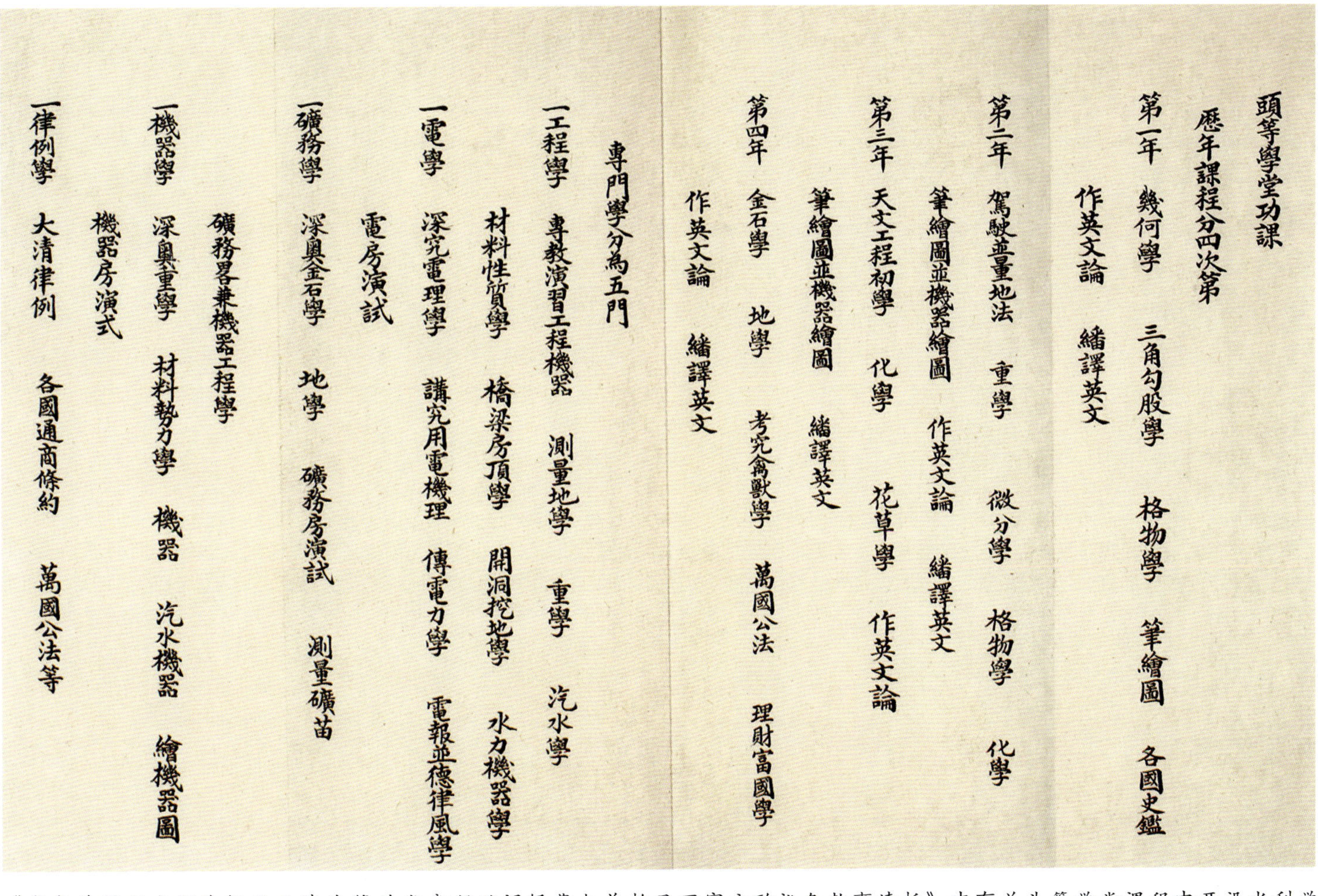

頭等學堂功課
歷年課程分四次第
第一年 幾何學 三角勾股學 格物學 筆繪圖 各國史鑑
作英文論 繙譯英文
第二年 駕駛並量地法 重學 微分學 格物學 化學
筆繪圖並機器繪圖 作英文論 繙譯英文
第三年 天文工程初學 化學 花草學 作英文論
筆繪圖並機器繪圖 繙譯英文
第四年 金石學 地學 考究禽獸學 萬國公法 理財富國學
作英文論 繙譯英文
專門學分為五門
一工程學 專教演習工程機器 測量地學 重學 汽水學
材料性質學 橋梁房頂學 開洞挖地學 水力機器學
一電學 深究電理學 講究用電機理 傳電力學 電報並德律風學
電房演試
一礦務學 深奧金石學 地學 礦務房演試 測量礦苗
礦務畧兼機器工程學
一機器學 深奧重學 材料勢力學 機器 汽水機器 繪機器圖
機器房演式
一律例學 大清律例 各國通商條約 萬國公法等

《直隶总督王文韶为拟设天津头等学堂章程功课经费与总教习丁家立酌议各款事清折》中有关头等学堂课程中开设水利学课程的名录

土木工学门

预科（二等学堂）两年。课程：外国语、国文、数学、物理、化学、地质学及矿物学、图画。

本科（头等学堂）1918年以前三年，以后四年。开设课程：材料学及材料强弱实验、热机关学、电气工程学、物理地质学、工程地质学、测地学、钢骨混凝土学及设计、地图地形和经纬线的各种绘图法、透视学、砌工学、机械学原理及设计、机械工厂实习、水力机械学及实验、房屋结构学、铁道曲线和土方工程学、铁道结构学及设计、铁道工程学、水利工程学、卫生工程学、桥梁工程及设计、冶金制造学、工程法制、工程经济学等。

本科生暑假进行现场实习，毕业前做论文。

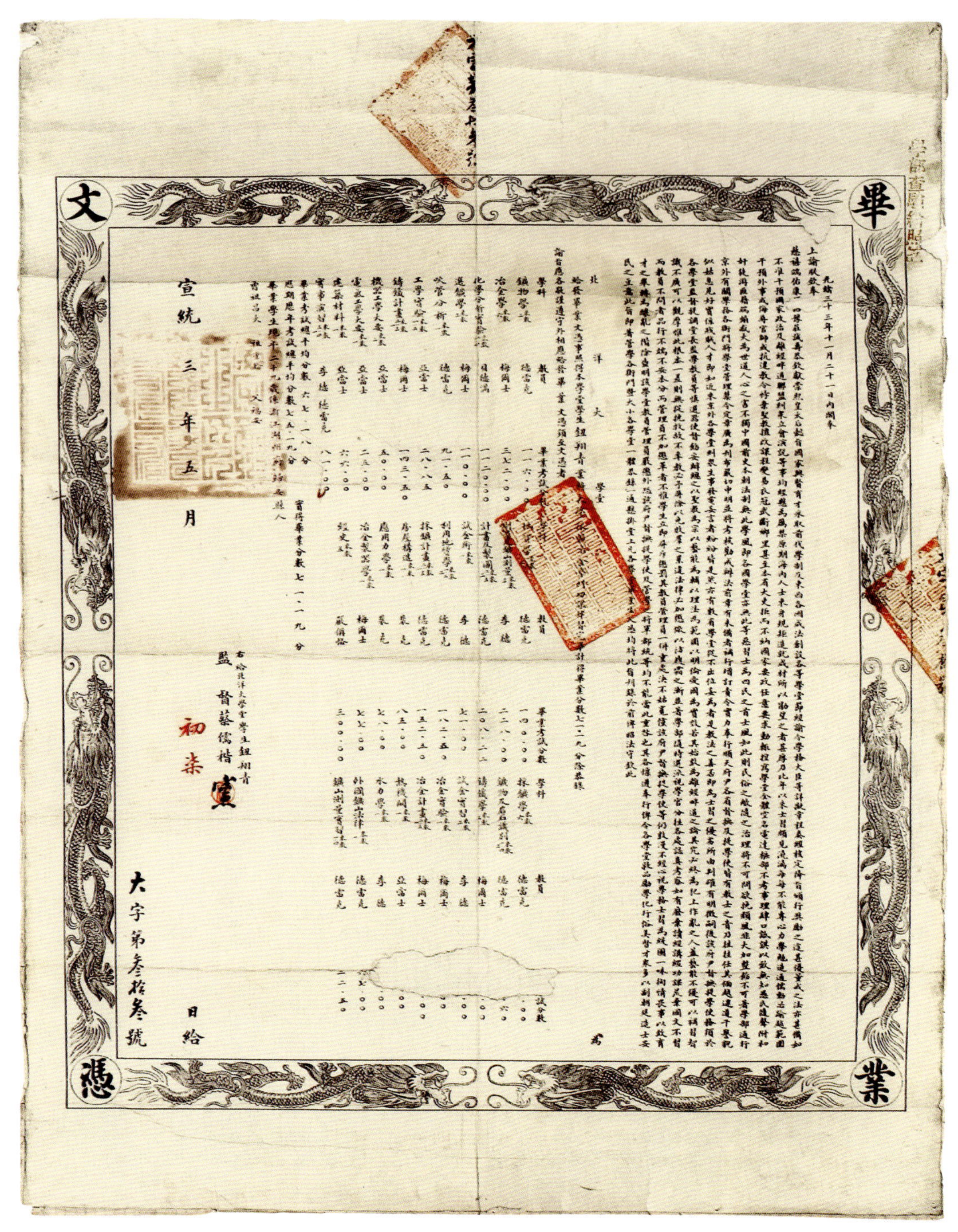

畢業文憑

北洋大學堂

宣統 三 年 五 月 日給

大字第叁拾叁號

毕业文凭

北洋学生课业异常繁重。以土木工程专业为例，六年制、两年预科、四年本科。预科期间特别强调国学和外语。本科前两个学年共修的课程有：英文、第二外语（德语）、国文、高等数学、高等物理、高等化学、测量学、工程图画、应用力学、材料力学、水利学、物理化学实验、测量实习、军训等。到了三四年级开设的专业课程则有：材料学及材料强弱实验、电气工程学、工程地质学、测地学、钢筋混凝土学及设计、地图地形和经纬线的各种绘图法、透视画、砌工学、机械学原理及设计、机械工厂实习、房屋构造学、铁道曲线和土方工程学、铁道结构学及设计、铁道工程学、电气铁道工程学、道路工程学、桥梁工程及设计、冶金制器学、工程法制、工程经济。特别水利工程课程有：水利机械学及实验、水利工程学、卫生工程学、农田水利、治河防洪、航道港口学等。可知其学习内容广泛，确有工科“通才教育”意味。

八、課程說明

甲、本系一年級課程

國文　馮成麟教授

本課程之目的，在使工科學生繼續其高中已獲得之國文陶冶，更充分養成其閱讀興趣，及發表能力，俾為工程師者既能有欣賞及研究文學之機會，以陶養其性情，復能優為普通應用文，如公牘，報告，及議

土木工程學系第四年級課程表

水利衛生工程組

課目號數	課目名稱	第一學期		第二學期	
		每週時數	學分	每週時數	學分
416	電機工程實驗 Electrical Engineering Lab.	2	1	—	—
123	鐵道定線學 Railroad Location	3	3	—	—
128	鐵道工程計劃 Rail road Engineering Design	3	1.5	—	—
131	道路材料試驗 Highway Materials Lab.	—	—	3	1.5
151	石工及基礎學 Masonry and Foundations	3	3	—	—
153	混凝土房屋計劃 Concrete Building Design	3	1.5	—	—
161	灌溉工學 Irrigation Engineering	3	3	—	—
162	河工學 River Regulation	—	—	4	4
163	築港工學 Harbor Engineering	3	3	—	—
164	水力工學 Water Power Engineering	—	—	3	3
167	水利工程計劃 Water Power Engineering Design	—	—	3	1.5
168	防洪工程計劃 Flood Control	—	—	3	1.5
172	污渠工學 Sewerage	3	3	—	—
173	水質分析實驗 Water Analysis	3	1.5	—	—
174	衛生工程實驗 Sanitary Engineering Lab.	—	—	3	1.5
177	給水工程計劃 Water Supply Design	3	1.5	—	—
178	污渠工程計劃 Sewerage Design	—	—	3	1.5
180	施工紀錄及管理 Cost Keeping and Management	—	—	2	2
181	工程契約及施工細則 Specifications and Contracts	—	—	1	1
060	工商法規 Industrial and Commercial Law	2	2	—	—
190—199	土木工程研究及論文 Thesis	—	—	3	3
	總計	31	24	28	20.5

185　工程地實習　第四年級春假時實習二星期　二學分

土木工程學系概況　二三

土木工程学系第四年级课程表（水利卫生工程组）

1933年北洋工学院筹建水利工程学系，教育部呈准自1934年起将土木工程系四年级分为普通土木工程组及水利卫生工程组。

國立北洋工學院
土木工程學系概況
本院概況第二種
民國廿三年度(本院第卅九學年)
李書田題

国立北洋工学院土木工程学系概况

宣统二年十一月 大字文凭存根（学科与教员）

学科
算数
机器工学大要
地质学
道路
河海工学
水力学
地震学
工艺理财学
经史

教员
张玉崑
赫曼士
亚当士
德雷克
裴克
裴克
裴克
德雷克
任纳福
严俩恪

学科
应用力学
建筑材料
石工学
测量
铁路
水力机
房屋构造
土木行政法
事实演习

教员
赫曼士
赫曼士
裴克
裴克
李德
赫曼士
赫曼士
毛理尔
裴克
裴克
席成
裴克
赫曼士
裴克

学科
热机关
冶金制器学
桥梁
计划制图
卫生工学
市街铁路
测地学
电气工学大意

教员
亚当士
李德
毛理尔
裴克
赫曼士
毛理尔
亚当士
裴克
毛理尔
赫曼士
亚当士

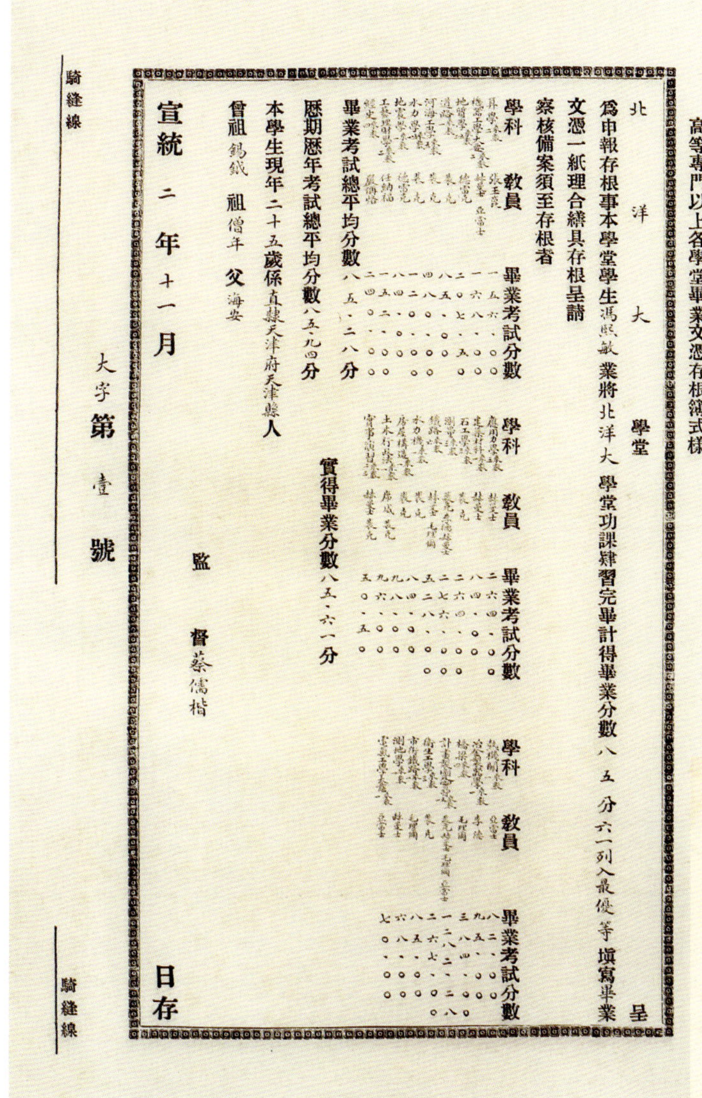

高等專門以上各學堂畢業文憑存根簿式樣

北洋大學堂 呈

為申報存根事本學堂學生馮熙敏業將北洋大學堂功課肄習完畢計得畢業分數八五分六一列入最優等填寫畢業文憑一紙理合繕具存根呈請

察核備案須至存根者

學科 教員 畢業考試分數

畢業考試總平均分數八五.二八分

歷期歷年考試總平均分數八五.九四分

本學生現年二十五歲係直隸天津府天津縣人

曾祖錫娥 祖僖年 父海安

實得畢業分數八五.六一分

監督蔡儒楷

宣統二年十一月 日存

大字第壹號

騎縫線

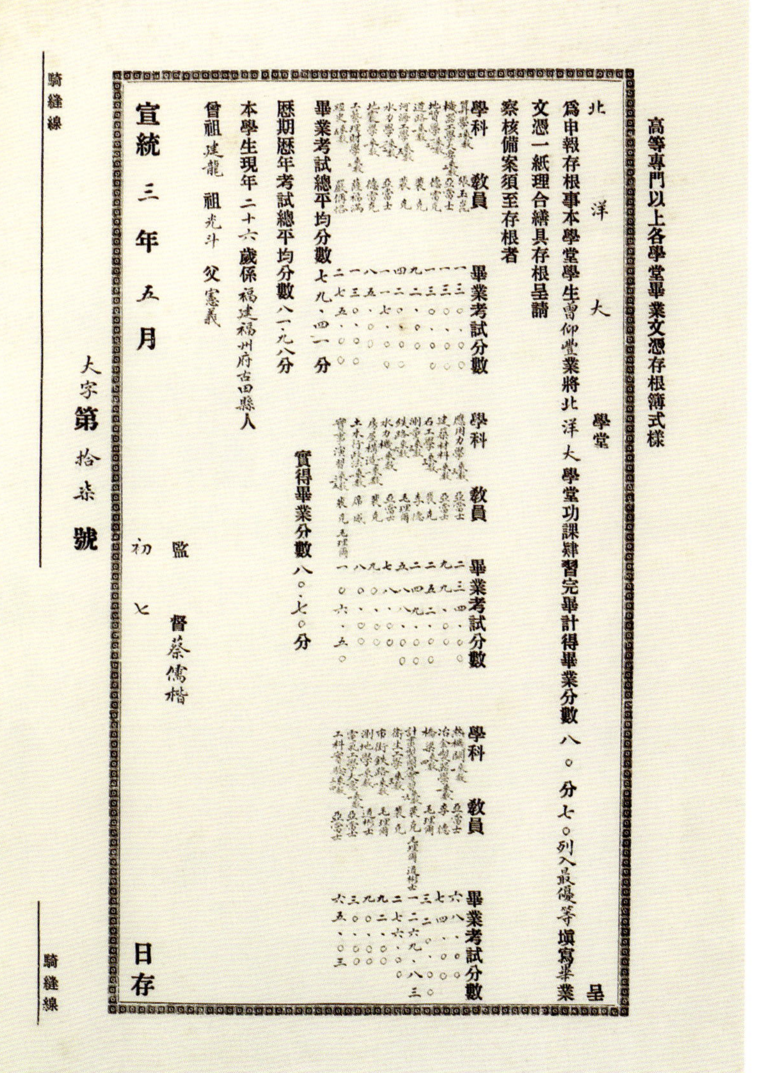

高等專門以上各學堂畢業文憑存根簿式樣

北洋大學堂 呈

為申報存根事本學堂學生曾仰豐業將北洋大學堂功課肄習完畢計得畢業分數八〇分七〇列入最優等填寫畢業文憑一紙理合繕具存根呈請

察核備案須至存根者

學科 教員 畢業考試分數

畢業考試總平均分數七九.四一分

歷期歷年考試總平均分數八一.九八分

本學生現年二十六歲係福建福州府古田縣人

曾祖建龍 祖光斗 父憲義

實得畢業分數八〇.七〇分

監督蔡儒楷

宣統三年五月初七日存

大字第拾柒號

騎縫線

毕业文凭存根

李书田

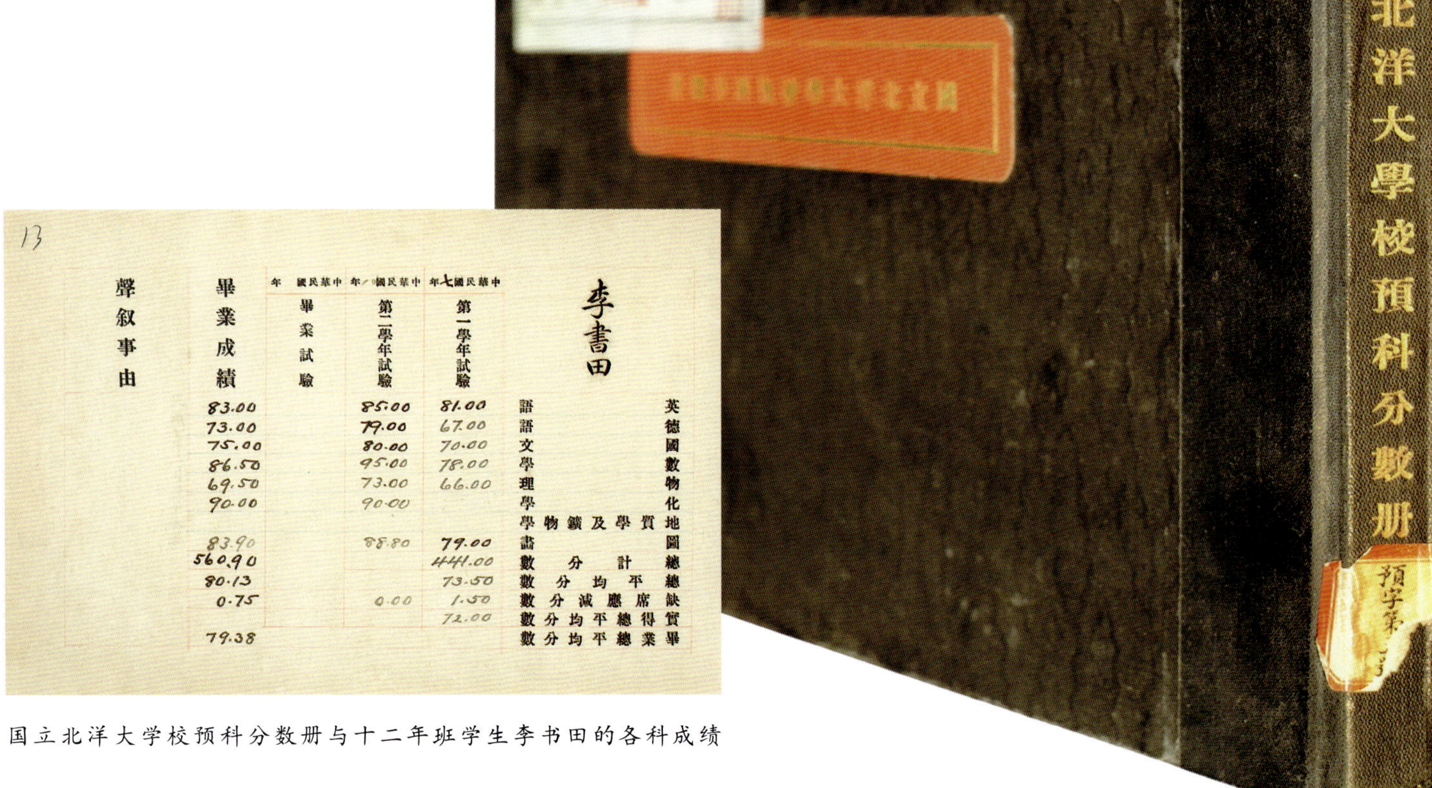

13

李書田

	中華民國七年 第一學年試驗	中華民國 年 第二學年試驗	中華民國 年 畢業試驗	畢業成績	聲叙事由
英語	81.00	85.00		83.00	
德語	67.00	79.00		73.00	
國文	70.00	80.00		75.00	
數學	78.00	95.00		86.50	
物理	66.00	73.00		69.50	
化學		90.00		90.00	
地質學及鑛物學					
圖畫	79.00	88.80		83.90	
總計分數	441.00			560.90	
總平均分數	73.50			80.13	
缺席應減分數	1.50	0.00		0.75	
實得總平均分數	72.00				
畢業總平均分數				79.38	

国立北洋大学校预科分数册与十二年班学生李书田的各科成绩

土木工十二年班

李書田	中華民國九年 第一學年試驗	中華民國十年 第二學年試驗	中華民國十一年 第三學年試驗	中華民國十二年 畢業試驗	畢業成績	聲叙事由
英語	84.00				84.00	
物理	95.00				95.00	
數學	93.00	97.00			95.00	
化學分析及實驗	94.00	97.00			95.50	
應用力學		85.00			85.00	
水力學			75.00		75.00	
圖法力學及演習		98.00			98.00	
地質學	91.00				91.00	
熱機關學			84.00		84.00	
水力機學			83.00		83.00	
機械製造學		86.00			86.00	
冶金製器學			88.00		88.00	
測量學		93.00			93.00	
測地學			84.00		84.00	
建築材料學			96.00		96.00	
鐵筋混合土構造法			93.00		93.00	
石工學			94.00		94.00	
橋梁學			90.00		90.00	
鐵道學			93.00	82.00	87.50	
道路學			98.00		98.00	
河海工學				88.00	88.00	
市街鐵路學				74.00	74.00	
房屋構造學			91.00		91.00	
土木行政法				96.00	96.00	
電氣工學大意			73.00		73.00	
衛生工學				85.00	85.00	
工業經濟學				91.00	91.00	
計畫及製圖	91.50	94.00	93.75	87.81	91.76	
測量實習		95.00			95.00	
機械學			87.00		87.00	
水質分析及實驗						
實地練習			95.00		95.00	
總計分數	548.50	745.00	1417.75		2761.76	
總平均分數	91.42	93.13	88.61		89.09	
缺席應減分數	0.00	0.00	0.00	0.00	0.00	
實得總平均分數	91.42	93.13	88.61			
畢業總平均分數					89.09	

十二年班学生李书田的各科成绩

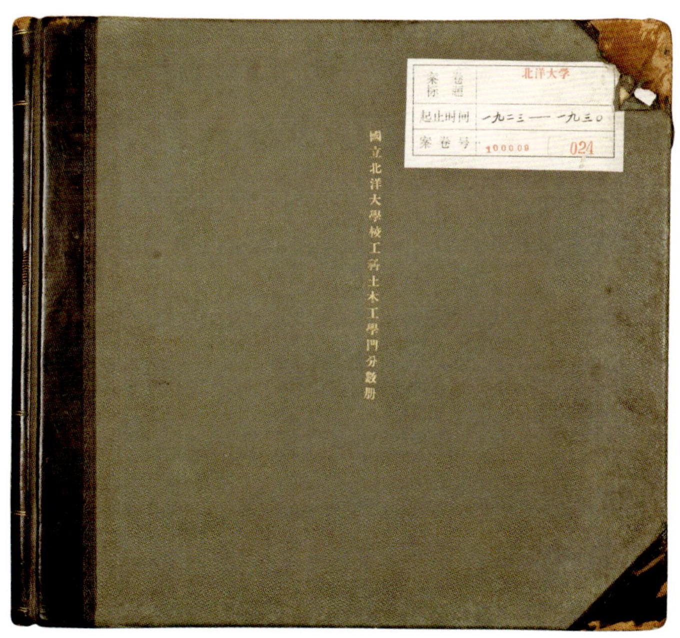

国立北洋大学校工所土木工学门分数册（1923—1930）

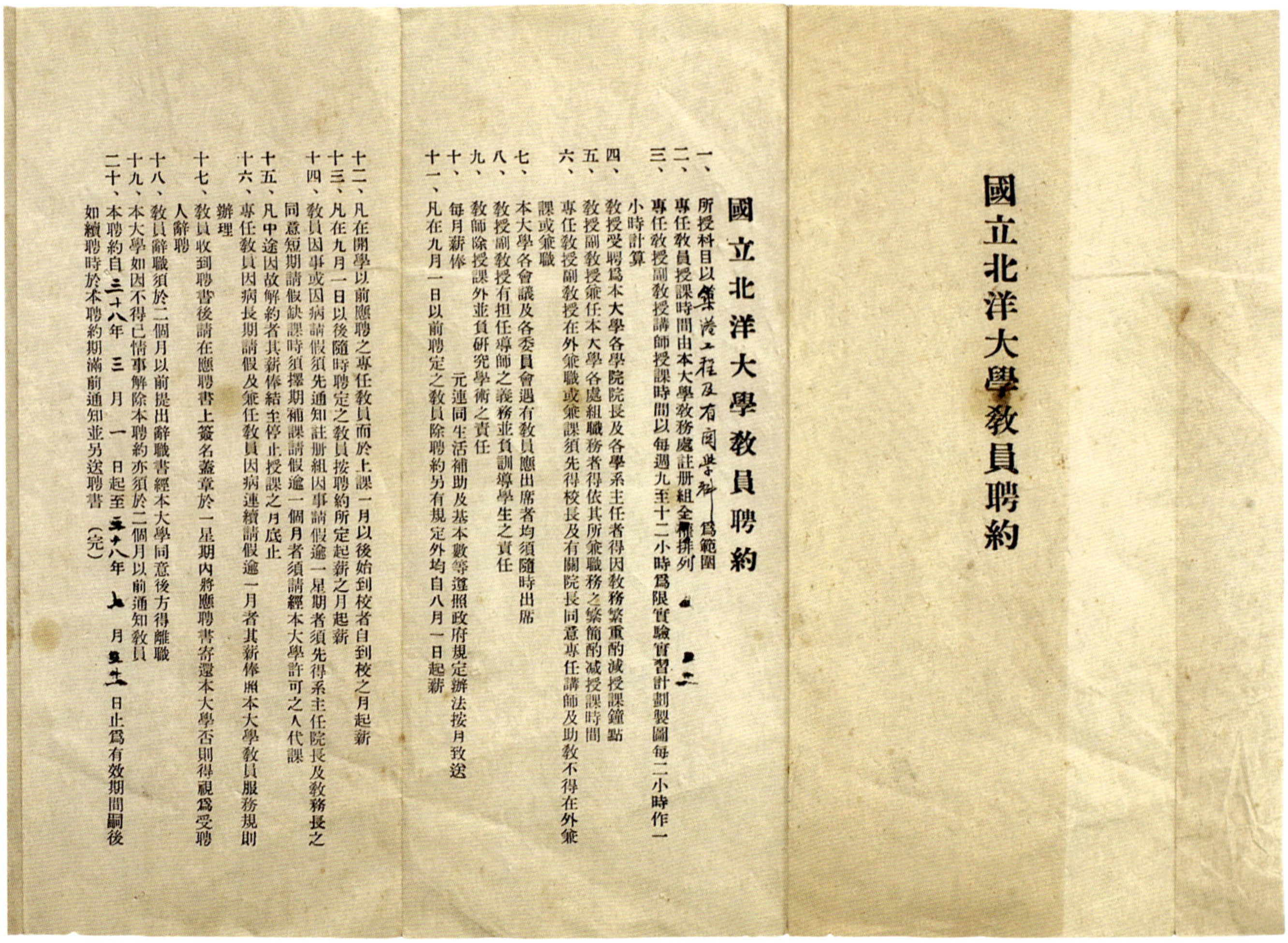

國立北洋大學教員聘約

國立北洋大學教員聘約

一、所授科目以築港工程及有關學科為範圍

二、專任教員授課時間由本大學教務處註册組全權排列

三、專任教授副教授講師授課時間以每週九至十二小時為限實驗實習計劃製圖每二小時作一小時計算

四、教授受聘為本大學各學院院長及各學系主任者得因教務繁重酌減授課鐘點

五、教授副教授兼任本大學各處組職務者得依其所兼職務之繁簡酌減授課時間

六、專任教授副教授在外兼職或兼課須先得校長及有關院長同意專任講師及助教不得在外兼課或兼職

七、本大學各會議及各委員會遇有教員應出席者均須隨時出席

八、教授副教授有担任導師之義務並負訓導學生之責任

九、教師除授課外並負研究學術之責任

十、每月薪俸　元連同生活補助及基本數等遵照政府規定辦法按月致送

十一、凡在九月一日以前聘定之教員除聘約另有規定外均自八月一日起薪

十二、凡在開學以前應聘之專任教員而於上課一月以後始到校者自到校之月起薪

十三、凡在九月一日以後隨時聘定之教員按聘約所定起薪之月起薪

十四、教員因事或因病請假須先通知註册組因事請假逾一星期者須先得系主任院長及教務長之同意短期請假缺課時須擇期補課請假逾一個月者須請經本大學許可之人代課

十五、凡中途因故解約者其薪俸結至停止授課之月底止

十六、專任教員因病長期請假及兼任教員因病連續請假逾一月者其薪俸照本大學教員服務規則辦理

十七、教員收到聘書後請在應聘書上簽名蓋章於一星期內將應聘書寄還本大學否則得視為受聘人辭聘

十八、教員辭職須於二個月以前提出辭職書經本大學同意後方得離職

十九、本大學如因不得已情事解除本聘約亦須於二個月以前通知教員

二十、本聘約自三十八年三月一日起至三十八年七月三十一日止為有效期間嗣後如續聘時於本聘約期滿前通知並另送聘書　（完）

1949年，国立北洋大学教员聘约（筑港工程学科）

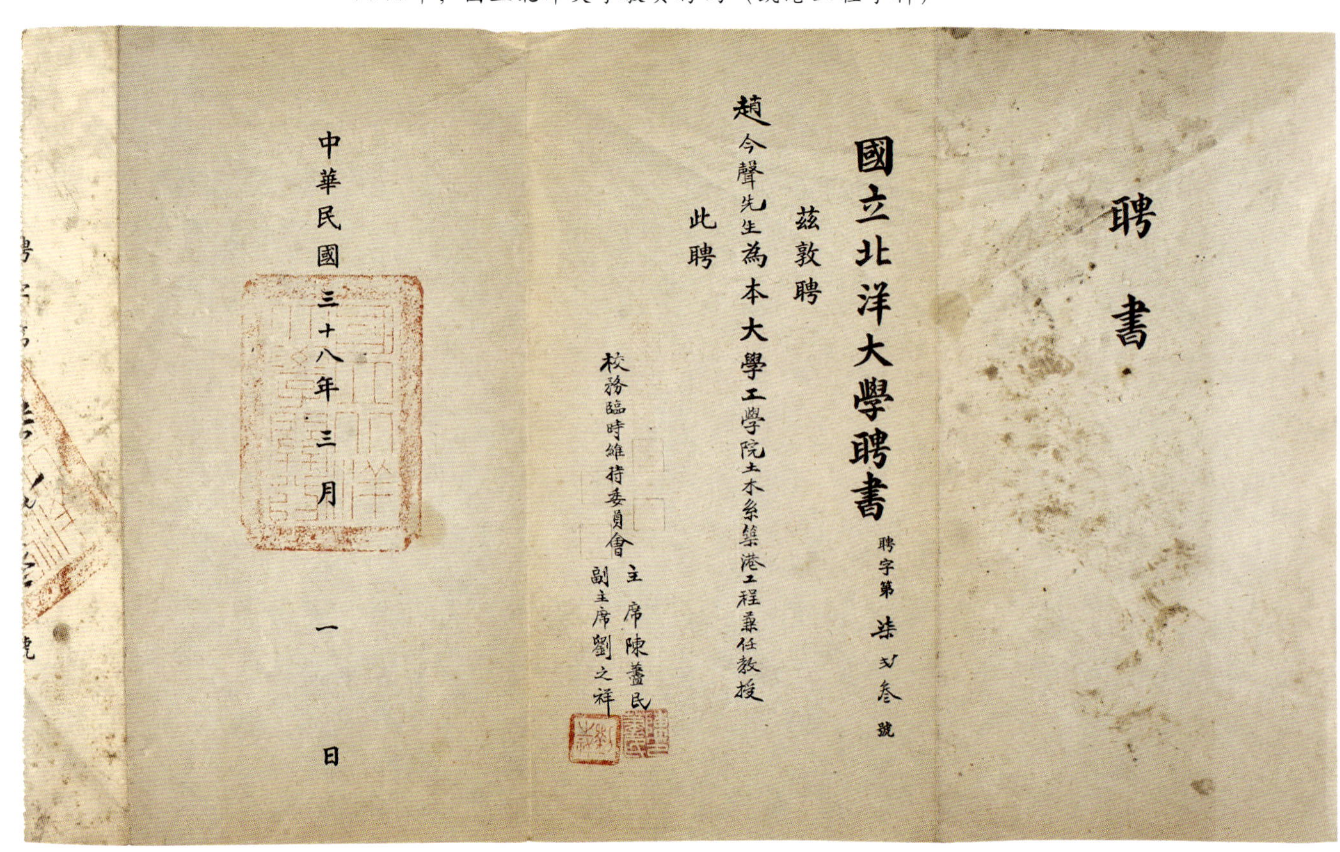

聘書

國立北洋大學聘書

聘字第柒拾叁號

趙今聲先生為本大學工學院土木系築港工程兼任教授

茲敦聘

此聘

校務臨時維持委員會　主席　陳薈民
副主席　劉之祥

中華民國三十八年三月一日

1949年，国立北洋大学聘赵今声先生为本大学工学院土木系筑港工程兼任教授的聘书

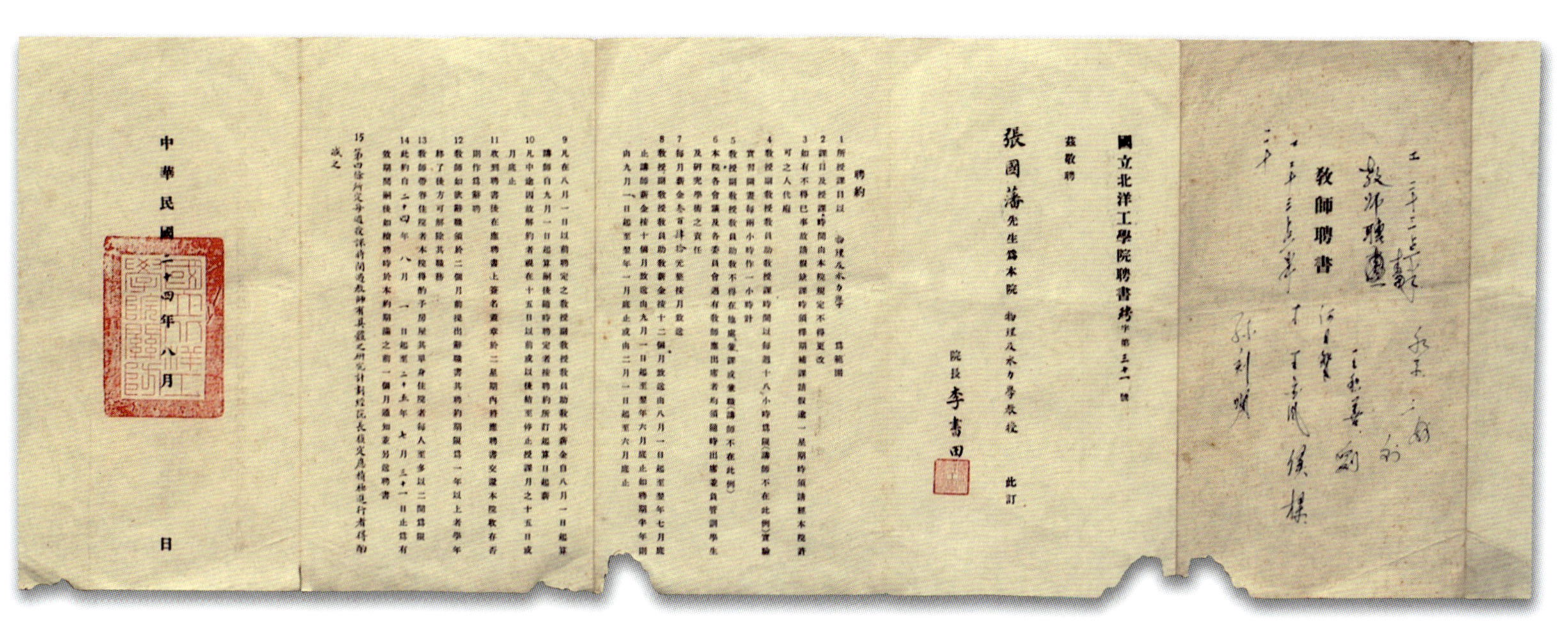

國立北洋工學院聘書聘字第三十一號

茲敬聘

張國藩先生為本院 物理及水力學教授

此訂

院長 李書田

聘約

1 所授課目以 物理及水力學 為範圍

2 課目及授課時間由本院規定不得更改

3 如有不得已事故請假缺課時須擇期補課請假逾一星期時須請經本院許可之人代庖

4 教授副教授教員助教授課時間以每週十八小時為限(講師不在此例)實驗實習圖畫每兩小時作一小時計

5 教授副教授教員助教不得在他處兼課或兼職(講師不在此例)

6 本院各會議及各委員會遇有教師應出席者均須隨時出席並負管訓學生及研究學術之責任

7 每月薪金為 [illegible] 整按月致送

8 教授副教授教員助教薪金按十二個月致送由八月一日起至翌年七月底止講師薪金按十個月致送由九月一日起至翌年六月底止如聘期半年則由九月一日起至翌年一月底止或由二月一日起至六月底止

9 凡在八月一日以前聘定之教授副教授教員助教其薪金自八月一日起算講師自九月一日起算倘係臨時聘定者按聘約所訂起算日起薪

10 凡中途因故解約者概在十五日以前或以後給至停止授課月之十五日或月底止

11 收到聘書後在應聘書上簽名蓋章於二星期內將應聘書交還本院收存否則作為辭聘

12 教師如欲辭職須於二個月前提出辭職書其聘約期限為一年以上者學年終了後方可解除其職務

13 教師帶眷住院者本院得酌予房屋其單身住院者每人至多以二間為限

14 此約自二十四年八月一日起至二十五年七月三十一日止為有效期間嗣後如續聘時於本約期滿之前一個月通知並另發聘書

15 第四條所定每週授課時間遇教師有其他之研究計劃經院長核定應予減少時得酌減之

中華民國二十四年八月 日

教師聘書

1935年，国立北洋工学院聘张国藩先生为本院物理及水利学教授的聘书

北洋大学以严谨治学而著称，在严谨治学上主要抓住两项至关重要的工作：一是严格延聘教师；二是严格录取学生。在延聘教师上要求选择学行优良者，不准徇私情，不准以个人喜好来延聘。对不称职者根据公论坚决谢退。所受延聘的教师均为具有真才实学的中外硕学鸿儒，任教兢兢业业、诲人不倦，而讲习尽属新学，持民主精神，讲授认真，教学方法具有创导性。

北洋大学早期聘任的外籍教师，月俸银二百两，较之在本国优渥，其聘任合同通常以三年为期；所聘中国教师月俸银四十两，在当时亦属高薪，并且不会出现拖欠月薪的现象。曾任教于北洋大学的教师常被社会称为“北洋大学教授”，视为一种身份和荣誉。

北洋大学资料室

北洋大学图书馆

北洋大学建校初期，百分之七十以上为外籍教师，完全实行外语授课，教科书使用外文原版。丁家立在北洋大学任职期间，编著的《北洋丛书》以及美籍教授任教期间编著的《英文法程》《世界通史》《亚洲地理》等教科书，当时流行甚广。档案记载与现存统计：北洋大学各班所使用的教科书共有115种；图书馆藏书，中文书籍33000多册，西文书籍21000多册。中文杂志100余种，西文杂志60种，均为世界理工权威学术期刊。这其中包括水力学方面的教科书以及有关河渠、商港、水闸、灌溉、水力机械、测量地学、重水学、汽水学、水象学、桥梁、制图、开洞挖地学等参考书籍和中西文杂志。

TU998-TV332
水利工程

土木工程模型

建筑工程模型

材料实验室

工程材料实验室

绘图室

国立北洋大学水利系系徽

太史公曰：甚哉，水之为利害也！余从负薪塞宣房，悲瓠子之诗而作河渠书。自《史记·河渠书》首次明确赋予水利一词以治河修渠之工程技术专业性质以来，时光荏苒两千余载，中华民族励精图治治水兴利，在漫长的劳动与实践中创造了巨大的物质财富、积淀了深厚的精神财富，形成了博大精深的中华水文化。当水文化与大学文化相遇，开启了中华民族历史文明的新纪元。

中华水文化之融入大学文化，始于清光绪二十一年（1895年）经清光绪皇帝朱批创建的中国第一所大学——北洋大学。北洋大学创建伊始，结合本国国情及迫切需要坚持实行西方先进大学的办学模式与“学以致用”的办学理念并举，宏开炉冶、中西贯详。在工程学门，参照西方大学的课程结构设置，特别开设了水利专业课程，聘请国内外水利方面的知名学者和专家担任教师，建立了水力机和水力学等实验室，创建了中国第一水工试验所、国内高校第一个工科研究所和水利工程研究所。1934年教育部根据国家战略的考量令北洋大学在土木工程系中设立了“水利卫生工程组”，1938年教育部批准北洋大学正式成立水利工程系。

在中国水利高等教育史上，北洋大学不仅是中国最早开设水利专业课程的高等学府，也是中国近代水利工程学科的拓荒者和开路人，为今、现代中国代培养了一大批在水利领域中的领军人物和技术骨干，他们在祖国大江南北的各个水利建设及教育或管理岗位上，默默耕耘或建功立业，其卓尔不凡、国之大器之风范彰闻于世，他们与广大水利工作者共同谱写了中国现代水利科学盛春之华彩乐章。

北洋大学水利工程馆

清光绪二十八年（1902年），北洋大学在西沽清武库旧址重建校舍，并建水力学实验楼一座。其中水力机实验室主要设备有反动力水轮、拍尔唐水轮、离心抽水机、电动机、气机抽水机、水压力试验机、压力水罐、试水速表、试水量表等。测量仪器室主要设备有转镜仪、水平仪、航海仪、罗盘及普通测量用器具等363件。

北洋大学水力机实验室

北洋大学水力学及水力机实验室

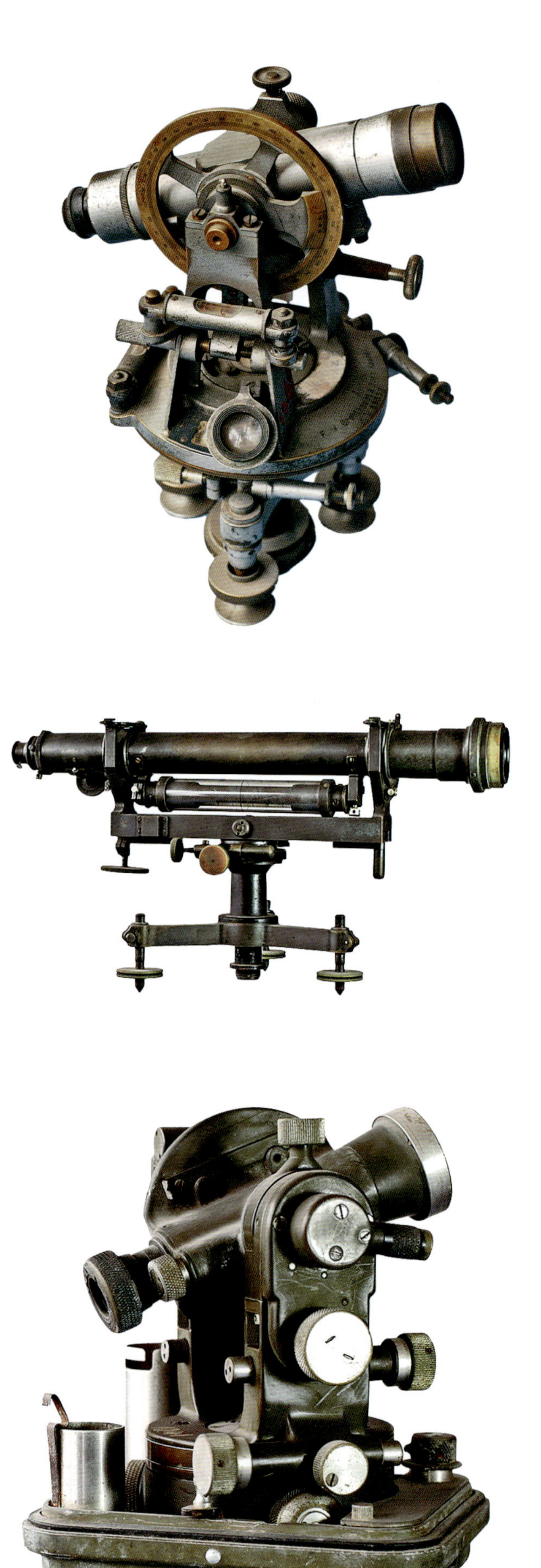

经纬仪（产地：德国）

水准仪（产地：德国）

经纬仪（产地：瑞士）

经纬仪（产地：日本）

经纬仪（产地：法国）

水准仪（产地：捷克）

北洋大学在学校经费充盈或比较有保障的前提下，办学条件堪称优越。据记载：本校创设原旨，侧重工科，故理工设备，最称充实。凡关理化、地质矿冶、土木、机械等科系所需图书标本仪器以及各种探测分析实验等器材，都是参照美国各名大学所有设备，尽量自美购置，并连年陆续补充，可谓应有尽有。

经纬仪（产地：美国）

慈禧太后委托直隶总督兼北洋通商大臣文华殿大学士李鸿章赠予北洋大学堂的德国造天文望远镜

水准仪（产地：加拿大）

水准仪（产地：意大利）

北洋大学建校伊始就在土木工程学门中开设了“测量地学”这门课程，并聘请了中外优秀教师主讲这门课程，配合教学购置了欧美产最先进的仪器设备，经常安排学生到野外实践，同时积极组织参与公路、铁路、水利及矿产资源等各项建设工程，史料记载有：1919年对京杭大运河的大规模勘测工程；1905年中国自己设计建设的第一条铁路京张铁路的建设工程，永定河水利枢纽改造及建设工程；抗日时期的中国第一座铁路公路两用大桥钱塘江大桥、西安飞机场、滇缅公路、增辟陕西公路工程的建设工程，汉水流域水资源考察，四川康滇地区（攀枝花）地质及水资源考察；新中国成立初期大型水利工程建设如官厅水库、潘家口水库以及天津新港码头等国家重大工程建设。一百多年，天津大学师生足迹踏遍祖国山山水水，为祖国建设培养了诸多高级工程人才，对国家建设做出了杰出贡献。

北洋大学学生实地测量

清末，北洋大学土木工程系学生进行河道测量

清末，北洋大学土木工程系学生在野外测量实习

1911年，北洋大学土木工程系师生在野外进行测量实习

1911年，北洋大学土木工程系美籍教师毛理尔带领土木工程系学生在野外进行测量实习

土木工程系1926、1927年班在北戴河测量实习

土木1938年班于1936年夏在陕西洛惠渠工程处实习

（前排右起第二人为童启昧、第三人为杜镇福，后排左起第一人为沈文瑜、第三人为张文涛、第四人为李宗达，后排右起第三人为魏傅基。土木1938年班共有学生78人，后来成为水利专家最多的一班，代表人物有张子林、郝执斋、杜镇福、张文涛、曹金涛、马振欧等人）

天津國立北洋工學院土木廿

土木工程系1935年班全体师生暑期在温泉进行测量实习

北洋大学1933年（采冶系、机械系、土木系）全体毕业生合影

北洋大学土木工程系1933年班在西山测量实习时的合影

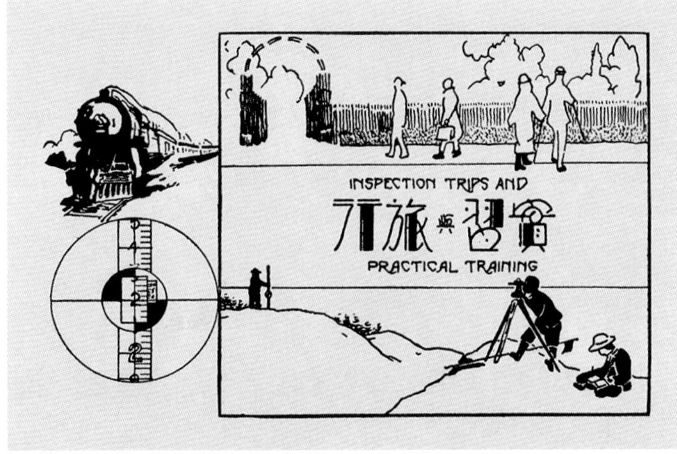

北洋大学1933年毕业纪念册土木科工程系插图

北洋大学采冶工程系1933年班师生在开滦矿务局实习、参观的一组照片

1935年夏，何之泰时为北洋大学教授随广西考察团，入桂考察各种工程建设。在考察期间，对广西境内水利资源、气候及地理环境进行了全面的考察并做了大量的笔记及照片资料。回校后亲自撰写了《考察广西水利报告》，至今存在着一定的利用及参考价值。

國立北洋工學院
工科研究所研究叢刊
第十一號
土木水利及衛生工程部論著

THE
MEMOIRS
of the
ENGINEERING RESEARCH INSTITUTE
NATIONAL PEIYANG ENGINEERING COLLEGE
No. 11
CONTRIBUTIONS FROM THE DIVISION OF CIVIL, HYDRAULIC AND SANITARY ENGINEERING

考察廣西水利報告
REPORT ON THE HYDRAULIC PROBLEMS OF KWANGSI
BY
CHITTY HO, M.CE., PH.D.
Professor of Hydraulic Engineering and Experimental Hydraulics
何之泰

民國二十五年九月
September, 1936

目　次

I 總論……1
1.引言……1
2.廣西之地理概況……1
3.廣西之河流……1
4.廣西之氣象……3
5.廣西各河流之水文測量……9
II 航運……10
6.廣西之船隻……10
7.廣西各河流之航運情形……17
8.靈渠之概況……19
9.廣西航運之發展……21
10.發展航運之重要及利益……22
III 水利……24
11.廣西利用水力之概況……24
12.八步賀江之水力……24
13.柳州附近之水力……26
14.廣西水力之發展……27
IV 灌溉……28
15.廣西之土地及農產……29
16.廣西之水旱……29
17.廣西農田水利之概況……29
18.廣西農田水利之發展及其利益……31
V 河道整理問題……32
19.廣西省政府所提「河道整理問題」之原文……32
20.廣西河道整理問題之探討……33
附圖……35

1936年《国立北洋工学院工科研究所研究丛刊》第十一号“土木水利及卫生工程部论著”，何之泰教授撰写的《考察广西水利报告》的部分内容

古靈渠圖

古灵渠图

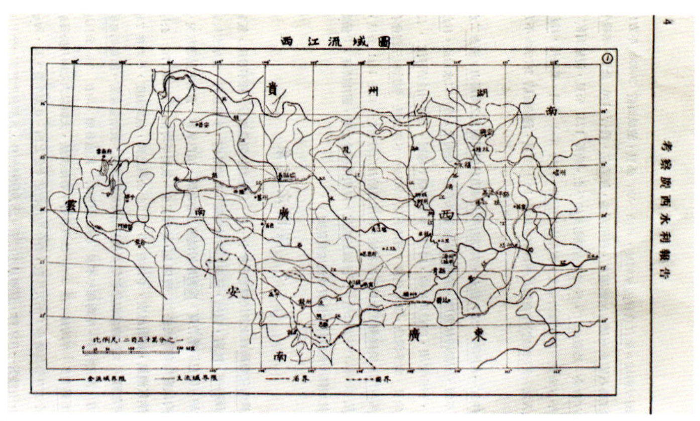

西江流域图

西江之水上楼台

梧州桂浔二江汇合处之船只

灵渠泄水天平

八步贺江之船只

灵渠渠口

兴安县城东之灵渠

灵渠之船只

柳州三江河河口之响水坝遗址

荔浦西区灌溉工程在建筑中之合江坝

荔浦西区灌溉工程已完成之渡槽

李书田

李书田，北洋大学校长，创建中国大学第一个水利工程系。华北水利委员会秘书长、黄河水利委员会副秘书长、中国第一水工试验所秘书、北方大港筹备委员会主任。

《中国水利问题》，李书田等著，商务印书馆1936年发行。是中国第一部按流域阐述水利历史沿革、自然概况、治水方略等问题以及介绍当年全国水利重点问题，包括统一全国水利机构、水文测验、水利规划设计、工程建设考核、经费分配办法的专著。内容包括：李书田著中国水利问题概论、徐世大著华北水利问题、张含英著黄河水利问题、李仪祉著西北水利问题、须恺著导淮问题、宋希尚著扬子江水利问题、孙辅世著太湖流域水利问题、汪胡桢著整理运河问题、黄谦益著珠江流域水利问题、郑肇经著中国水利行政问题等，共计24万余字。作者都是当时的水利专家和负责相关流域水利管理与建设的权威学者。本书编者意图是，鉴于当时水旱灾害连年发生，治水成为迫切的国家要务，然而各流域雨量、地形、河道分合、历史沿革差别很大，因此，全国水利问题之解决，有赖各流域的分头治理，此为全民族最重要的任务。本书系统而概括的叙述，就是当年水利学术的巨大成就，为此后治水规划也有重要的参考价值。

李书田等著《中国水利问题》

萬有文庫
第二集七百種
王雲五主編
中國水利問題
(二)
李書田等著
書館發行
萬有文庫
第二集七百種
王雲五主編
中國水利問題
(三)
李書田等著
印書館發行
萬有文庫
第二集七百種
王雲五主編
中國水利問題
(四)
李書田等著
商務印書館發行

20世纪30年代初，中国近代水利奠基人李仪祉疾呼：“独是于水利工程为之基础之水力学，则尚乏善本，可资学者钻研；是则吾华水利界之大耻也。”有鉴于此，近代水利开拓者张含英“穷搜广集，以事著述，勤勤恳恳，二年于兹，而成一巨册”——《水力学》，并于1936年由商务印书馆出版。这本书“可以为研究水利之良助，可以为从事水工之奥援”。随后，北洋大学刘德润教授，根据自己数年教学、研究之经验，参考英、美、德、法诸国名著，取其长、补其短，写成了《普通水力学》，于1945年6月由正中书局出版，该书在水利教育界影响颇深。嗣后杜镇福《普通水力学》《高等水力学》《灌溉工程学》，赵今声《平面测量实习》讲义，常锡厚《治河工程》相继编写使用，它们融合了西方科学文化之成就和中华水利文化积淀之精华。

序

防洪工程學這本書，是 1946 年冬天和次年春天，我在前中央大學（現改爲南京大學）任教時所編的講義。其後又曾陸續在北洋大學和前中央大學講授。講義的原名是防洪之理論與實施。從它的原名可以看出這本書的內容是力求“理論與實際一致”，也就是符合於現代教育方法的。不過因爲見聞不週和資料缺乏，還沒能圓滿地達到這個目的。可是在教學過程中，同學們曾自動地抄寫印刷，所以這本稿子也就流傳於外。因之，有許多工程師和教師們來信或面催出版，以供教學和實用參考。祇以我還打算有更多修正和補充的機會，沒敢應命。

1949年冬，又先後和這兩個大學的同學們會談，知道解放以後，政治覺悟提高，學習熱潮盛漲，於是同學們每週學習的時間經常在八十小時左右。這不祇影響健康，而且減低教學效率。造成這種偏向的原因固然很多，可是中文教本的缺乏必然也是主要的一個。因之，我想現在雖然脫離學校，設爲時間所許可，仍必在這一點上爲青年們服務。適然商務印書館又來索書，便把這部講義詳讀一遍，覺得雖不完備，尙有可用，遂寄以付印。不過沒來得及把新中國的建設資料搜集列入，實在是一大缺憾。我希望以後能有系統地整理這些資料，隨時補入附錄，或修改正文。

現在一般講防洪的書籍，或者偏重於“洪水的推算”，或者偏重於“工程的設施”，而這本書是等量相視的。又一般的防洪書籍很少論到“河道的沖積”，認爲這是與“調整河槽”以利航行有關的知識；我的看法稍微不同。河之所以爲患，固然由於流水，可是河槽的不善也實足以促成，所以研究防洪對於“洪水”與“河道”二者也不可偏廢。因之，使在這

《防洪工程学》自序

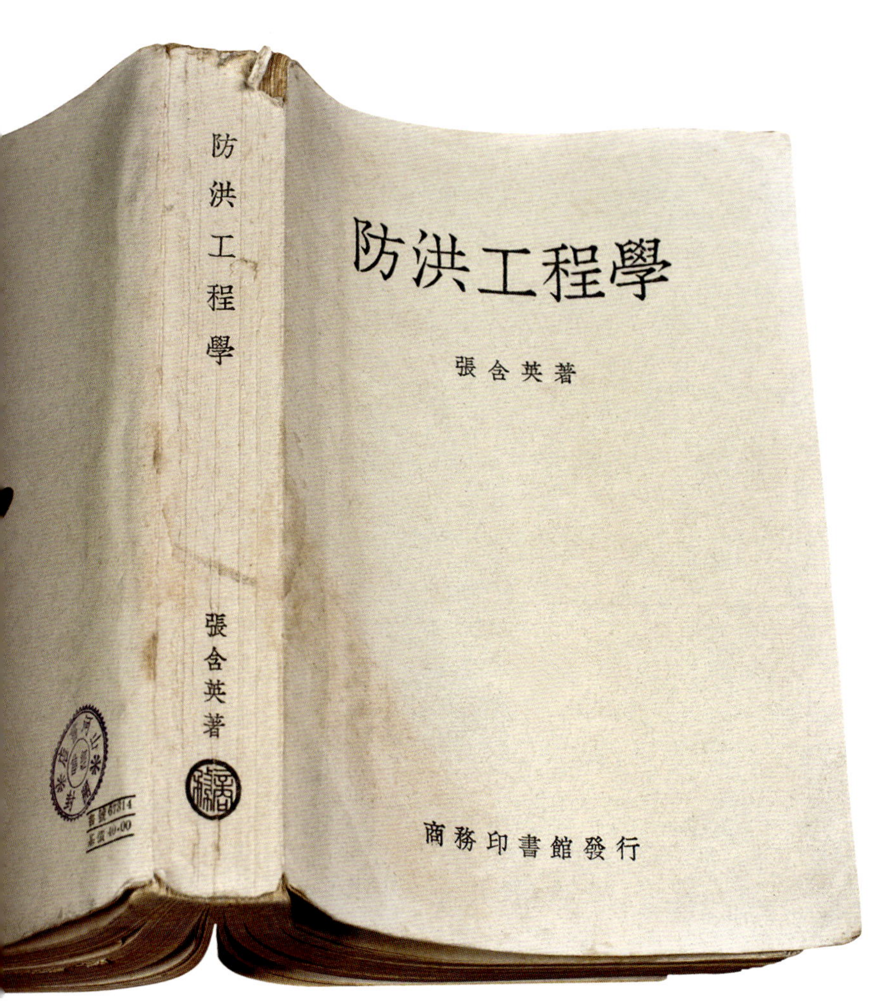

1950年，张含英教授著《防洪工程学》

2 防洪工程學

本書的第二卷裏略爲論述。又爲便於說明各種理論和方法起見，這本書採取了很多外國資料，單位也有採用英制的地方，這是因爲國內的資料比較缺乏，其僅有的也缺少有系統地整理的緣故。但凡遇有我國資料之可以引證的，也都盡量收容。

防洪之事，一河有一河的問題，一地有一地的問題，所以對於任一河流的措施，要在求其自身問題的合理解決。這本書的例子雖多，但都爲說明便利引用的，僅可供研究、計劃的參考，不可無條件地採用，這是應該聲明的。

這本書採取其它書籍或記載的地方，大都附註來源。不過還有幾種被引用最多，而不能一一註明的，特把這些書名列在這本書的末後，一併和其它採用的書報，深致謝忱。

這本書即將發行，趁此把出版原委和編輯意見簡要地說明如上。

1950年初夏，張含英記於北京。

《防洪工程学》内文

张含英

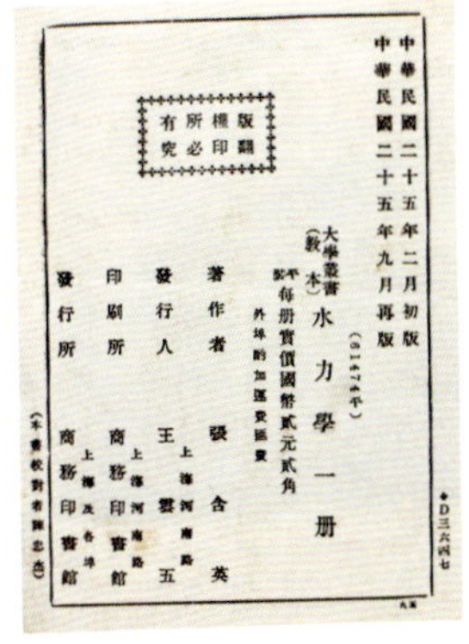

中華民國二十五年二月初版
中華民國二十五年九月再版

（61474平）

大學叢書（教本）水力學一冊

每冊實價國幣貳元貳角
外埠酌加運費匯費

版權所有 翻印必究

著作者 張含英

發行人 王雲五 上海河南路

印刷所 商務印書館 上海河南路

發行所 商務印書館 上海及各埠

D三六四七

张含英教授著《水力学》

北洋大学在西迁八年期间，学生所有教材十分紧缺，各课程基本选用英文教材，有些为原文影印本。一些课程既无原文本教材又无译文本教材，教授用自编讲义或笔记授课。在470门课程中采用英文教材的有165门、采用教授自编讲义的有164门、采用外文课本的有9门。

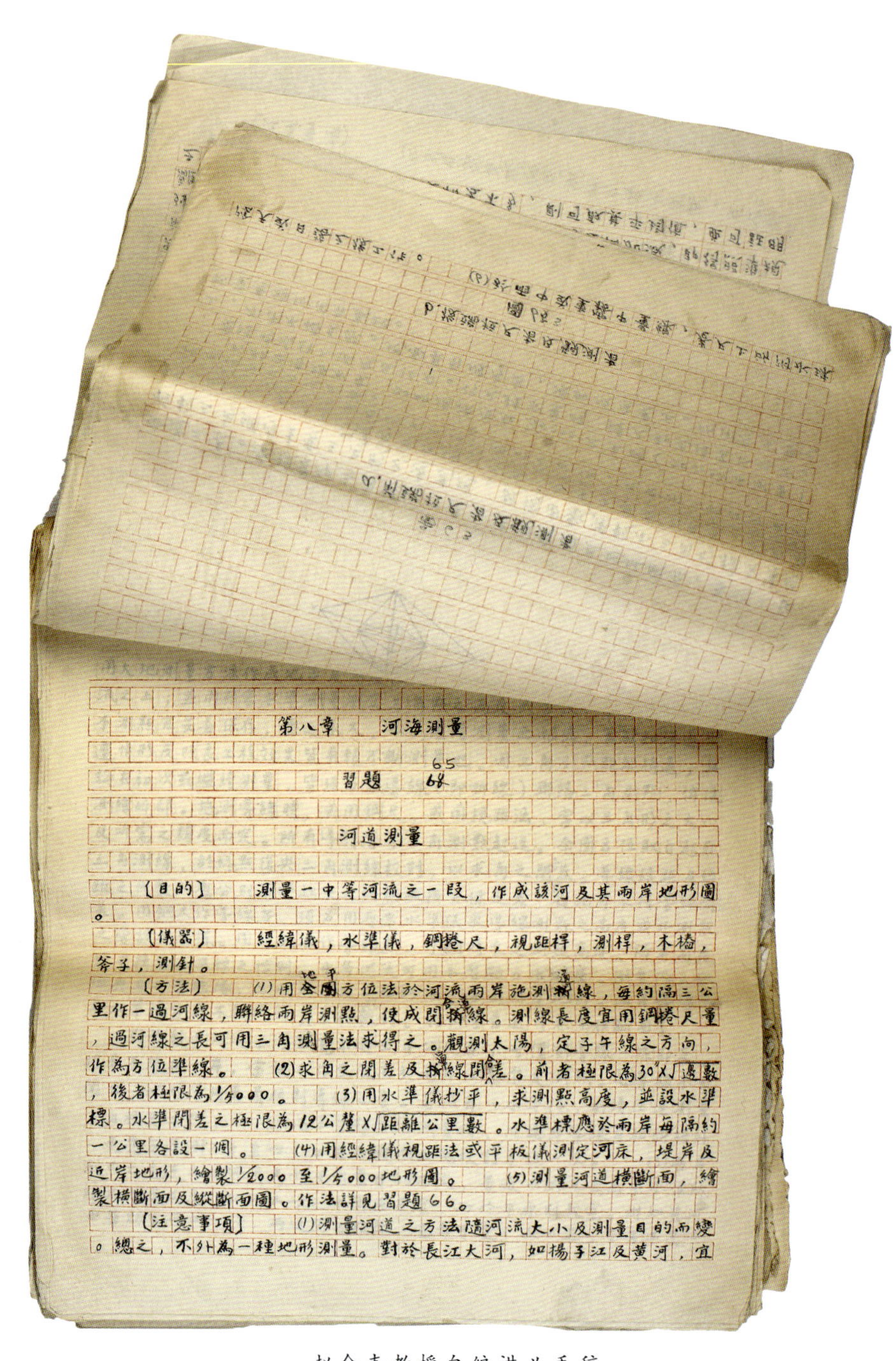

第八章　河海測量

習題　65 68

河道測量

〔目的〕　測量一中等河流之一段，作成該河及其兩岸地形圖。

〔儀器〕　經緯儀，水準儀，鋼捲尺，視距桿，測桿，木樁，斧子，測針。

〔方法〕　(1)用地平方位法於河流兩岸施測導線，每約隔三公里作一過河線，聯絡兩岸測點，使成閉合導線。測線長度宜用鋼捲尺量，過河線之長可用三角測量法求得之。觀測太陽，定子午線之方向，作為方位準線。　(2)求角之閉差及導線閉合差。前者極限為30″×√邊數，後者極限為1/5000。　(3)用水準儀抄平，求測點高度，並設水準標。水準閉差之極限為12公釐×√距離公里數。水準標應於兩岸每隔約一公里各設一個。　(4)用經緯儀視距法或平板儀測定河床，堤岸及近岸地形，繪製1/2000至1/5000地形圖。　(5)測量河道橫斷面，繪製橫斷面及縱斷面圖。作法詳見習題66。

〔注意事項〕　(1)測量河道之方法隨河流大小及測量目的而變。總之，不外為一種地形測量。對於長江大河，如揚子江及黃河，宜

赵今声教授自编讲义手稿

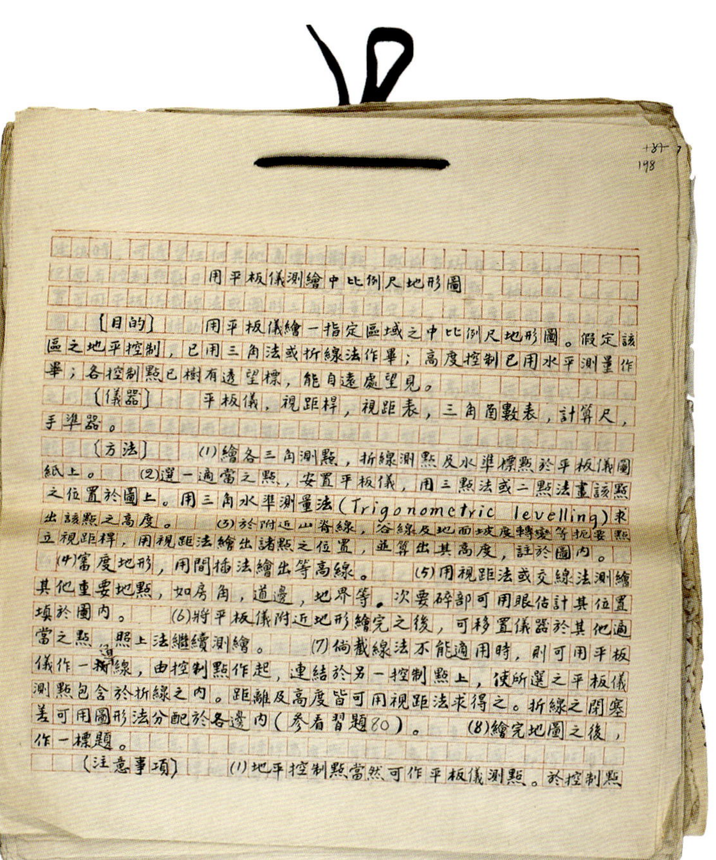

用平板儀測繪中比例尺地形圖

〔目的〕　用平板儀繪一指定區域之中比例尺地形圖。假定該區之地平控制，已用三角法或折線法作畢；高度控制已用水平測量作畢；各控制點已樹有透望標，能自遠處望見。

〔儀器〕　平板儀，視距桿，視距表，三角函數表，計算尺，手準器。

〔方法〕　(1)繪各三角測點，折線測點及水準標點於平板儀圖紙上。　(2)選一適當之點，安置平板儀，用三點法或二點法畫該點之位置於圖上。用三角水準測量法(Trigonometric levelling)求出該點之高度。　(3)於附近山脊線，谷線及地面坡度轉變等扼要點立視距桿，用視距法繪出諸點之位置，並算出其高度，註於圖內。　(4)審度地形，用間插法繪出等高線。　(5)用視距法或交線法測繪其他重要地點，如房角，道邊，地界等。次要碎部可用眼估計其位置填於圖內。　(6)將平板儀附近地形繪完之後，可移置儀器於其他適當之點，照上法繼續測繪。　(7)倘截線法不能適用時，則可用平板儀作一導線，由控制點作起，連結於另一控制點上，使所選之平板儀測點包含於折線之內。距離及高度皆可用視距法求得之。折線之閉塞差可用圖形法分配於各邊內(參看習題80)。　(8)繪完地圖之後，作一標題。

〔注意事項〕　(1)地平控制點當然可作平板儀測點。於控制點

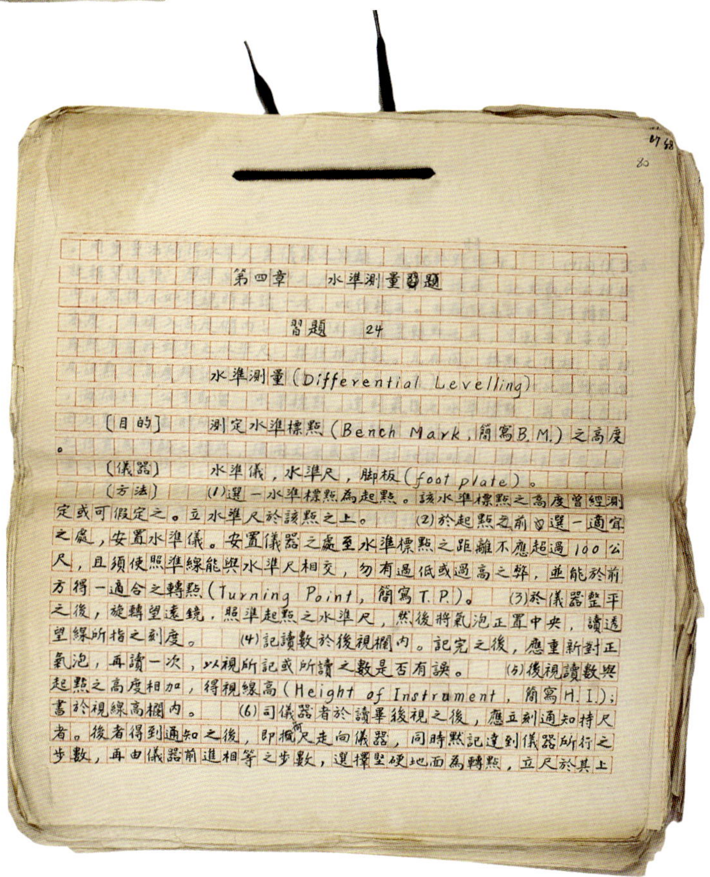

第四章　水準測量習題

習題　24

水準測量(Differential Levelling)

〔目的〕　測定水準標點(Bench Mark，簡寫B.M.)之高度。

〔儀器〕　水準儀，水準尺，脚板(foot plate)。

〔方法〕　(1)選一水準標點為起點。該水準標點之高度曾經測定或可假定之。立水準尺於該點之上。　(2)於起點之前面選一適宜之處，安置水準儀。安置儀器之處至水準標點之距離不應超過100公尺，且須使照準線能與水準尺相交，勿有過低或過高之弊，並能於前方得一適合之轉點(Turning Point，簡寫T.P.)。　(3)於儀器整平之後，旋轉望遠鏡，照準起點之水準尺，然後將氣泡正置中央，讀透望線所指之刻度。　(4)記讀數於後視欄內。記完之後，應重新對正氣泡，再讀一次，以視所記或所讀之數是否有誤。　(5)後視讀數與起點之高度相加，得視線高(Height of Instrument，簡寫H.I.)；書於視線高欄內。　(6)司儀器者於讀畢後視之後，應立刻通知持尺者。後者得到通知之後，即攜尺走向儀器，同時默記達到儀器所行之步數，再由儀器前進相等之步數，選擇堅硬地面為轉點，立尺於其上

赵今声教授自编讲义手稿

常锡厚

常锡厚教授著《治河工程》

序

這本書是水利工程的第一幕．學習水利工程的先要學習若干基本課程，如流體力學(水力學)、水文學、測量學等． 獲得這些基本知識以後，開始學習工程時，就是將一般的理論和實際治水結合起來的時候，首先需要認識天然河道的形象、性質、特點和一般規律，然後明確應該怎樣去整理河道，變害河爲利河． 這就是本書的主要內容．

這本書是以我國河道爲對象的． 講述內容儘量採用本國實例，因爲河道是地面上的天然形勢，各地不同，變化很大，若不與我國實際情況結合，將要事倍功半，違背理論與實際結合的原則．

這本書是按照教育部高等學校課程改革的標準(草案)寫出的． 內容分四個單元． 第一單元爲一至三章，包括河道形象、性質及一般規律，約需十五小時的講述，每週以三小時計，第五週授完． 第二單元爲四至七章，關於整理河道的工程，約需十八小時(相當第六至十一週)的講述． 第三單元爲八九兩章，關於堤防及護岸工程，約需九小時(相當第十二至十四週)的講述． 第四單元爲第十章，關於我國河道的概括認識及多目標的治理方向的討論，內分六節，每節介紹一個主要地區． 若按每學期上課十七週(考試在外)計算，所餘三週九小時，恐不足講述之用，作者建議可就所在地情況，選擇重點介紹，如華北各校可選華北各河及黃河爲重點，華東華中各校可選淮河及長江爲重點． 最末一章的內容是不夠充實的，尤其沒有將圖列入，希望講授時利用當地水利部門的計劃圖表，隨時採用最新的資料，加以介紹． 如此可以使學習的人聯繫到我國水利建設的總輪廓和重要問題之所在．

排列程序，各章內容，有待改善的地方是很多的． 誠懇地盼望專家

2　　治　河　工　程

學者們，以及學習的人們多多提意見，認眞給批評，使這個教材更進一步．

常錫厚

一九五一年四月

於北洋大學

《治河工程》自序

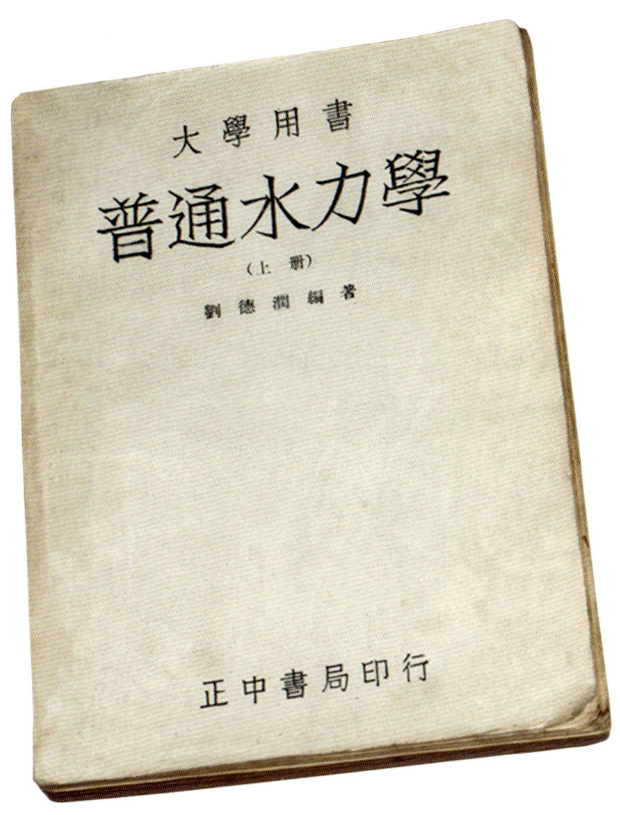

刘德润

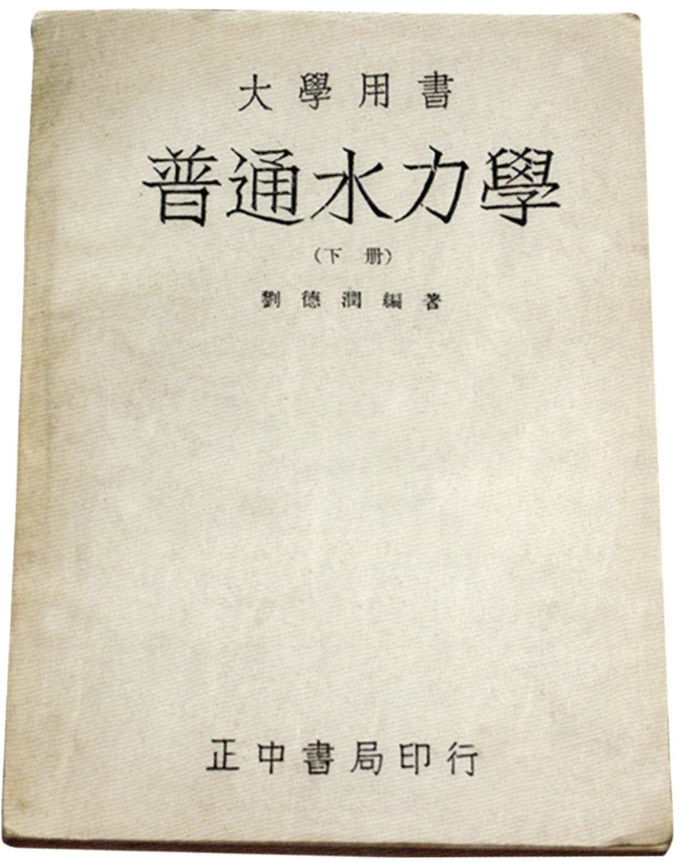

1945年，正中书局出版刘德润教授编著的《普通水力学》（上、下册）

序

水利事業，發達極早；而以數理與實驗解答水理之水力學，則為時甚暫．今日吾國各院校採用之水力學課本，多來自英美，不惟尺制與實用不合，且其內容每偏於實驗，而略於理論；歐陸若德若法之水力學，其尺制雖合乎我採用之十進制，然文字隔膜，亦非多數學者所易領會，故在我國欲求一完善水力學教本或參考書，殊為難事．

作者積教授水力學、高等水力學十數徧之經驗，集英美德法諸國名著二十餘種，取其長，舍其短，參以自己素日研究之心得，及實驗分析之結果，寫成是書．

本書凡十八章，計三十餘萬言，圖四百十二，表五十七，例題六十八，習題三百四十餘．取材理論實驗並重，詞句力事工整，釋義不厭精詳，譯名務求正確．十進制及英制之公式並列，且闡明其換算法，俾讀者根本了解應用尺制分析之原理．末附以中西名詞對照表，以資參閱．

本書之成，得力於至友杜君鎮福者良多．毛君昶熙、周君芳田、郭君[illegible]雲、張君家斌、李君昌棨、田君九昌、張君永福、劉君善健等均曾參預工作，謹此致謝！

劉德潤

國立西北工學院

三十一年七月七日

1

刘德润教授写于1942年的《普通水力学》自序

水木兴邦/工学宏开

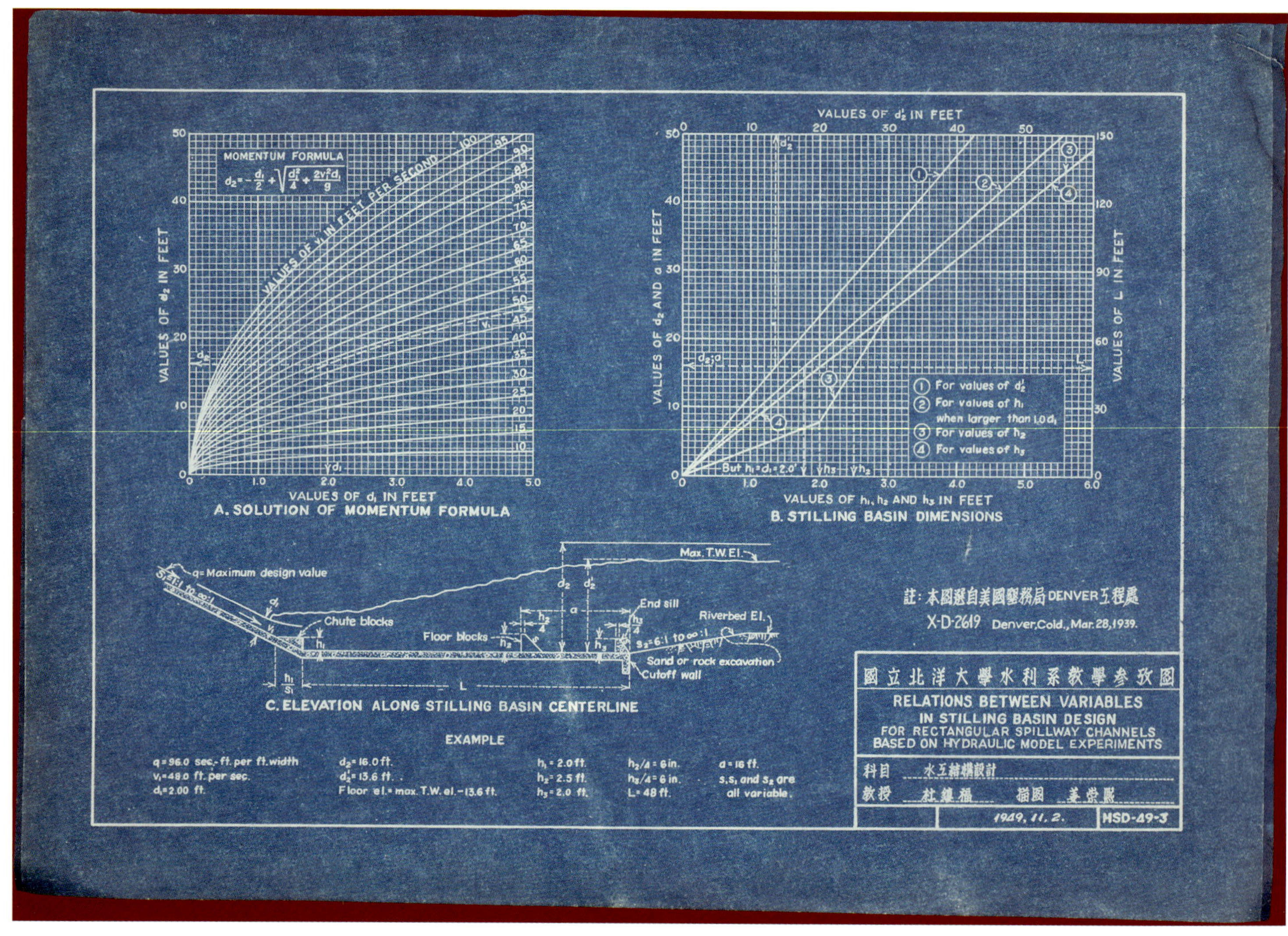

国立北洋大学水利系教学参考图

科目：水工结构设计
教授：杜镇福
描图：姜崇熙
时间：1949年11月2日

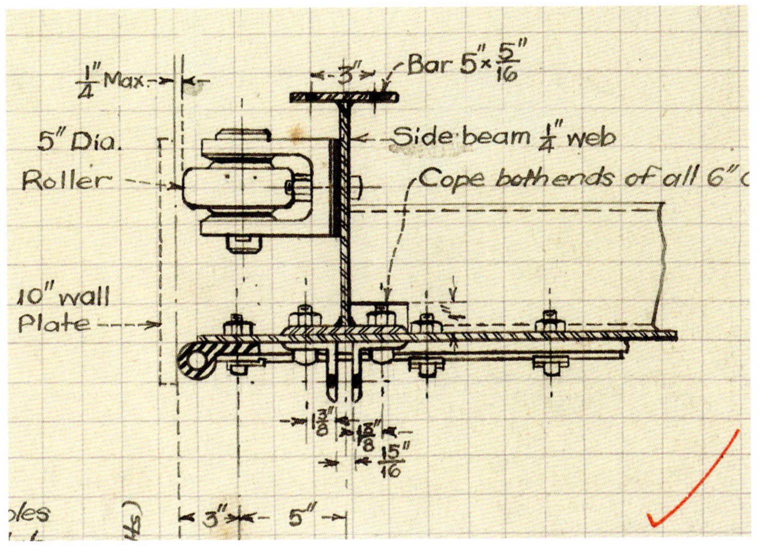

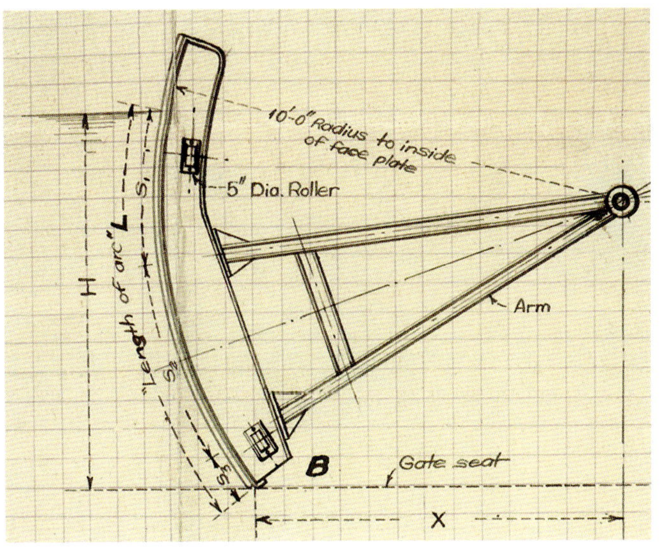

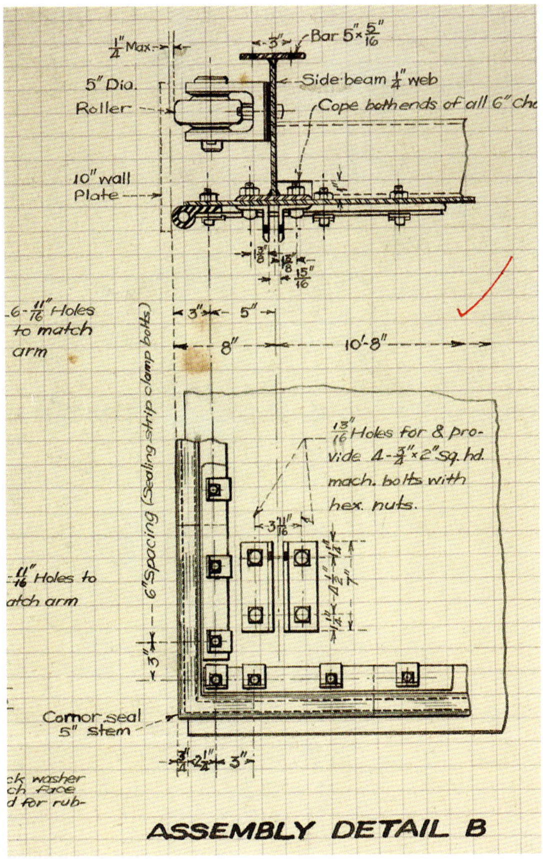

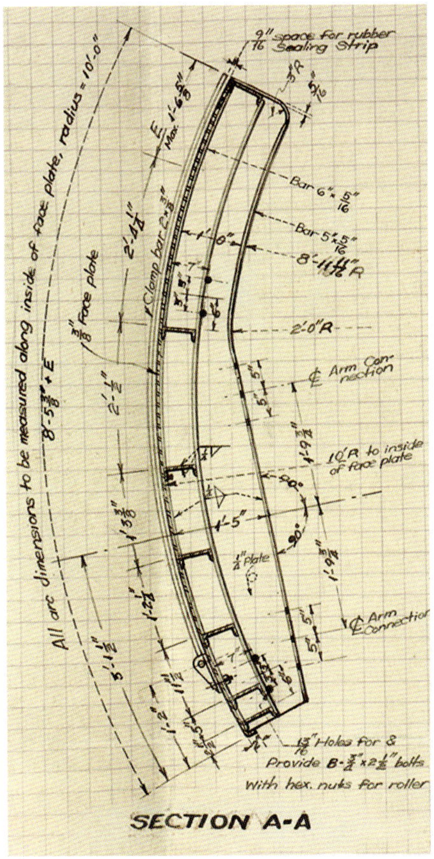

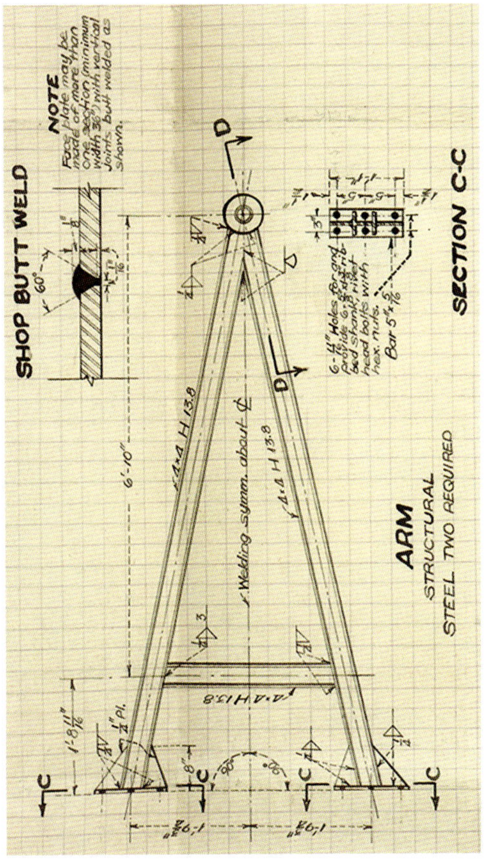

北洋大学水利工程系1948年班毕业生姜崇熙毕业设计图稿

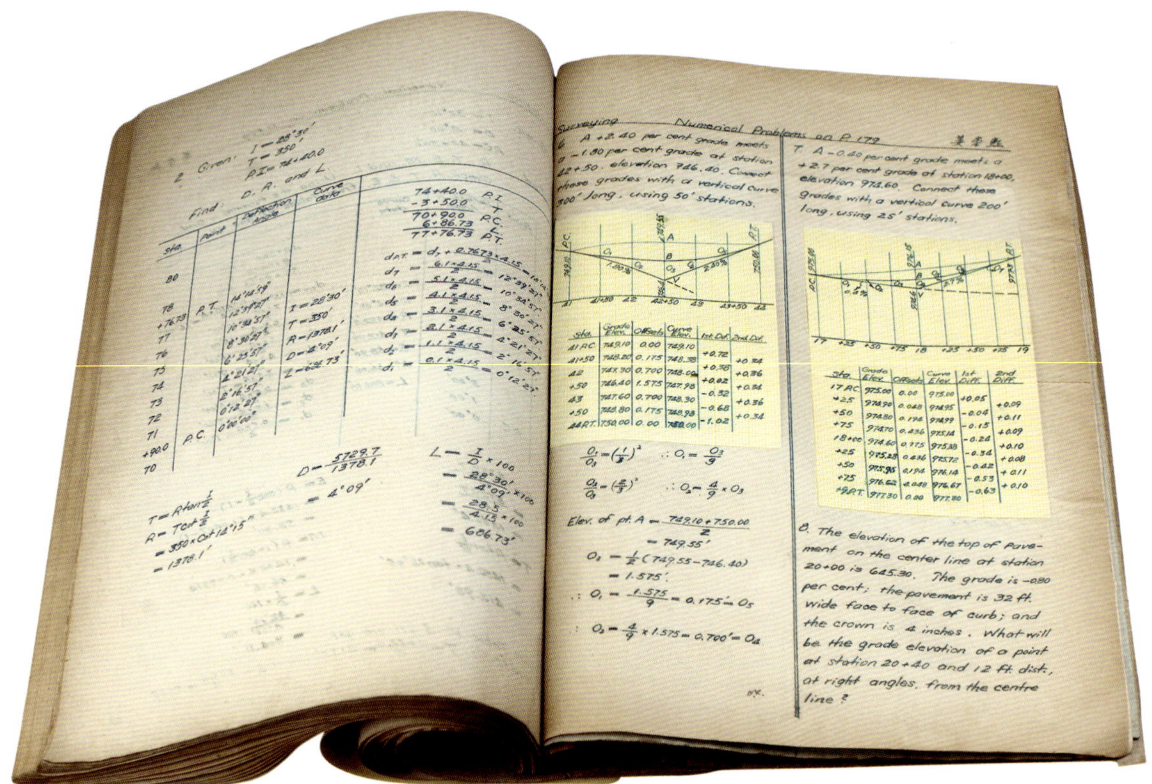

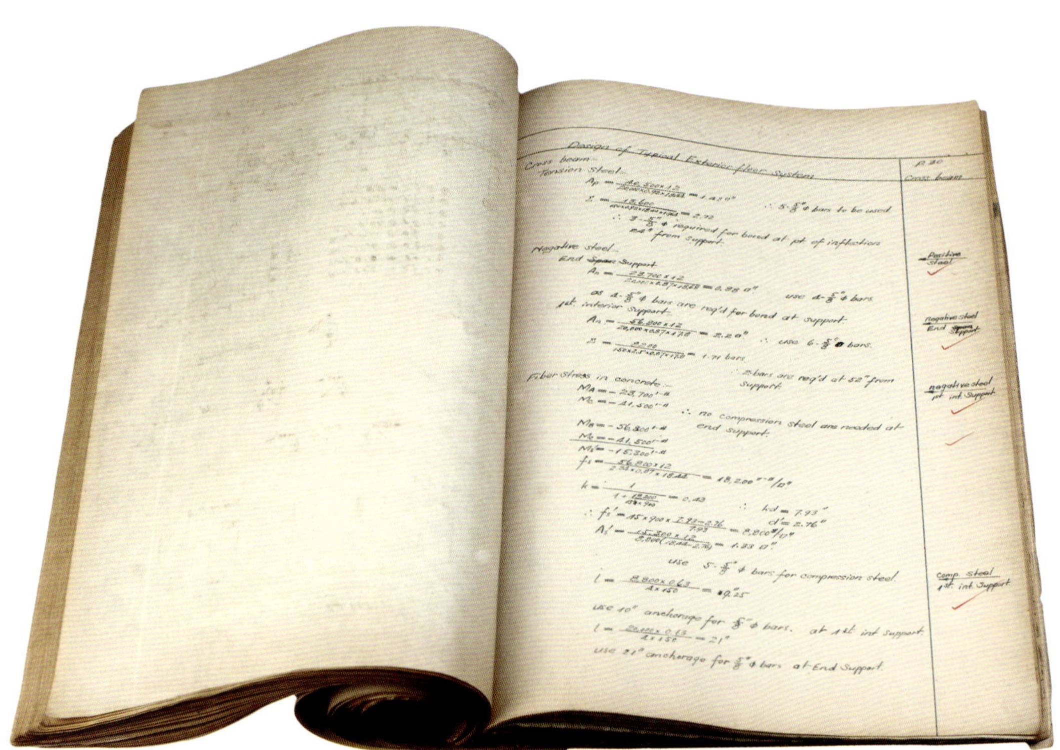

北洋大学水利工程系1948年班毕业生姜崇熙在学期间的作业合订本

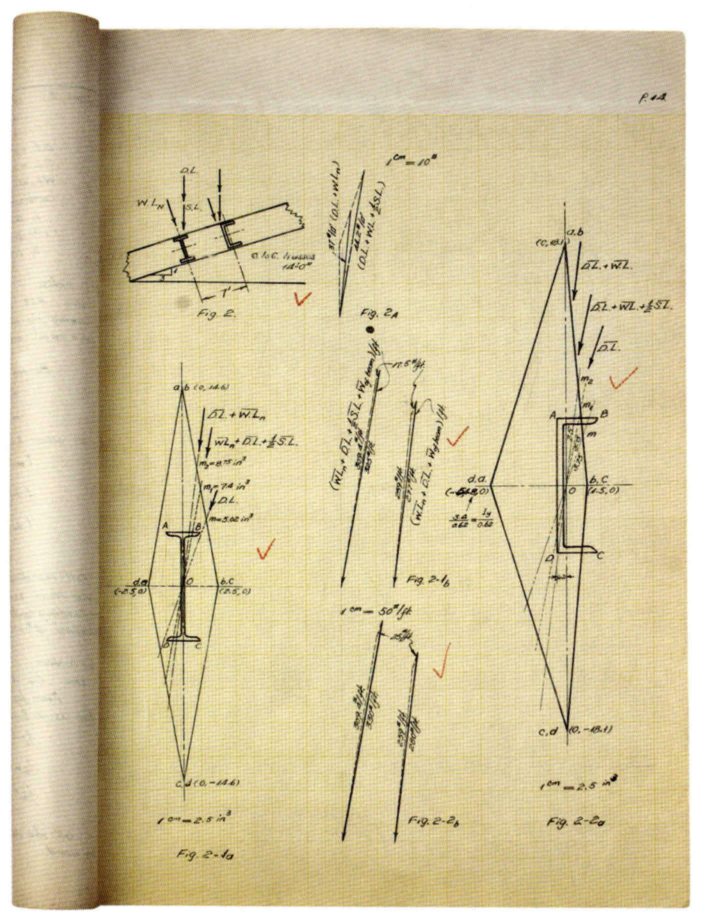
P.14
Fig. 2.
Fig. 2A
Fig. 2-1a
Fig. 2-1b
Fig. 2-2b
Fig. 2-2a

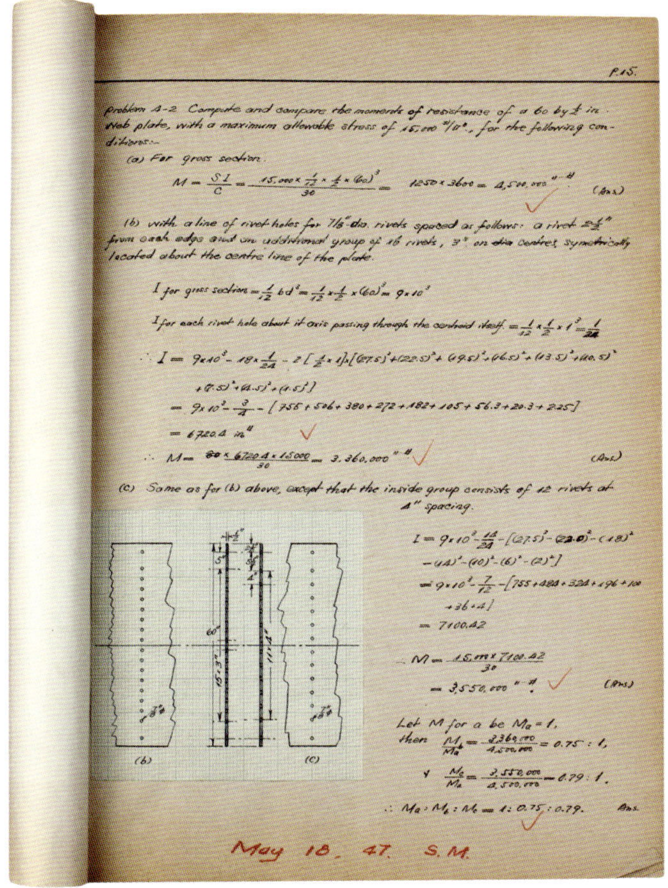
P.15.
Problem 4-2. Compute and compare the moments of resistance of a 60 by ½ in. web plate, with a maximum allowable stress of 15,000 #/□", for the following conditions:-
(a) For gross section.
(b) with a line of rivet-holes for 7/8" dia. rivets spaced as follows: a rivet 2½" from each edge and an additional group of 16 rivets, 3" on dia centres, symmetrically located about the centre line of the plate.
(c) Same as for (b) above, except that the inside group consists of 12 rivets at 4" spacing.
May 18. 47. S.M.

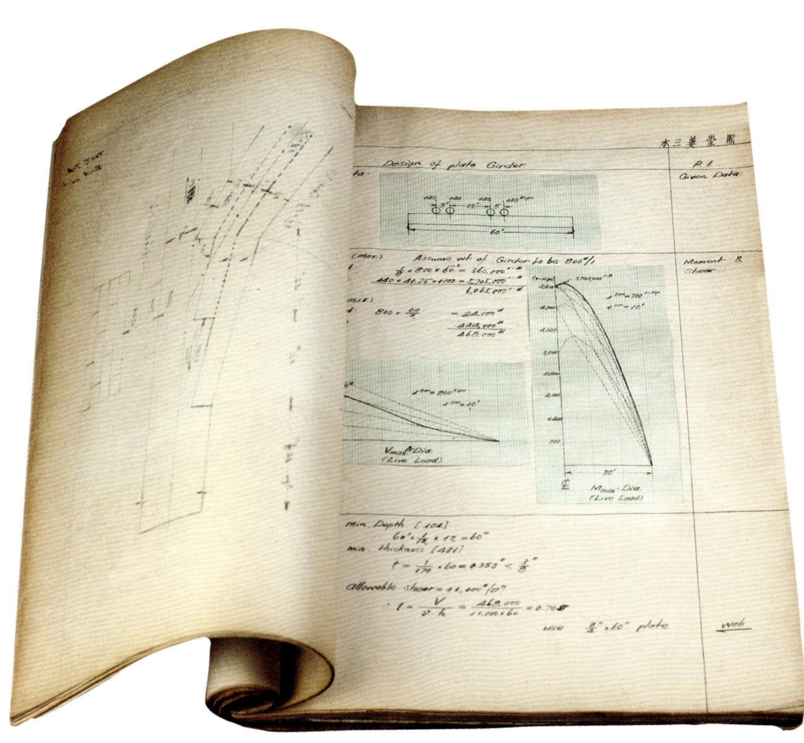
Design of plate Girder
P.1
Given Data
Moment & Shear

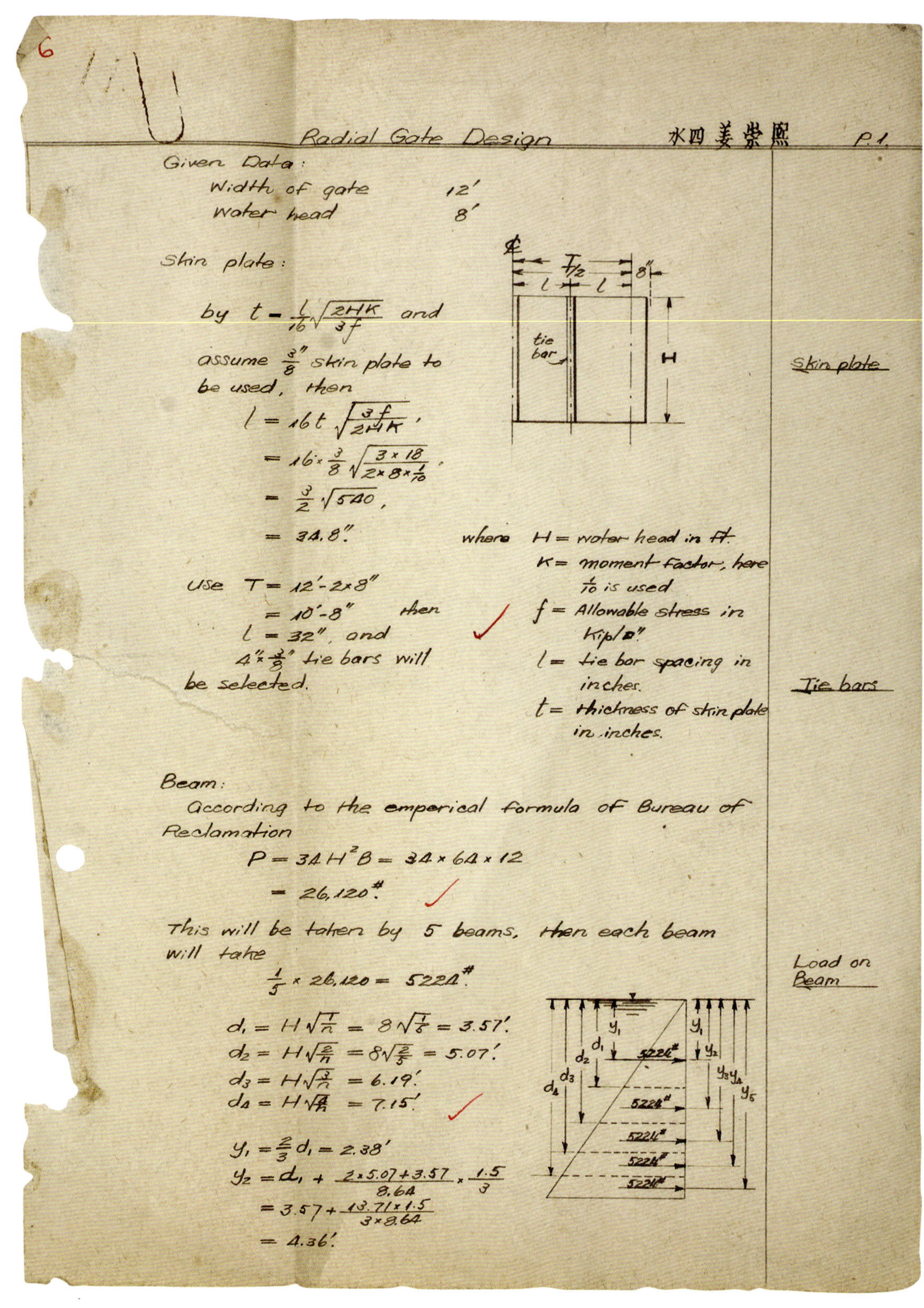

6

Radial Gate Design 水四 姜崇熙 P.1.

Given Data:

Width of gate 12′

Water head 8′

Skin plate: *(margin: Skin plate)*

by $t = \frac{l}{16}\sqrt{\frac{2HK}{3f}}$ and

assume $\frac{3}{8}''$ skin plate to be used, then

$l = 16t\sqrt{\frac{3f}{2HK}}$,

$= 16 \times \frac{3}{8}\sqrt{\frac{3\times18}{2\times8\times\frac{1}{10}}}$,

$= \frac{3}{2}\sqrt{540}$,

$= 34.8''$.

where H = water head in ft.

K = moment factor, here $\frac{1}{10}$ is used

f = Allowable stress in Kip/□″

l = tie bar spacing in inches.

t = thickness of skin plate in inches.

use T = 12′ − 2×8″

= 10′−8″ then

l = 32″, and

$4'' \times \frac{3}{8}''$ tie bars will be selected. *(margin: Tie bars)*

Beam:

According to the emperical formula of Bureau of Reclamation

$P = 34H^2B = 34 \times 64 \times 12$

$= 26,120^{\#}$.

This will be taken by 5 beams, then each beam will take *(margin: Load on Beam)*

$\frac{1}{5} \times 26,120 = 5224^{\#}$.

$d_1 = H\sqrt{\frac{1}{n}} = 8\sqrt{\frac{1}{5}} = 3.57'$.

$d_2 = H\sqrt{\frac{2}{n}} = 8\sqrt{\frac{2}{5}} = 5.07'$.

$d_3 = H\sqrt{\frac{3}{n}} = 6.19'$.

$d_4 = H\sqrt{\frac{4}{n}} = 7.15'$.

$y_1 = \frac{2}{3}d_1 = 2.38'$

$y_2 = d_1 + \frac{2\times5.07+3.57}{8.64} \times \frac{1.5}{3}$

$= 3.57 + \frac{13.71\times1.5}{3\times8.64}$

$= 4.36'$.

北洋大学水利工程系1948年班毕业生姜崇熙在学期间的考试试卷

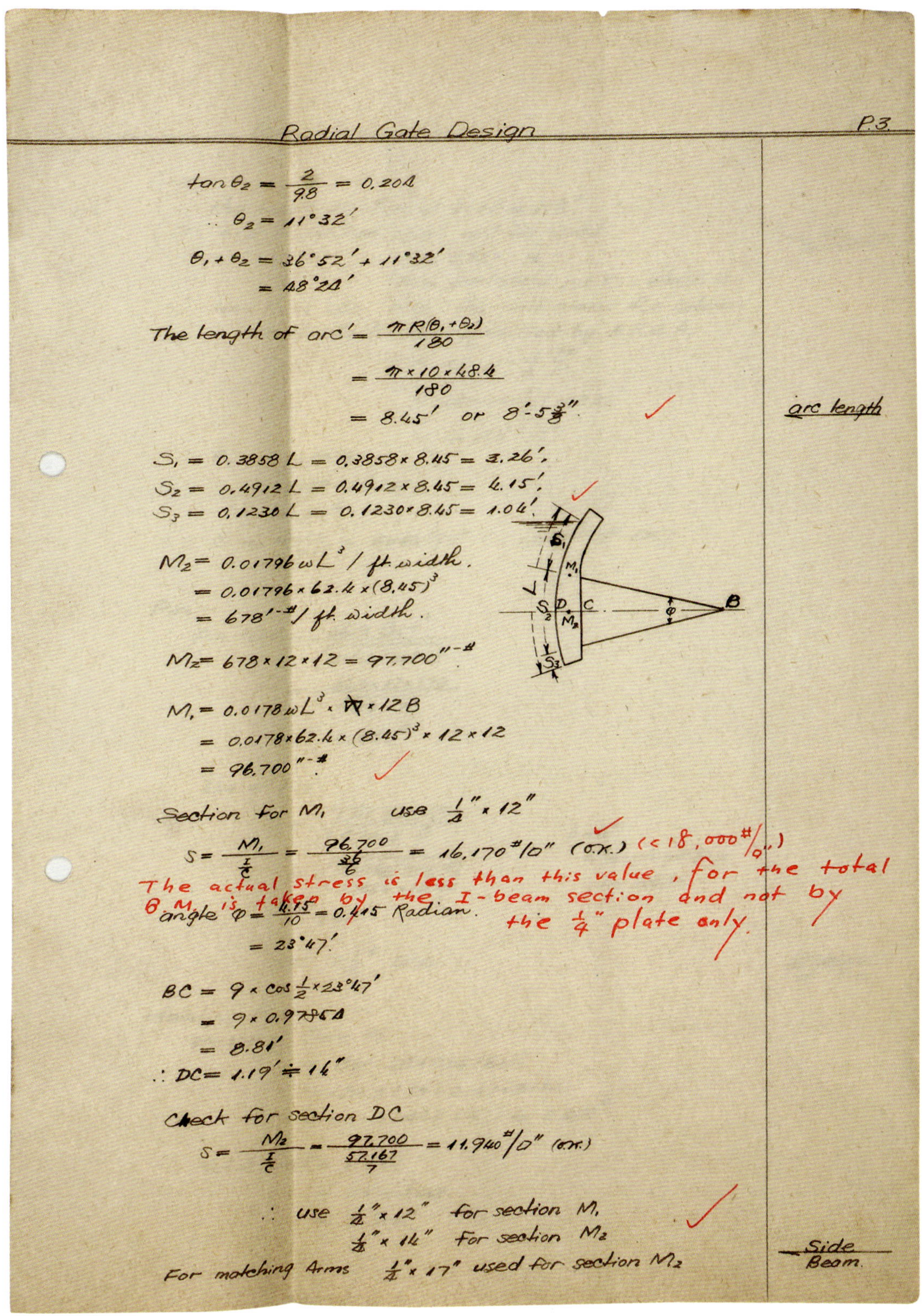

Radial Gate Design　　　　P.3.

$\tan\theta_2 = \frac{2}{9.8} = 0.204$

$\therefore \theta_2 = 11°32'$

$\theta_1 + \theta_2 = 36°52' + 11°32'$
$= 48°24'$

The length of arc' $= \frac{\pi R(\theta_1+\theta_2)}{180}$
$= \frac{\pi \times 10 \times 48.4}{180}$
$= 8.45'$ or $8'\text{-}5\frac{3}{8}''$　　　　arc length

$S_1 = 0.3858\,L = 0.3858 \times 8.45 = 3.26'$.
$S_2 = 0.4912\,L = 0.4912 \times 8.45 = 4.15'$.
$S_3 = 0.1230\,L = 0.1230 \times 8.45 = 1.04'$.

$M_2 = 0.01796\,\omega L^3$ / ft. width.
$= 0.01796 \times 62.4 \times (8.45)^3$
$= 678'^{-\#}$ / ft. width.

$M_2 = 678 \times 12 \times 12 = 97{,}700''^{-\#}$.

$M_1 = 0.0178\,\omega L^3 \times 12B$
$= 0.0178 \times 62.4 \times (8.45)^3 \times 12 \times 12$
$= 96{,}700''^{-\#}$.

Section for M_1　　use $\frac{1}{4}'' \times 12''$

$S = \frac{M_1}{\frac{I}{c}} = \frac{96{,}700}{\frac{36}{6}} = 16{,}170\,\#/\square''$ (O.K.) $(< 18{,}000\,\#/\square'')$

The actual stress is less than this value, for the total B.M. is taken by the I-beam section and not by the $\frac{1}{4}''$ plate only.

angle $\varphi = \frac{4.15}{10} = 0.415$ Radian.
$= 23°47'$

$BC = 9 \times \cos\frac{1}{2} \times 23°47'$
$= 9 \times 0.97854$
$= 8.81'$

$\therefore DC = 1.19' \doteq 14''$

Check for section DC

$S = \frac{M_2}{\frac{I}{c}} = \frac{97{,}700}{\frac{57{,}167}{7}} = 11{,}940\,\#/\square''$ (O.K.)

$\therefore$ use $\frac{1}{4}'' \times 12''$ for section M_1
$\frac{1}{4}'' \times 14''$ for section M_2

For matching Arms　$\frac{1}{4}'' \times 17''$ used for section M_2　　　　Side Beam.

水木兴邦 / 工学宏开

杜镇福

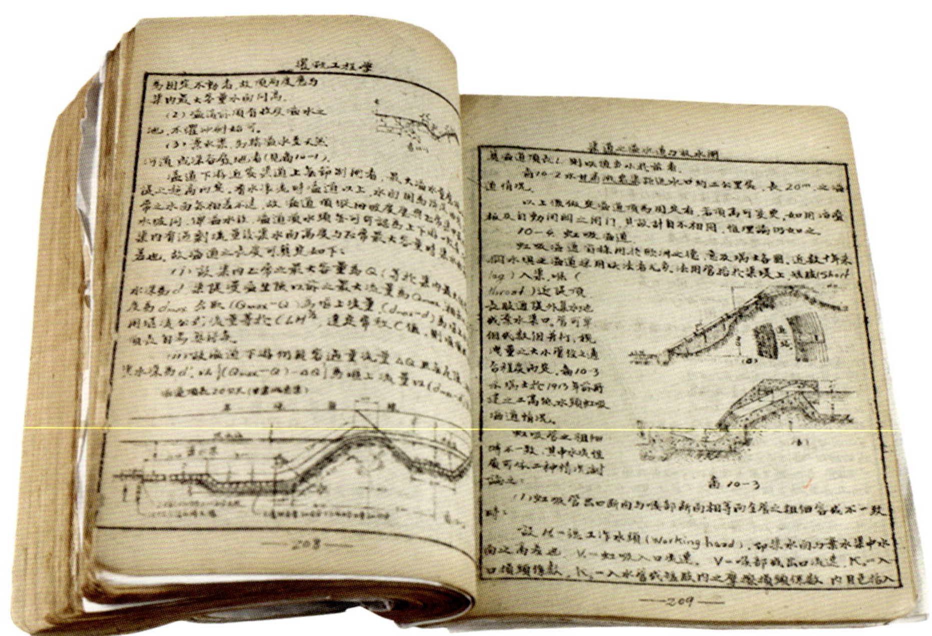

1943年，杜镇福教授著《灌溉工程学》

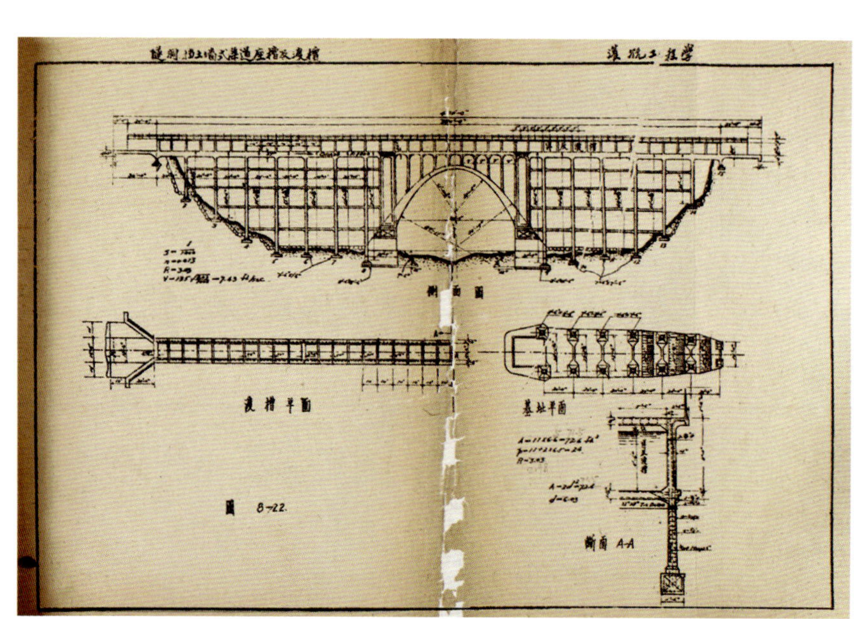

《灌溉工程学》插图——隧道挡土墙式渠道座槽及泄槽

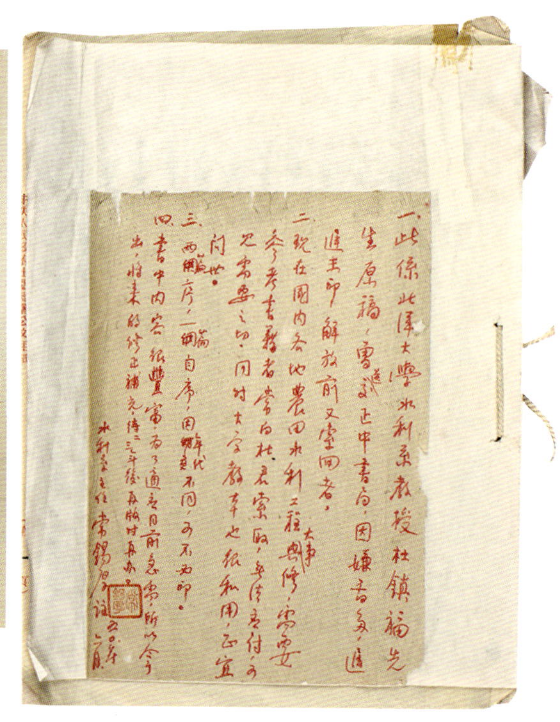

一、此係北洋大學水利系教授杜鎮福先生原稿，曾送正中書局，因嫌篇幅過多，遲遲未印，解放前又索回者。

二、現在國內各地農田水利工程大事興修，需要參考書籍者多向杜君索取，[illegible]，可見需要之切。同時大學[illegible]，正宜問世。

三、兩篇序，一篇自序，因年代不同，可不必印。

四、書中內容極豐富，為了適應目前急需，所以今予出，將來的修正補充，[illegible]再版時再求。

水利系主任常錫厚謹識 [illegible]

1950年，北洋大学水利系主任常锡厚教授编著的《灌溉工程学》未能出版的情况说明（常锡厚手迹）

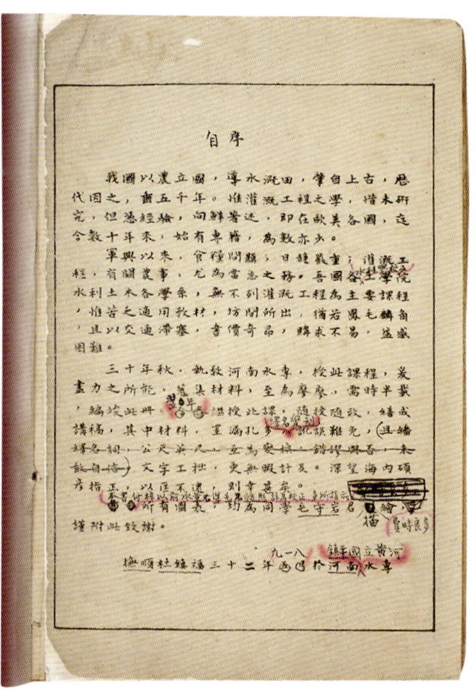

自序

我國以農立國，導水溉田，肇自上古，歷代因之，綿五千年。惟灌溉工程之學，猶未研究，但憑經驗，向鮮著述，即在歐美各國，迄今數十年來，始有專籍，為數亦少。

軍興以來，食糧問題，日趨嚴重；灌溉工程，有關農事，尤為當急之務。吾國各工學院水利土木各學系，無不列灌溉工程為主要課程，惟苦乏適用教材，坊間所出，猶若鳳毛麟角，且以交通滯塞，書價奇昂，購求不易，益感困難。

三十年秋，執教河南水專，授此課程，爰盡力之所能，蒐集材料，全為摩摩，需時半載，編竣此冊，繼授此課，隨授隨改，積成講稿，其中材料，罣漏孔多，訛誤難免，（且譯名詞，公尺英尺，互為變換，錯誤與否，未能自恃）文字工拙，更無暇計及。深望海內碩彥指正，以匡不逮，則幸甚矣。

所有圖表，均為同學毛宇岩君繪，謹附此致謝。

撫順杜鎮福三十二年於河南水專

《灌溉工程学》自序

杜君鎮福著「灌溉工程學」序

杜君鎮福精研水功之學，親歷灌溉之工事，射授水利及灌溉工程學術於國立黃河流域水工專校，編撰其灌溉工程學科講授之內容，而為有系統之講義，復刪定其講義，而輯為斯書；取材不偏於中外，敘述，計算，圖表，及所附習題等，亦均具適當之分量。「表證」一章及「設計經驗公式之圖解」十大則，恒為普通類似著作之所缺，尤為難得而可貴。以之為教科書，可收循序漸進之效；以之為參考書，易得時常取閱之資，誠一書而數善備焉！

此書用為大學工學院，獨立工學院，或工科專科學校土工程系科灌溉工程學科之教本，固不嫌其內容之多；即用為水利工程系組科灌溉工程課程之教本，亦不覺其包括之少。水利學科日見重於專科以上學校，灌溉工程學術，尤為抗建足食最重要應用科學之一種，所有土木，水利，農事，墾植之專門人才，胥有能知能行之必要，故是書之作，極適當前之亟需。

杜君鎮福書成付梓以前，問序於余，披閱之後，樂為知者之序言。杜君之努力整治灌溉工程學術，余深信必將大有裨益於我國之農田水利建設也歟！

三十一年六月二十七日李書田序於貴州花溪

1942年，李书田教授为《灌溉工程学》撰写的序（李书田手迹）

杜君鎮福著「灌溉工程學」序

吾國灌溉事業，肇自史端；水利工程，代有記載；而水工學術，以科學之根據，為條理之分析，立說論斷，堪資矜式者，則絕無僅有。年來水工教育，突飛猛晉，後方各省農田水利之興辦，水道之疏濬，水力之開發，與夫各河流之查勘，測量，設計，與整理，益感吾國歷代水利文獻整理之需要，與歐美各國水工學閒介紹之缺乏。

德潤囊曾計劃集合同道編著水工叢書，舉凡防洪，排水，備旱，溉田，放淤，保土，洗鹼，給水，築港，便利水運或發展水力之學問，以及水工之基本原理，擬一一撰成專輯，備人參考，用是於三十一年夏完成「普通水力學」一書，藉作拋引之舉。

杜君鎮福之編著灌溉工程學，我心實獲，是書包羅中外，概括今古，學理經驗，兼而有之，公制，英制相互關係與變換方法之闡明，尤為難得而可貴。工程師手此，則灌溉工程之一切疑難問題，可迎刃而解；學生手此，不惟從事灌溉之必備知識，可以獲得，即據之以從事實際工程，

亦無扞格不入之虞，誠工程界之巨著也。是為序。

劉德潤謹序 卅二，十二，十二日。

1943年，刘德润教授为《灌溉工程学》撰写的自序（刘德润手迹）

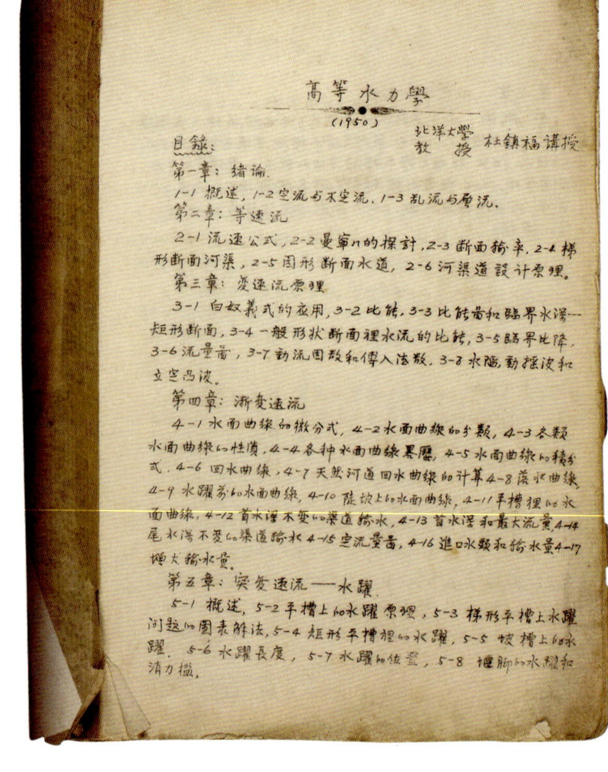

高等水力學

(1950)

北洋大學教授 杜鎮福講授

目錄：

第一章：绪论.

1-1 概述，1-2 定流与不定流，1-3 乱流与層流.

第二章：等速流

2-1 流速公式，2-2 曼寗n的探討，2-3 断面輸率，2-4 梯形断面河渠，2-5 園形断面水道，2-6 河渠道設計原理。

第三章：变速流原理

3-1 白奴義式的应用，3-2 比能，3-3 比能曲和臨界水深——矩形断面，3-4 一般形狀断面裡水流的比能，3-5 臨界比降，3-6 流量曲，3-7 動流因数和傳入法数，3-8 水隔，動摇波和立定凸波。

第四章：漸变速流

4-1 水面曲線的微分式，4-2 水面曲線的分類，4-3 各類水面曲線的性質，4-4 各种水面曲線累歷，4-5 水面曲線的積分式，4-6 回水曲線，4-7 天然河道回水曲線的计算 4-8 落水曲線，4-9 水躍前的水面曲線，4-10 陡坡上的水面曲線，4-11 平槽裡的水面曲線，4-12 首水深不变的渠道输水，4-13 首水深和最大流量，4-14 尾水深不变的渠道输水 4-15 定流量曲，4-16 進口水頭和输水量 4-17 增大输水量。

第五章：突变速流——水躍

5-1 概述，5-2 平槽上的水躍原理，5-3 梯形平槽上水躍问题的图表解法，5-4 矩形平槽裡的水躍，5-5 坡槽上的水躍，5-6 水躍長度，5-7 水躍的位置，5-8 壩脚的水躍和消力檻。

1948—1951年，杜镇福教授编著的《高等水力学》《普通水力学》

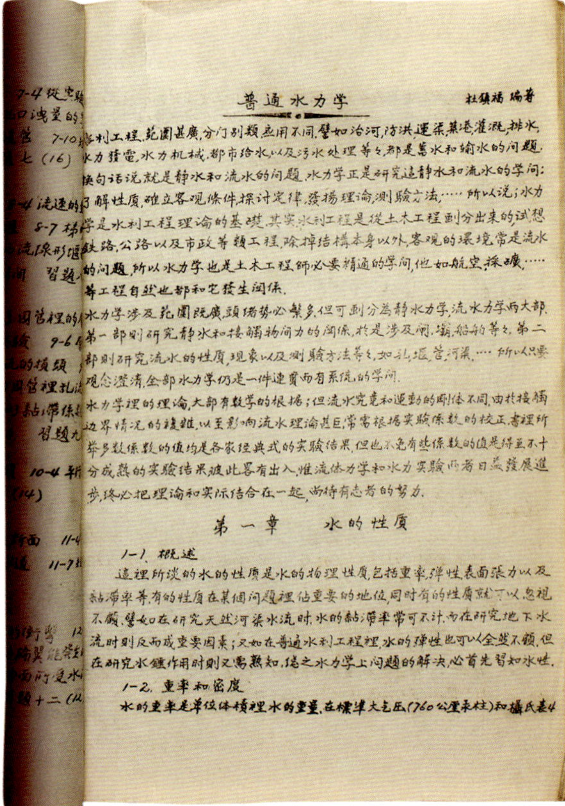

普通水力学　　杜鎮福 编著

利工程，範圍甚廣，分门别類，应用不同。譬如治河，防洪，運渠，築港，灌溉，排水，水力發電，水力机械，都市给水，以及污水处理等々，都是蓄水和输水的问題，换句话说就是静水和流水的问題。水力学正是研究這静水和流水的学问；了解性質，確立客观條件，探讨定律，發揚理論，测驗方法，…… 所以说；水力学是水利工程理论的基礎。其实水利工程是從土木工程劃分出来的，試想铁路，公路以及市政等類工程，除掉结構本身以外，客观的環境常是流水的问題，所以水力学也是土木工程師必要精通的学问，他如航空，採礦，……等工程自然也都和它發生關係。

水力学涉及範圍既廣，頭緒勢必繁多，但可劃分為静水力学，流水力学两大部。第一部则研究静水和接觸物间力的關係，於是涉及閘，壩，船舶等々。第二部则研究流水的性质，现象以及测驗方法等々，如孔，堰，管，河渠，…… 所以只要观念澄清，全部水力学仍是一件連貫而有系統的学问。

水力学理的理論，大部有数学的根據；但流水究竟和運動的剛体不同，由於接觸边界情况的複雜，以至影响流水理論甚巨，常需根據实驗係数的校正。書裡所举多数係数的值均是各家经典式的实驗结果，但也不免有些係数的值是得至不十分成熟的实验结果，彼此略有出入。惟流体力学和水力实驗正在日益發展進步，终必把理論和实际结合在一起，尚待有志者的努力。

第一章　水的性质

1-1. 概述

這裡所谈的水的性质是水的物理性质，包括重率，彈性，表面張力以及黏滞率等。有的性质在某個问題裡佔重要的地位，同时有的性质就可以忽視不顧。譬如在研究天然河渠水流时，水的黏滞率常可不計，而在研究地下水流时则反而成重要因素；又如在普通水利工程裡，水的彈性也可以全然不顧，但在研究水錘作用时则又需熟知，總之水力学上问題的解決，必首先習知水性。

1-2. 重率和密度

水的重率是单位体積裡水的重量，在標準大气压(760公厘汞柱)和攝氏表4

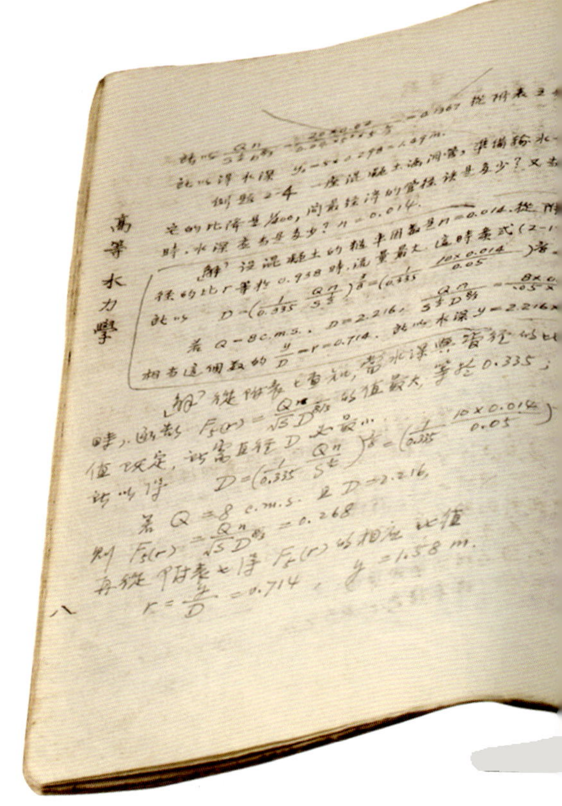

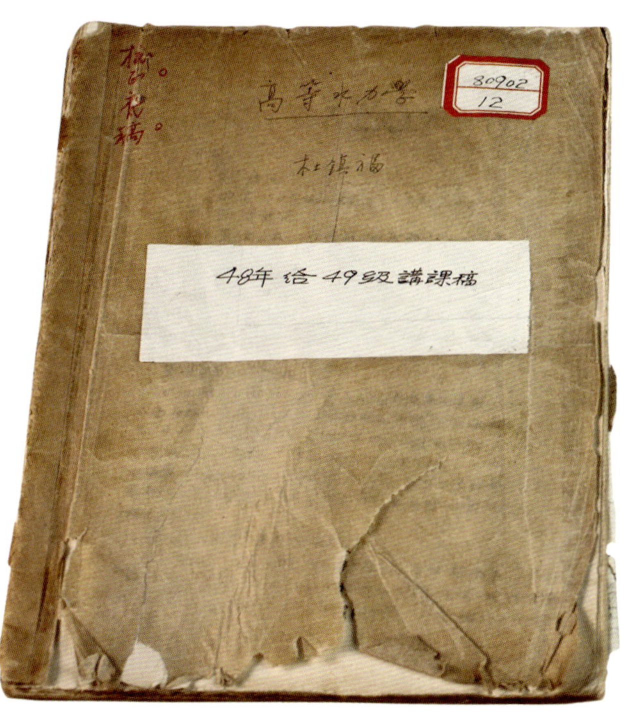

1948年，杜镇福教授为北洋大学水利系49级学生编写的《高等水力学》讲课稿

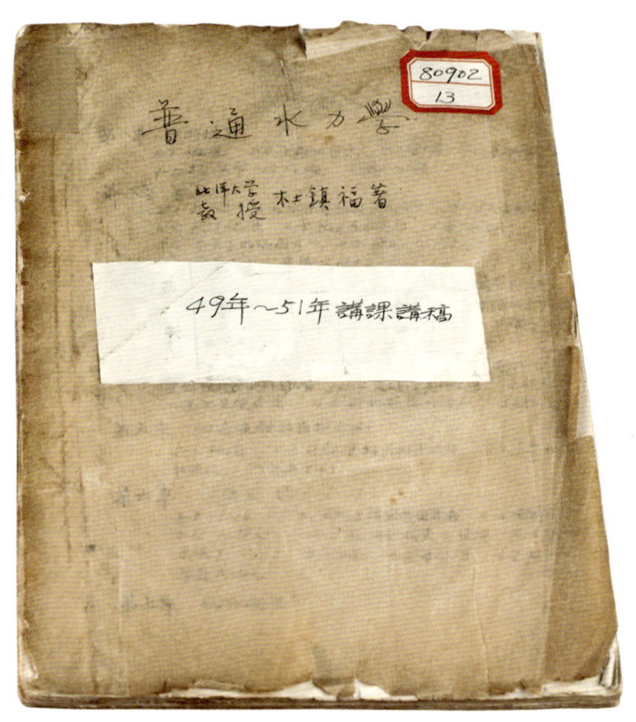

1949—1951年，杜镇福教授编著的《普通水力学》讲课稿

《高等水力学》与《普通水力学》讲课稿内文

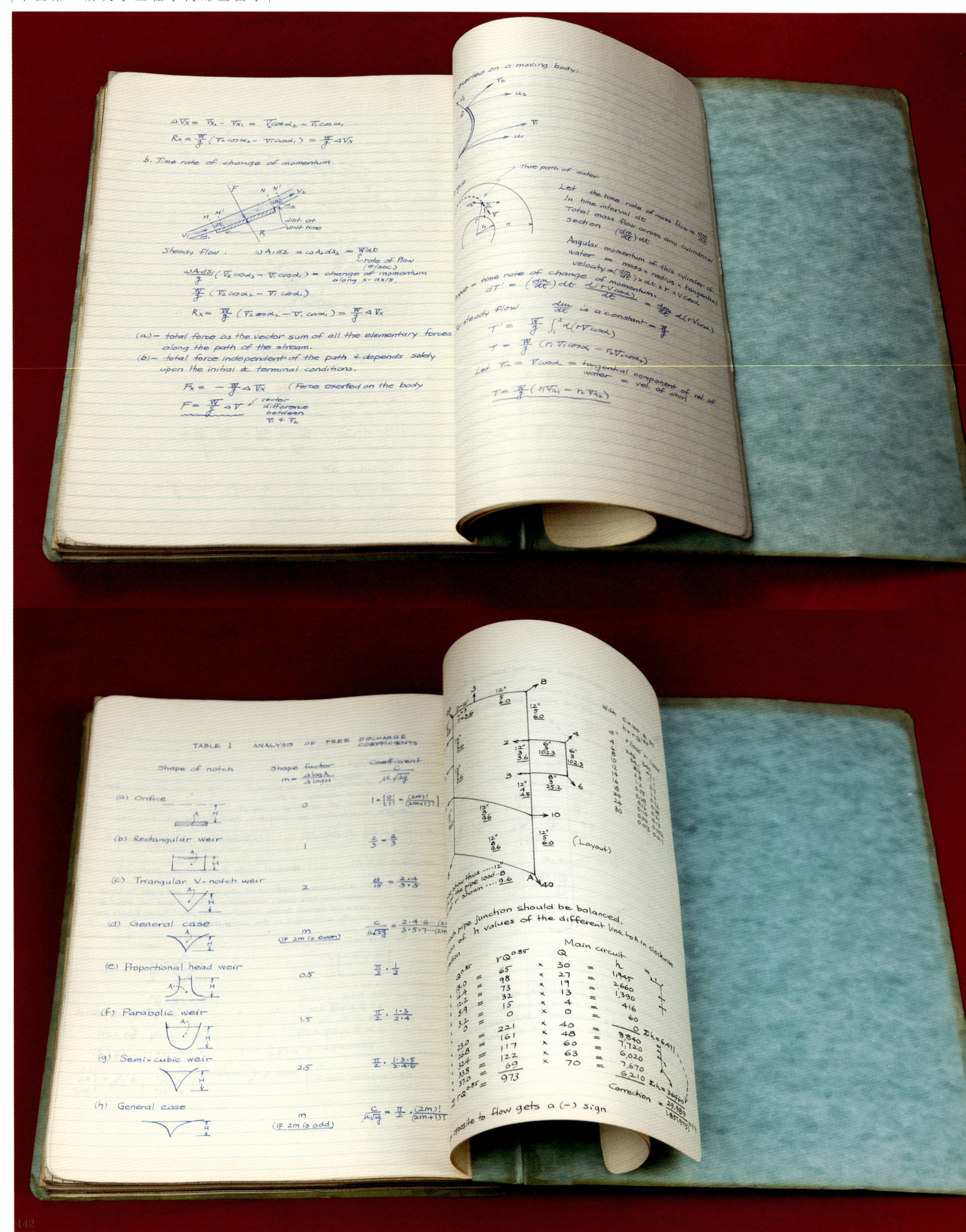

b. Time rate of change of momentum
Steady flow
(a)– total force as the vector sum of all the elementary forces along the path of the stream.
(b)– total force independent of the path & depends solely upon the initial & terminal conditions.
(Force exerted on the body
True path of water
TABLE 1 ANALYSIS OF FREE DISCHARGE COEFFICIENTS
Shape of notch
Shape factor
Coefficient
(a) Orifice
(b) Rectangular weir
(c) Triangular V-notch weir
(d) General case
(e) Proportional head weir
(f) Parabolic weir
(g) Semi-cubic weir
(h) General case
(Layout)
Main circuit
Correction

范思锟学习笔记

范恩锟（1919—1971），天津人。1941年毕业于天津工商学院土木工程系。1950年获美国诺特丹大学土木工程硕士学位。回国后，历任津沽大学、北洋大学教授，天津大学教授、土木系副主任，天津市土壤力学地基学会第一届理事长。从事土壤力学地基基础工程学科研究。撰有《土的流变性质》《石灰柱加固软土地基》《渤海湾海岸线变迁》等论文，主编《工程地质与地基基础》。

1949—1950年，范恩锟在美国诺特丹大学学习期间的学习笔记

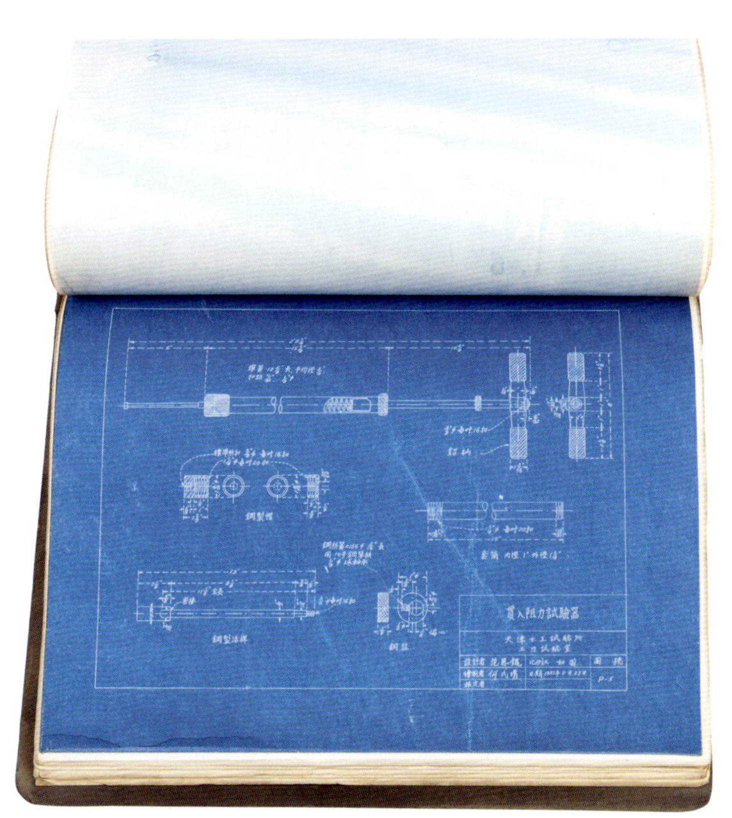

1951年，范恩锟教授兼任天津水工试验所时设计的“贯入阻力试验器”图纸

中国第一水工试验所

中国第一水工试验所之使命：

一方为应各合作之水利机关，求解决各种水工建筑物设计之是否极度适宜，以免工事费之虚抛；一方复应各合作之工程学府，求水利工程各科学子之便于研究实习。

一九三五年《中国第一水工试验所进行实况》

中国第一水工试验所沿革

1928年9月，华北水利委员会成立，主席李仪祉和常务委员李书田昔时均曾亲历欧美各水工试验所，深信为解决各项水工建筑难题，我国必须建设属于自己的水工试验所。于是，在华北水利委员会第一次会议上就此问题便提出讨论，经决议呈请建设委员会，建议以荷兰退还的庚子赔款为资金筹设河工试验场。1929年由徐世大拟具创设大规模水工试验所的计划。原拟与国立北平研究院及国立北洋工学院等学术机关合作办理，后因国家财政支绌，请款未能拨发。

1930年起，华北水利委员会采用留德归国的李赋都的建议，除由李赋都继续负责筹备原计划的试验所外，拟先设立一个小规模的临时水工试验所。

1931年8月，李仪祉、李书田二人在中国水利工程学会第一届年会上再次提出设立国立中央水工试验馆。

1932年7月，华北水利委员会选派对于水工试验颇具经验的正工程师李赋都进行水工试验所详细计划的制订。1933年8月，赴德协助恩格思进行黄河治导试验的李赋都回国，并带回经恩格思、方修斯等人审阅的试验所计划。同年9月，华北水工试验所董事会成立，同时通过决议，改名为“中国第一水工试验所”。自9月起，先后有黄河水利委员会、国立北洋工学院、太湖流域水利委员会、建设委员会模范灌溉管理局、导淮委员会加入合作，后又有扬子江水利委员会和陕西省水利局国立北平研究院加入，先后共有合作单位十家。

1933年11月，主持华北水工试验所设计的李赋都在《大公报》发表《请国人注意水工试验》一文，详述水工试验的重要性。

1934年6月1日，试验所奠基仪式顺利举行，所址在天津黄纬路南侧工学院内。经过为期一年多的施工建设，试验所于1935年11月12日举行落成典礼，落成典礼与中国水利工程学会暨河北省工程师协会联合年会同时召开，全国水利专家云集天津，盛况空前。试验所在典礼结束后即放水进行官厅水库大坝试验，《晨报》《申报》等报纸以“全国唯一设备、东亚独步”“全国唯一水利试验机关”等标题加以报道，社会反响强烈。至此，中国第一水工试验所从酝酿筹建直至落实建成费时七年之久，终于在天津落成。

成立初期，第一水工试验所由董事会管理，每一合作机关推选一名当然董事。另在国内水利专家中选聘九人担任董事，任期一、二、三年者各三人。董事长为李仪祉，副董事长兼会计为李书田，董事兼秘书为徐世大，所长由李赋都担任。

1937年抗日战争爆发，第一水工试验所房屋毁于日军炮火，幸而不少仪器设备由刘崇质收存于英租界慈惠学校及某私宅的地下室内得以保存。后天津陷落，试验所人员大多南迁。

抗战胜利后，1947年6月，在全国水利会议上由察哈尔省和江西省水利局在第2和第85项提案中分别提出设立国立水利研究院和在各省设立水工试验所。会议拟定了“水利五年建设分年进度表”，其中规定“恢复南京、天津等处水工试验所及其他”，二提案经讨论也提出相同的解决办法。

1947年5月，华北水利委员会改组为华北水利工程总局（时任局长郝执斋）遂与北洋大学（时任校长李书田，原中国第一水工试验所副董事长）协商合办水工试验所，并成立天津水工试验所管理委员会。北洋大学方面的委员有常锡厚（水利系主任）、郑兆珍（教授）、魏寿昆（工学院院长），华北水利工程总局方面的委员有高镜莹（总工程师）、崔宗培（副总工程师）、林镜瀛（处长）。水工试验所选址设在大红桥子牙河河畔，距北洋大学仅徒步20分钟的路程。

1949年1月，天津军管会接管天津水工试验所，同年9月，隶属于华北水利委员会的华北水利工程局再次与北洋大学协商，恢复天津水工试验所，仍由北洋大学水利系教授郑兆珍担任所长。

1952年9月，天津大学迁至南开区七里台新校址，天津大学水利馆随即落成，随后开展各项水工试验及教学工作并得以长足发展。

德国水工名家恩格思教授八十岁肖像

恩格思（1854—1945），著名水利专家，世界河工模型试验创始人。

在我国水工试验机构成立之前，德国水利专家恩格思教授、方修斯教授曾先后两次应我国有关单位之聘，进行黄河治导试验。第一次试验自1932年6月至10月，中方由李赋都参加。第二次试验自1934年6月到11月，中方由沈怡参加。这两次试验对中国水工实验机构的成立起到一定的促进作用。

李书田

一等金色水利奖章

李书田，华北水利委员会秘书长，国立北洋工学院教授、院长，中国第一水工试验所创建人之一。1946年全国经济委员会授予他一等金色水利奖章。

恩格思教授 Hubert Engels 傳略

恩格思教授一八五四年生於德國之Mühlheim城。今年一月二十五日，爲其八秩晉二誕辰。以恩氏數十年對於水利工程之努力，及其偉大之貢獻，舉世水利界咸欲舉觴而爲恩氏壽。

恩氏少時就學於柏林及明星工業學校，畢業後嘗從Georg Franzius氏建築 Kiel 軍港。繼在 Potsdam 從事 Havel 河導治，及 Oranienburg 船閘建築工程。旋復瓚計劃 Bremen 海港之河工海港名家 Ludwig Franzius工作。此後復在萊茵河，Oberland 運河，Pillau 港 Memel 河及Nord-Elbe河之橋樑工程等處任職。綜其數十年之工程經驗，實爲其一生研究，教授，及著作之基礎，非空談理論者所可望其項背也。

一八八七年恩氏被聘爲 Braunschweig 高工水利學教授。一八九〇年改任 Dresden 工科大學水利學教授。其生平最大貢獻——水工試驗所之創設——實始於此時，然當時僅爲一極小之試驗室，設備亦頗簡陋耳；迨一八九八年及一九一三年，逐漸擴充，規模乃具。恩氏關於模型試驗，水力學，河工學等研究與發明，不勝枚舉。不特德國水利工程上困難問題多賴其解決；卽美國密西西比河與中國黃河之導治，亦常請其研究也。

民國九年(一九二〇年)，我國黃河水災後，美人費禮門氏 J.R. Freeman 應中國華洋義賑會之聘，來華研究導黃問題。費氏以其研究所得，就商於恩氏，並請其作黃河丁壩試驗，是爲恩氏與中國河工發生關係之始。恩氏乃廣搜材料，悉心研究，著爲論文，其識見之卓越，爲世所稱。民國十八年導淮委員會擬聘恩氏來華，以氏年老體力不勝未果，遂由其弟子方修斯教授 O.Franzius代之。惟方氏所發表之「治黃管見」與恩氏頗有出入，而同時各家意見，又復各持一說，莫衷一是。民國二十一年，及二十三年，恩氏先後應我國之聘，在德舉行導黃試驗，將各家所擬方法，詳爲比較；其試驗結果，詳見報告書中。

恩氏待人接物，誠懇和藹；從事河工，則心精力果，數十年如一日。其治學以科學方法，熔經驗與理論於一爐。研究之精深，貢獻之偉大，皆爲吾人所欽仰而不能忘懷者也。

恩格思教授传略

恩格思

宝光水利奖章

1936年恩格思教授两次主持黄河治导试验，成绩显著，黄河水利委员会呈请全国经济委员会并经国民政府批准，授予他一等宝光水利奖章。

水工模型试验

研究水利问题，经验与理论，须同时注意之，二者相互扶助，始可获最经济最适宜之水利建设。凡举一种工程，每于工程完竣后，始觉察各种缺点，自缺点再加研究，往往得一较新确之理论，已往科学之进步，实基于此。但以伟大之建设工程，作为试验品，其费时伤财甚为显著。

自德国著名水利专家恩格思首倡水工试验以来，对于水利研究，始得一新记录。于一八九五年在德来司登工科大学设立水利试验所，研究试验工作，证明利用试验之法，可以解决一切水利问题，引起全国之注意，各处纷纷从事于水工试验所之建设。经数十年之经验，认水工试验确为水利问题最确实而不可缺之方法。

凡感水利问题重要之国家，均先后设立水工试验所，一切伟大之水利建设，俱以试验之法解决之。利用水工试验，可以研究已往工程之缺点，可以扶助吾人学识之不及，得一适合之建筑方式。盖于模型试验之时，始有解析及明察各项原理之机会，根据试验结果及相似率，以确定建筑与水流之关系，力量之大小，而得一形体适合之结构。

在试验方面应注意“模型与水量大小问题”。利用大规模及大水量做试验，结果较为真切，但测验须精细，仪器较复杂，试验费用较昂，须有现成及丰富之水源及宽宏之地面，适合经济，德国巴也水工水力研究院之水工试验所即其例也。该所位于阿朋那黑河旁，利用河水做试验，计可供试验之水量，每秒可达8立方公尺，河流模型直接设于地内。

至于在市内利用自来水以供试验，则不能在水量与设备上力求俭省。在小模型试验，须有较强之观察力，与较精细之研究，普通水量约每秒50～300公升。哈诺惟水工试验所之水量可达每秒2立方公尺，为现时之最大者。然此每秒2立方公尺之水量，大多用以做各种水力学试验，河流试验，需水尚未有达此值者（阿朋那黑黄河试验水量约为每秒200公升）。

1933年，李赋都在德国奥巴纳赫水工试验所参加黄河模型试验（左三为方修斯教授）

模型试验结果，大多数均可定量地移用于自然界，惟于极繁杂之试验，只可以计算法规定模型水量限度，河流坡度等等，而试验则仅为定性之研究。此种情势，在河流试验，尤为明显。例如试验长30公里，宽30公尺，深1公尺之河流，用1:5之模型比例尺，则模型河长60公尺，宽0.6公尺，深2公分。用此深度，不易察知河内所有之变象，且依模型之比例尺，则试验所用之沙粒亦须极细。假如河内沙粒直径为1公厘，则模型内沙粒为1/50公厘，不免失其在河内原有性质。故以模型做河流试验，不能使模型与自然河流“真似”。普通多取用较大之深度比例尺及较大之沙颗。利用平面与高低不同之比例尺，现仍为研究模型一极有价值之问题。在相似率内固有关于此等变态所用之公式，然在问题繁复之情形，仍非可靠。

普通河流试验，能得一定性之结果，已称满足。试验治河工程，在能于模型之内，做相互比较之研究，分别优劣，而由此推知其最适宜者。试验河流，仍须用较大之模型，方可减小以上各种缺点。恩格思一九三一年之河流试验（水量为548 公升/秒），即其证也。我国水利问题，目前以治河为重要，当注意及之。（摘录于李赋都1935年8月向中国工程师协会第五届年会提交的论文《中国第一水工试验所设计大纲》第一部分“通论”。本文获该年会第三论文奖。）

中国第一水工试验所“三杰”

李书田

中国第一水工试验所主要创始人之一，
中国第一水工试验所副董事长兼会计

徐世大

中国第一水工试验所主要创始人之一，
中国第一水工试验所董事兼秘书

李赋都

中国第一水工试验所主要创始人之一，
中国第一水工试验所董事、筹备专员，所长

水工试验是一种通过物理模型来模拟水工建筑物中水流的力学本质的方法。为了使水工试验这项当时世界上最先进的科学技术能够引入中国，推动中国水利工程建设，接触过世界各国水工试验的中国水利人付出了不懈的努力。在他们的极力推动下，中国第一水工试验所终于在1935年11月12日宣告落成，从此中国现代水利试验学开启了新纪元。在这些水利专家中，尤以李书田、徐世大、李赋都的事迹最为突出。他们既是科学家又是教育家，他们既为水工试验学在中国的落地和发展做出了巨大贡献，又把水工试验这门实验科技手段嫁接到高等学府教学实践中去。他们是近代中国水利科学领域的杰出者和开拓者。

1928年9月，顺直水利委员会改组为华北水利委员会，李书田担任常务委员、秘书长，徐世大任委员会总工程师，李赋都任工程师。李书田昔时曾多次亲历欧美各水工试验所，深信为解决各项水工建筑难题，我国必须建设属于自己的水工试验所，并在华北水利委员会第一次会议建议以荷兰退还的庚子赔款为资金筹设河工试验场。1929年徐世大拟具创设大规模水工试验所的计划。1930年起，华北水利委员会采用留德归国的李赋都的建议，除由李赋都继续负责筹备原计划的试验所外，拟先设立一个小规模的临时水工试验所。1931年，李书田等人在中国水利工程学会第一届年会上再次提出设立国立中央水工试验馆。1932年7月，华北水利委员会选派李赋都进行水工试验所详细计划的制订。1933年8月，李赋都赴德协助恩格思进行黄河治导试验，回国后带回经恩格思、方修斯等人审阅的试验所计划。同年9北水工试验所董事会成立，同时通过决议，改名为“中国第一水工试验所”。1933年11月，主持华北水工试验所设计的李赋都在《大公报》发表《请国人注意水工试验》一文。1935年11月12日“中国第一水工试验所”举行落成典礼，试验所在典礼结束后即放水进行官厅水库大坝试验。

第一水工试验所实行董事会管理制，李书田选任副董事长兼会计，董事兼秘书为徐世大，所长由李赋都担任。

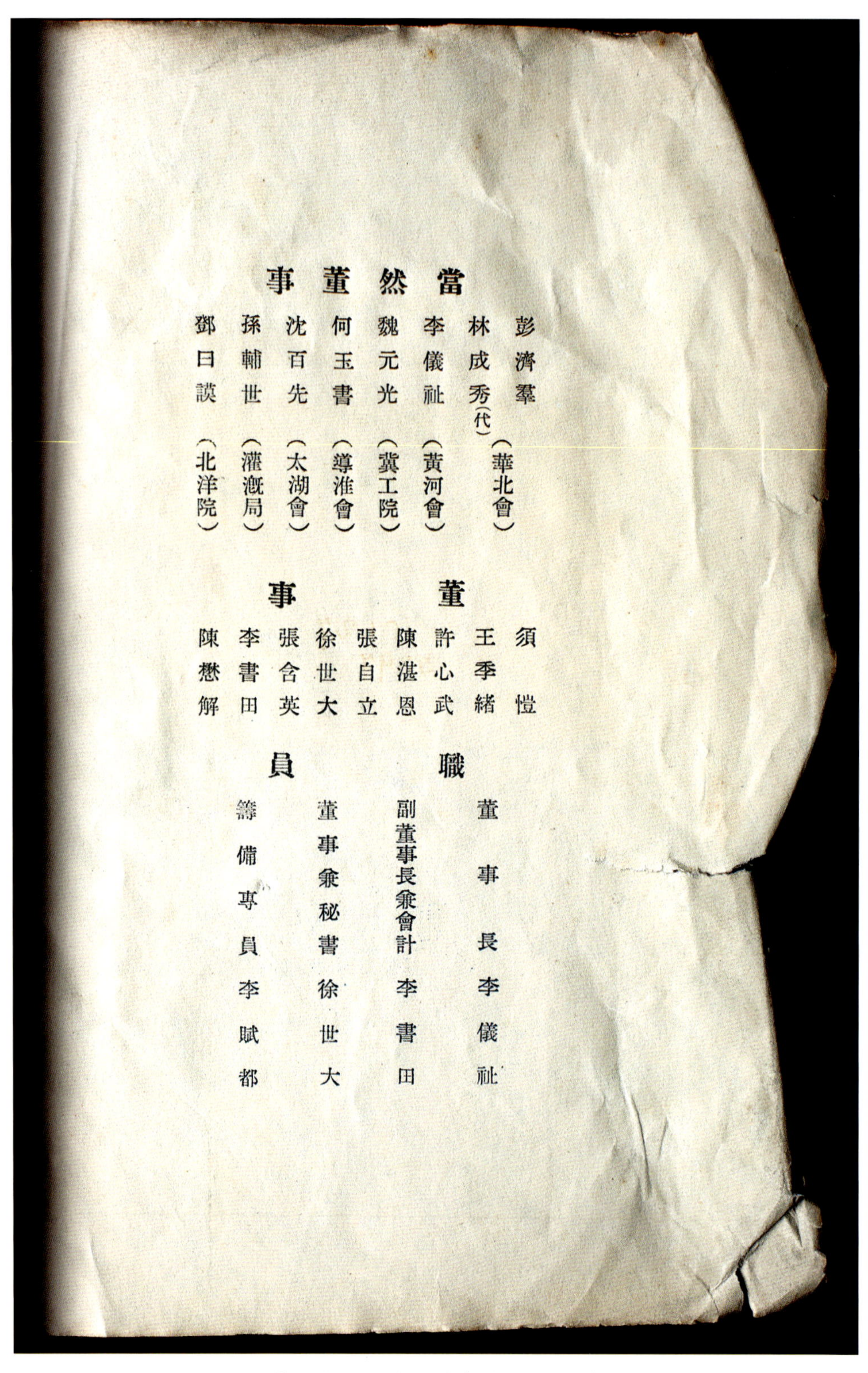

當然董事

彭濟羣（華北會）
林成秀（代）
李儀祉（黃河會）
魏元光（冀工院）
何玉書（導淮會）
沈百先（太湖會）
孫輔世（灌漑局）
鄧曰謨（北洋院）

董事

須愷
王季緒
許心武
陳湛恩
張自立
徐世大
張含英
李書田
陳懋解

職員

董事長 李儀祉
副董事長兼會計 李書田
董事兼秘書 徐世大
籌備專員 李賦都

第一水工试验所董事会人员名单

1933年9月，华北水工实验所董事会成立，同时通过决议，由最初的“河工试验场”改名为“中国第一水工试验所”。试验所实行董事会管理，由国立北洋工学院(北洋大学)与黄河水利委员会、太湖流域水利委员会、建设委员会模范灌溉管理局、导淮委员会、扬子江水利委员会、陕西省水利局国立北平研究院、河北省立工业学校八机关合作办理。每个合作单位推举一名当然董事。

董事会中北洋大学籍人物

李仪祉

李书田

徐世大

张含英

王季绪

李赋都

须恺

邓曰谟

孙辅世

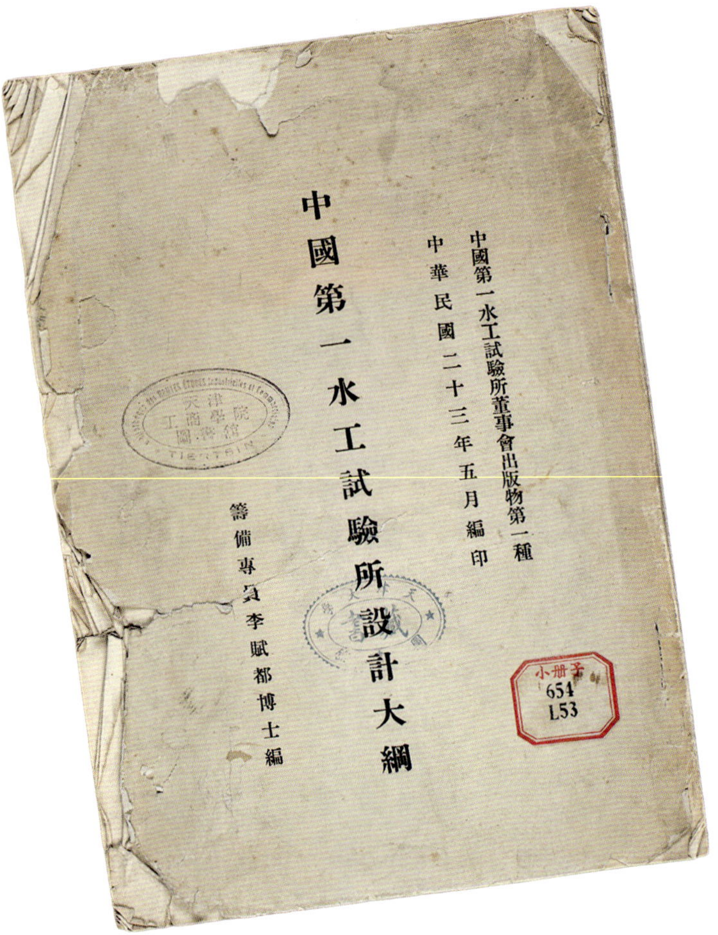
中國第一水工試驗所設計大綱

中國第一水工試驗所董事會出版物第一種

中華民國二十三年五月編印

籌備專員李賦都博士編

《中国第一水工试验所设计大纲》封面

《中国第一水工试验所设计大纲》（1934年）为中国第一水工试验所董事会出版的第一本出版物。《中国第一水工试验所进行实况》为中国第一水工试验所董事会出版的第二种出版物。以上两种出版物的中英文本事先作为呈请创建中国第一水工试验报告的附件一并呈送国民政府建设委员会。

水工试验所筹备专员李赋都

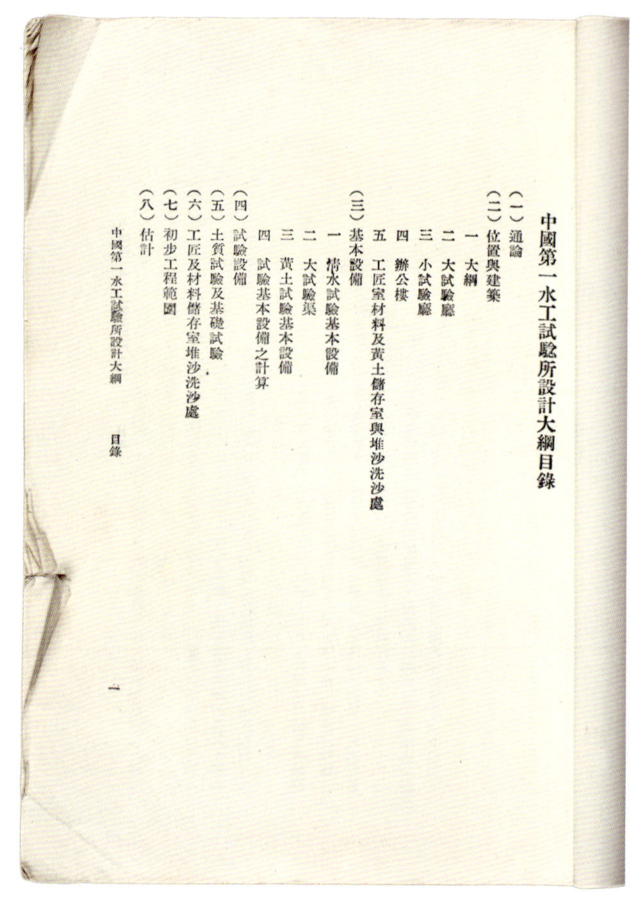
中國第一水工試驗所設計大綱目錄

(一)通論
(二)位置與建築
一 大綱
二 大試驗廳
三 小試驗廳
四 辦公樓
五 工匠室材料及黃土儲存室與堆沙洗沙處
(三)基本設備
一 清水試驗基本設備
二 大試驗渠
三 黃土試驗基本設備
四 試驗基本設備之計算
(四)試驗設備
(五)土質試驗及基礎試驗
(六)工匠及材料儲存室堆沙洗沙處
(七)初步工程範圍
(八)估計

中國第一水工試驗所設計大綱 目錄 一

《中国第一水工试验所设计大纲》目录

中國第一水工試驗所設計大綱

（一）通論

研究水利問題，經驗與理論，須同時注意之；二者互相扶助，始可獲最經濟最適宜之水利建設，凡舉一種工程，每於工程完竣後，始覺察各種缺點，自缺點再加研究，往往得一較新確之理論，已往科學之進步，寔基於此。但以偉大之建設工程，作爲試驗品，其費時傷財甚爲顯著。

自德國著名水利專家恩格思首倡水工試驗以來，對於水利研究，始得一新紀錄。氏於一八九五年在德來司登工科大學設立水工試驗所，研究試驗工作，證明利用試驗之法，可以解決一切水利問題，引起全國之注意，各處紛紛從事於水工試驗所之建設，經數十年之經驗，認水工試驗確爲研究水利問題最著名最確實而不可缺之方法。

凡感水利問題重要之國家，均先後設立水工試驗所。一切偉大之水利建設，俱以試驗之法解決之。利用水工試驗，可以研究已往工程之缺點，可以扶助吾人學識之不及，得一適合之建築方式。蓋於模型試驗之時，始有解析及明察各項原理之機會，根據試驗結果及相似律，以確定建築與流水之關係，力量之大小，而得一形體適合之結構。

在試驗方面應注意「模型與水量大小問題」，利用大模型及大水量作試驗，結果較爲真切，但測

中國第一水工試驗所設計大綱　一

《中国第一水工试验所设计大纲》正文

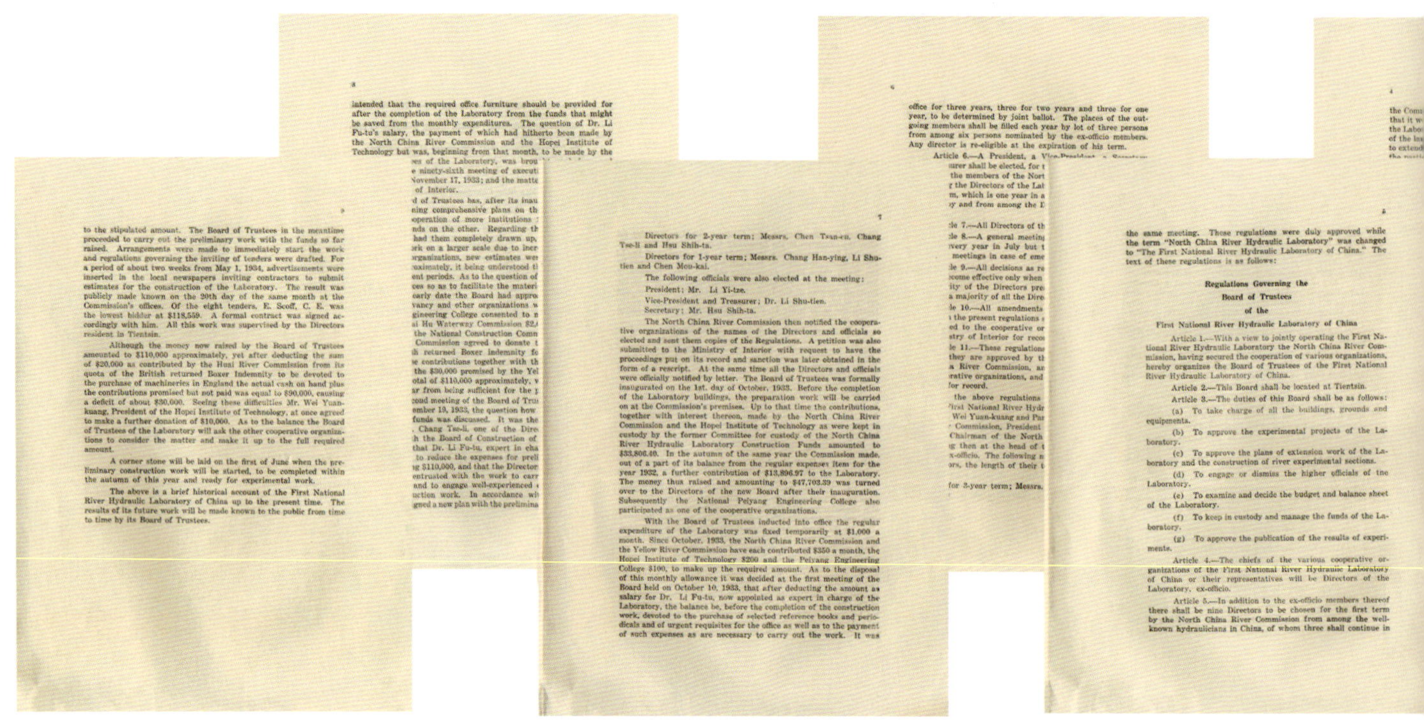

to the stipulated amount. The Board of Trustees in the meantime proceeded to carry out the preliminary work with the funds so far raised. Arrangements were made to immediately start the work and regulations governing the inviting of tenders were drafted. For a period of about two weeks from May 1, 1934, advertisements were inserted in the local newspapers inviting contractors to submit estimates for the construction of the Laboratory. The result was publicly made known on the 20th day of the same month at the Commission's offices. Of the eight tenders, E. Scoff, C. E. was the lowest bidder at $118,559. A formal contract was signed accordingly with him. All this work was supervised by the Directors resident in Tientsin.

Although the money now raised by the Board of Trustees amounted to $110,000 approximately, yet after deducting the sum of $20,000 as contributed by the Huai River Commission from its quota of the British returned Boxer Indemnity to be devoted to the purchase of machineries in England the actual cash on hand plus the contributions promised but not paid was equal to $90,000, causing a deficit of about $30,000. Seeing these difficulties Mr. Wei Yuan-kuang, President of the Hopei Institute of Technology, at once agreed to make a further donation of $10,000. As to the balance the Board of Trustees of the Laboratory will ask the other cooperative organizations to consider the matter and make it up to the full required amount.

A corner stone will be laid on the first of June when the preliminary construction work will be started, to be completed within the autumn of this year and ready for experimental work.

The above is a brief historical account of the First National River Hydraulic Laboratory of China up to the present time. The results of its future work will be made known to the public from time to time by its Board of Trustees.

7

Directors for 2-year term; Messrs. Chen Tsan-en, Chang Tse-li and Hsu Shih-ta.

Directors for 1-year term; Messrs. Chang Han-ying, Li Shu-tien and Chen Mou-kai.

The following officials were also elected at the meeting:

President; Mr. Li Yi-tze.

Vice-President and Treasurer; Dr. Li Shu-tien.

Secretary; Mr. Hsu Shih-ta.

The North China River Commission then notified the cooperative organizations of the names of the Directors and officials so elected and sent them copies of the Regulations. A petition was also submitted to the Ministry of Interior with request to have the proceedings put on its record and sanction was later obtained in the form of a rescript. At the same time all the Directors and officials were officially notified by letter. The Board of Trustees was formally inaugurated on the 1st. day of October, 1933. Before the completion of the Laboratory buildings, the preparation work will be carried on at the Commission's premises. Up to that time the contributions, together with interest thereon, made by the North China River Commission and the Hopei Institute of Technology as were kept in custody by the former Committee for custody of the North China River Hydraulic Laboratory Construction Funds amounted to $33,806.40. In the autumn of the same year the Commission made, out of a part of its balance from the regular expenses item for the year 1932, a further contribution of $13,896.97 to the Laboratory. The money thus raised and amounting to $47,703.39 was turned over to the Directors of the new Board after their inauguration. Subsequently the National Peiyang Engineering College also participated as one of the cooperative organizations.

With the Board of Trustees inducted into office the regular expenditure of the Laboratory was fixed temporarily at $1,000 a month. Since October, 1933, the North China River Commission and the Yellow River Commission have each contributed $350 a month, the Hopei Institute of Technology $200 and the Peiyang Engineering College $100, to make up the required amount. As to the disposal of this monthly allowance it was decided at the first meeting of the Board held on October 10, 1933, that after deducting the amount as salary for Dr. Li Fu-tu, now appointed as expert in charge of the Laboratory, the balance be, before the completion of the construction work, devoted to the purchase of selected reference books and periodicals and of urgent requisites for the office as well as to the payment of such expenses as are necessary to carry out the work. It was

5

the same meeting. These regulations were duly approved while the term "North China River Hydraulic Laboratory" was changed to "The First National River Hydraulic Laboratory of China." The text of these regulations is as follows:

Regulations Governing the Board of Trustees of the First National River Hydraulic Laboratory of China

Article 1.—With a view to jointly operating the First National River Hydraulic Laboratory the North China River Commission, having secured the cooperation of various organizations, hereby organizes the Board of Trustees of the First National River Hydraulic Laboratory of China.

Article 2.—This Board shall be located at Tientsin.

Article 3.—The duties of this Board shall be as follows:

(a) To take charge of all the buildings, grounds and equipments.

(b) To approve the experimental projects of the Laboratory.

(c) To approve the plans of extension work of the Laboratory and the construction of river experimental sections.

(d) To engage or dismiss the higher officials of the Laboratory.

(e) To examine and decide the budget and balance sheet of the Laboratory.

(f) To keep in custody and manage the funds of the Laboratory.

(g) To approve the publication of the results of experiments.

Article 4.—The chiefs of the various cooperative organizations of the First National River Hydraulic Laboratory of China or their representatives will be Directors of the Laboratory, ex-officio.

Article 5.—In addition to the ex-officio members thereof there shall be nine Directors to be chosen for the first term by the North China River Commission from among the well-known hydraulicians in China, of whom three shall continue in

《中国第一水工试验所进行实况》英文本

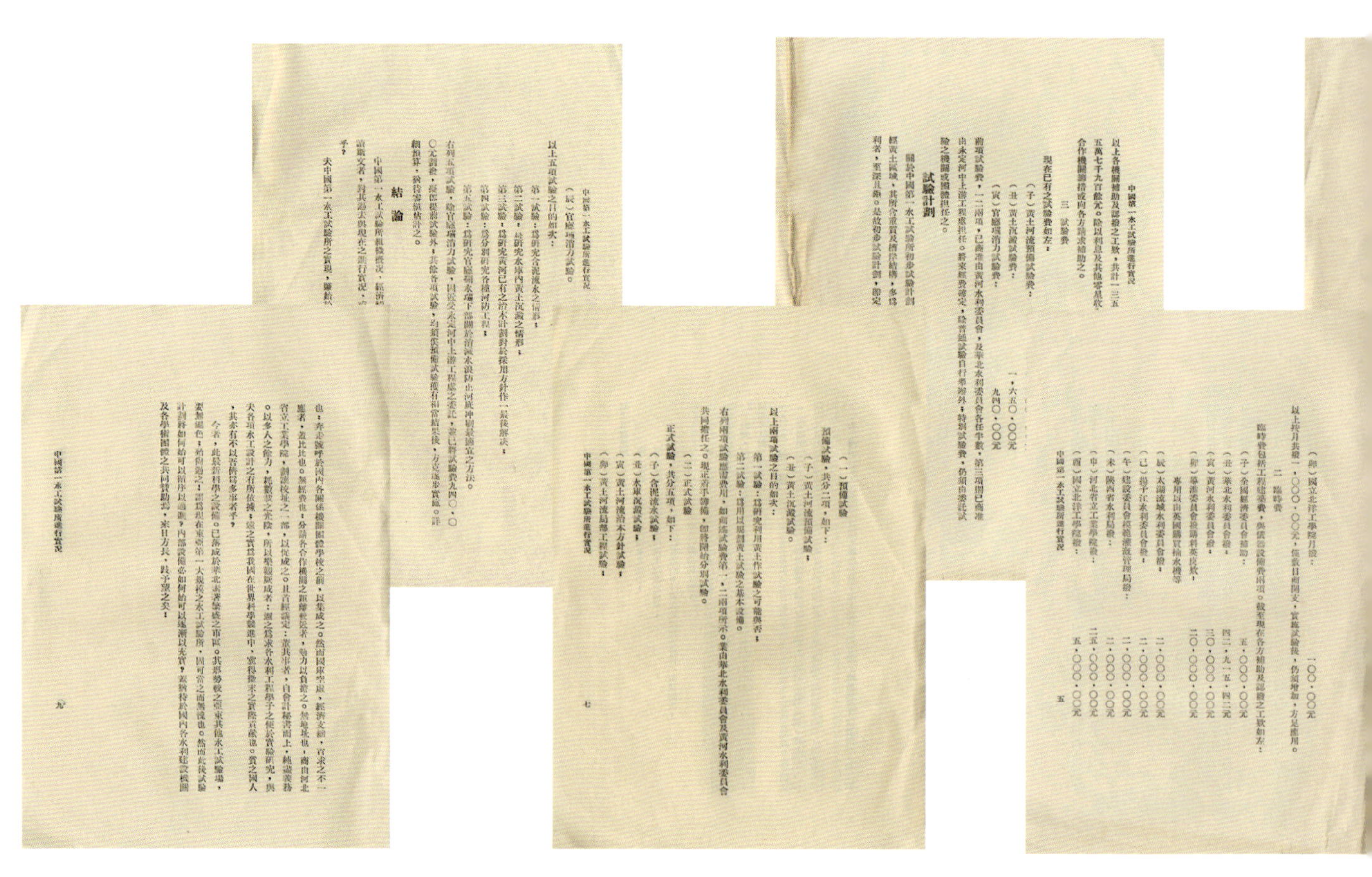

《中国第一水工试验所进行实况》中文本

1935年，由中国第一水工试验所董事会报请国民政府建设委员会创建中国第一水工试验所报告的附件——《中国第一水工试验所进行实况》的中英文本（中国第二历史档案馆馆藏）

水木兴邦／中国第一水工试验所

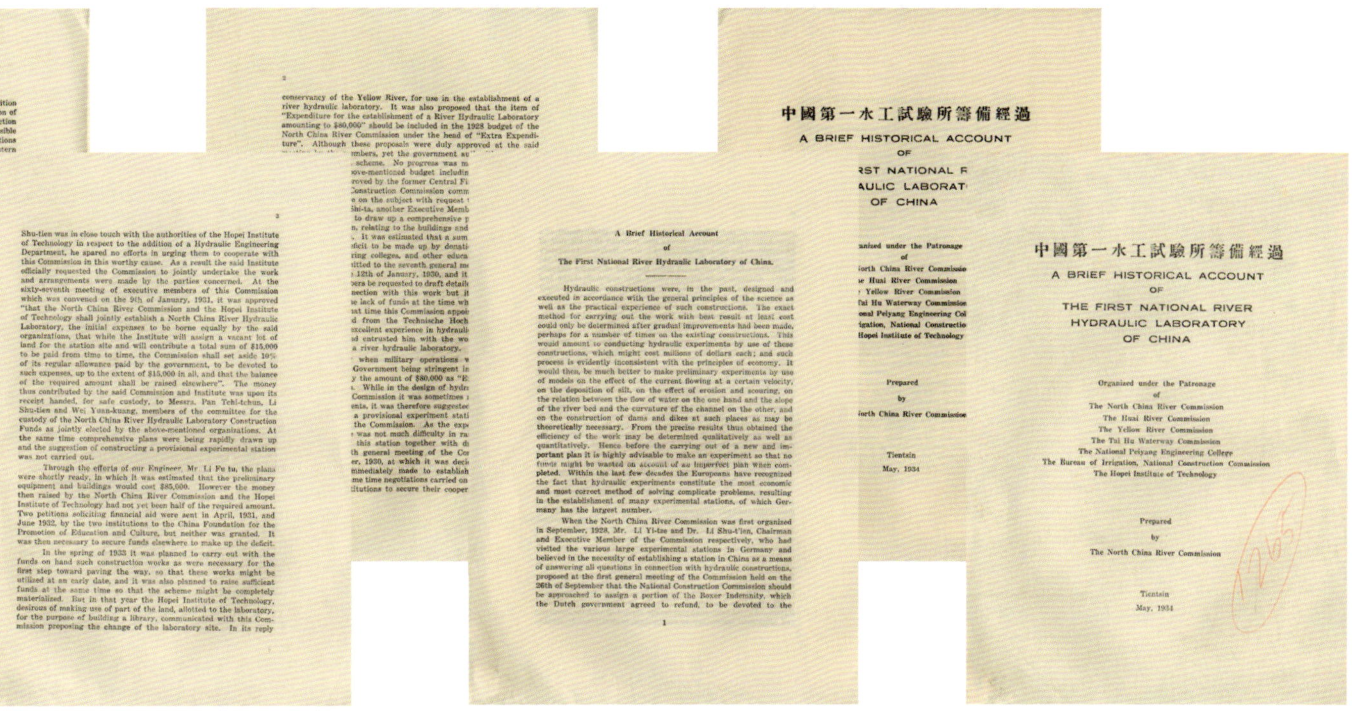

中國第一水工試驗所籌備經過

A BRIEF HISTORICAL ACCOUNT
OF
THE FIRST NATIONAL RIVER
HYDRAULIC LABORATORY
OF CHINA

Organized under the Patronage
of
The North China River Commission
The Huai River Commission
The Yellow River Commission
The Tai Hu Waterway Commission
The National Peiyang Engineering College
The Bureau of Irrigation, National Construction Commission
The Hopei Institute of Technology

Prepared
by
The North China River Commission

Tientsin
May, 1934

A Brief Historical Account
of
The First National River Hydraulic Laboratory of China.

Hydraulic constructions were, in the past, designed and executed in accordance with the general principles of the science as well as the practical experience of such constructions. The exact method for carrying out the work with best result at least cost could only be determined after gradual improvements had been made, perhaps for a number of times on the existing constructions. This would amount to conducting hydraulic experiments by use of these constructions, which might cost millions of dollars each; and such process is evidently inconsistent with the principles of economy. It would then, be much better to make preliminary experiments by use of models on the effect of the current flowing at a certain velocity, on the deposition of silt, on the effect of erosion and scouring, on the relation between the flow of water on the one hand and the slope of the river bed and the curvature of the channel on the other, and on the construction of dams and dikes at such places as may be theoretically necessary. From the precise results thus obtained the efficiency of the work may be determined qualitatively as well as quantitatively. Hence before the carrying out of a new and important plan it is highly advisable to make an experiment so that no funds might be wasted on account of an imperfect plan when completed. Within the last few decades the Europeans have recognized the fact that hydraulic experiments constitute the most economic and most correct method of solving complicate problems, resulting in the establishment of many experimental stations, of which Germany has the largest number.

When the North China River Commission was first organized in September, 1928, Mr. Li Yi-tze and Dr. Li Shu-t'ien, Chairman and Executive Member of the Commission respectively, who had visited the various large experimental stations in Germany and believed in the necessity of establishing a station in China as a means of answering all questions in connection with hydraulic constructions, proposed at the first general meeting of the Commission held on the 26th of September that the National Construction Commission should be approached to assign a portion of the Boxer Indemnity, which the Dutch government agreed to refund, to be devoted to the

1

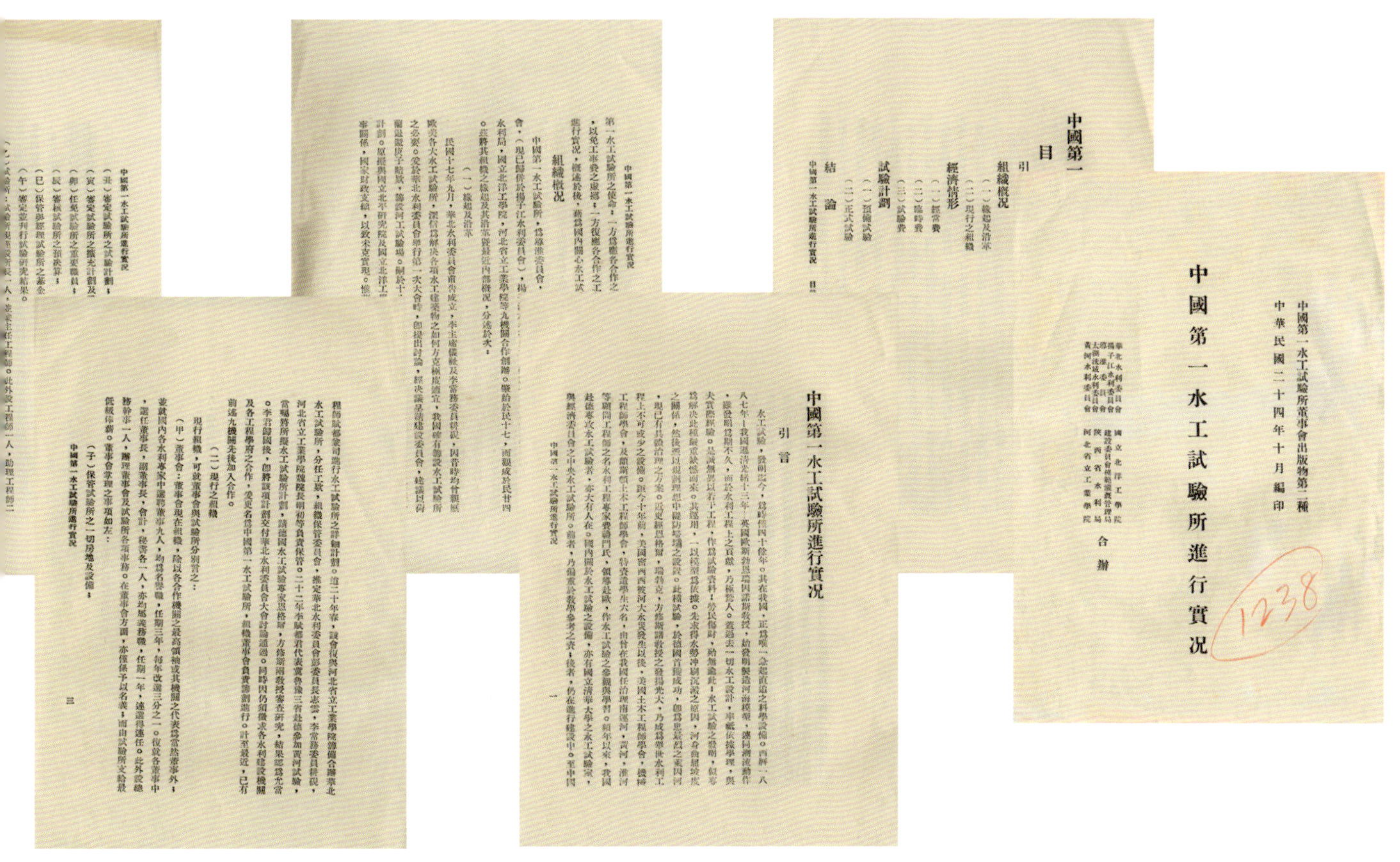

中國第一水工試驗所進行實況

中國第一水工試驗所董事會出版物第二種
中華民國二十四年十月編印

華北水利委員會
揚子江水利委員會
導淮委員會
太湖流域水利委員會
黃河水利委員會
國立北洋工學院
建設委員會模範灌溉管理局
陝西省水利局
河北省立工業學院
合辦

中国第一水工试验所原名华北水工试验所，设于天津河北工学院。最初定址在元纬路，因工学院改作他用，故移至院内北端，临黄纬路。试验所址长度约200公尺、全面宽度约30公尺（由校舍墙根至临黄纬路围墙），西北端校舍墙距七马路围墙27.2公尺，宽27.2公尺，长60公尺之地面。全所可分为四部：大试验厅、小试验厅、办公楼、工匠室材料及黄土储存与堆沙洗沙处（工匠室分铁工室及木工室，做试验需用模型以及器具等）。

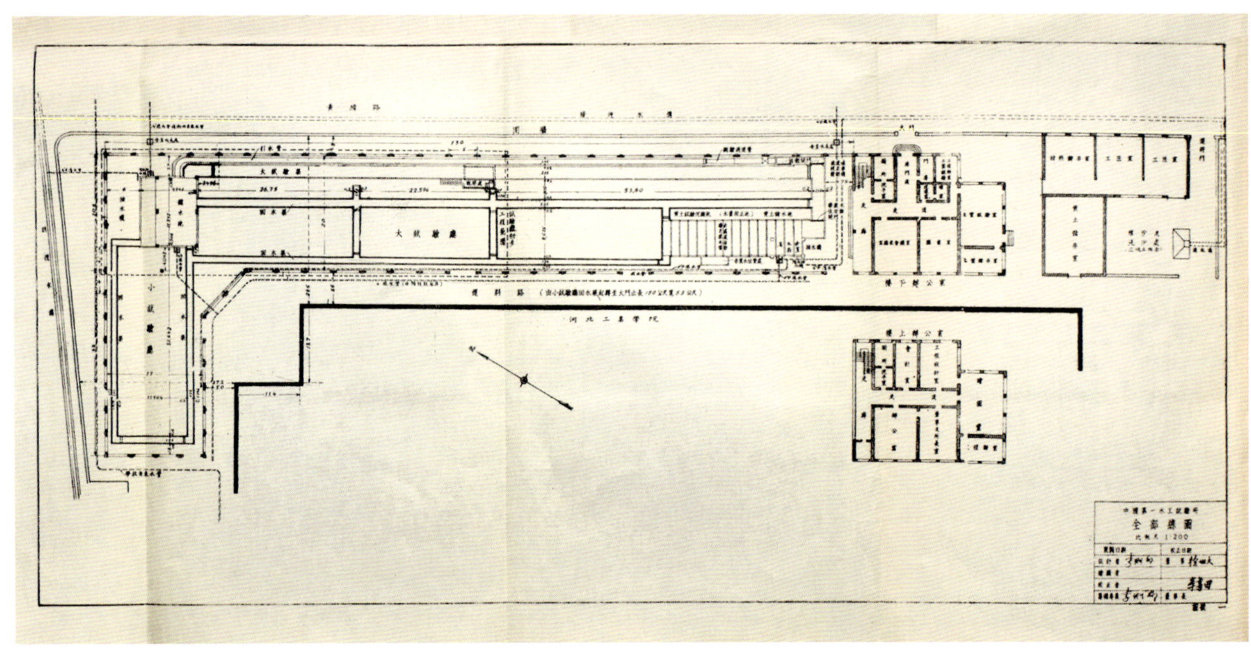

设计：李赋都
绘图：李赋都
储备专员：李赋都
董事：徐世大
校正：李书田

中国第一水工试验所全部总图（1934年4月）

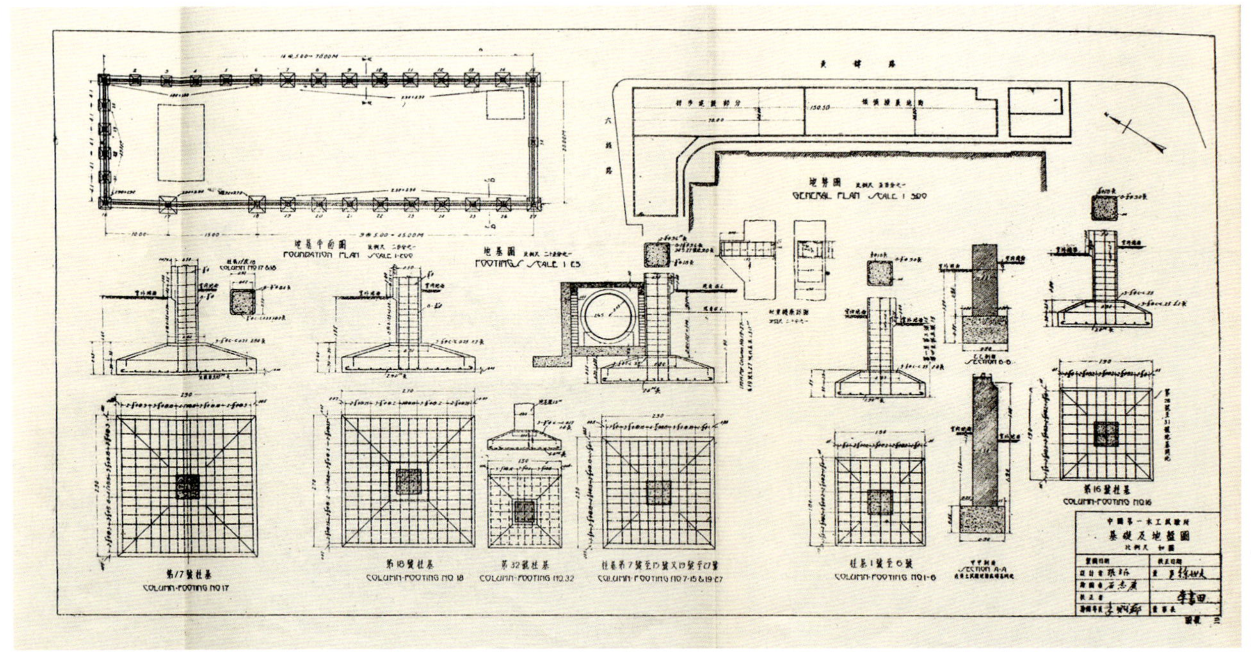

设计：张墉
绘图：石志广
储备专员：李赋都
董事：徐世大
校正：李书田

基础及地盘图

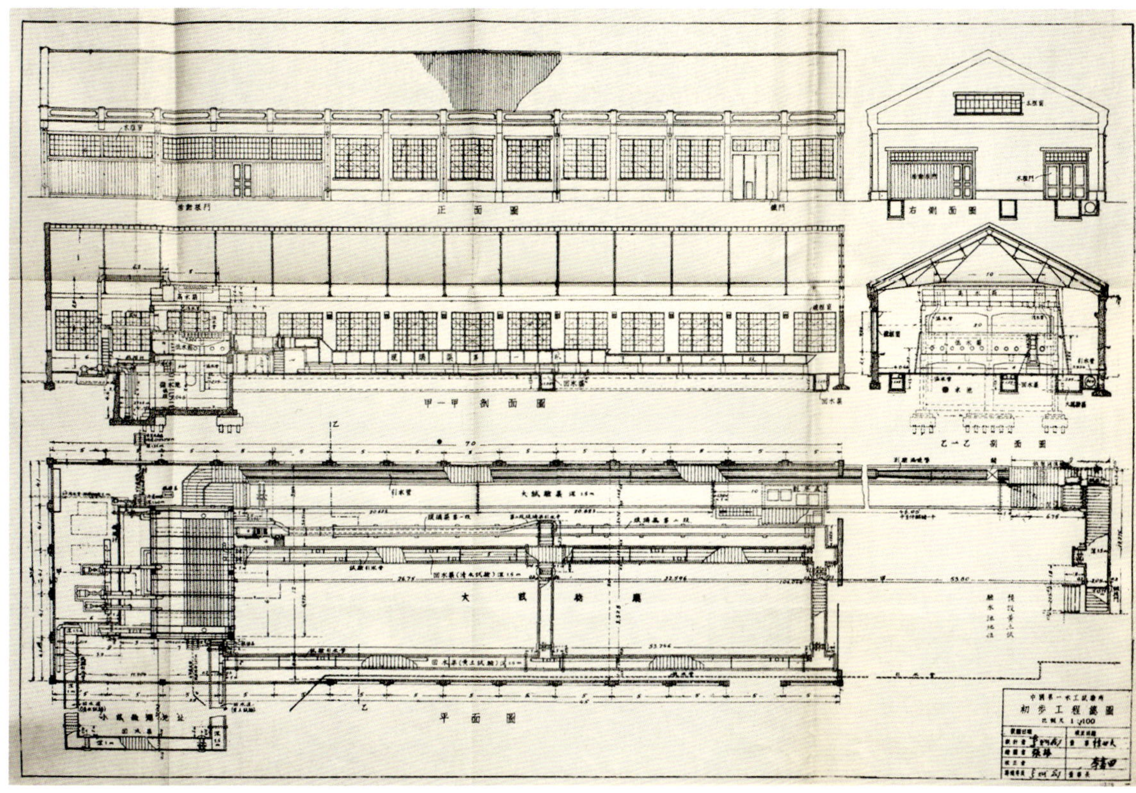

设计：李赋都
绘图：张堵
储备专员：李赋都
董事：徐世大
校正：李书田

初步工程总图

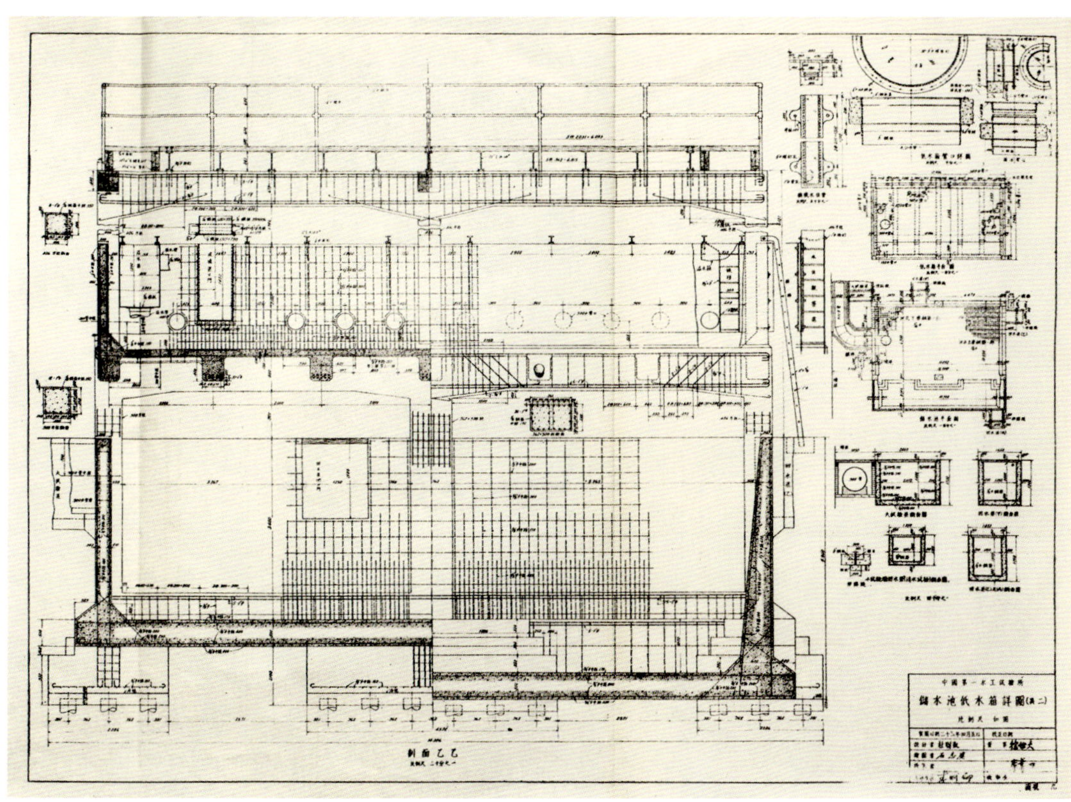

设计：杜联凯
绘图：石志广
储备专员：李赋都
董事：徐世大
校正：李书田

储水池低水箱详图

1931年8月30日，中国水利工程学会在南京建设委员会大礼堂举行，到会19人。会长李仪祉因病未能参加，由副会长李书田主持会议并致开幕词。会后发表了《中国水利工程学会第一届年会宣言》《呈请统一全国水利行政文》和《呈请设立国立中央水工试验馆文》等文件。

中国水利工程学会第一届年会会员名单（部分）如下。

会长：李仪祉。

副会长：李书田。

总干事：张自立。

董事会成员：李仪祉、李书田、茅以升、陈懋解、沈百先、张含英、张自立、须恺、孙辅世。

中国水利工程学会第一届年会全体代表合影

与会人员在即将落成的北洋工学院工程实验馆（北大楼）门前合影留念

中国水利工程学会第五届年会与河北省工程师联合会于1935年11月9日至12日在国立北洋工学院召开。出席会员67人，各机关代表和来宾共计百余人。彭济群主持会议并致开幕词，李仪祉发表演说，他提倡吸收欧美学理之长，以弥补我国凭经验办水利之不足。国立北洋工学院院长兼河北工程协会主席李书田，山东建设厅代表曹瑞芝相继致词。本年会举行了耕砚（李书田）论文奖第二次授奖仪式。会议期间两会会员还参加了中国第一水工试验所开幕典礼。会议通过了“集中水工试验工作尽先充实中国第一水工试验所”“拟请本会会员视察黄河决口并研究堵口工程”“筹备编译全国水利丛书”等六项提案。

中国第一水工试验所大试验厅，长70公尺、宽20公尺、高7.30公尺，中部由房架底至地面高约8.50公尺

中国第一水工试验所大试验厅内景

中国第一水工试验所坐落于元纬路上的门

1935年，李赋都与夫人在中国第一水工试验所前合影

水工試驗所開幕記

全國唯一設備東亞獨步 來賓到百餘試驗結果佳

主席致詞

籌備經過

董事演說

放水試驗

小晨報緊要啓事

本報因刊登某條新聞未符檢查條例奉

七天已呈准十七日起復刊並當於復刊

閱諸君雅意恐勞懷念特此奉聞務祈

全国唯一设备东亚独步　来宾到百余试验结果佳

【天津十三日航讯】中国第一水工试验所，为我国水利工程界一新的建设，为黄河、导淮、华北、扬子江四水利委员会及国立北洋工学院、河北省立工业学校、建设委员会模范灌溉管理局、陕西省水利局八机关共同合作办理。所址在天津市黄纬路工业学院内，施工建筑共享十五万余元，顷者已告竣工。特乘中国水利工程学会、河北省工程师协会在津举行联合年会之际，特于十二日上午十时举行开幕典礼，同时放水实行试验已造成之永定河官厅拦水坝及以黄土作河身之两种模型。十时开会，共到职员与来宾百余人，由董事长李仪祉氏主席。

主席致词

李氏致开会辞谓。今日本所开幕，承各位光临不胜感谢。水工试验所开幕与他类机关、团体意义迥异，本所之设为中国首创，故大胆称为“中国第一”。以我国幅员之大、河流之多、气候之不一，一处试验所实不敷用，希望以后继续组织，以便试验。至于本所设立之意义，间接言之，为全国水利机关学校，志同道合，合力经营，今日始有此规模，不仅便利于试验，更足以表示中国水利工程界学术界合作之精神，本所试验之目的，乃系使用模型试验之结果，而适合于天然之河流，此种试验似乎与小儿之玩具无异，然实际则绝非玩具。尽此种试验，对于水利工程之效果殊大，欧美各国关于水工试相发展情形一日千里，因水利工程由试验之故，技术上、经济上均有裨益。水利工程在设计时，不能如预定之标准，一经试验，则可有十九之把握，故水利工程非经试验而凭经试绝不能收到良好之效果。凡一工程，经过试验所，可予吾人一种经验及决定，再行施工。目前我国科学界，对各种科学均有相当之进步，而水利工程则与世界各国相差甚远。是故今日试验所落成之际，吾人须奠定一基础，共同努力，以求将来之发展。试验所即吾人之研究室，将来必力图扩充。总之，试验所之功用第一在使吾人于试验中求得水利工程之法度以便应用于实际工程；第二更可使吾人对于各种学程与计划，在试验中得一正确之决断；第三即在试验中以取信于世人。希望工程界同人努力，诸位来宾指导云。

筹备经过

继由所长李赋都报告筹备经过谓。中国第一水工试验所为全国八机关合作办理，最初在民十七年华北水利委员会甫告成立之时李主席仪祉及李常委耕砚因昔时均曾亲历。欧美各大水工试验所深信解决各项水利工程，非有水工试验所不可。经华北水利委员会大会提出筹设水工试验所之计划，并向建设委员会有所建议，嗣并由徐委员行健拟具详细设计与北平研究院、北洋工学院合作，但以请款未能拨发乃告停顿。二十二年，本人代表冀鲁豫三省赴德参加黄河试验所计划，与恩格思、方修斯教授审查，认为允当，返国后呈报华北水利委员会，乃与黄河、导淮、扬子江三水委会建委会模范灌溉局，陕西水利局，北洋工学院，河北省立工业学院合作，定为今名，组织董事会设计进行，去年春季开工建筑，至今始全部完成。不过此事为初创，同人等缺乏经验，望各界多所鉴谅。李又报告设施情形及试验计划颇详。

董事演说

次由董事会公推副董事长李书田致辞。谓本人自七年前与李董事长等为此事各方奔走至今方成立，实为欣幸。民十七至十八为创始时期，十九至二十年为初步设计时期，二十一至二十二年为李赋都先生赴德研究时期，本年春迄今为设备时期。本所之立，为八机关共同合作经营，中间虽经过不少困难，但今后之维持发展扩充尤望本此合作精神继续努力。近年来国内水利界有三项合作事业：一，民国二十年全国水利界组织中国水利工程学会，为学术界之合作；二，全国华北导淮扬子江黄河及冀、晋、苏、浙四省建设厅，合组整顿运河计划讨论会，此为技术上的合作；三，即本所之设，乃全国水利界研究上的合作。以上可以表示全国水利界一良好的趋势，中国第一水工试验所之希望，对于工程上达到实用、经济、耐久三项目的，可以免去浪费时间及金钱之损失，同时以中国之大、河流之众多，试验所之设备殊为需要，可由本所培植一部人才，以分配于各地。最后吾人应本以往合作精神使本所日趋充实云。

放水试验

礼成后，由主席李仪祉放水开始试验，该所东西长七十公尺，南北阔三十公尺，后方两贮水箱，高约三丈许，下为蓄水池。试验时将自来水注入池中，用抽水机抽至空中水箱，然后放至各试验模型中至水位流量，各以仪器准绳之。前方进水池处为“官厅坝消力试验模”，为研究永定河官厅拦水头下部关于消减水浪、防止河底冲刷工程。更前则为“河流模型”，绵亘二十余丈，蜿蜒曲折，中有河槽，宽仅尺许，两旁黄土培成堤岸，模型俱以砖砌。初试官厅坝，放水入模型中，则见大溜经由拦水坝水势凶涌，经过拦水坝即作平稳试验约一小时成绩尚佳，此项试验，系应永定河中上游工程处之委托，提前举行。其它各项试验，须俟试验得有结果后，再逐步实现，次在河流模型内，试验黄土河流沉淀情形水流注入模型后，水势逐波而流，渐见近水黄土堤岸，水溜回旋，河流之末端通一地室，室调水流经玻璃槽而示人以沉淀情形。试验毕，全体会员及来宾在工业学院校友楼午餐。席次李仪祉氏致词，略谓今日水工试验所开幕，愿各界随时予以指导，以期发挥试验之功用，不胜切盼云云。次由导淮委员会代表林启庸致词，至下午二时许，始尽欢而散。

《永定河卢沟桥滚坝消力试验报告书》
中国第一水工试验所
实验日期：1936年9月1日至25日

总工程师：徐世大
副总工程师：高镜莹
所长：李赋都

永定河蘆溝橋滾壩
消力試驗報告書

中國第一水工試驗所

封面

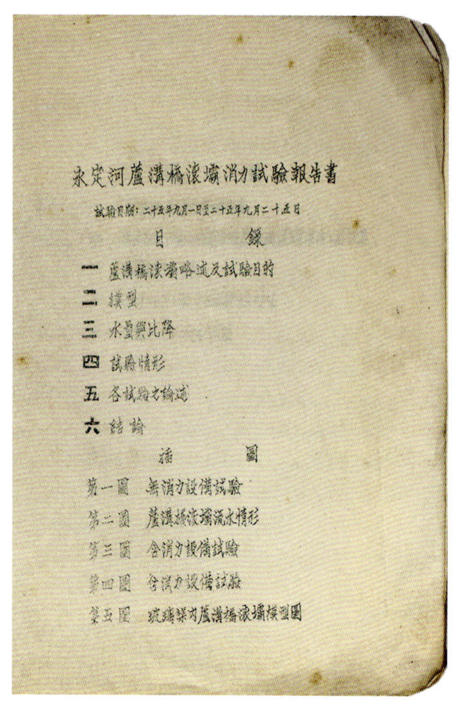

永定河蘆溝橋滾壩消力試驗報告書

試驗日期：二十五年九月一日至二十五年九月二十五日

目　　錄

一 蘆溝橋滾壩略述及試驗目的
二 模型
三 水量與比降
四 試驗情形
五 各試驗之論述
六 結論

插　　圖

第一圖　無消力設備試驗
第二圖　蘆溝橋滾壩流水情形
第三圖　含消力設備試驗
第四圖　含消力設備試驗
第五圖　玻璃槽內蘆溝橋滾壩模型圖

目录

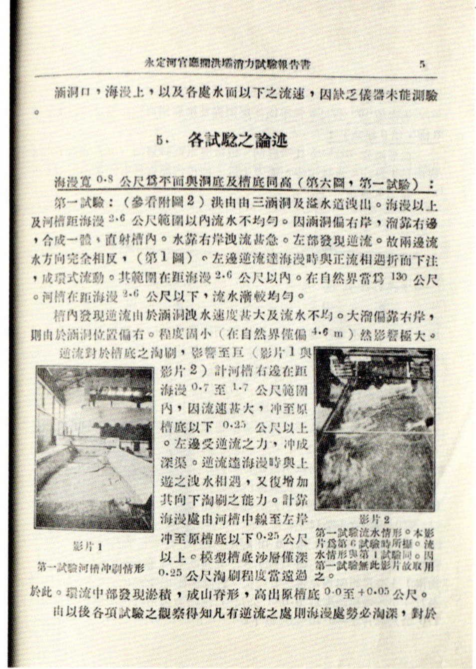

永定河官廳攔洪壩消力試驗報告書　5

涵洞口，海漫上，以及各處水面以下之流速，因缺乏儀器未能測驗。

5. 各試驗之論述

海漫寬 0.8 公尺爲平面與洞底及槽底同高（第六圖，第一試驗）：

第一試驗：（參看附圖2）洪由由三涵洞及溢水道洩出。海漫以上及河槽距海漫 2.6 公尺範圍以內流水不均勻。因涵洞偏右岸，溜靠右邊，合成一體，直射槽內。水靠右岸洩流甚急。左部發現逆流。故兩邊流水方向完全相反，（第1圖）。左邊逆流達海漫時與正流相遇折而下注，成環式流動。其範圍在距海漫 2.6 公尺以內。在自然界當爲 130 公尺。河槽在距海漫 2.6 公尺以下，流水漸較均勻。

槽內發現逆流由於涵洞洩水速度甚大及流水不均。大溜偏靠右岸，則由於涵洞位置偏右。程度固小（在自然界僅偏 4.6 m）然影響極大。

逆流對於槽底之淘刷，影響至巨（影片1與影片2）計河槽右邊在距海漫 0.7 至 1.7 公尺範圍內，因流速甚大，冲至原槽底以下 0.25 公尺以上。左邊受逆流之力，冲成深渠。逆流達海漫時與上遊之洩水相遇，又復增加其向下淘刷之能力。計靠海漫處由河槽中線至左岸冲至原槽底以下 0.25 公尺以上。模型槽底沙層僅深 0.25 公尺淘刷程度當遠過於此。環流中部發現淤積，成山脊形，高出原槽底 0.0 至 +0.05 公尺。

影片1
第一試驗河槽冲刷情形

影片2
第一試驗流水情形。本影片爲第6試驗時所攝。流水情形與第1試驗同。因第一試驗無此影片故取用之。

由以後各項試驗之觀察得知凡有逆流之處則海漫處勢必淘深，對於

正文

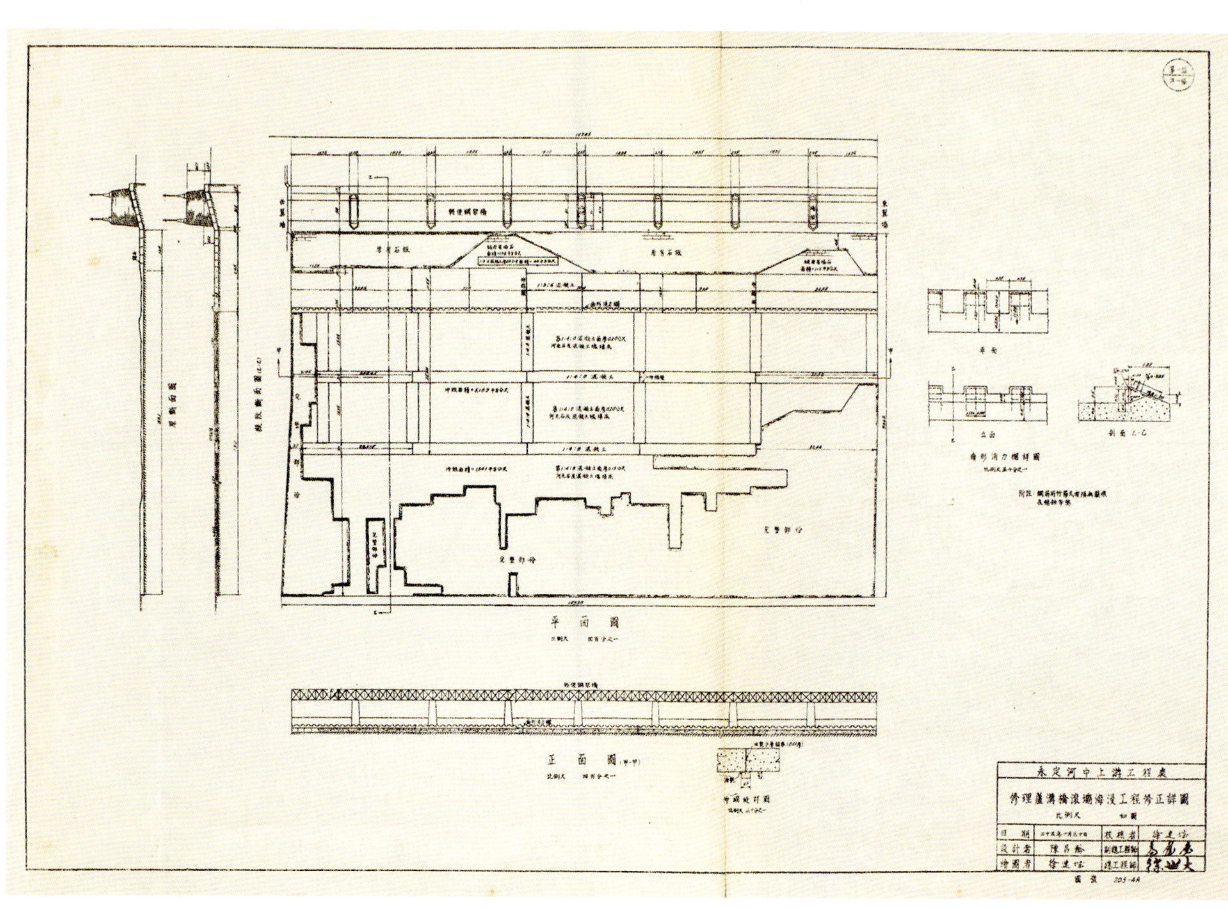

修理卢沟桥滚坝海漫工程正详图

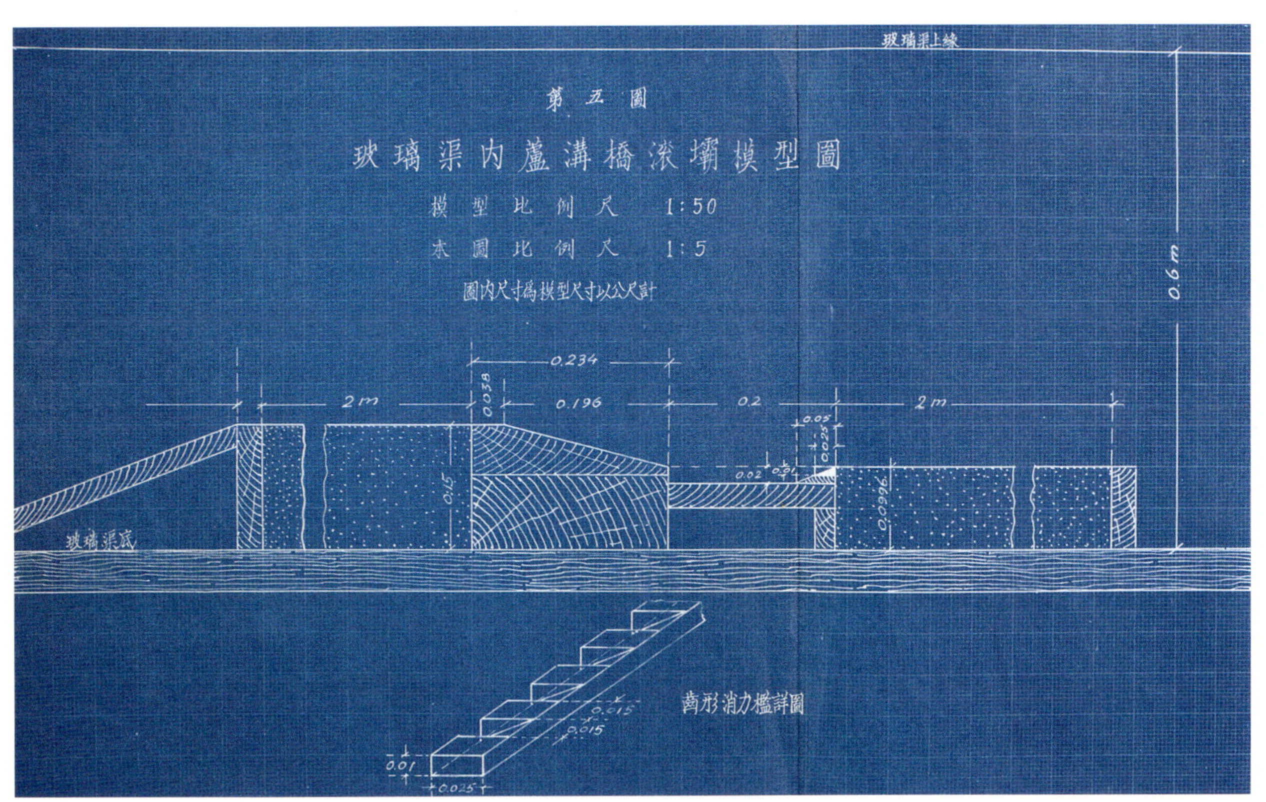

玻璃渠内卢沟桥滚坝模型图

卢沟桥滚坝位于卢沟桥以西，是永定河涨水泄入小清河的操纵工程。其目的在于减小下游坝附近河底的冲刷，使其对于坝体不致发生危险。试验最终成功，并在获取一系列试验数据的基础上总结出六项结论。

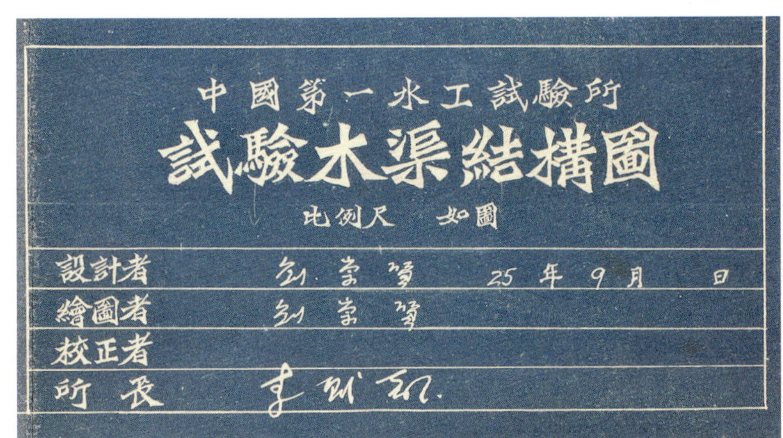

中國第一水工試驗所

蘆溝橋滚壩消力試驗模型圖

設計者	設計日期 25年8月
繪圖者	繪圖日期 25年8月
所長	圖號 4

永定河官厅山峡俯瞰

永定河官厅山峡景

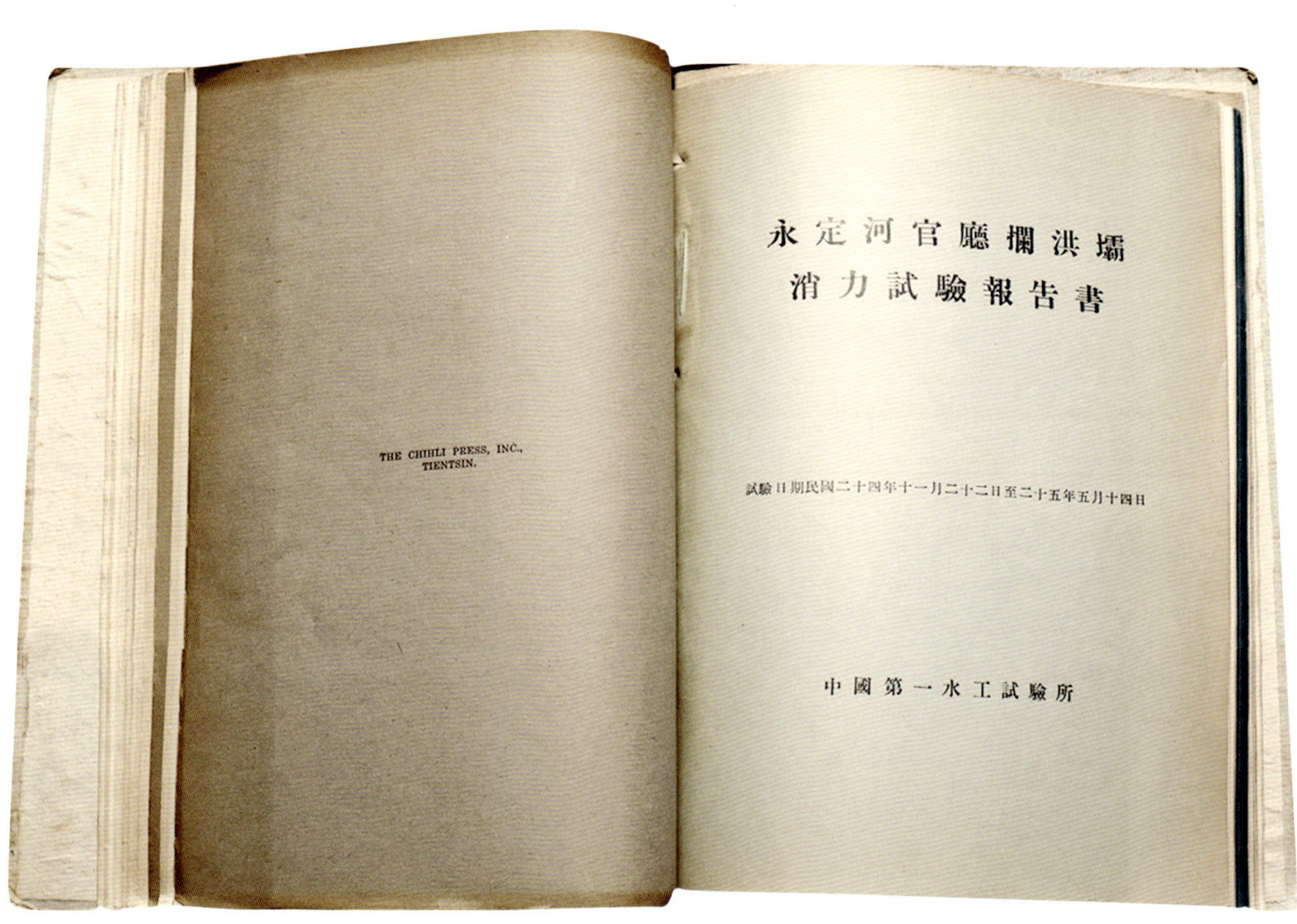

THE CHIHLI PRESS, INC.,
TIENTSIN.

永定河官廳攔洪壩
消力試驗報告書

試驗日期民國二十四年十一月二十二日至二十五年五月十四日

中國第一水工試驗所

《永定河官厅拦洪坝消力试验报告书》封面

永定河官廳攔洪壩消力試驗報告書

永定河官廳攔洪壩

消力試驗

1. 官廳攔洪壩……1頁

2. 試驗問題……1—2

3. 試驗設備及模型……2—4

4. 試驗情形……4—5

5. 各試驗之論述……5—12

6. 消力設備之選擇……12—13

7. 結論……13—14

永定河官廳攔洪壩消力試驗報告書　5

涵洞口，海漫上，以及各處水面以下之流速，因缺乏儀器未能測驗。

5. 各試驗之論述

海漫寬 0.8 公尺爲平面與洞底及槽底同高（第六圖，第一試驗）：

第一試驗：（參看附圖2）洪由由三涵洞及溢水道洩出。海漫以上及河槽距海漫 2.6 公尺範圍以內流水不均勻。因涵洞偏右岸，溜靠右邊，合成一體，直射槽內。水靠右岸洩流甚急。左部發現逆流。故兩邊流水方向完全相反，（第1圖）。左邊逆流達海漫時與正流相遇折而下注，成環式流動。其範圍在距海漫 2.6 公尺以內。在自然界當爲 130 公尺。河槽在距海漫 2.6 公尺以下，流水漸較均勻。

槽內發現逆流由於涵洞洩水速度甚大及流水不均。大溜偏靠右岸，則由於涵洞位置偏右。程度固小（在自然界僅偏 4.6 m）然影響極大。

逆流對於槽底之淘刷，影響至巨（影片1與影片2）計河槽右邊在距海漫 0.7 至 1.7 公尺範圍內，因流速甚大，冲至原槽底以下 0.25 公尺以上。左邊受逆流之力，冲成深渠。逆流達海漫時與上遊之洩水相遇，又復增加其向下淘刷之能力。計靠海漫處由河槽中線至左岸冲至原槽底以下 0.25 公尺以上。模型槽底沙層僅深 0.25 公尺淘刷程度當遠過於此。環流中部發現淤積，成山脊形，高出原槽底 0.0 至 +0.05 公尺。

影片1

第一試驗河槽冲刷情形

影片2

第一試驗流水情形。本影片爲第6試驗時所攝。流水情形與第1試驗同。因第一試驗無此影片故取用之。

由以後各項試驗之觀察得知凡有逆流之處則海漫處勢必淘深，對於

《永定河官厅拦洪坝消力试验报告书》目录及内文

1949年6月7日，华北人民政府令，华北水利委员会秘书主任郝执斋任华北水利工程局永定河官厅水库工程处主任。高镜莹任中央人民政府水利部工程总局官厅水库工程局总工程师、局长。

1949年11月8日，华北水利工程局将官厅水库勘测和规划方案提交全国解放区水利联席会议审查。1951年华北水利工程局编制出《永定河官厅水库工程初步计划》，由水利部上报政务院财经委员会审批，1952年1月永定河官厅水库正式开工。1954年5月建成。

官厅水库俯瞰

郝执斋于1954年撰写的官厅水库工程建设总结报告

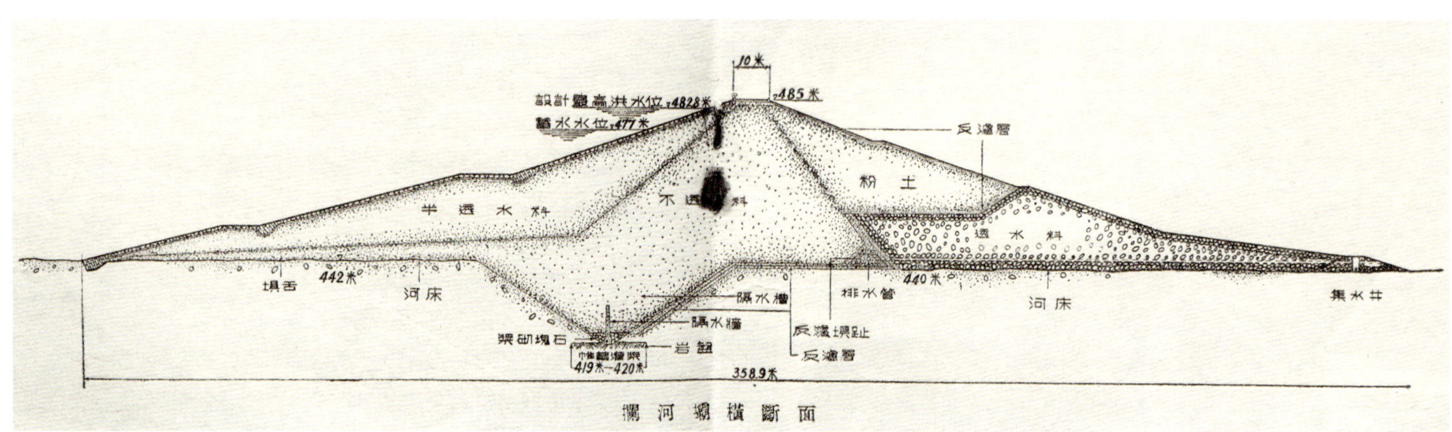

郝执斋在《官厅水库》总结报告中绘制的水库拦河坝横断面图

高镜莹

郝执斋

何量

官厅水库工程建设（北洋大学籍）三杰。

高镜莹（1901—1995），北洋大学土木工程系教授、水利工程系教授。

1945年，高镜莹任华北水利工程总局副局长，筹备永定河梁各庄堵口和官厅水库工程。1951年年末，根治永定河水患的关键工程——官厅水库工程开工，高镜莹任官厅水库工程局局长，后改任总工程师。他吃住在工地，与全体职工一道，经过两年的艰苦奋战，官厅水库在1953年发挥了拦洪作用，1954年完工。官厅水库的建成，为建设水利工程积累了经验，并培养了一大批水利建设人才。

郝执斋（1914—1965），北洋大学土木工程系1938年班毕业生。华北水利委员会委员兼秘书长，水利部工程总局官厅水库工程局局长。

何量（1908—1984），北洋大学土木工程系1933年班毕业生。官厅水库大坝指挥部副主任。

1956年，由水利部工程局整理并编辑的《官厅水库工程设计总结》

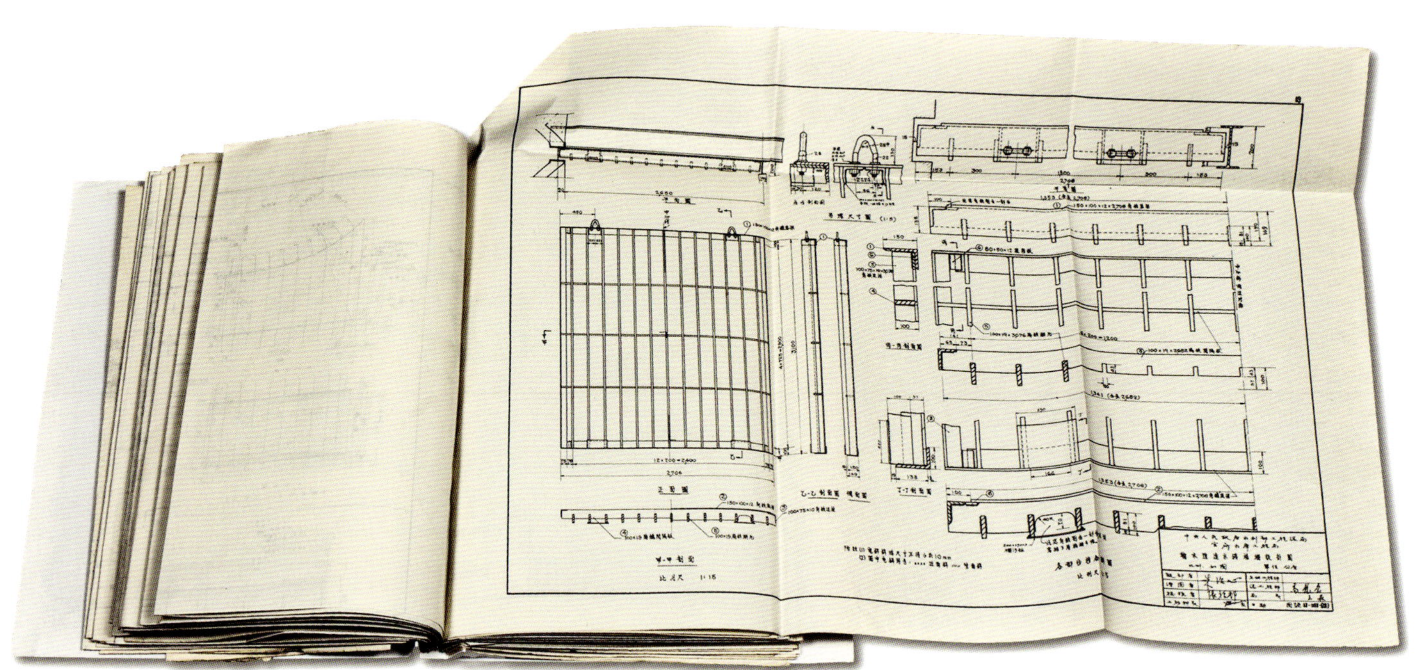

标有“人民政府水利部工程总局官厅水库工程局”并由王森局长、高镜莹总工程师签字的官厅水库工程设计图纸

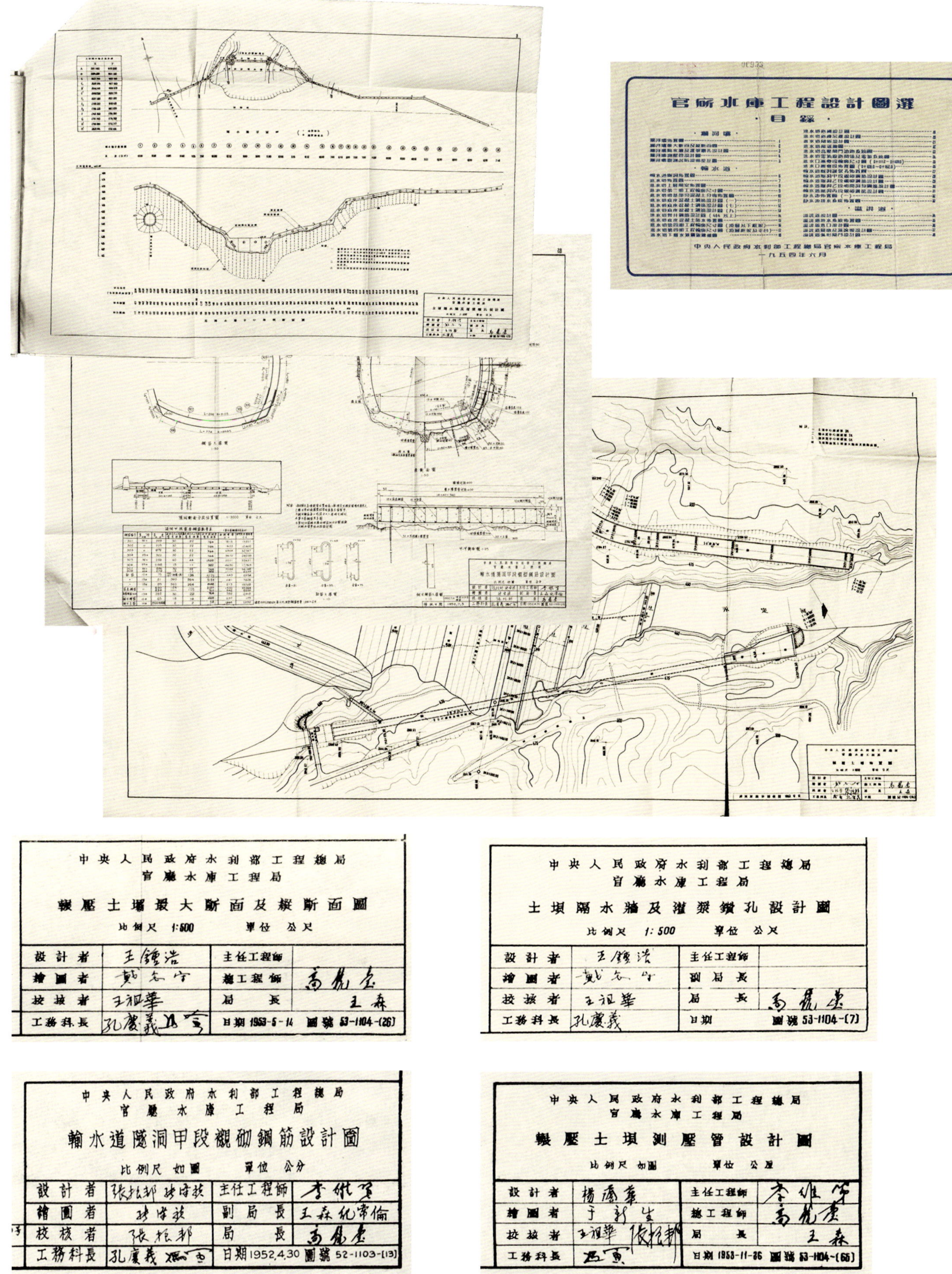

高镜莹担任官厅水库工程局局长、总工程师期间的部分水库工程施工设计图纸

天津水工试验所概况文档

1945年8月15日，日本宣布无条件投降，抗日战争宣告胜利。1946年1月，教育部下达恢复北洋大学令。同年11月22日北洋大学复课，学校亟须成立水工试验室以供学生实习之用。经与华北水利工程局协议，决定合办天津水工试验所，建筑材料由华北水利工程局拨付一部分，另由北洋大学向各处募集。工作人员由双方调用不另支薪，地址设在子牙河北岸处。

1949年1月，天津水工试验所由天津军管会接管，同年9月，华北水利工程局再度与北洋大学协商，以适应水利工程建设之需要继续合作，经水利部与教育部同意，经常费用由双方分担。1950年4月由双方派人员组成管理委员会，试验所实行管委会领导。1950年，全国范围内开展规模巨大的水利工程为水工所的发展提供了机遇。1951年2月，为承担官厅水库土坝工程土工试验任务建立了土工试验室。1952年9月，经调北京水利部工程总局混凝土试验室部分设备得以建立材料试验室。至此，天津水工试验所由水工、土工、材料三个试验室构成。1952年全国院系调整，北洋大学更名为天津大学。天津水工试验所经教育部批准维持原状，仍由天津大学郑兆珍教授担任所长。之后天津大学由西沽迁至七里台新校址，天津大学水利馆于1952年10月26日落成并交付使用，天津水工试验所部分实验仪器及全部教学设备随教师移至新馆。

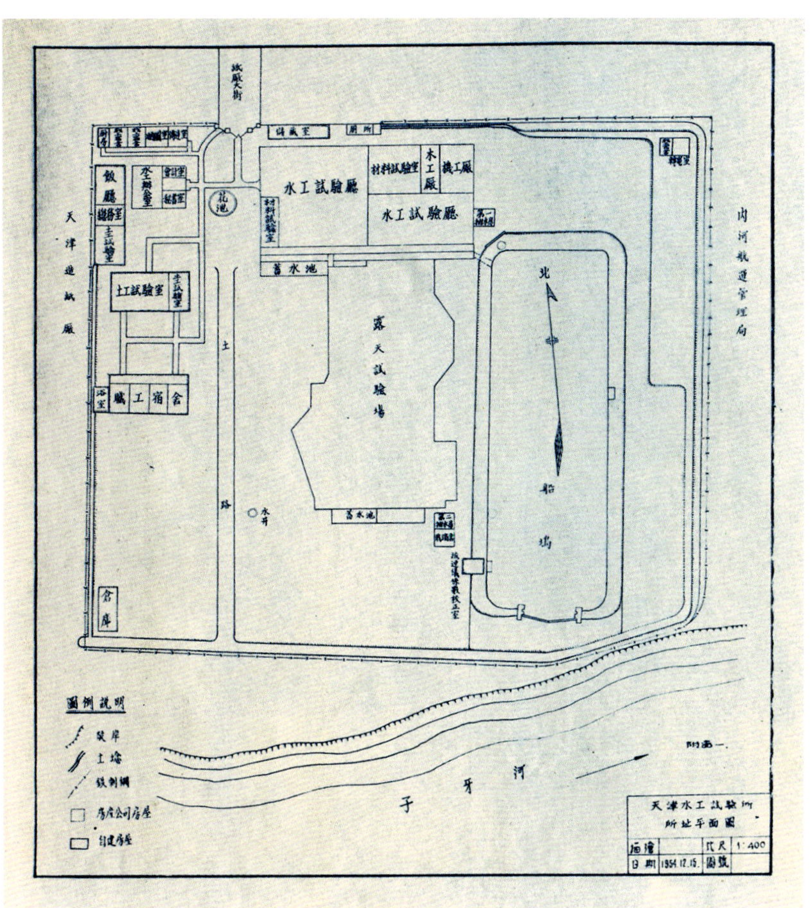

天津水工试验所所址平面图
（天津水工试验所原址位于今红桥区小辛庄大街与纸厂大街交会处，南至子牙河北岸）

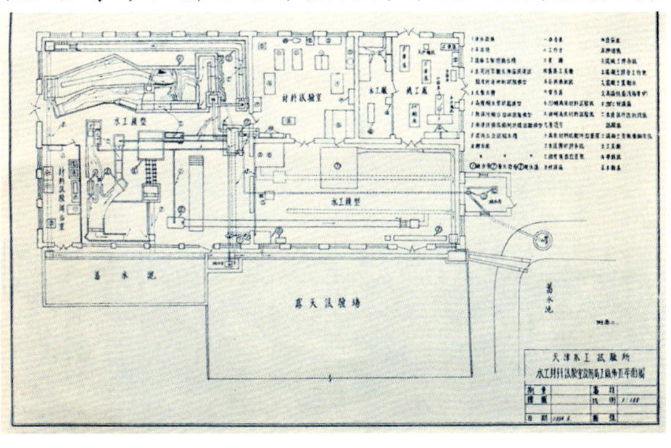

水工材料试验室及附属工厂布置平面图

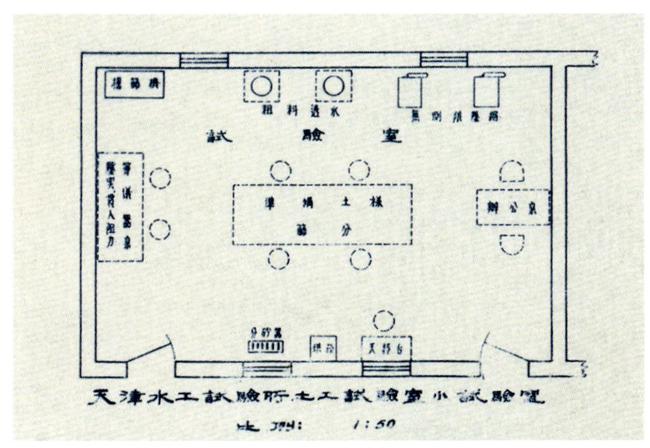

土工试验室小试验室平面图

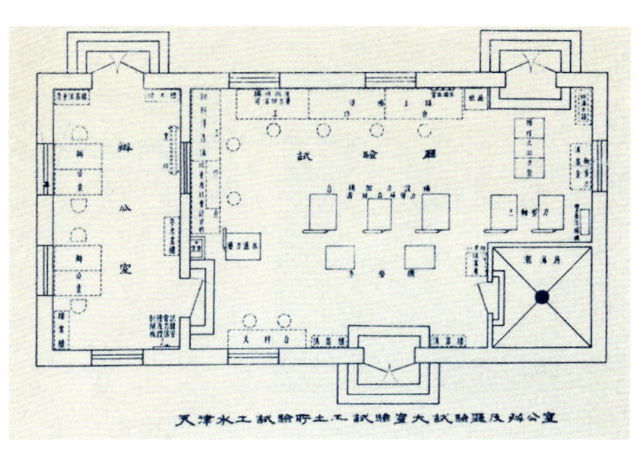

土工试验室大试验厅及办公室平面图

天津水工试验所

1949年在天津水工试验所兼职的北洋大学教师有：常锡厚（水利系主任）、郑兆珍、魏寿昆、周芳田和魏颐年。郑兆珍教授担任所长，其他教师为技术骨干。地址在大红桥原天津机械工厂，紧靠子牙河北岸，与北洋大学相距不远，中间仅隔着西于庄居民区。1952年天津大学水利馆在新校址建成，天津水工试验实施两地进行水工试验。

1954年8月14日，天津水工试验所遭洪水淹，场地损毁、房屋倒塌。9月1日，所有人员及仪器设备全部迁至天津大学水利馆。

郑兆珍　魏寿昆　常锡厚　魏颐年

坐落在天津大学水利馆内的原天津水工试验所旧址

天津水工试验所的工作目的有三。

一、教育任务。供学生实习，更深刻地了解水力学原理、水流情况、流体力学的应用、模型试验的原理与技巧。训练技术干部，从简单的模型试验做起，直到能单独领导其他人员做研究工作，理论与实验并重，以储备国家建设人才。

二、解决水利工程上的疑难问题。以模型试验为主，配合实际工程需要，举办模型试验，经常与工程机关密切联系，互相观摩切磋，务使试验结果切合实际施工需要。

三、促进水工学术。针对某一问题做理论分析，使实际问题不脱离理论基础，理论联系实际。工程的疑难促进理论的研究，理论的研究又促进工程技术的进步。

天津水工试验所成立初期仪器设备主要是原中国第一水工试验所在1937年保存在英租界慈惠学校的遗存。1937年中国第一水工试验所遭日军炸毁，抢救出的部分试验仪器设备转移至英租界慈惠学校寄存。天津慈惠学校于1947年将部分仪器设备移交给天津水工试验所，1953年通过市教育局又移交部分仪器给天津大学水利馆。1954年8月，天津水工试验所试验场遭洪水淹没，同年9月1日全部试验仪器设备汇集天津大学水利馆。

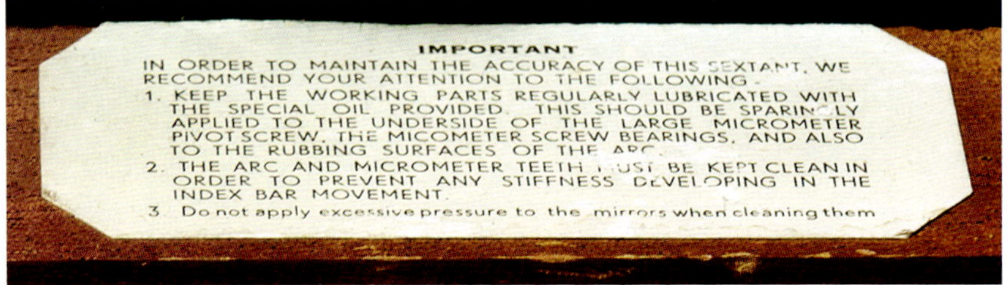

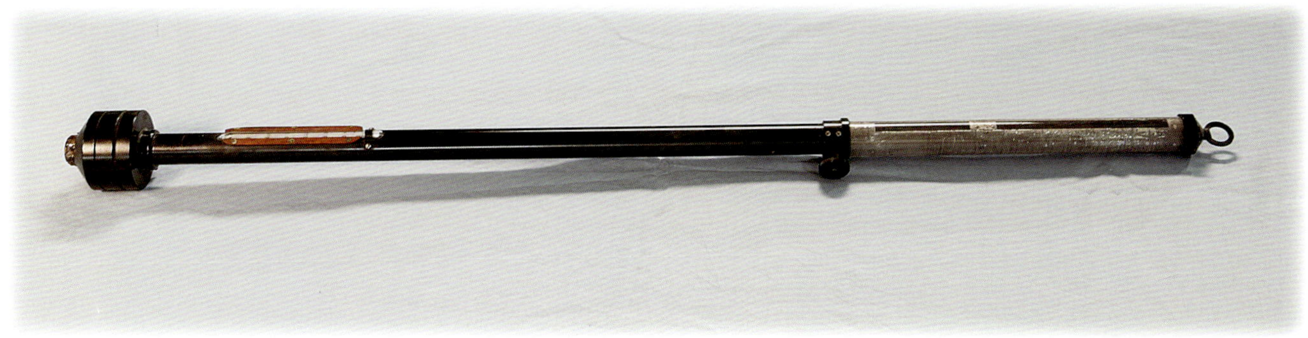

有记载这部分仪器包括：

倾斜差压计	1:10至1:50	产地德国	一架
精密天平	感量：万分之一克	产地德国	一架
毕托管	长160公分、100公分、80公分	产地德国	三种尺寸各一架
钩针测尺	0～1000公厘，读十分之一公厘	产地德国	九支
测针		产地德国	九支
照相机		产地德国	一架
经纬仪	读20分	产地日本玉屋	一台
水平仪			一台

减河进洪闸放水时的情景

大清河和子牙河同属海河水系，发源自太行山区，汇合在天津西南独流镇附近。每年当汛期到来之时，这两条河就严重威胁着天津市民的人身和财产安全。为了减轻大清河洪水对天津的威胁，1950年在大清河与子牙河交汇处开挖了减河，以排洪入海。

独流减河工程的规模在当时来讲可以说十分巨大，开挖的新河道长达40公里，在河流两岸各筑一条高5公尺半，顶宽7公尺的大堤。独流减河进洪闸的最大进洪量为1020立方公尺/秒，减河右侧还建有节制闸和船闸，以控制子牙河和南运河的水流及控制南运河的航运。

天津大学水利系为大清河独流入海减河工程提供了主要技术保证，并承担了大清河独流入海减河工程的模型试验。

减河进洪闸竣工验收时的情景

减河右侧修建的节制闸和船闸

大清河独流入海减河模型试验报告导言

华北水利工程局为减除大清河之影响，依据独流入海减河工程计划。其主要设施为自大清河与子牙河交汇处之第六堡至马厂减河之万家码头，开挖引河，以泄洪涨。万家码头以下，任水漫入海，漫流区域，为盐碱荒芜之地，称为大港，西边以马厂减河河堤为界，南北均筑围堤，以资束范，不做工程设施，仅自万家码头至大港最深之处，开挖引河一道，以利宜泄。本所接受华北水利工程局之委托，举办模型试验，试验之目的，计有下列数端。

1.配合历年潮差最大之潮水曲线，测定万家码头之水位流量关系曲线。

2.配合历年潮差最大之潮水曲线，测定第六堡之水位流量关系曲线。

3.大港内引河之效能。

4.大港区域内，有南北方向之防潮堤埝一道称为海大道。此项堤埝，当泄水时对于万家码头水位之影响如何，是否应予拆除，需由试验决定。

5.测定各种流量灌满大港所需之时间。

6.测定围堤各处之最高水位。

本所于1949年冬季接受此项试验之委托，于1950年3月开始建筑地基，制造模型，同年12月间获得初步结果，至1951年5月间基本结束。

直接参加此次试验之本所职工，计有郑兆珍、魏颐年、张凤岭、于富臣、周芳田、赵世俊、张成琪、王瑞刚。（注：郑兆珍、魏颐年、张凤岭、于富臣、周芳田、赵世俊等六位均为北洋大学教师。）

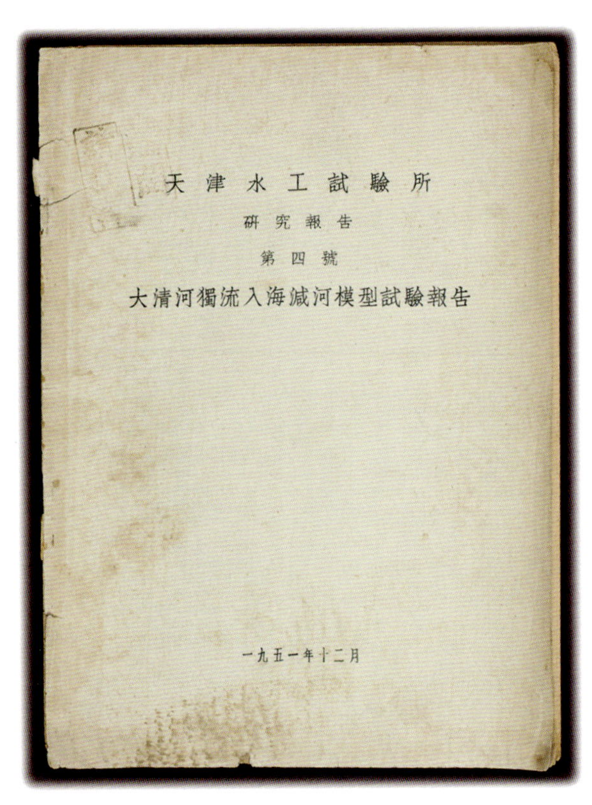
天津水工試驗所
研究報告
第四號
大清河獨流入海減河模型試驗報告

一九五一年十二月

《大清河独流入海减河模型试验报告》封面

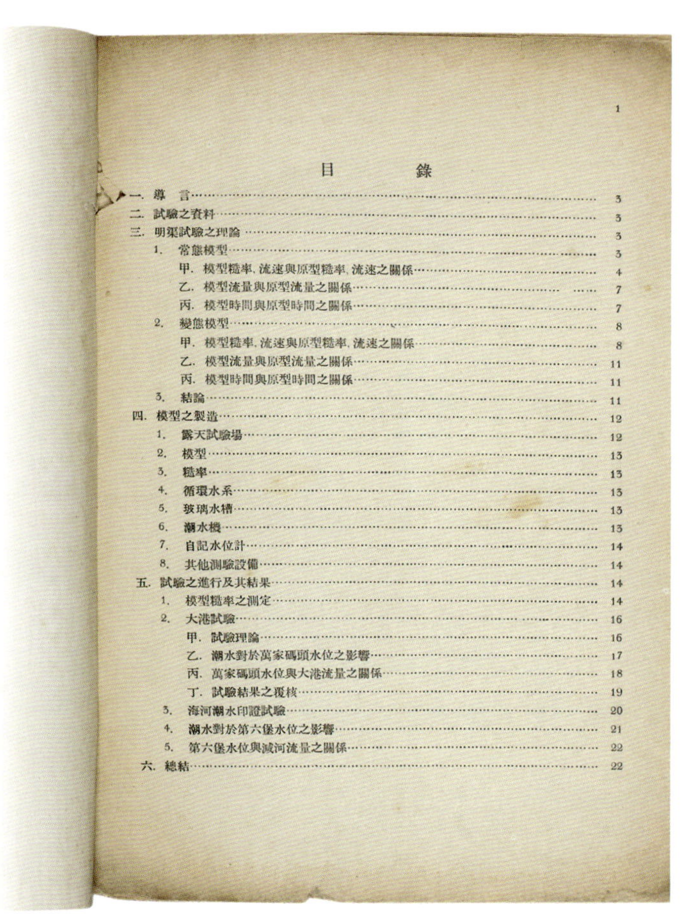
1

目　錄

一. 導　言……3
二. 試驗之資料……3
三. 明渠試驗之理論……3
1. 常態模型……3
甲. 模型糙率、流速與原型糙率、流速之關係……4
乙. 模型流量與原型流量之關係……7
丙. 模型時間與原型時間之關係……7
2. 變態模型……8
甲. 模型糙率、流速與原型糙率、流速之關係……8
乙. 模型流量與原型流量之關係……11
丙. 模型時間與原型時間之關係……11
3. 結論……11
四. 模型之製造……12
1. 露天試驗場……12
2. 模型……13
3. 糙率……13
4. 循環水系……13
5. 玻璃水槽……13
6. 潮水機……13
7. 自記水位計……14
8. 其他測驗設備……14
五. 試驗之進行及其結果……14
1. 模型糙率之測定……14
2. 大港試驗……16
甲. 試驗理論……16
乙. 潮水對於萬家碼頭水位之影響……17
丙. 萬家碼頭水位與大港流量之關係……18
丁. 試驗結果之覆核……19
3. 海河潮水印證試驗……20
4. 潮水對於第六堡水位之影響……21
5. 第六堡水位與減河流量之關係……22
六. 總結……22

《大清河独流入海减河模型试验报告》目录

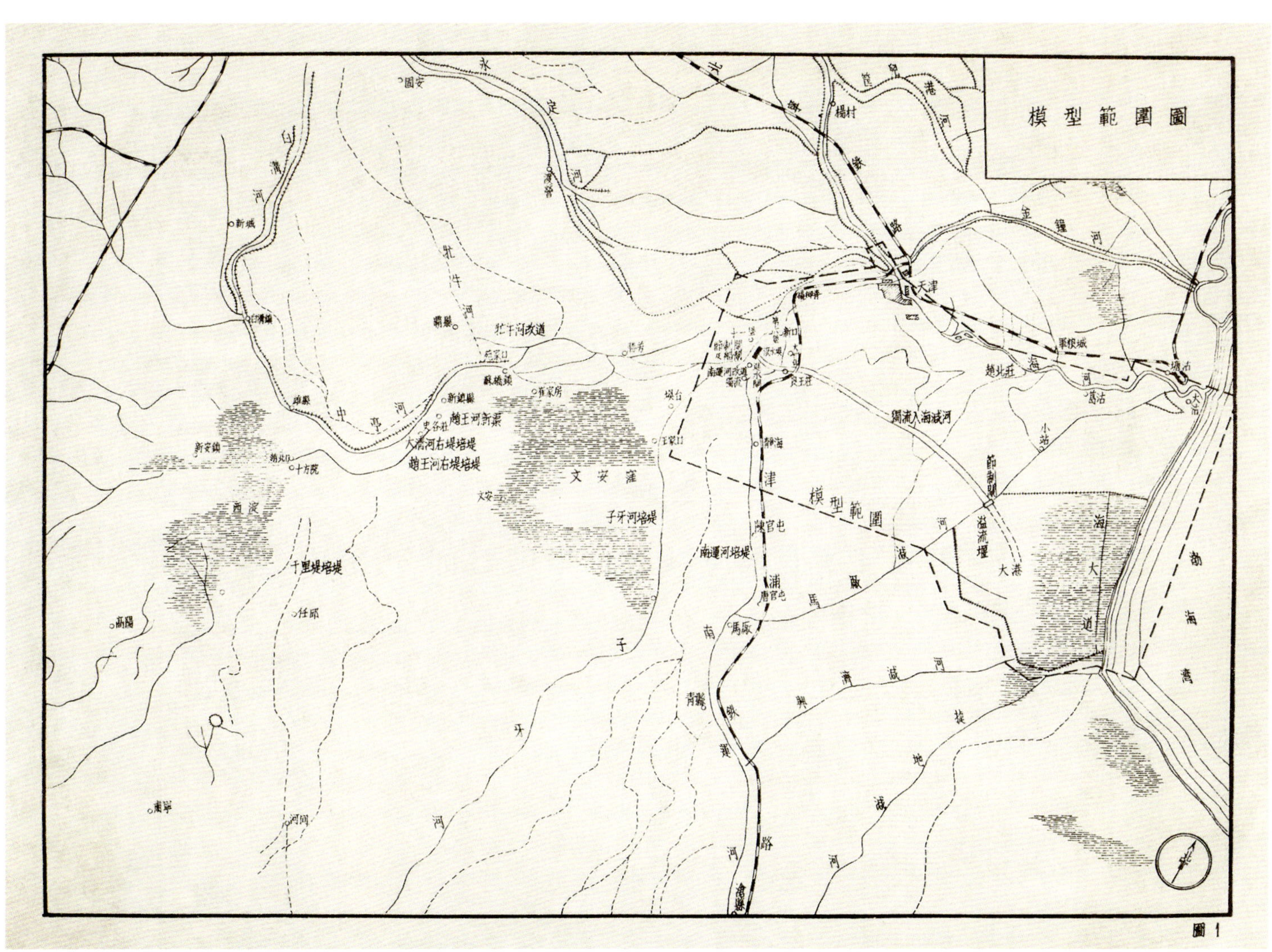

大清河独流入海减河模型试验范围图

大清河独流入海减河模型试验报告总结

1.大清河独流入海工程之主要设计，系自第六堡至万家码头开挖减河，万家码头以下，任水经大港漫流入海。因减河上下两端之水位可能受潮水之影响，而大港水面甚宽，地形及水流情形均极特殊，工程设计，不能以计算方法完成，须借助于水工模型试验。此次试验，因包括之范围甚广，模型之变率过大，根据一般之明渠模型试验之理论不能完成试验，乃采用变通办法作为试验理论之根据，此项办法，经复核试验证明，完全正确可靠。

2.本所此次试制潮水机成功，并举行海河潮水印证试验，试验之结果与实测记录一致，充分证明试验方法之无误，奠定将来举行潮汐河流试验之基础。

3.试验结果综计如下。

甲、第六堡及万家码头水位，洪水期间在如何流量下，均不受潮水影响。

乙、大港内开挖引河，在同一流量时，降低水位之效能甚小，可以不开挖。

丙、海大道之存在，在如何流量下，均不影响万家码头之水位，无须拆除。

丁、万家码头水位与大港流量之关系曲线看附图7。

戊、第六堡水位与减河流量之关系曲线（根据现在之设计断面）参看附图9及10。

己、各种流量灌满大港需之时间参看附图8。

庚、当大港有引河及无引河时水流情形之比较，参看附图6。

辛、当流量为2140秒公方及大港糙率为0.15时，大港南北围堤之水位高度，参看附图6。

大清河独流入海减河模型试验部分附图

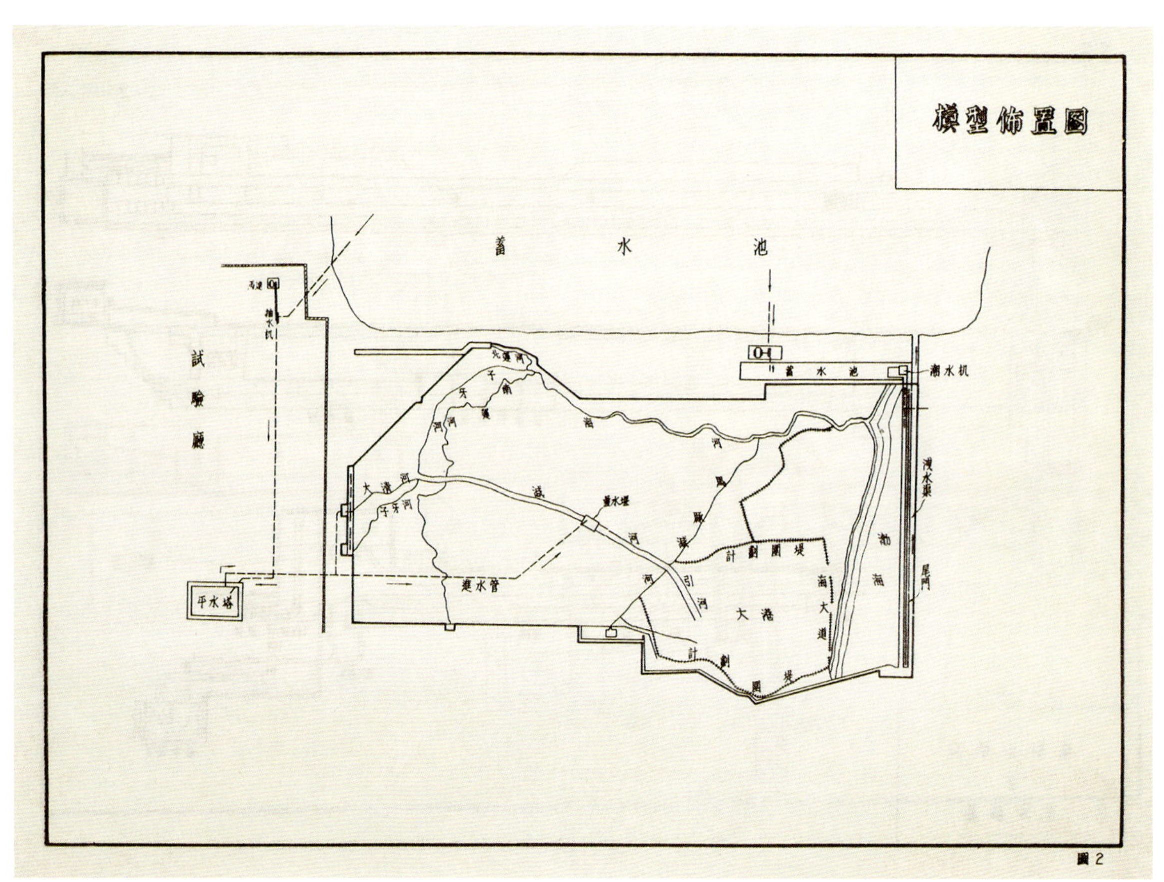

大清河独流入海工程设计图选　附图2模型布置图

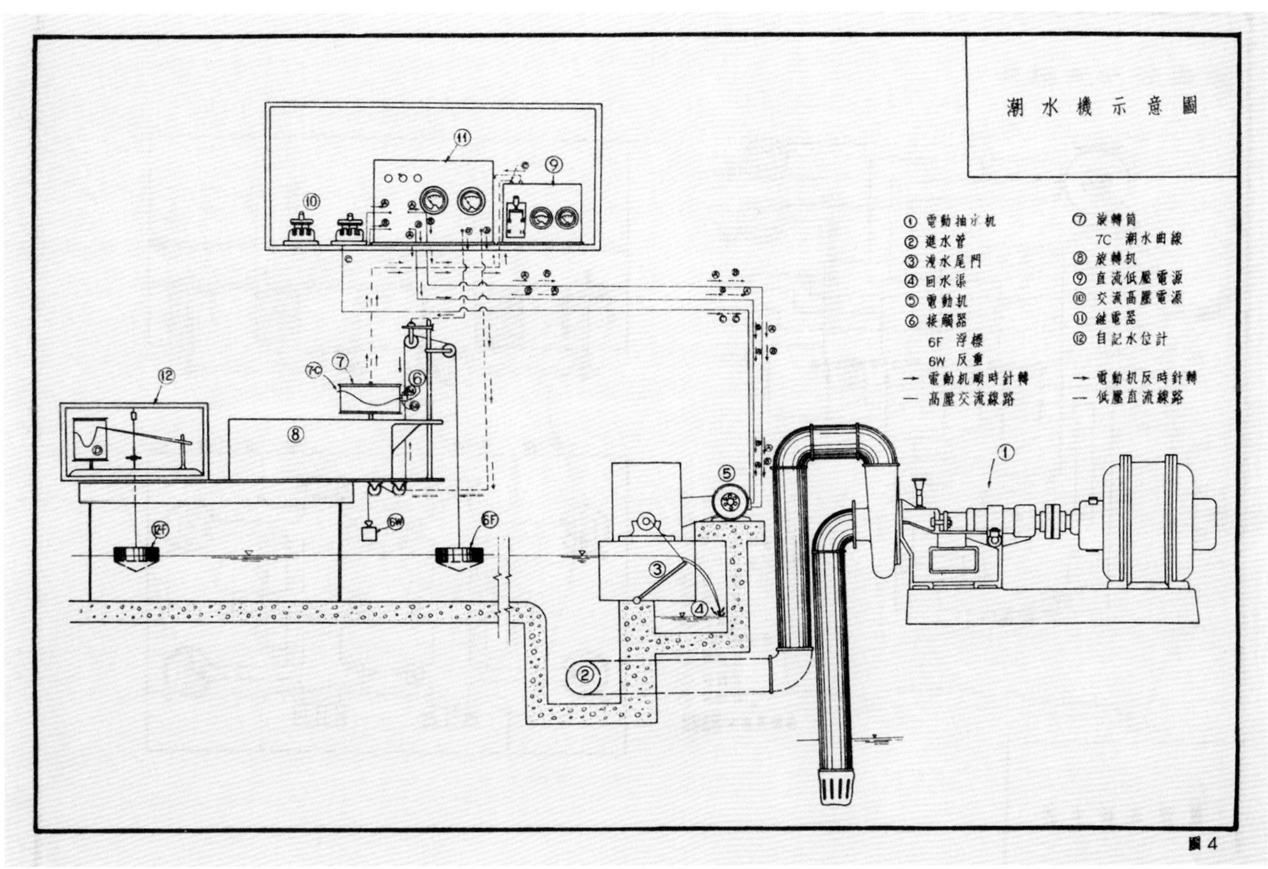

大清河独流入海工程设计图选　附图4潮水机示意图

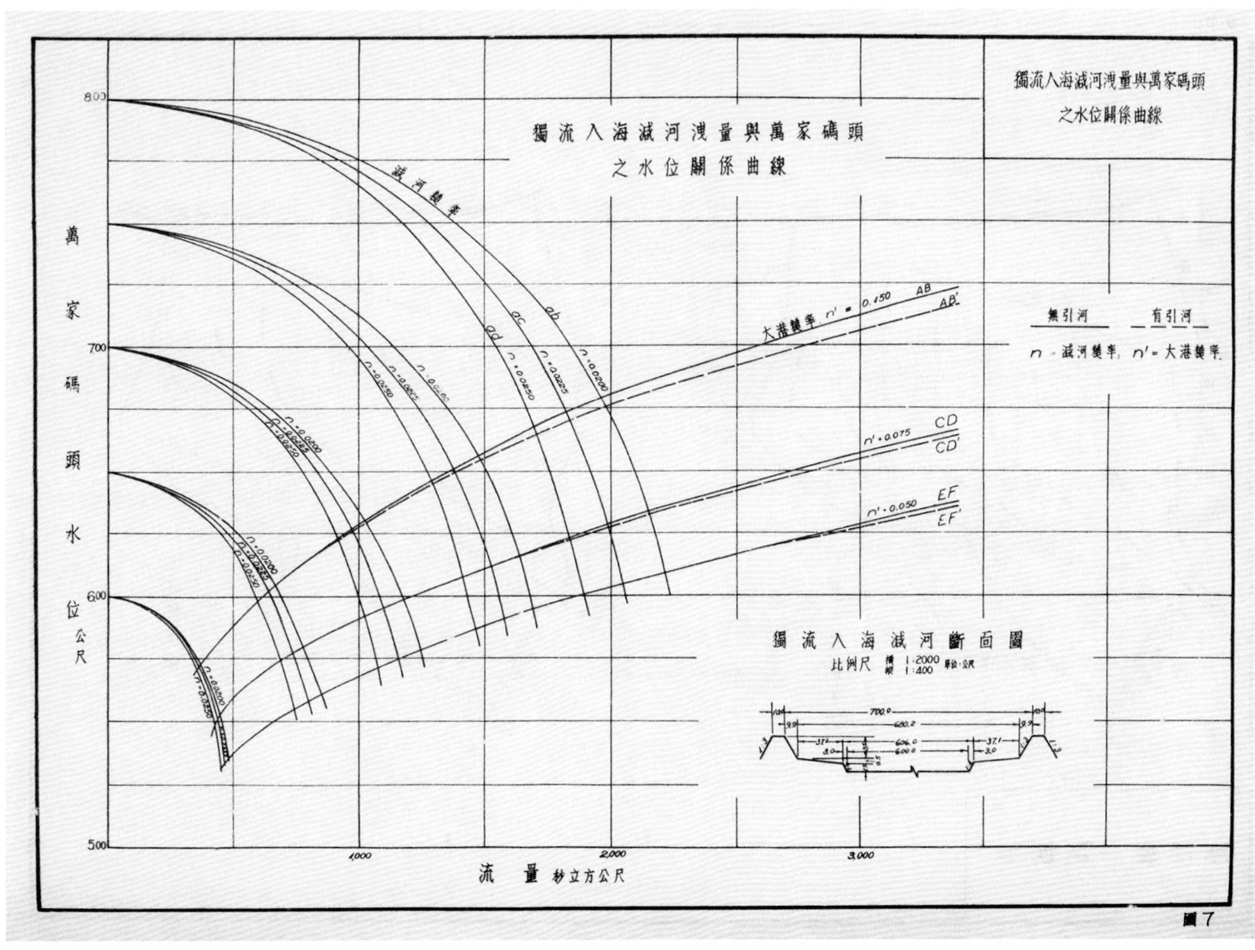

大清河独流入海工程设计图选　附图7独流入海减河泄量与万家码头之水位关系曲线，独流入海减河断面图

1952年，由魏颐年和建筑系娄瑞清、胡恩升（原津沽大学1952年建筑系毕业生）两位教师负责在新校址为建水利馆选址和设计工作。考虑到水利馆的水工试验需大量用水的问题，决定馆址建在校园内“东大坑”的西侧，北面为一座工字形平房，南面为工字形二层楼房，均为南北走向，两座建筑之间是蓄水池和庭院，北面建筑中央为水利馆正门。北面建筑东厅为水力学实验室，西厅为水工模型试验室，各450平方米。整体建筑约1000平方米。1952年10月建成并交付使用。南面建筑中厅为水港模型试验室、东厅为水工模型试验室、西厅为水能模型试验室，各占450平方米，整体建筑约1500平方米。试验室内部结构设计分别是：宋祁负责中厅，王尚毅负责东厅，盛志超负责西厅，魏颐年负责整体给水系统的设计。此建筑于1956年建成并交付使用。

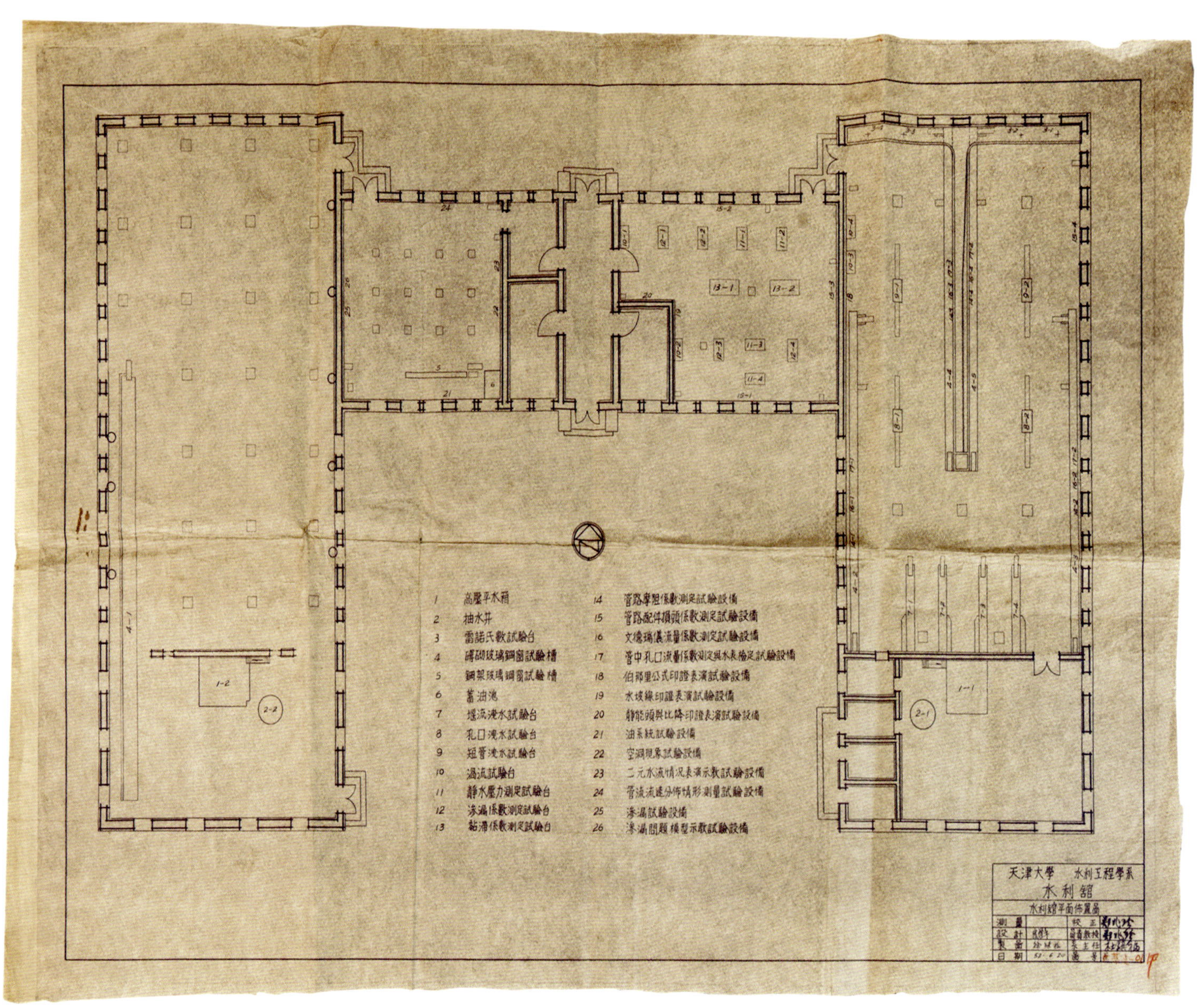

1952年，天津大学水利工程系水利馆平面布置图

设计：魏颐年
负责教授、校正：郑兆珍
系主任：杜镇福
日期：1952年6月20日
图号基建011p

20世纪50年代，天津大学水利系测候露场，原址坐落在校园内“三角地”现建筑学院所处的位置（左为水利系教师魏颐年、右为教师冯尚友）

天津大学水利馆早期照片

水利馆内蓄水池

1952年，天津大学新校区面临施工建设，在校师生怀着极大的热情投入建校工程建设当中，大家结合自身专业各展所长，分别承担测量、设计、施工等各个环节的工作。土木系抽出一个班的学生由杜建初教授带头指导，负责工程建设中的材料组和工程组工作。

1952—1956年，水利馆第一、二期建馆工程留下了水利系赵今声教授、郑兆珍教授、杜镇福教授、吴之冶教授以及魏颐年、高崇德、何伯森、陈铁镜、张效铭等多名教师的心血和汗水。

1952年，新校址工程工地上热火朝天

1952年，师生在新校址工程工地上参加劳动

1955年，教师在水港模型试验室内建港池（右为教师何伯森）

1952年，参加建设的师生在新校址工程工地的房顶上合影留念

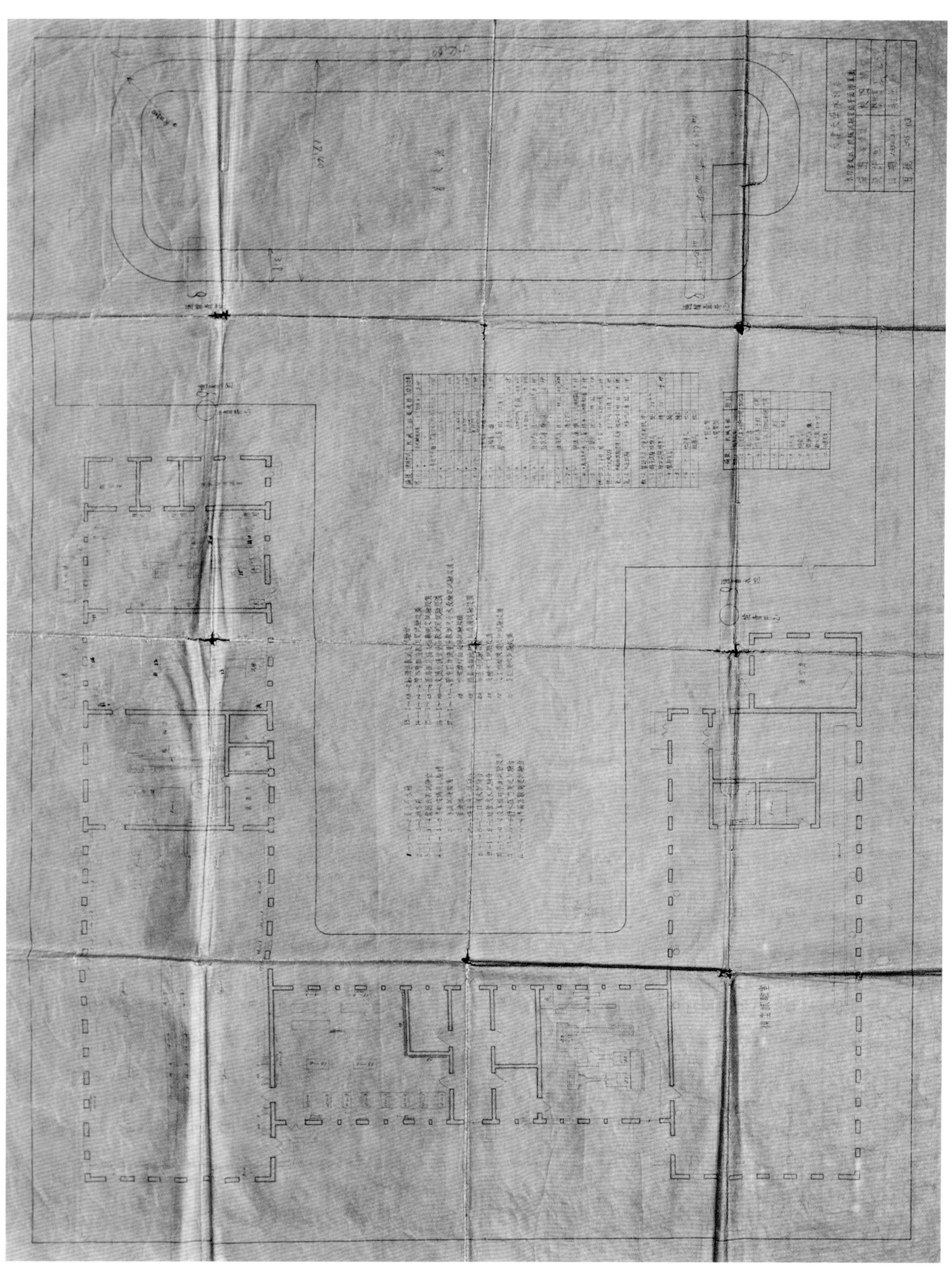

天津大学水利馆水力学及水利机械试验室总平面布置图
描图：高崇道　校图：杨锡璋　设计：魏颐年
教研室主任：吴之治　系主任：杜镇福　日期：1956年3月20日

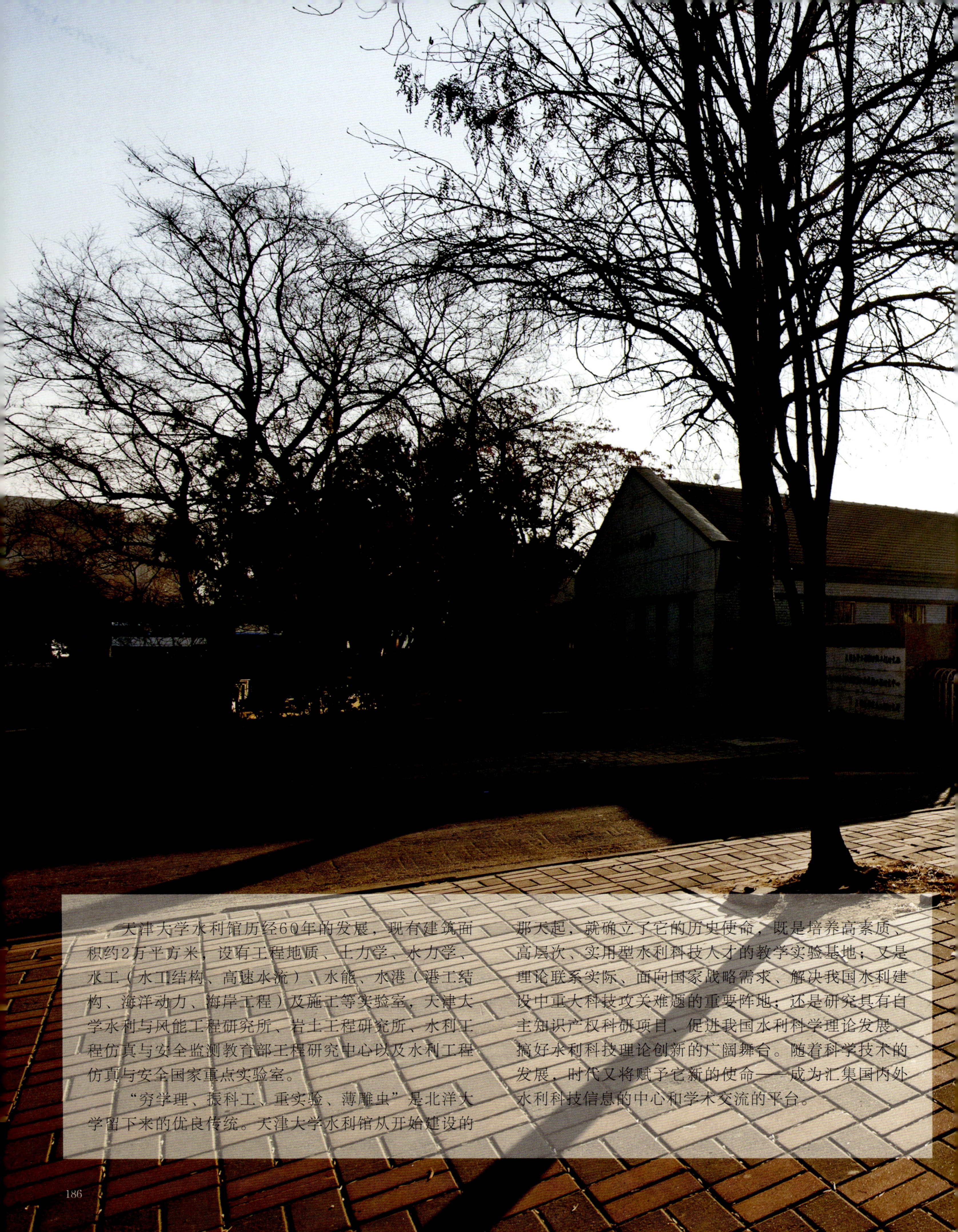

天津大学水利馆历经60年的发展，现有建筑面积约2万平方米，设有工程地质、土力学、水力学、水工（水工结构、高速水流）、水能、水港（港工结构、海洋动力、海岸工程）及施工等实验室，天津大学水利与风能工程研究所、岩土工程研究所、水利工程仿真与安全监测教育部工程研究中心以及水利工程仿真与安全国家重点实验室。

“穷学理、振科工、重实验、薄雕虫”是北洋大学留下来的优良传统。天津大学水利馆从开始建设的那天起，就确立了它的历史使命，既是培养高素质、高层次、实用型水利科技人才的教学实验基地；又是理论联系实际、面向国家战略需求、解决我国水利建设中重大科技攻关难题的重要阵地；还是研究具有自主知识产权科研项目、促进我国水利科学理论发展、搞好水利科技理论创新的广阔舞台。随着科学技术的发展，时代又将赋予它新的使命——成为汇集国内外水利科技信息的中心和学术交流的平台。

天津大学水利馆

天津大学水利馆蓄水池

作为水利系教学和科学研究的基地，必须储备一个充足、稳定、可靠的水源。1952年建设天津大学水利馆时，因地制宜，修建了试验水池作为教学试验和科学研究的水源工程，一直沿袭使用至今。试验水池东西方向长约42米，南北方向宽约12米，深约3米，四周有矮墙和栏杆围护。初期修造时东端和友谊湖（当时叫东大坑）通过地下涵管连通。

随着环境的变化，现在已经和友谊湖彻底切断了联系，其水源完全由地下水补给。水池西端有一座仪器仪表房，室内有一套专用设备，用来进行河流流速仪的标定与校准，后来改作抽水泵房。该泵房三面环水，造型美观、外观典雅、古香古色、风格独特，房边修竹繁茂，绿树成荫，与一池清水共同构成水利馆靓丽一景，每年吸引建筑学的学生来此写生。清澈的水池是极平

凡的，但它又是极有灵性的。从水池里抽出的水，依据水工模型试验的需要随时都在进行着角色的转换。倘若需要静谧的水，它可以平静如镜， 一旦需要充满激情的水，它就可以汹涌澎湃、气势磅礴，大有一泻千里、不到大海不回头的气概。若进行海港防波堤试验，有时碧波荡漾、温柔可嘉，有时则波浪滔天、浊浪拍岸，大有不冲垮大堤不罢休的气势。根据模型试验内容不同，它又能转换出不同的水域，有时是渤海、有时是黄海、有时是黄河、有时是永定河，还可以是金沙江、雅砻江、乌江、澜沧江等不一而足。上善若水，水池具有极高尚的品格。它水质良好、环保、卫生。处在水资源严重缺乏的天津市，并不与人类抢夺淡水，而是几十年循环反复，重复利用，真正做到了水资源可持续利用，默默地奉献给每一项教学试验和科学研究。奇哉！妙哉！灵哉！神哉！伫立在水池旁，凝神静思，敬畏之情，油然而生。

新疆阿尔塔什水库
泥沙淤积试验坝前模型
模型比尺 1:150

水利馆水力学实验室（东厅）

沿程水头损失实验设备(2)
d=7.62cm L=12m
天津大学水力学实验室制
局部水头损失实验设备(2)
d₁=3.81cm d₂=7.62cm L=12m
天津大学水力学实验室制
管状水表(文德里)实验设备(2)
d₁=5.08cm d₂=2.54cm L=12m
天津大学水力学实验室制
雷诺试验仪
雷诺实验

正三角形 a=25.07mm
孔 口 d=20mm
正方形 a=17.25mm
外延管嘴 d=20mm
扩散管口 d=40mm
孔口管嘴仪
ORIFICE AND NOZZLE INSTRUMENT
天津大学制
雷诺试验仪
REYNOLDS EXPERIMENT INSTRUMENT
雷诺试验仪
雷诺实验
本理

水利馆水力学实验室（西厅）

水利馆土力学实验室

水利馆土动力学实验室

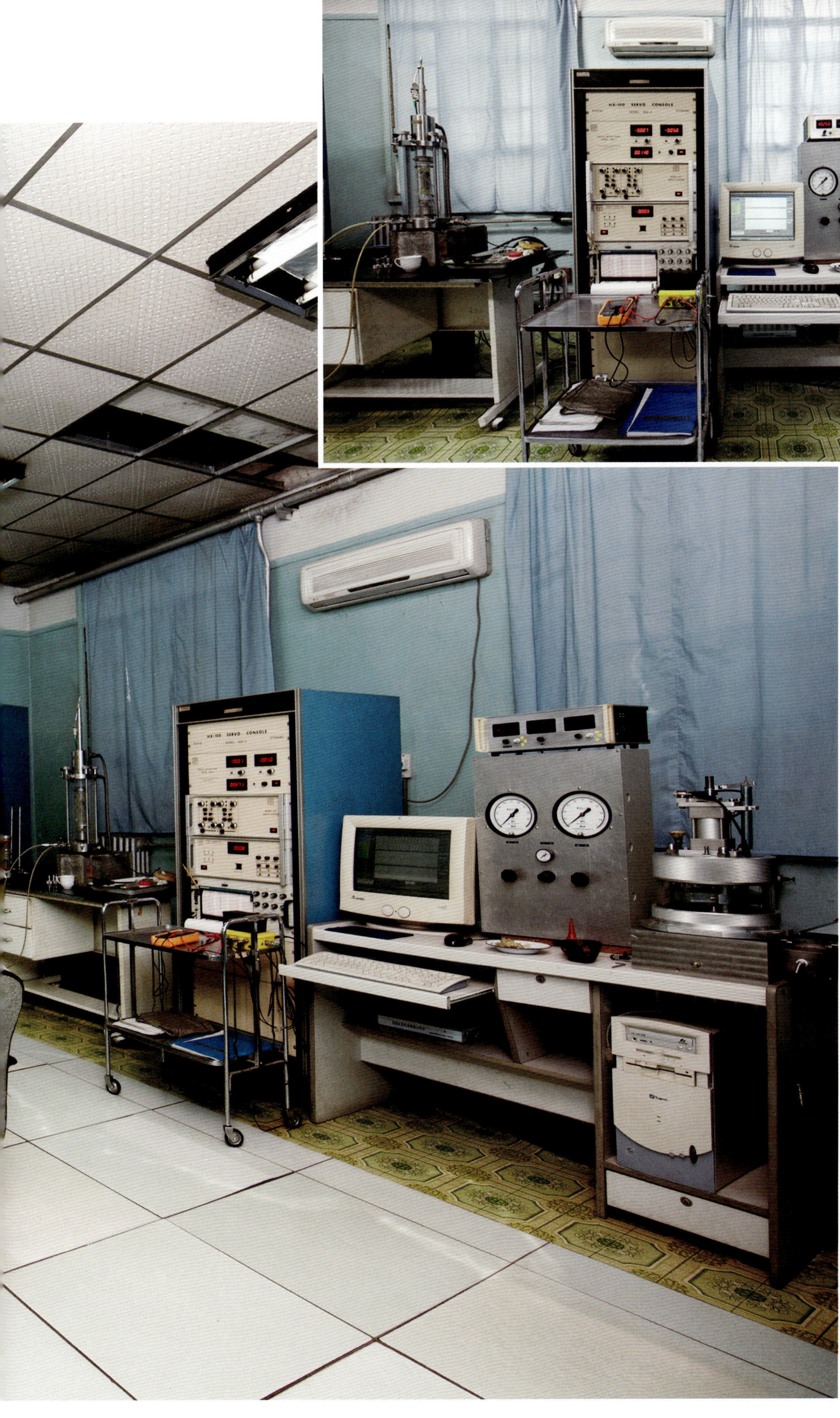
HX-100 SERVO CONSOLE

水木兴邦／中国第一水工试验所

水利馆水能实验室

水利馆港工实验室

水利馆水工实验室（现为第一高速水流实验室）

▼2430
▼2400
▼2370

第二高速水流实验室建于1956年，实验室面积近1000平方米。自建成以来数百项国家重点工程水工实验，如1978年国家改革开放以来完成的“二滩水电站水弹性模型试验及原型观测”“小湾水电站水弹性实验”“构皮滩水电站水弹性模型试验及泄洪雾化研究”“溪洛渡式电站水力学及水弹性模型试验”“黄河拉西瓦水电站坝身泄洪流激振动水弹性模型试验”等水工试验，均得到甲方及国家部委领导、专家的高度评价。

港口与海岸工程实验室

华水横亘

在天津

有一所中国最早开设水利工程高等教育的大学——北洋大学。

有一所“以科学方法设计水利建设之新式机关”——华北水利委员会。

它们联手推动并在这块土地上创建了“中国第一水工试验所”。

开启了中国现代水利高等教育与现代水利工程科学的先河。

北洋大学堂工程馆

华北水利委员会旧址

北洋大学一贯秉承“学以致用”之办学理念，不拘一格，根据国情的需要宏开炉冶，理论讲授与实际相结合，广铸良才。一方面，充分利用校内的实验室培养学生的动手能力；另一方面，面向社会积极创造条件，在实际环境中培养学生的技能与社会服务意识。故所培养的学生有真才实学，不尚空谈，崇尚务实，身体力行，使北洋大学毕业生在社会具有很高的声誉。在这方面，北洋大学水利学门表现尤为突出，享有“中国培养高级工程师摇篮”的盛誉。

华北水利委员会是具有“以科学方法设计水利建设之新式机关”誉称的地方水利行政机构。北洋大学与华北水利委员会曾联手为创建中国现代水利工程科学做出了杰出的贡献，其中华北水利委员会的北洋大学籍校友作为一个特殊的群体功不可没。

本栏目以丰富的史料以及水利人物的事迹为载体，反映了近代中国水利从“治水防患”到“治水兴利”演进的历史过程中，北洋大学在水利高等教育、培养水利人才、发展水利科学等方面的种种作为。

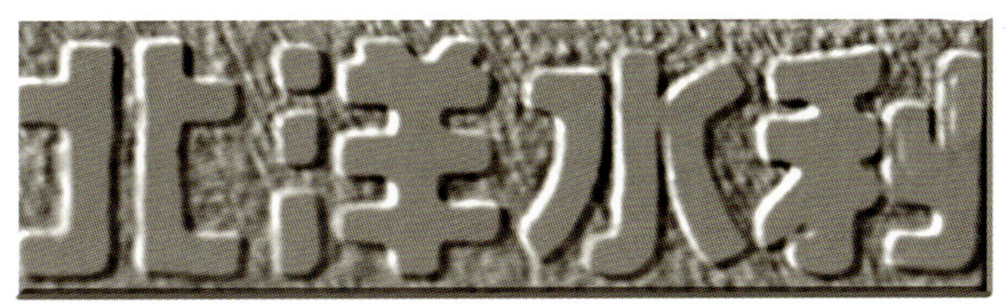

华北水利委员会沿革

1918年3月，顺直水利委员会在天津成立，直隶于中央政府，其任务是管理灾区河工善后事宜，并拟具直隶省(今河北省大部分)全省河道改善及防治水灾的治本治标工程计划等工作。

1928年9月，将顺直水利委员会改组为华北水利委员会。隶属于建设委员会，委员会继续前会工作并将其工作范围扩展至华北各河系上下游。成立初期由李仪祉担任主席，李书田任常务委员兼总务处处长，须恺任常务委员兼技术处处长。委员王季绪、周象贤、刘梦锡、彭济群、陈汝良、吴思远。聘荷兰水利专家以及海河工程局总工程师二人为顾问。委员会下设总务处、技术处。技术处又下设测绘课、水文课、设计课。

1929年陈懋解任华北水利委员会委员长，徐世大为常务委员兼技术处长，同时总务处处长改为秘书长，李仪祉仍为委员，改聘为技术顾问。

1930年陈懋解辞去委员长职务，改任彭济群为委员长，机构设秘书处、技术处。秘书处下设会计课、事务课；技术处下设测绘水文课、工务课及测候室。

1934年，华北水利委员会成员调整为：委员长彭济群，常务委员李书田、徐世大，代理常务委员

林成秀，顾问须恺、陈汝良。1937年七七事变后，华北水利委员会迁往大后方，下属测候所仍留原地从事气象观测。抗日战争胜利后，1947年华北水利委员改组为华北水利工程总局，隶属于水利部，局长郝执斋，局下设总务处、工务处、堵口复堤工程处。总局下属单位有永定河官厅水库工程局，高镜莹任总工程师。

1949年1月17日，天津市军事管制委员会命令："天津市军事管制委员会"水利接管处处长徐正接管"河北省水利局" "华北水利工程总局" "天津水工试验所"。华北水利委员会是国民政府在华北地区特设的水利机关。华北水利委员会是以科学方法进行水利建设的新式水利行政机构，建立了规范的工作管理模式和人事管理制度，保障了机构有效运转。在华北的水利事业主要体现在水利测量与查勘、水利工程计划、水利工程实施三个方面，对华北河道、地形、水文、气象进行了测量，编制了大量水利工程计划，兴建了一批新式水利工程。引进西方先进水利科技并运用到水利建设中，转变了水利工程建设的传统方式，创建了"中国第一水工试验所"，开展一系列水利科学实验，锻炼和培养了一批水利人才，为新中国初期的水利工程建设发挥了重要作用。

华北水利委员会旧址
（天津市河北区自由道22号）

历年曾就职于华北水利委员会的北洋大学籍部分校友

李仪祉（北洋大学教授） 刘锡彤（北洋大学教授） 高镜莹（北洋大学教授）
李赋都（北洋大学教授） 王华棠（北洋大学教授） 李吟秋（北洋大学教授）
李丕济（北洋大学教授） 何之泰（北洋大学教授） 耿瑞芝（北洋大学教授）
须 恺（北洋大学教授） 王季绪（北洋大学教务主任、代理院长）
崔宗培（北洋大学教授） 谭锡寿（北洋大学教授）

刘郁馥（联璧），河北满城人，预科1906年班毕业生。
梁朝玉（煜南），广东肇庆人，土木工程系1908年班毕业生。
杨师骞，预科1919年班毕业。
郭养刚（民原），福建闽侯人，土木工程系1910年班毕业生。
孙亦谦（吉生），直隶玉田人，土木工程系1910年班毕业生。
梁朝玉（煜南），广东高要人，土木工程系1910年班毕业生。
吴大业（芙青），河北滦县人，法科1911年班毕业生。
滑德铭（敬之），直隶内邱人，土木工程系1912年班毕业生。
朱延平（剑村），河北迁安人，土木工程系1913年班毕业生。
徐赤文（宗溥），浙江温州人，土木工程系1915年班毕业生。
徐元瀚（子渊），浙江杭县人，土木工程系1916年班毕业生。
徐宗溥（赤文），浙江永嘉人，土木工程系1916年班毕业生。
徐世大（行健），浙江会稽人，土木工程系1917年班毕业生。
鞏广文（艺圃），河北隆平人，土木工程系1917年班毕业生。
张金镕（镕秋），天津人，土木工程系1917年班毕业生。
杜联凯（振武），天津人，土木工程系1917年班毕业生。
黄敦慈（屺瞻），河南信阳人，土木工程系1919年班毕业生。
沈景初（叔成），浙江衢县人，土木工程系1919年班毕业生。
徐邦荣（灿英），河北武清人，土木工程系1920年班毕业生。
张含英（华辅），山东菏泽人，土木工程系1921年班毕业生。
陈范有（汝良），安徽石台人，土木工程系1922年班毕业生。
黄树人（百年），天津人，土木工程系1922年班毕业生。
李书田（耕砚），河北昌黎人，土木工程系1923年班毕业生。
吴树德（仲滋），上海人，土木工程系1923年班毕业生。
孙辅世（[illegible]忱），江苏无锡人，土木工程系1923年班毕业生。

毛濂清（志周），天津人，土木工程系1923年班毕业生。
张润田（倬甫），河北滦县人，土木工程系1924年班毕业生。
耿焕明（觐文），河北滦县人，土木工程系1928年班毕业生。
伍克潜（心斋），江苏武进人，采矿工程系1927年班毕业生。
雷应和（伯义），湖南桂阳人，土木工程系1927年班毕业生。
袁祖旭（蔼亭），河北丰润人，土木工程系1927年班毕业生。
周宗莲（泽书），湖北汉寿人，土木工程系1928年班毕业生。
董贻安（康甫），河北丰润人，土木工程系1929年班毕业生。
霍佩英（仲贤），天津人，土木工程系1929年班毕业生。
张　度（泽刚），河北大兴人，土木工程系1929年班毕业生。
刘炳炎（耀南），河北沧州人，土木工程系1930年班毕业生。
綦绳武（莜航），河北邑县人，土木工程系1931年班毕业生。
赵文钦（勗初），河北南宫人，土木工程系1931年班毕业生。
董继藩（汉之），河北遵化人，土木工程系1931年班毕业生。
马席庆，河北定县人，土木工程系1931年班毕业生。
郑兆珍，天津人，土木工程系1933年班毕业生。
阎树楠（培之），河北藁城人，土木工程系1933年班毕业生。
孙至善（明道），河北阜平人，土木工程系1933年班毕业生。
张耀斗（炳南），河北无极人，土木工程系1933年班毕业生。
石志广（博文），河北昌黎人，土木工程系1933年班毕业生。
常锡厚（叔宽），河北饶阳人，土木工程系1933年班毕业生。
揭曾佑（荫先），河北河间人，土木工程系1934年班毕业生。
王　濂（清泉），河北徐水人，土木工程系1934年班毕业生。
高福洪，河北井陉人，土木工程系1934年班毕业生。
王文骐，天津市人，土木工程系1934年班毕业生。
苏翔达（聪四），天津市人，土木工程系1935年班毕业生。
郝执斋（庆礼），河北安新人，土木工程系1938年班毕业生。
孙家驹，天津市人，土木工程系1938年班毕业生。
袁鸿志（鸿逵），河北深泽人，土木工程系1939年班毕业生。

1929年，华北水利委员会建立天津测候试验所。1935年1月，天津测候所晋升为 “天津一等测候所”，吴树德任所长。测候所设备增加，向国外定购各类气象仪器，对气象观测力求准确。在观测项目上，又增加地温、最低草温、大气含尘量等，堪称华北地区唯一的“标准测候所”。日本侵占天津后，华北水利委员会撤离天津，天津测候所归属伪建设总署管辖。1945年日本投降后，由天津市卫生工程局接管，直至1949年改称测候室，隶属华北水利委员会华北水利工程局。

华北水利委员会院内的测候设备(1935年)

安装在华北水利委员会屋顶上的测候设备(1935年)

华北水利委员会旧址

1935年，华北水利委员会测候室全体职员合影（左一为吴树德）

吴树德，上海人，1923年北洋大学土木工程系毕业。1932年10月20日，华北水利委员会第83次常务会议决议："设立测候室，仍派吴树德为主任。" 吴树德除进行气象观测外，还对华北夏季多雨、冬季少雨及旱涝成因进行论述。著有《华北干旱之原因》《华北淫雨之原因》《华北酿灾之原因》。还曾进行多项气象和气象仪器研究，著有《喷出式灰尘计之构造及使用方法》《中国天气俗谚分类集注》等文章，刊登在1934年《华北水利月刊》上。《降水量观测法》《天津降水量之研究》等刊登在1940年《天津测候所集刊》第一号上。吴树德是天津已知最早制作超长期气候预测的气象人员之一。他在1940年对天津1887—1939年年降水量曲线图进行分析后根据周期外推，得出"今后未来十年间之平均降水，或为520公厘也"的预测结论。实况为527.5毫米，是成功的预测。

1937年天津沦陷后，时任水利委员会华北水利测绘室主任的吴树德为使气象水文资料不致中断，带领两名助手继续进行观测记录。因会址设在意租界，虽有日伪的干扰，仍可继续工作。1943年9月，意大利法西斯政府垮台，日军侵占了天津意租界。他们开始阻挠、威胁吴树德的工作，并诱劝他到北京气象台任要职，遭到吴树德的严词拒绝。后来日本宪兵分队诬吴树德为重庆政府的间谍，设立的是"渝方电台"。1944年4月15日午后4时，日军一四二〇特种部队曹长小路、军曹西协二人带领翻译、特务将工程师吴树德，测绘员金海祥、于鸿猷三人逮捕。在严刑拷问中，强逼吴树德工程师承认他是"渝方天津无线电台台长"。几次酷刑审讯吴树德都言词强硬、毫不屈服，使日军更为恼怒。4月24日对他采用了最残暴的折磨，将他用油布裹身焚烧，一直烧到皮焦肉脱，临死他仍在声讨日寇，直至气绝身亡。同案被捕的测绘员金海祥(北京人，土木工科毕业)在被捕后第六天，即4月20日，不堪忍受日军的毒刑，头撞狱门而死。只有于鸿猷，在金、吴二人死后，因"罪名"无佐证，羁押41天后，死里逃生。

许元瀚

徐世大

董贻安

许元瀚（子渊），浙江杭县人，1916年北洋大学土木工学门戊班毕业。
徐世大（行健），浙江会稽人，1917年北洋大学土木工学门乙班毕业。
董贻安（绍仪），河北丰润人，1929年北洋大学土木工学门十八年班毕业。

徐世大是我国近代水利卫生工程的开拓者，曾任钱塘江工程局总工程师，华北水利委员会总工程师。1932年，徐世大任华北水利委员会常务委员兼技术长期间，与董贻安、许元瀚合作，结合华北水利与气象，通过研究大量的暴雨资料，研算出暴雨面积公式，随后又推出平原区、山岭区、高原区降雨率公式，用于洪水估计，在国内尚属首创。

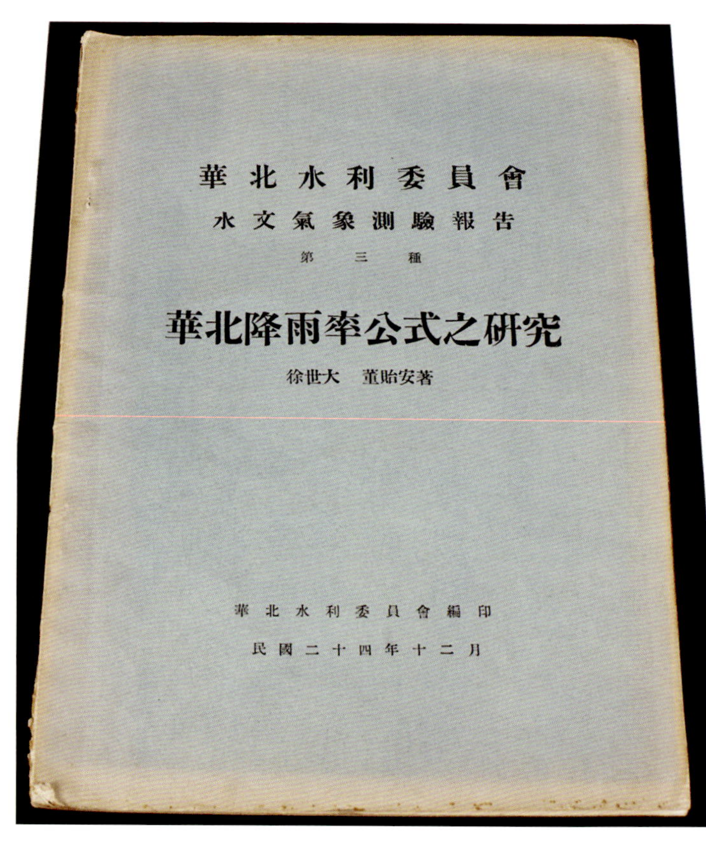
華北水利委員會
水文氣象測驗報告
第三種
華北降雨率公式之研究
徐世大　董貽安著
華北水利委員會編印
民國二十四年十二月

《华北降雨率公式之研究》

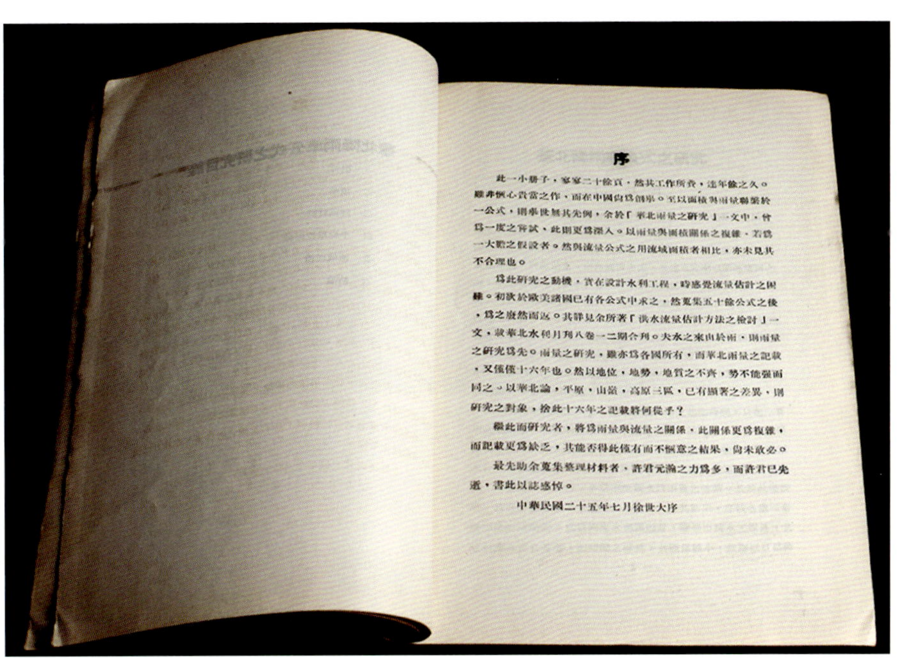

序

此一小冊子，寥寥二十餘頁，然其工作所費，達年餘之久。雖非愜心貴當之作，而在中國尚為創舉。至以面積與雨量聯繫於一公式，則舉世無其先例，余於「華北雨量之研究」一文中，曾為一度之嘗試，此則更為深入。以雨量與面積關係之複雜，若為一大膽之假設者。然與流量公式之用流域面積者相比，亦未見其不合理也。

為此研究之動機，實在設計水利工程，時感覺流量估計之困難。初欲於歐美諸國已有各公式中求之，然蒐集五十餘公式之後，為之廢然而返。其詳見余所著「洪水流量估計方法之檢討」一文，載華北水利月刊八卷一二期合刊。夫水之來由於雨，則雨量之研究為先。雨量之研究，雖亦為各國所有，而華北雨量之記載，又僅僅十六年也。然以地位，地勢，地質之不齊，勢不能強而同之。以華北論，平原，山嶺，高原三區，已有顯著之差異，則研究之對象，捨此十六年之記載將何從乎？

繼此而研究者，將為雨量與流量之關係，此關係更為複雜，而記載更為缺乏，其能否得此僅有而不愜意之結果，尚未敢必。

最先助余蒐集整理材料者，許君元瀚之力為多，而許君已先逝，書此以誌感悼。

中華民國二十五年七月徐世大序

《华北降雨率公式之研究》序

序

此一小册子，寥寥二十余页，然其工作所费，达年余之久。随非惬心贵当之作，而在中国尚为创举。至以面积与雨量联系于一公式，则举世无其先例，余于《华北水量之研究》一文中，曾为一度之尝试，此则更为深入。以雨量与面积关系之复杂，若为一大胆之假设者。

为此研究之动机，实在设计水利工程，时感觉流量估计之困难。初欲于欧美诸国已有各公式中求之，然搜集五十余公式之后，为之废然而返。其详见余所著《供水流量估计方法之检讨》一文，载《华北水利月刊》八卷一二期合刊。夫水之来由于雨，则雨量之研究为先。雨量之研究，虽亦为各国所有，而华北雨量之记载，又仅仅十六年也。然以地位，地势，地质之不齐，势不能强而同之。以华北论，平原，山岭，高原三区，已有显著之差异，则研究之对象，舍此十六年之记载将何从乎？

继此而研究者，将为雨量与流量之关系，此关系更为复杂，而记载更为缺乏，其能否得此仅有而不惬意之结果，尚未敢必。

最先助余搜集整理材料者，许君元瀚之力为多，而许君已先逝，书此以誌感悼。

中华民国二十五年七月徐世大序

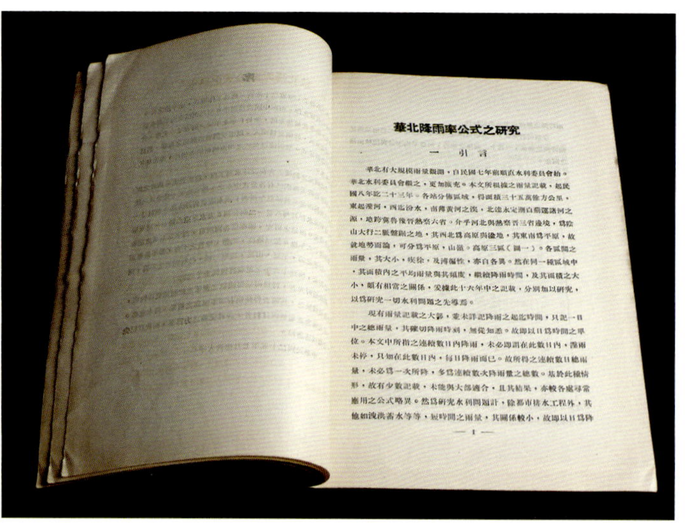

華北降雨率公式之研究

一 引言

華北有大規模雨量觀測，自民國七年順直水利委員會始。華北水利委員會繼之，更加擴充。本文所根據之雨量記載，起民國八年訖二十三年。各站分佈區域，得面積三十五萬餘方公里，東起灤河，西迄汾水，南薄黄河之濱，北達永定潮白薊運諸河之源，地跨冀魯豫晉熱察六省。介乎河北與熱察晉三省邊境，為陰山大行二脈盤踞之地，其西北為高原與盆地，其東南為平原，故就地勢而論，可分為平原，山嶺，高原三區（圖一）。各區間之雨量，其大小，疾徐，及滲漏性，亦自各異。然在同一種區域中，其面積內之平均雨量與其頻度，繼續降雨時間，及其面積之大小，頗有相當之關係，爰據此十六年中之記載，分別加以研究，以為研究一切水利問題之先導焉。

現有雨量記載之大部，並未詳記降雨之起訖時間，只記一日中之總雨量，其確切降雨時刻，無從知悉。故即以日為時間之單位。本文中所指之連續數日內降雨，未必即謂在此數日內，霪雨未停，只知在此數日內，每日降雨而已。故所得之連續數日總雨量，未必為一次所降，多為連續數次降雨量之總數。基於此種情形，故有少數記載，未能與大部適合，且其結果，亦較各處尋常應用之公式略異。然為研究水利問題計，除都市排水工程外，其他如洩洪蓄水等等，短時間之雨量，其關係較小，故即以日為降

— 1 —

《华北降雨率公式之研究》引言

水文气象测验报告《华北降雨率公式之研究》第一部分“引言”。其中介绍华北水利委员会以及前身的顺直水利委员会记载和保持了大量的对华北雨量观测的资料。研究者分析这些气象资料以及地区地形、降水分布情况，制定了具体研究目标，分别是：一，雨量深度与频率的关系；二，雨量与延续时间之关系；三，上二关系之联合；四，平均雨量与流域面积之关系。

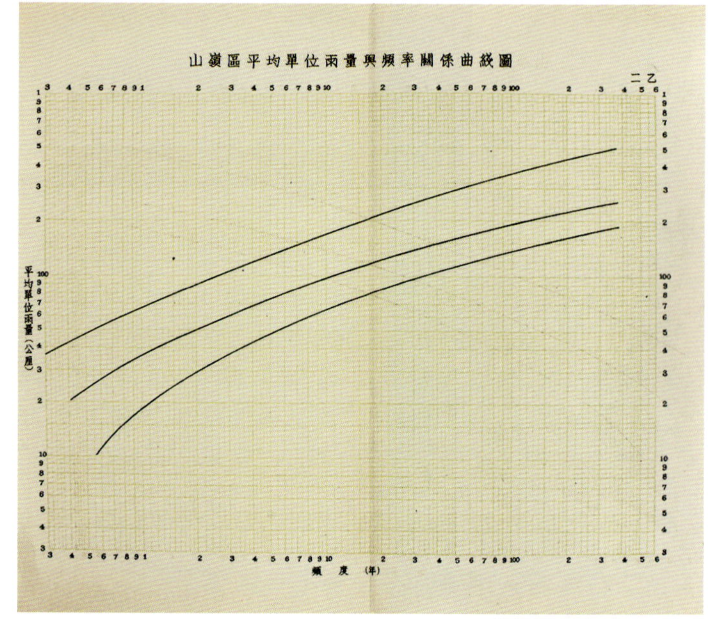

山岭区平均单位雨量与频率关系曲线图

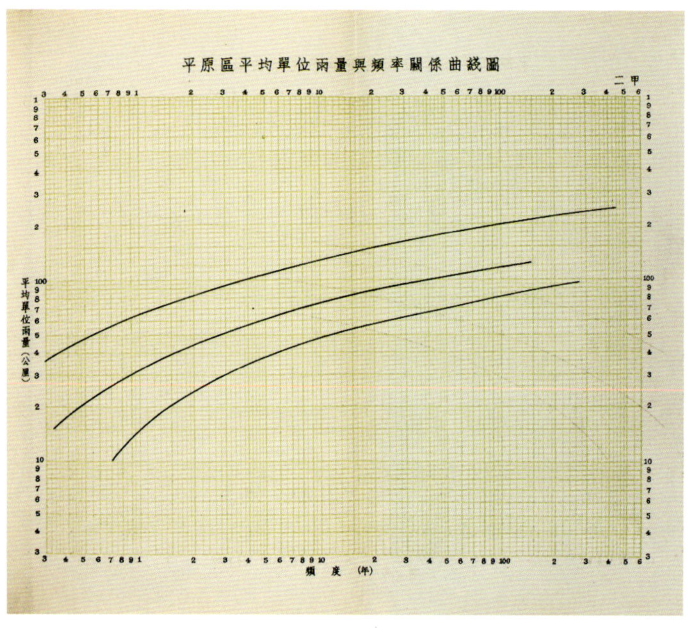

平原区平均单位雨量与频率关系曲线图

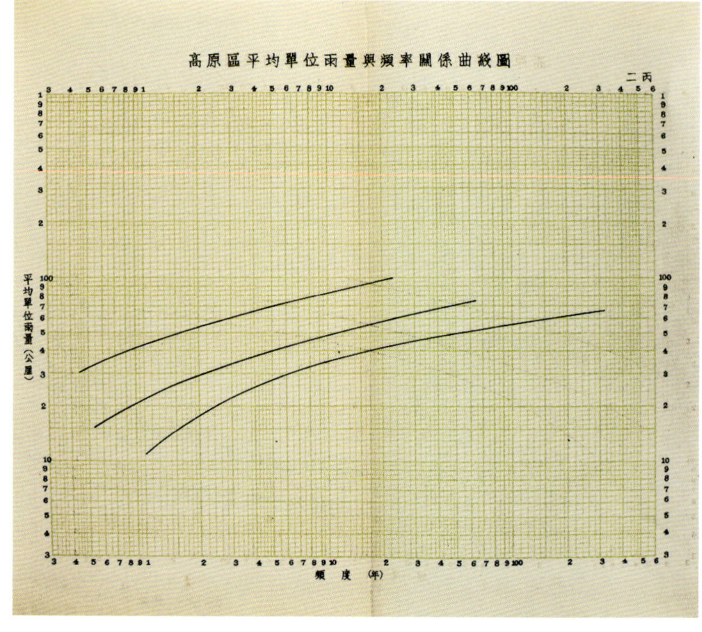

高原区平均单位雨量与频率关系曲线图

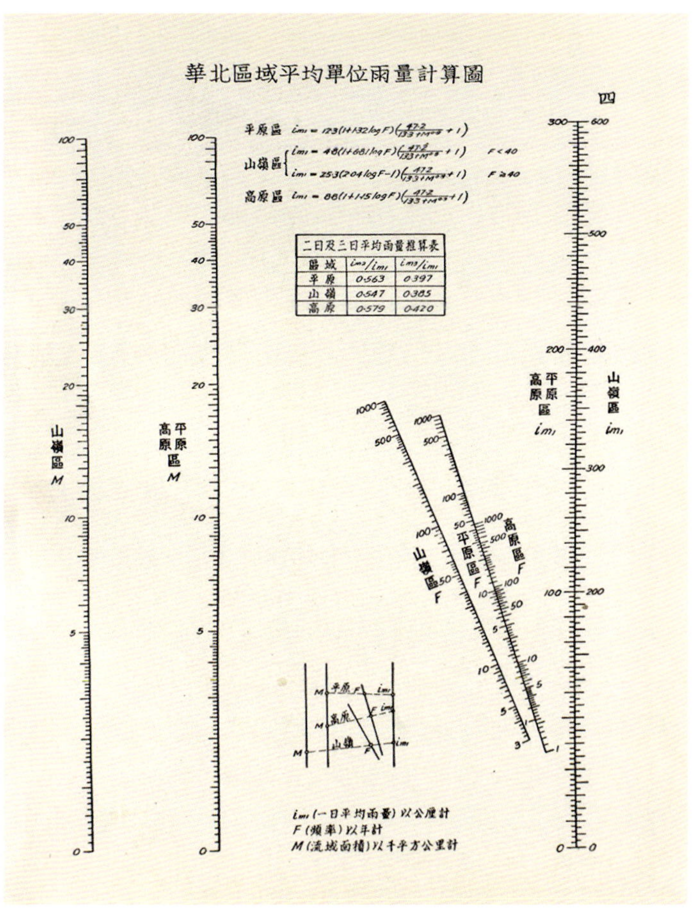

华北区域平均单位雨量计算图

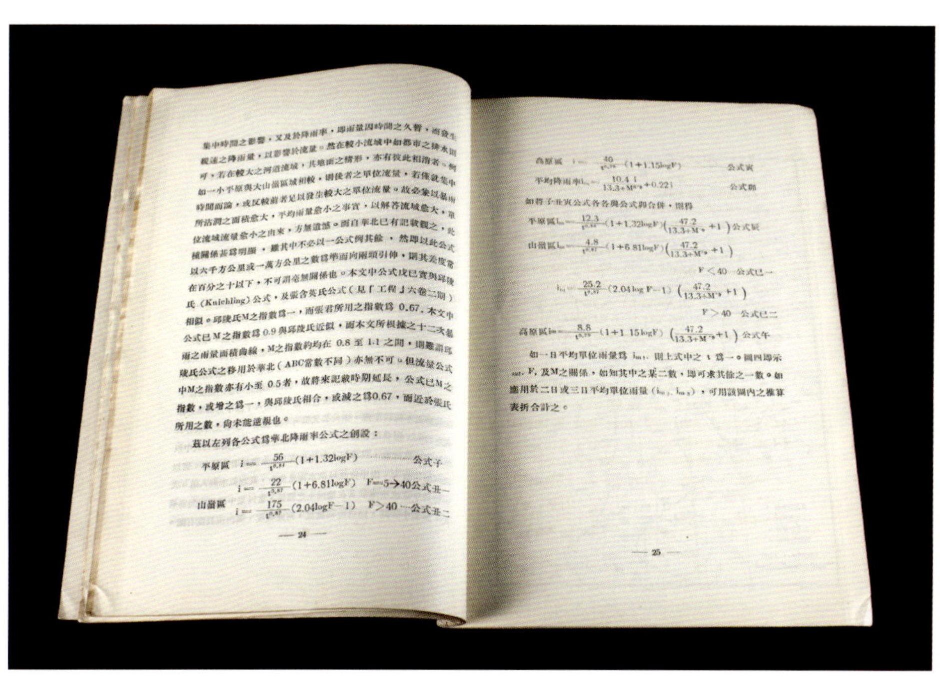

研究结论与成果"华北降雨率公式"

永定河，古称㶟水，隋代称桑干河，金代称卢沟，为海河流域七大水系之一，是河北系最大河流。全长747公里，流经内蒙古、山西、河北三省区，北京、天津两个直辖市共43个县区市。流域面积47016平方千米，其中山区面积45063平方千米，平原面积1953平方千米。

上游处在太行山、阴山、燕山余脉、内蒙古黄土高原，海拔1500 米以上，植被、地形、气候条件差，有8个产沙区，土壤侵蚀严重，是永定河水高泥沙含量的主要来源。官厅山峡及下游上段是北京段，由官厅水库至门头沟三家店，短距离内落差从450 米降至100米，山峦重叠，沟谷曲弯，坡度变化大，水流湍急。

下游从三家店出山，入京津平原到渤海口，形成古道洪冲积扇面，海拔在25米至100米之间，在近80公里的流程中水流相对平缓，泥沙大量沉积，每年7月至8月为汛期。河水自燕山峡谷急泄，两岸峭壁林立，落差为320米，最大流量5200立方米/秒左右。河水浑浊，挟带大量泥沙，年含泥量3120万吨。河床高于地面，历史上改道多次，极易发生漫溢决口。元、明代有浑河、小黄河等别称。由于河迁徙无常，俗称无定河。

永定河古无正式堤防，经常泛滥成灾；建立堤防后，河床淤高，溃决之患愈演愈烈。金元以前，记载颇略。金朝以后，水灾记载虽较多，唯只记录水灾发生频数，如某年月河溢、溢决、河徒、堤决等等，不详灾情和原因。又由于我国彼时无测量学，更不知水位高低和流量大小。自魏废帝嘉平二年（公元250年）起至1911年止。1661年间大小水患统计为170次，平均约合十年一次。清顺治八年（1651年）至宣统二年（1911年）260年间决口凡130次，平均二年半一次。以上两个频率数字是客观条件不同所致。缘以永定河水大必要决口，然决口不一定水大，以决口记录洪水年是不合理的。因此，水文记录应注明发生情况和原因是很关重要的。近期较大之水灾为1917年、1924年、1929年及1950年，其中以1939年为最大。（这次洪水并淹没天津市区），平均约合7年一次。永定河洪水频率与大清河几乎相等。永定河每年涨水或决口又影响大清河。永定河无论向左决或向右决灾害都很大，又都影响大清河行洪。如永定河右决，永定河来水早，大清河白洋淀适当空淀、浑水先倒灌白洋淀，也就是将大量洪水潴集在白洋淀，一俟大清河南北两支涨水，聚齐下泄，势猛而力大，则为下游患。1924年、1929年、1939年及1950年均属此种情况。左决除影响京山铁路、淹没塌河淀、大黄铺外，还要淤积海河。一俟大清河涨水，则泄洪不畅，为堤防患。据统计：1917年淹地706平方公里；1924年淹地746平方公里；1929年淹地420平方公里；1939年淹地1640平方公里；1950年淹地396平方公里。以上统计只以被淹地亩言之，而忽略人民生命财产以及断绝交通运输和淹没工商业城镇天津市，似不能代表永定河水灾的严重性。（摘录于徐正编著《海河今昔纪要》第三节 “永定河之水灾及防治沿革”）

总之，在中国的所有江河中，永定河的防洪地位极高，为全国四大重点防洪江河之一。永定河防治可分为水库、堤防、桥梁减坝、灌溉和海河放淤等工程措施。

据史料记载：1917年，顺直水利委员会成立，主持海河的规划治理。8年后，该机构公布了一份《顺直河道治本计划报告书》，计划采取减河分流入海的工程措施，主要规划工程有：挽潮白河归北运河的苏庄、龙凤、土门等泄水闸，马厂减河、独流减河，子牙河泄洪水道等。1928年，顺直委员会改组为华北水利委员会。改组后的委员会对1925年颁布的计划报告书进行了修订。1930年完成《永定河治本计划》。修订后的治本计划主要包括：一，在上游修建官厅水库、太子墓水库等拦洪工程，修建洋河及其支流拦沙坝、桑干河及其支流拦沙坝等拦沙工程；二，在中游修建卢沟桥节制闸、扩建金门闸等分洪工程；三，在下游修建北岸和南岸放淤工程；四，在尾闾疏浚北运河、金钟河泄水河道及修筑堤岸等。上述计划体现了综合治理的思想，其中，官厅水库为重点工程，1935年开始水工模型试验、地质钻探等设计前期工作。然

永定河治本计划总图

而，由于日军入侵，大部分计划未能实施。新中国成立以后，1954年官厅水库最终建成。海河流域得到全面治理。逐渐成为支撑民生、地区经济以及自然生态、旅游文化等名副其实的母亲河。

1917年华北遭受特大洪水灾害

1917年6月，华北地区开始出现暴雨，在暴雨的肆虐下，7月至9月永定河、大清河、潮白河、蓟运河、子牙河、漳卫河普遍出现洪水漫决，造成冀中平原严重水患。北京泛水，天津浸泡，京汉、京浦、京奉铁路中断。“厄于水灾二千万，陷于水者三十余万”。

日租界旭街（今和平路）

英租界开滦矿务局前（今泰安道）

法租界梨栈附近（今劝业场一带）

天津警察局为泄洪，派人扒开了陈塘庄通梁王庄一段京浦铁路

被洪水冲毁的西刘庄附近的铁道

635万难民流离失所、无处栖身

难民用于避风雨的窝棚

1939年7月大清河、永定河、北运河大水

1939年海河流域7、8月份降雨日多达30～40天，其中出现若干次较大的暴雨，雨区范围除燕山、太行山迎风区外，还延伸到高原以及永定河、子牙河的背风区。这次暴雨的特点是：历时长、次数多、范围广、强度大，暴雨中心比较稳定，始终在大清河、永定河、北运河流域徘徊，形成海河流域洪灾。受灾地区涉及晋、冀、鲁、豫四省及京、津两市，淹地面积达4.94万平方公里，受灾农田391.2万公顷，被淹村庄1.27多万，死伤2.9万人。洪水冲毁京山、京汉、津浦、京包、京古（古北口）、同蒲、石太、新开（新乡至开封）等8条铁路计160公里，冲毁铁路桥梁49座，公路565公里，公路桥梁137座。交通几乎全部断绝，经济损失11.69亿元。天津市区大部受淹，浸水长达一个半月，最大水深达“丈余”。受灾人口80万，倒塌房屋1.4万户，经济损失6亿多元，约占全流域总损失的51%。

7月25日，永定河洪峰通过京广铁路大桥

潮白河苏庄闸被冲垮18孔

小白楼一带水深最深处约7尺（今开封道）

英租界安立甘教会周围水深6～6.5尺（今泰安道与浙江路交叉路口）

法租界西开天主教堂水深6尺以上

滨江道与新华路交口处

法租界天增里水深最深处7尺

《永定河治本计划》

时任职于华北水利委员会的北洋大学李书田、徐世大、徐宗溥、沈景初、吴树德等多人，分别参与《永定河治本计划》的前期考察、测绘、制图、编辑、出版等大量实际工作，为之付出极大的心血。

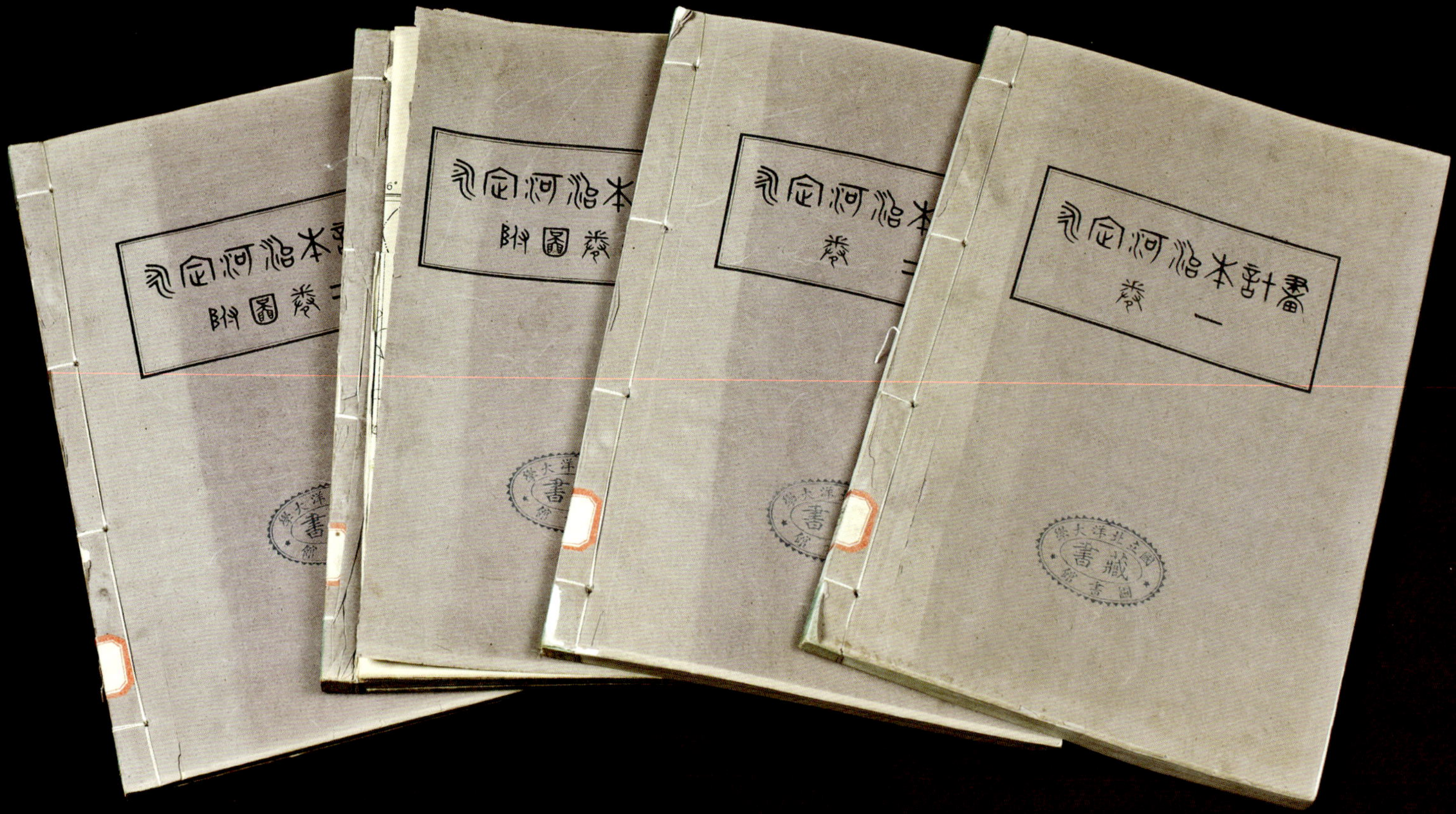

1933年4月，华北水利委员会编辑出版《永定河治本计划》

永定河治本計劃

緒　言

華北諸水，永定爲大，而爲禍亦最烈。蓋永定上游，桑乾及洋河，馳突於富有黄壤之山谷中，水流激湍，挾沙之多，世罕其匹。及至下游，坡勢驟緩，水力無所消納，則惟有紆廻曲折，用以冲嚙土地。復因紆廻曲折之故，所挾之沙，又隨溜之緩急，以沈以浮。此永定河所以變遷多故，號稱無定也。然在昔時，水患固不可免，而縮於此者伸於彼，其來也漸。且一水一麥之利，失於今者取償於來年，其患亦未甚顯著也。自遼金元明以來，建都北平，根本之地，時遭水害，則爲遏止之謀，而築堤尚焉。復以南漕北運，惟求運道之疏暢，不計入海之通塞。五大河之水，所恃以吐納者，惟一海河。伏秋盛漲，復値高潮，河不能容，則泛溢冲決，益不可免，昏墊之禍，更以延長。自明迄清，數百年間，無定爲災，載於史册，數倍前世。康乾之間，國力豐富，遂復範堤兩岸，號稱永定。農田不復得淤泥之利，而河床日以高仰。蓋以一綫長堤，當此洪流，無事則病於補苴，一決則不可收拾。同光以後，國力痺敝，物價高騰，爲政安於苟且，舊堤漸以殘破。漫決之禍，與日俱增。雖於事後呼嗟補救，根本之患，猶然未除，而民生益以困苦矣。

及至民六，災及天津，中外商人怵於後患，乃請政府設立順直水利委員會，以謀根本救治之方。於是華北水利始有地形測量，水文觀測，以爲計畫之根據。十三年復遇大水，永定堤決，禍烈於前。人民奔走呼號，益感治水之切要。順直水利委員會乃於十四年公佈順直河道治本計畫總報告書。其中對於永定河治理之計畫分二種：一，取北道經舊沙漲地入海。二，取南道另闢新沙漲地。其中二種相同者。爲：(甲)，建築官廳攔水壩。(乙)，盧溝橋至金門閘間河道之整理。其餘則前者復須整理金門閘雙營間之河道，就沙漲地內另闢新河，及天津迤北入海新河諸項。後者則有金門閘下游之整理費，新沙漲地土地及工事費，及入海新河諸項。前者估計需費四千五百七十六萬餘元，後者估計需費三千二百七十九萬餘元。兩者相較，後一種廉於前一種約一千三百萬元。

關係文件

技術長徐世大呈爲永定河治本計畫草擬完竣謹將原稿及所附圖表呈請鑒核提請委員會審議施行由

呈爲永定河治本計畫草擬完竣謹將計畫原稿及所附圖表呈請　鑒核提請委員會審議施行事竊世大於十八年九月就職之時正値永定河決口未堵沿河居民蕩析流離之秋職責所在不容漠視乃以時間匆促僅能於同年十月提出永定河治本計畫大綱於第六次委員會經議決原則通過交技術長進行實際調查并妥愼計畫等因受命以來夙夜懍慄叠飭工程員司分別搜集材料并進行實際調查務於最短期間完成詳細計畫乃事與願違十九年四月世大奉建設委員會之命調京服務至九月方能回會繼續工作而覆測官廳山峽及重探官廳壩基地層之結果又與以前所根據者不符不得不另籌妥善辦法加以駑駘之質雖自鞭策終嫌濡滯荏苒經年始克就緒所有計畫間與大綱所列舉者不甚符合然自信皆根據實際情形及水利工程之學理與經驗幾經研討而後着手所有計畫過程暨經報告在案不復贅叙至參預計畫之工程員司致力最勤者則有正工程師徐宗溥工程師沈景初孫圖衡副工程師吳樹德等各課職員亦皆努力不懈以底於成合併陳明謹呈

委員長

附呈永定河治本計畫目錄一份計畫原稿一份圖一百二十三幅

技術長徐世大二十年十二月二十四日

呈內政部爲呈報召集永定河治本計畫討論會經過暨開會情形並附呈召集簡章會議記錄及治本計畫書全份仰祈鑒核備案由

呈爲呈報召集永定河治本計畫討論會經過暨開會情形並附呈召集簡章會議記錄及治本計畫全份仰祈

鑒核備案事竊查華北諸河以永定爲最大而歷代爲禍亦最烈溯自元明迄於清季凡治永定者均專以脩堤防險疏淤爲能事而於如何防洪放淤溉田種種治本方案則數百年來絕無所聞迨

《永定河治本计划》关系文件

技术长徐世大呈为永定河治本计划草拟完竣谨将原稿及所附图表呈请鉴核提请委员会审议施行由

呈为永定河治本计划草拟完竣，谨将计划原稿及所附图表呈请鉴核，提请委员会审议施行。事窃世大于十八年九月就职之时正值永定河决口未堵沿河居民荡析流离之秋，职责所在，不容漠视，乃以时间匆促仅能于同年十月提出永定河治本计划大纲，于第六次委员会经议决原则通过交技术长进行实际调查并妥慎计划等。因受命以来夙夜懔慄叠饬工程员司分别搜集材料并进行实际调查，务于最短期间完成详细计划，乃事与愿违，十九年四月世大奉建设委员会之命调京服务至九月方能回。会继续工作而覆测官厅山峡及重探官厅坝基地层之结果又与以前所根据者不符，不得不另筹妥善办法加以驽骀之质虽自鞭策终嫌濡滞，荏苒经年始克，就绪所有计划间与大纲所列举者不甚符合，然自信皆根据实际情形及水利工程之学理与经验几经研讨而后着手所有计划过程叠经报告在案不复赘叙，至参预计划之工程员司致力最勤者则有正工程师徐宗溥、工程师沈景初、孙图衔，副工程师吴树德等，各课职员亦皆努力不懈。

以底于成合并陈明谨呈委员长

附呈永定河治本计划目录一份 计划原稿一份 图一百二十三幅

技术长徐世大二十年十二月二十四日

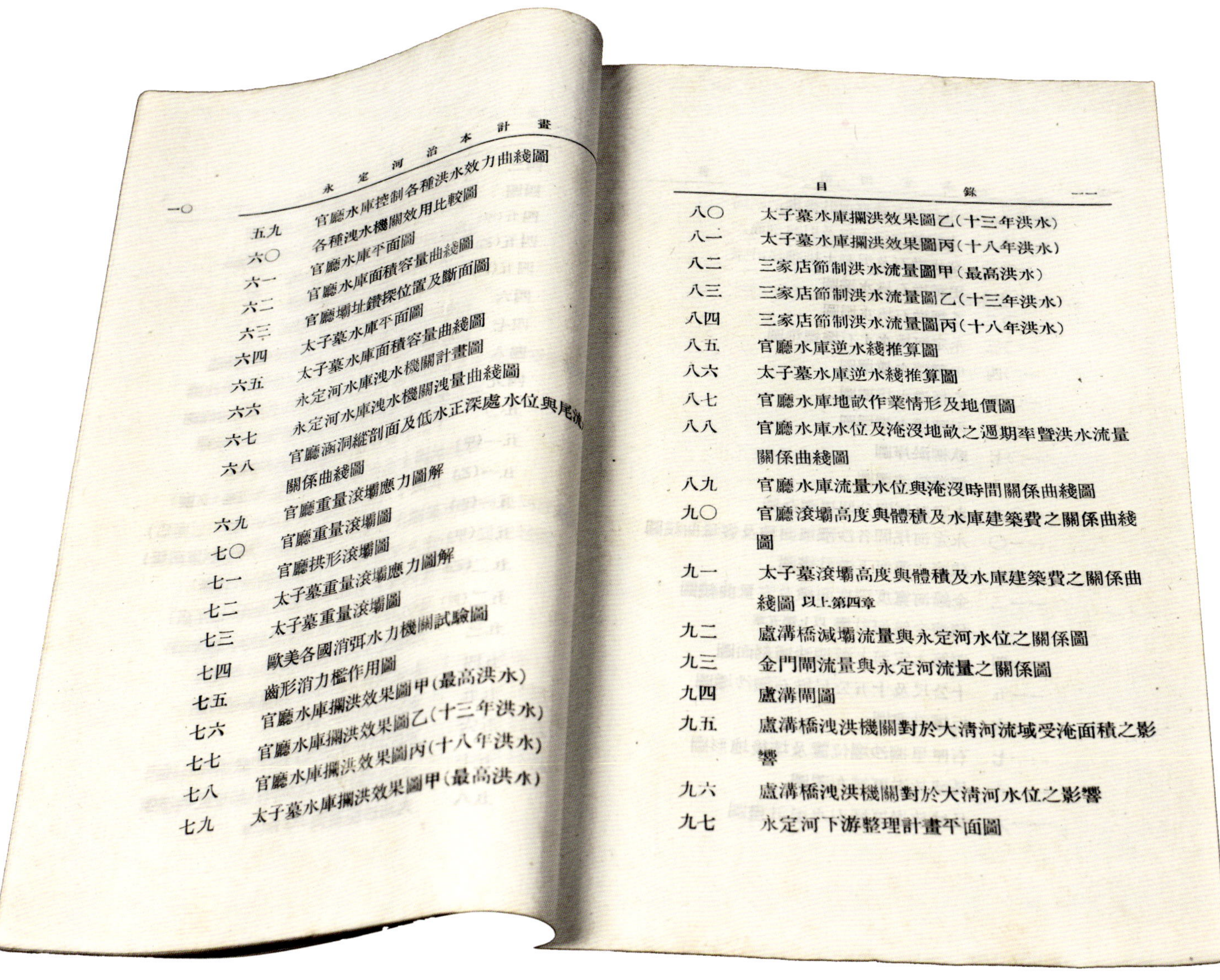

一〇　永定河治本計畫

五九　官廳水庫控制各種洪水效力曲綫圖
六〇　各種洩水機關效用比較圖
六一　官廳水庫平面圖
六二　官廳水庫面積容量曲綫圖
六三　官廳壩址鑽探位置及斷面圖
六四　太子墓水庫平面圖
六五　太子墓水庫面積容量曲綫圖
六六　永定河水庫洩水機關計畫圖
六七　永定河水庫洩水機關洩量曲綫圖
六八　官廳涵洞縱剖面及低水正深處水位與尾流關係曲綫圖
六九　官廳重量滚壩應力圖解
七〇　官廳重量滚壩圖
七一　官廳拱形滚壩圖
七二　太子墓重量滚壩應力圖解
七三　太子墓重量滚壩圖
七四　歐美各國消弭水力機關試驗圖
七五　齒形消力檻作用圖
七六　官廳水庫攔洪效果圖甲（最高洪水）
七七　官廳水庫攔洪效果圖乙（十三年洪水）
七八　官廳水庫攔洪效果圖丙（十八年洪水）
七九　太子墓水庫攔洪效果圖甲（最高洪水）

目錄　一一

八〇　太子墓水庫攔洪效果圖乙（十三年洪水）
八一　太子墓水庫攔洪效果圖丙（十八年洪水）
八二　三家店節制洪水流量圖甲（最高洪水）
八三　三家店節制洪水流量圖乙（十三年洪水）
八四　三家店節制洪水流量圖丙（十八年洪水）
八五　官廳水庫逆水綫推算圖
八六　太子墓水庫逆水綫推算圖
八七　官廳水庫地畝作業情形及地價圖
八八　官廳水庫水位及淹沒地畝之週期率暨洪水流量關係曲綫圖
八九　官廳水庫流量水位與淹沒時間關係曲綫圖
九〇　官廳滚壩高度與體積及水庫建築費之關係曲綫圖
九一　太子墓滚壩高度與體積及水庫建築費之關係曲綫圖　以上第四章
九二　盧溝橋減壩流量與永定河水位之關係圖
九三　金門閘流量與永定河流量之關係圖
九四　盧溝閘圖
九五　盧溝橋洩洪機關對於大清河流域受淹面積之影響
九六　盧溝橋洩洪機關對於大清河水位之影響
九七　永定河下游整理計畫平面圖

《永定河治本计划》目录

华北水利委员会《永定河治本计划》参与计划之工程员

徐世大，1917年北洋大学土木工程系毕业，技术长。

徐宗溥，1916年北洋大学土木工程系毕业，正工程师。

沈景初，1919年北洋大学土木工程系毕业，工程师。

吴树德，1923年北洋大学土木工程系毕业，副工程师。

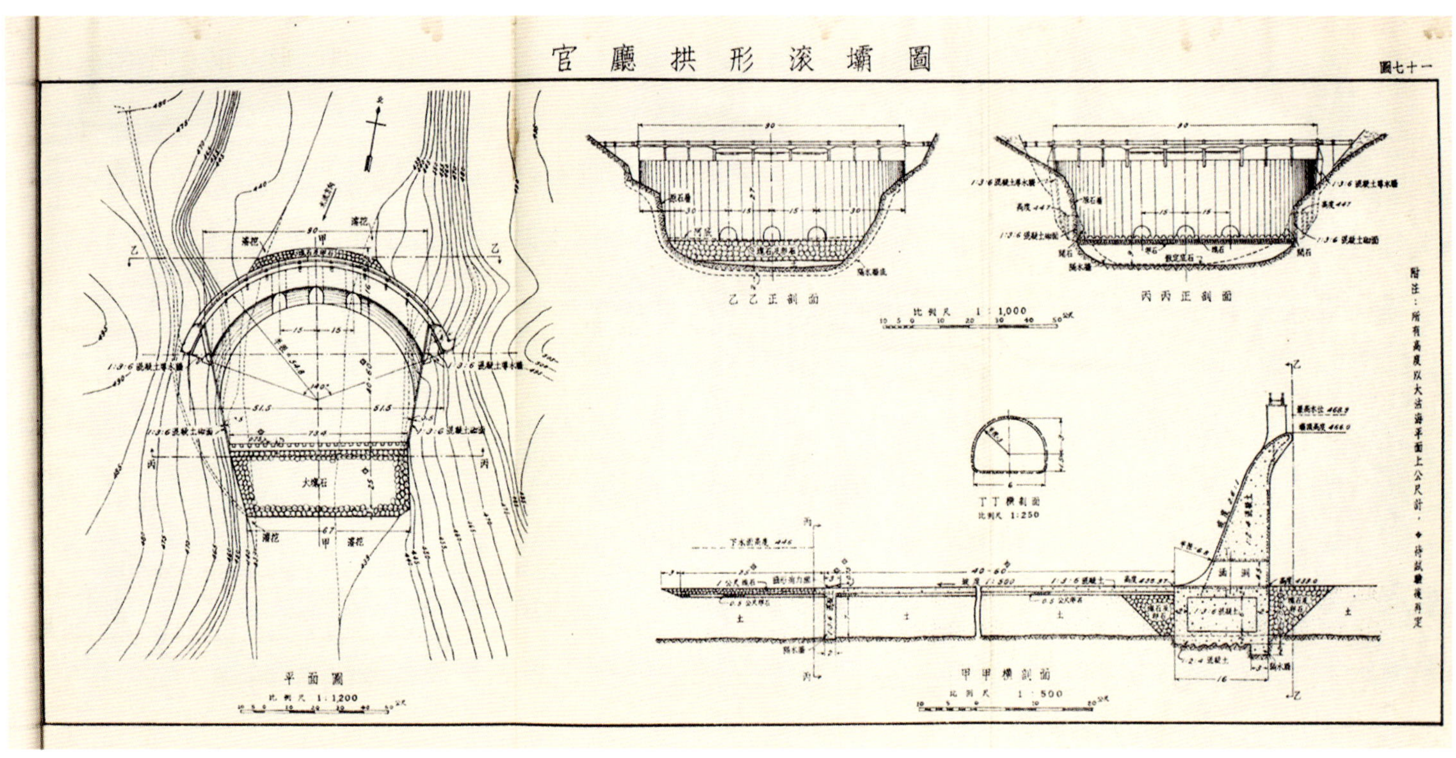

官厅拱形滚坝图

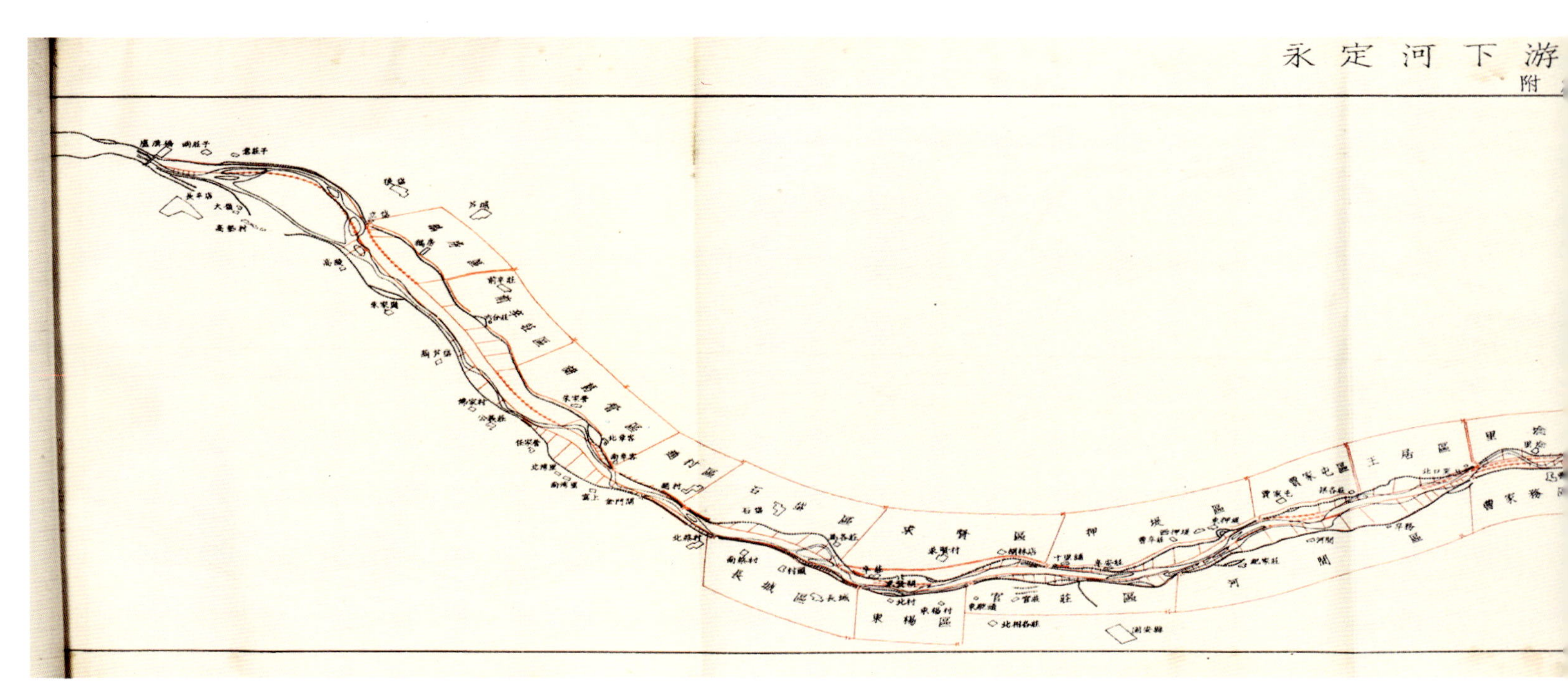

永定河下游整理计划平面图

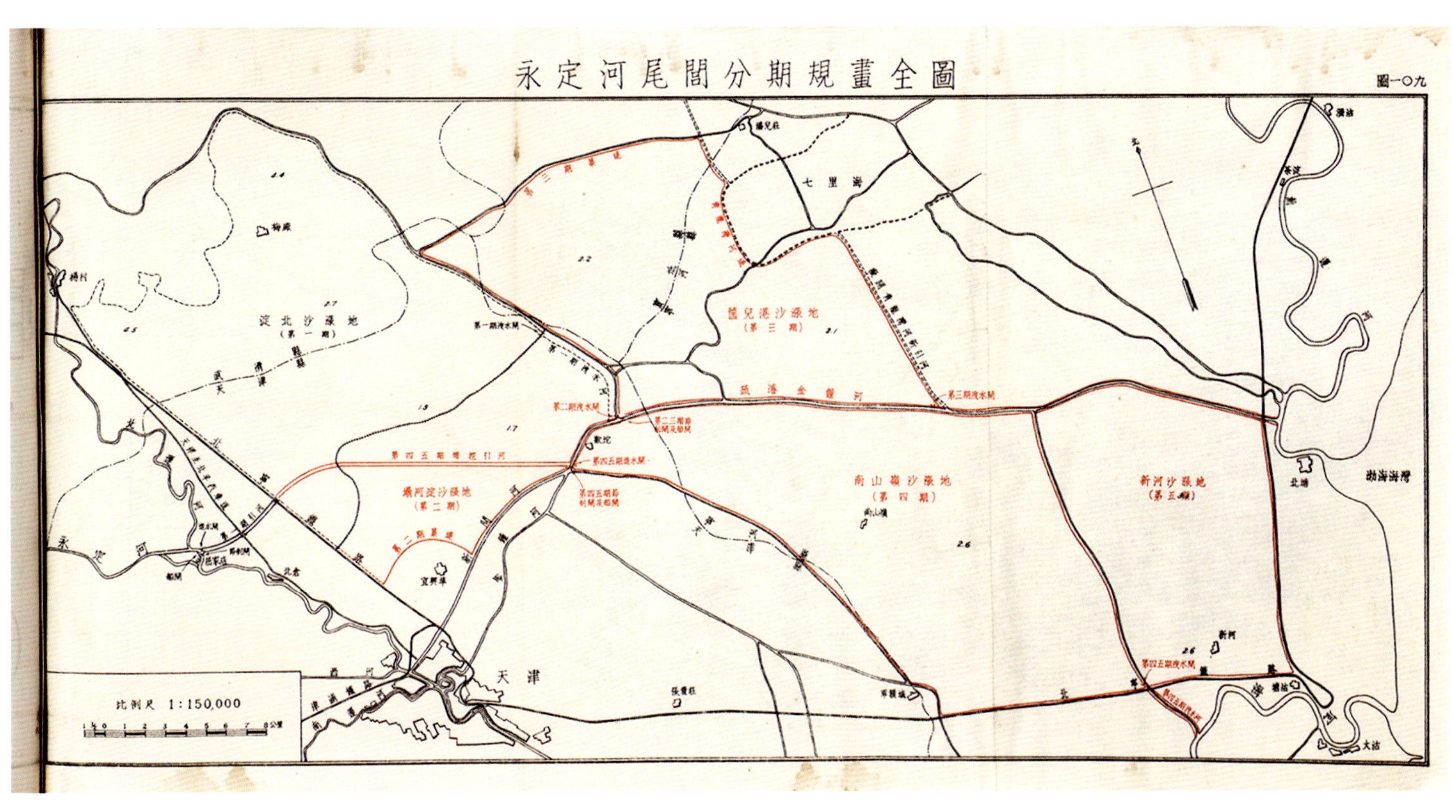

永定河尾闾分期规划全图

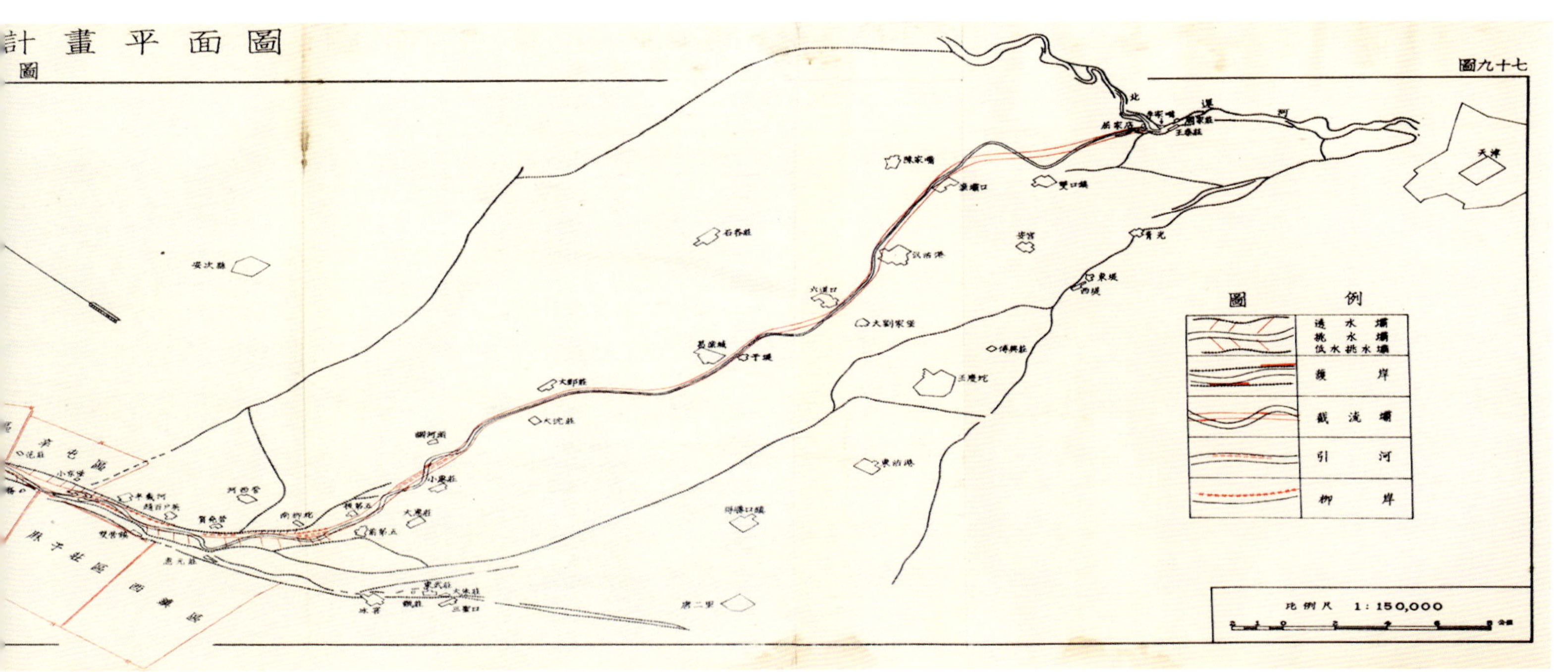

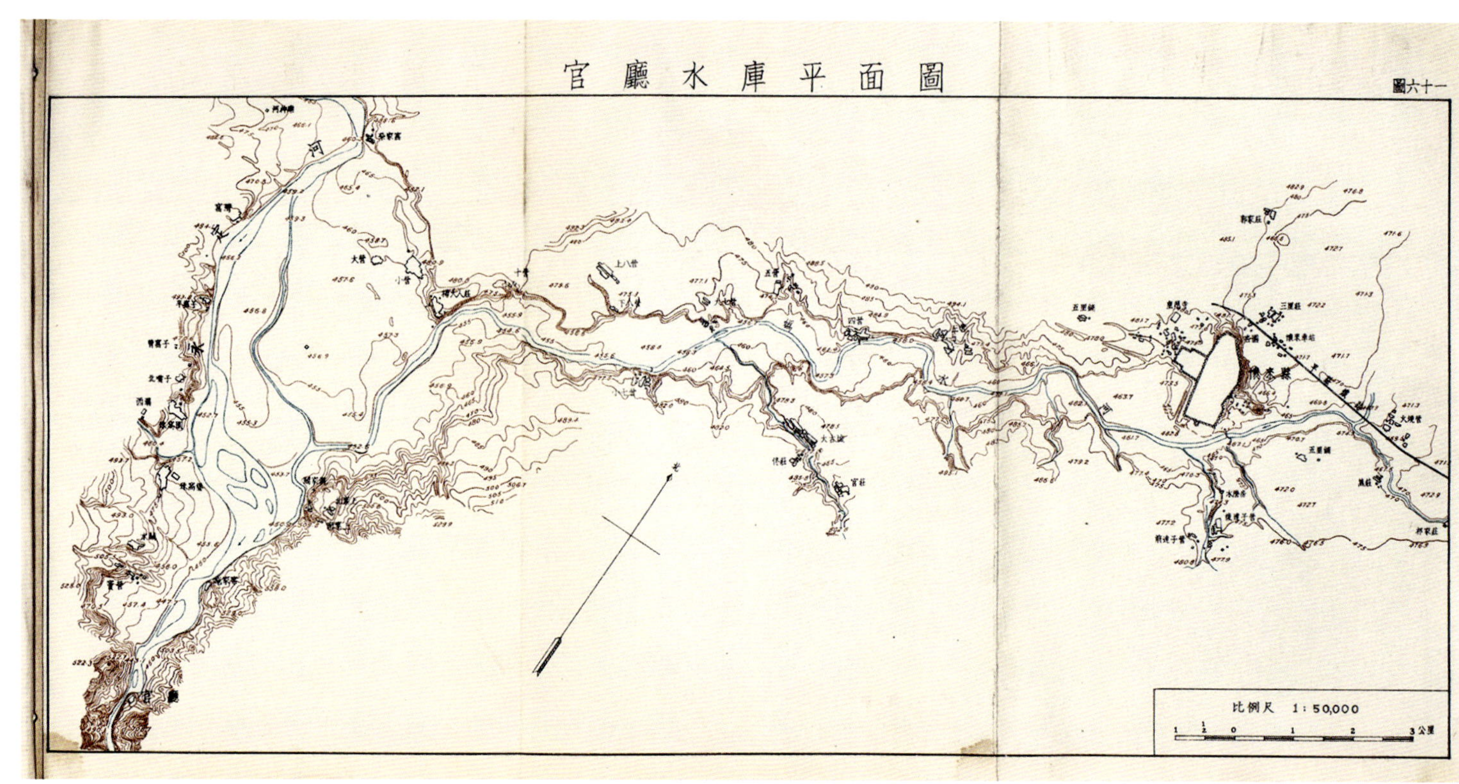

官厅水库平面图

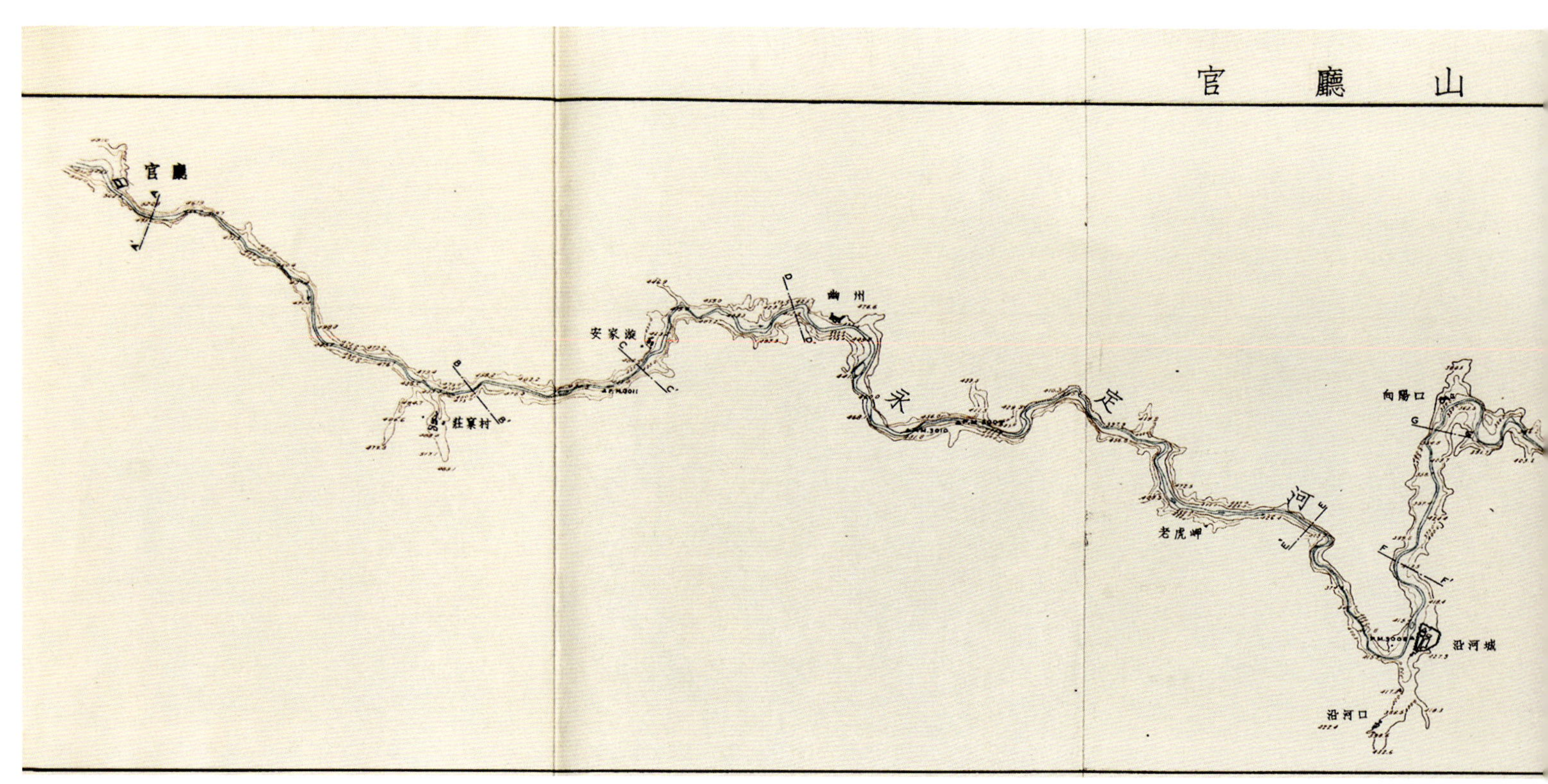

官厅山峡地形图

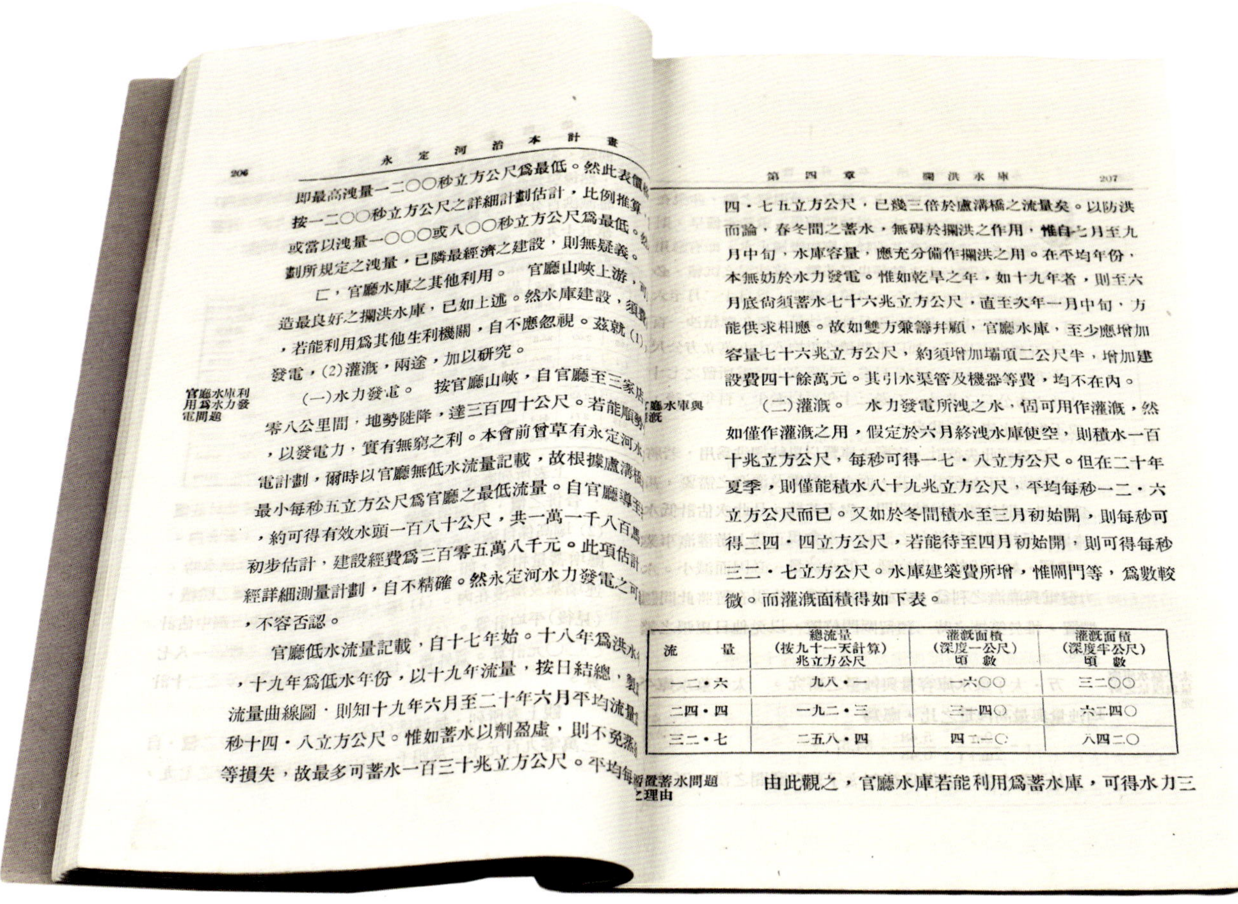

206　永定河治本計畫

即最高洩量一二〇〇秒立方公尺爲最低。然此表價
按一二〇〇秒立方公尺之詳細計劃估計，比例推算
或當以洩量一〇〇〇或八〇〇秒立方公尺爲最低。
劃所規定之洩量，已臻最經濟之建設，則無疑義。

匸，官廳水庫之其他利用。　官廳山峽上游，可
造最良好之攔洪水庫，已如上述。然水庫建設，須
，若能利用爲其他生利機關，自不應忽視。茲就(1)
發電，(2)灌溉，兩途，加以研究。

官廳水庫利用爲水力發電問題

(一)水力發電。　按官廳山峽，自官廳至三家店
零八公里間，地勢陡降，達三百四十公尺。若能順勢
，以發電力，實有無窮之利。本會前曾草有永定河水
電計劃，爾時以官廳無低水流量記載，故根據盧溝橋
最小每秒五立方公尺爲官廳之最低流量。自官廳導至
，約可得有效水頭一百八十公尺，共一萬一千八百馬
初步估計，建設經費爲三百零五萬八千元。此項估計
經詳細測量計劃，自不精確。然永定河水力發電之可
，不容否認。

官廳低水流量記載，自十七年始。十八年爲洪水
，十九年爲低水年份，以十九年流量，按日結總，製
流量曲線圖，則知十九年六月至二十年六月平均流量
秒十四・八立方公尺。惟如蓄水以劑盈虛，則不免蒸
等損失，故最多可蓄水一百三十兆立方公尺。平均每

第四章　攔洪水庫　207

四・七五立方公尺，已幾三倍於盧溝橋之流量矣。以防洪
而論，春冬間之蓄水，無礙於攔洪之作用，惟自七月至九
月中旬，水庫容量，應充分備作攔洪之用。在平均年份，
本無妨於水力發電。惟如乾旱之年，如十九年者，則至六
月底尚須蓄水七十六兆立方公尺，直至次年一月中旬，方
能供求相應。故如雙方兼籌并顧，官廳水庫，至少應增加
容量七十六兆立方公尺，約須增加壩頂二公尺半，增加建
設費四十餘萬元。其引水渠管及機器等費，均不在內。

官廳水庫與灌溉

(二)灌溉。　水力發電所洩之水，倘可用作灌溉，然
如僅作灌溉之用，假定於六月終洩水庫使空，則積水一百
十兆立方公尺，每秒可得一七・八立方公尺。但在二十年
夏季，則僅能積水八十九兆立方公尺，平均每秒一二・六
立方公尺而已。又如於冬間積水至三月初始開，則每秒可
得二四・四立方公尺，若能待至四月初始開，則可得每秒
三二・七立方公尺。水庫建築費所增，惟閘門等，爲數較
微。而灌溉面積得如下表。

流　量	總流量（按九十一天計算）兆立方公尺	灌溉面積（深度一公尺）頃數	灌溉面積（深度半公尺）頃數
一二・六	九八・一	一六〇〇	三二〇〇
二四・四	一九二・三	三一四〇	六二四〇
三二・七	二五八・四	四二一〇	八四二〇

暫置蓄水問題之理由

由此觀之，官廳水庫若能利用爲蓄水庫，可得水力三

《永定河治本计划》第四章“官厅水库”

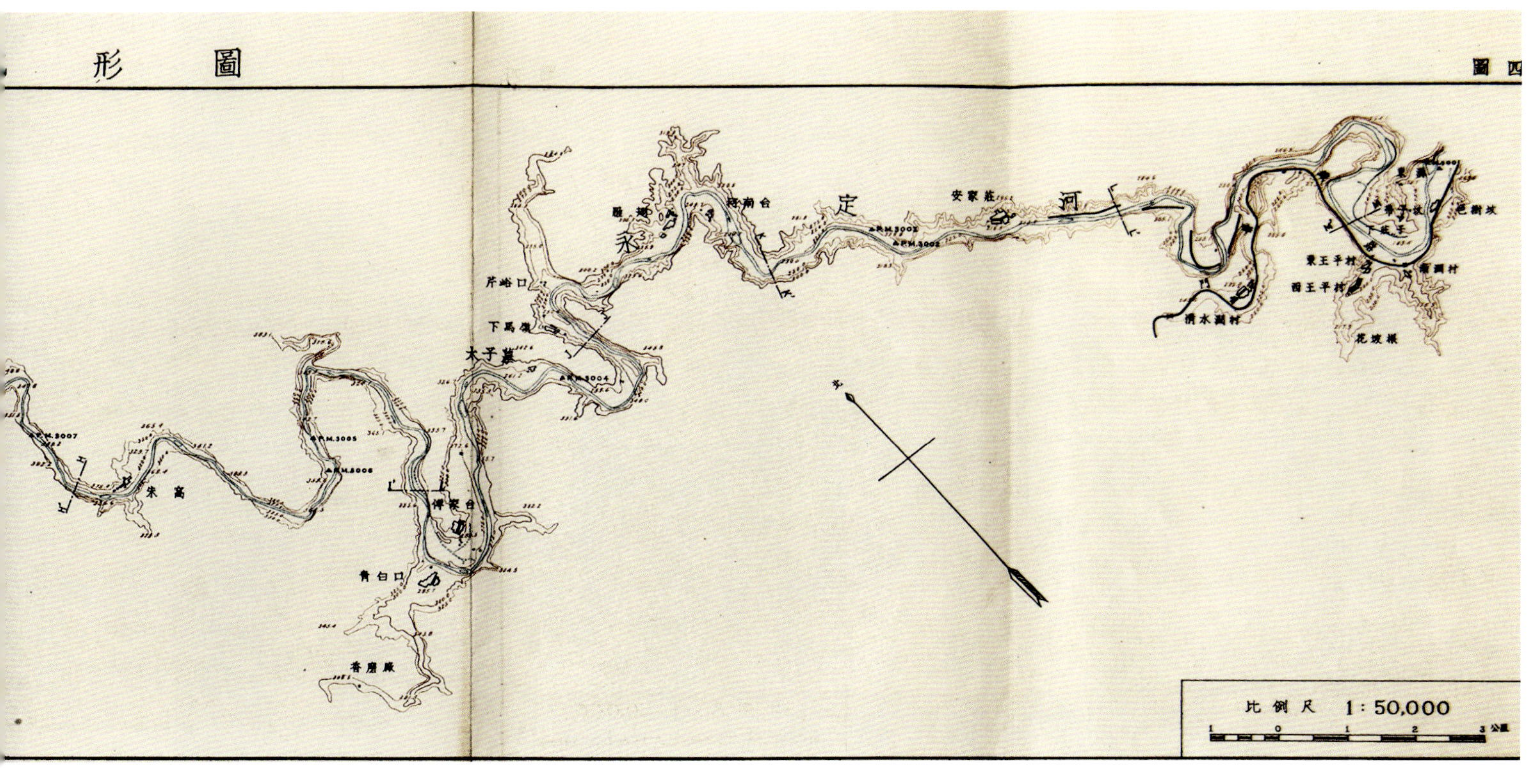

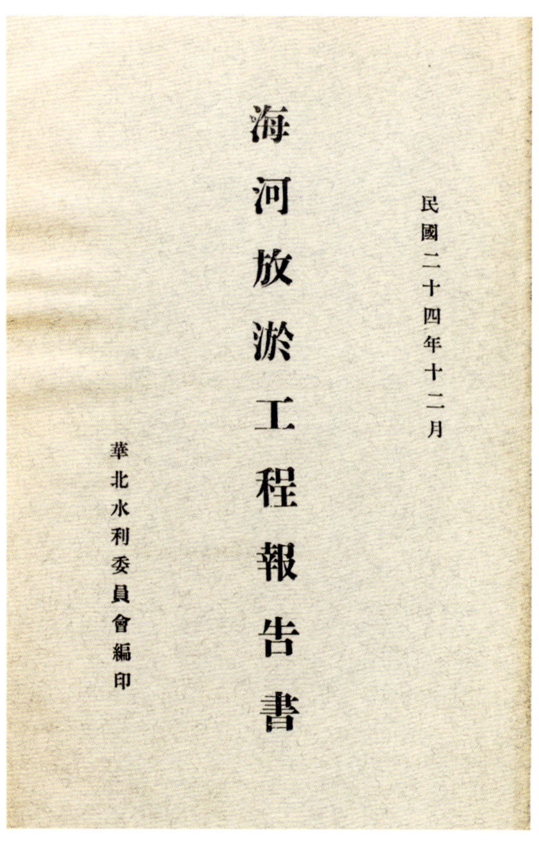

海河放淤工程報告書

民國二十四年十二月

華北水利委員會編印

《海河放淤工程报告书》

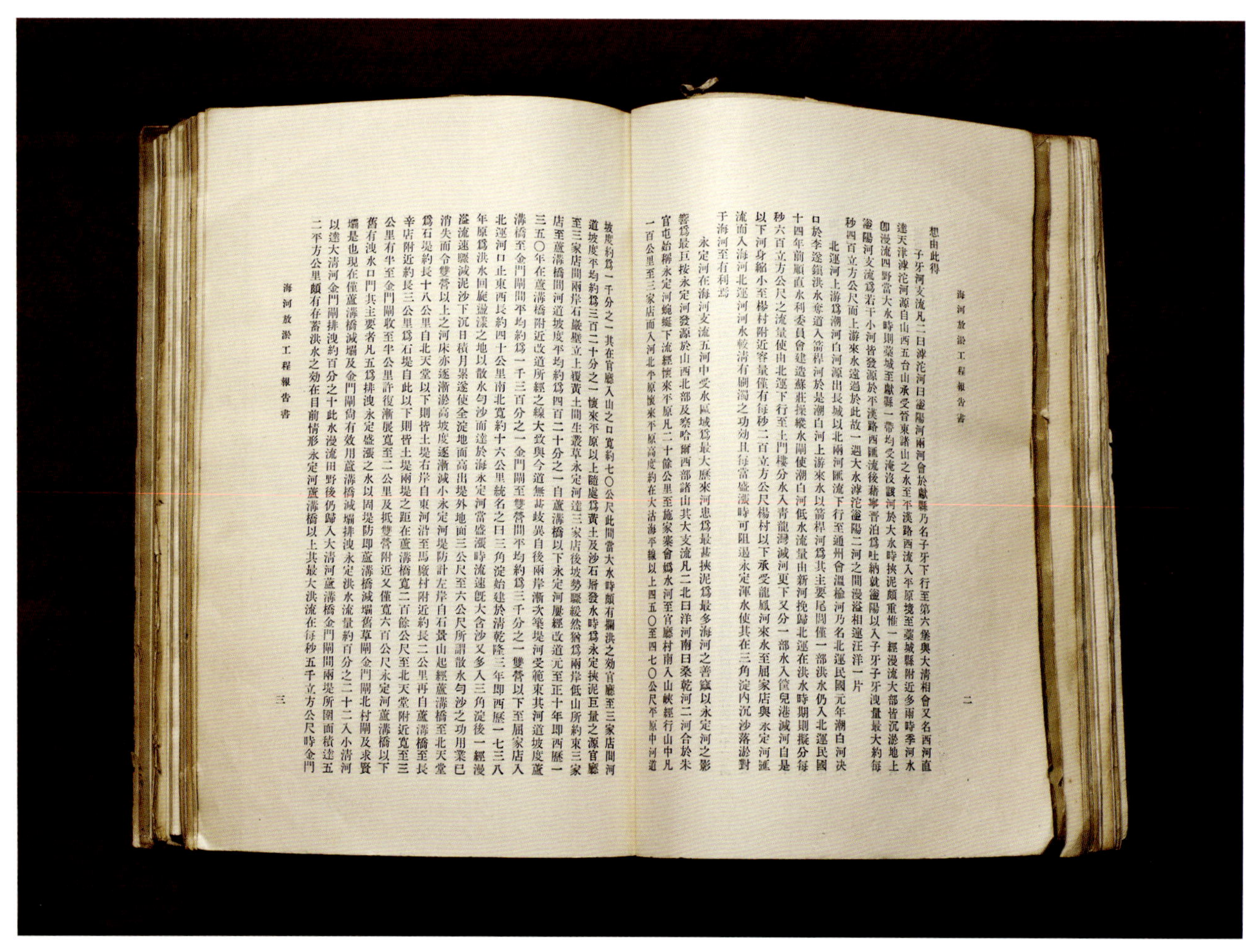

《海河放淤工程报告书》内文

海河放淤工程報告書

甲 緣起

一、海河水道大勢及與冀省五河之關係

海河爲河北五大河匯流入海之唯一水道自天津以下始有海河之稱其流域總面積共計約二十二萬九千方公里在山地者居三分之二在平原者居三分之一不獨包括河北省之大部即魯豫之北晉綏之東及察熱之南亦有一部爲各支流發源經流之地支流之大者凡五即南運大清子牙北運及永定是也

南運河在臨清以上稱衛河其最大支流爲漳河流經平原之長度爲各河冠自新鄉以達天津蜿蜒一千公里坡度甚平在平漢路附近約在六百分之一逐漸減小至天津下游僅及二萬分之一上游各小支河於大汛時均在未達衛河以前漫溢堤岸而衛河河堤始於南館陶以下故七八月間上游衛河兩岸時受泛濫南館陶以下遇大水年分亦時生決堤之災該河河水雖亦挾帶若干沙泥而以時經漫溢其達海河者沙粒極細不若永定之爲害南運河舊有四減河以洩洪流其至今尚著効用者有捷地減河及馬廠減河

大清河發源於平漢路迤西諸山源流較短其支流之大者爲琉璃河胡良河拒馬河唐河沙河磁河等而永定河當盛漲時又於蘆溝橋減壩及金門閘注入每秒約一千五百立方公尺之水量其西來諸支河彙集於西淀暫作停潴其西北來者當下游不能排洩而西淀水面較低時亦由趙王河倒流入西淀大清與子牙相會處更有低地曰文安洼亦有時承納大清及其支河之洪水該河流域雖有上述停貯之所而以下游排洩不及水災時見民國十三年及十八年大水支流各地及西淀至天津無不受水淹沒該河及各支流淤泥極少河名

《海河放淤工程报告书》内文

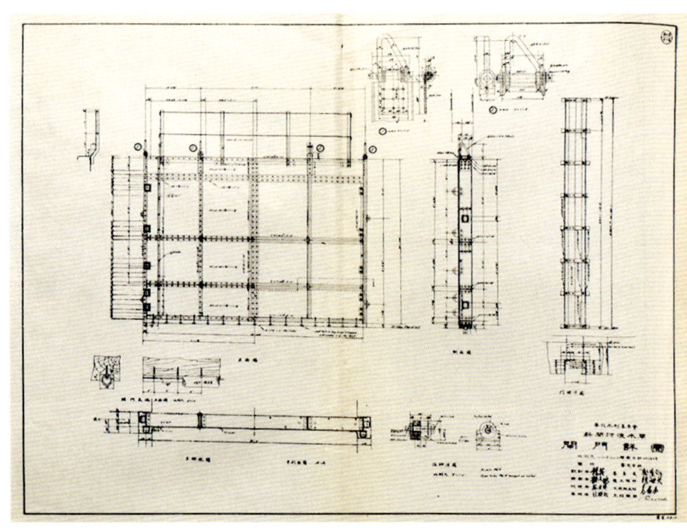

总工程师：徐世大
工程组主任：高镜莹
审核者：杜联凯

新开河浅水闸平面暨基椿详图

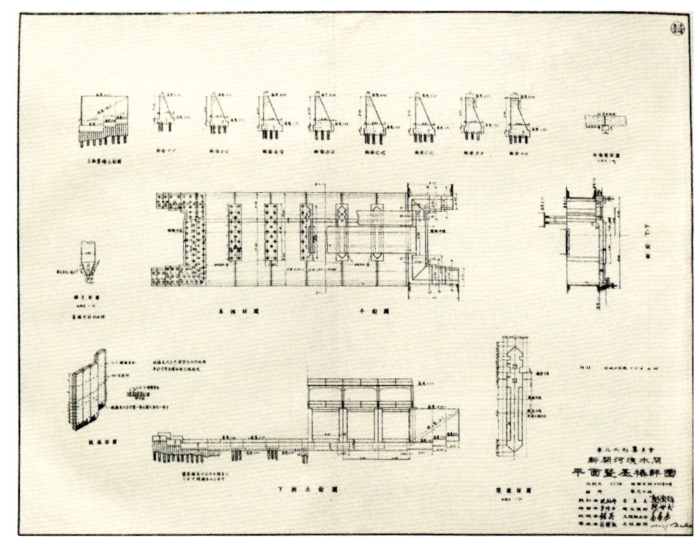

技术长：徐世大
工务课长：高镜莹
校核者：杜联凯

永定河卢沟桥工程平面图

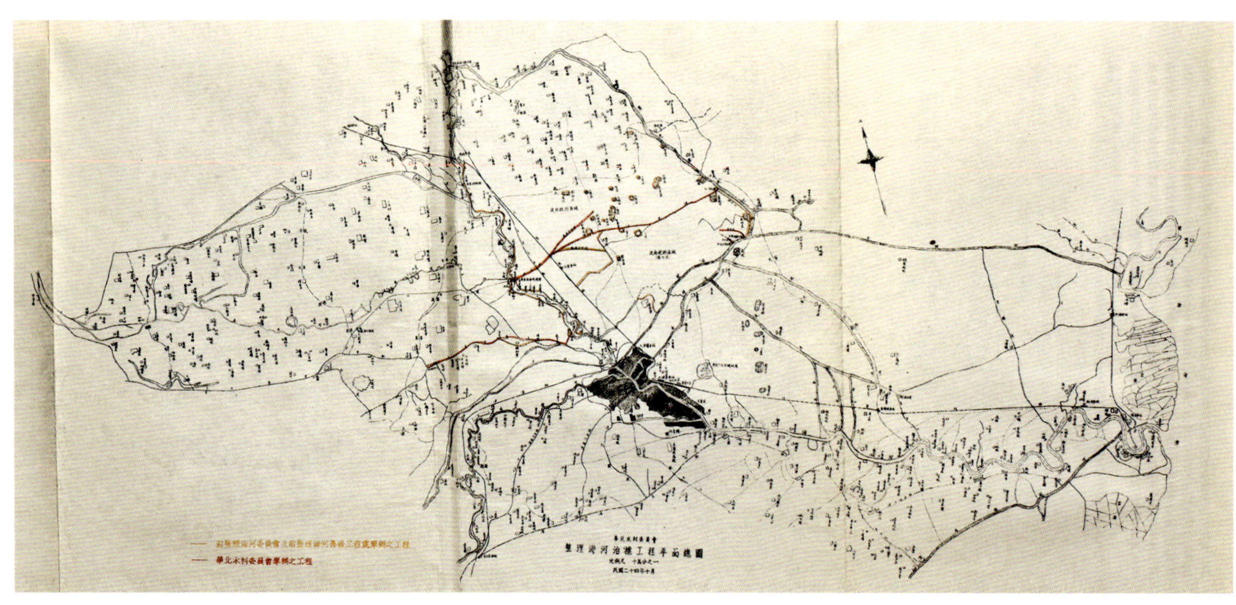

整理海河治淤工程平面图

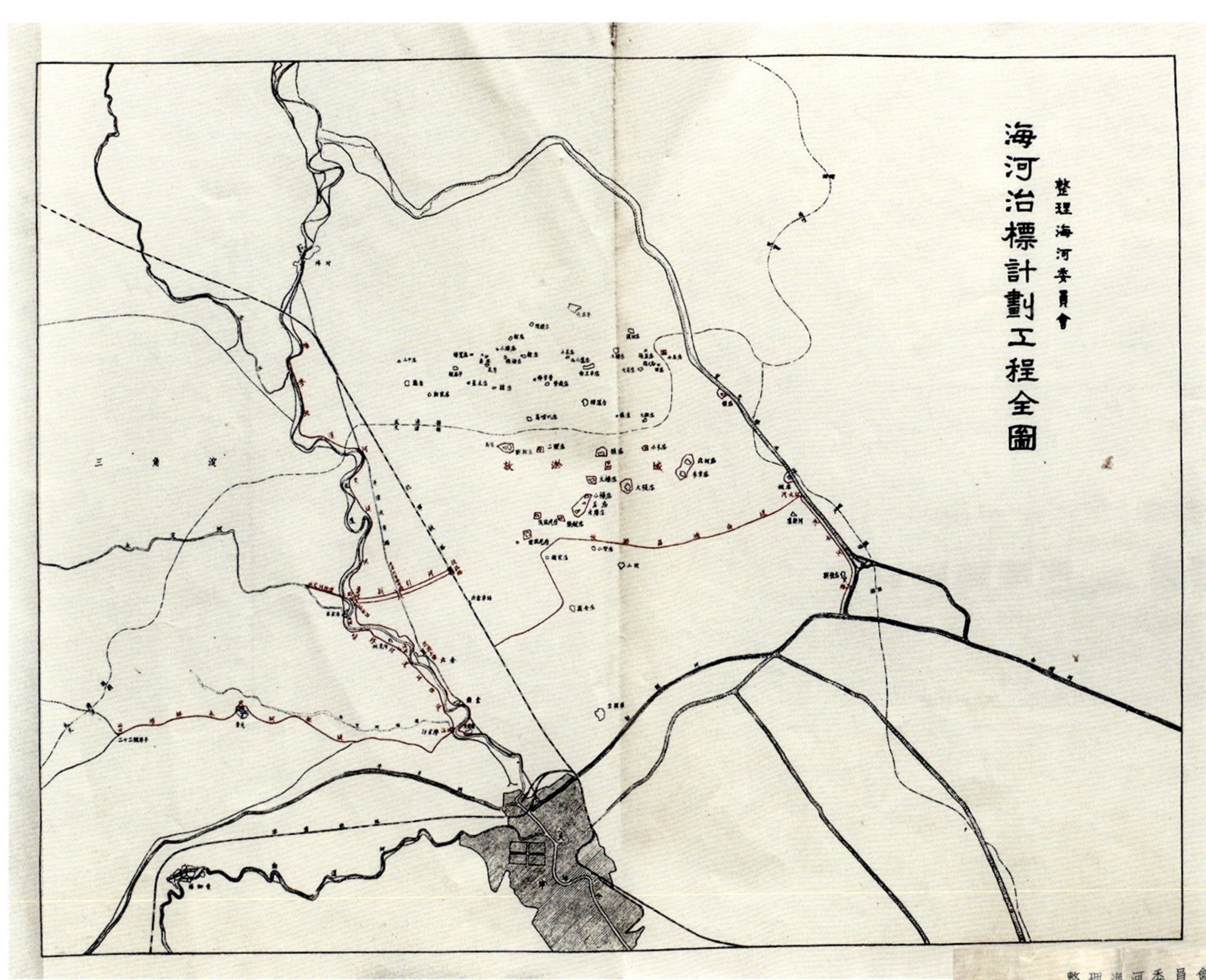

海河治标计划工程全图

整理海河委員會
工務處

工程圖樣

民國二十二年一月

工程图样

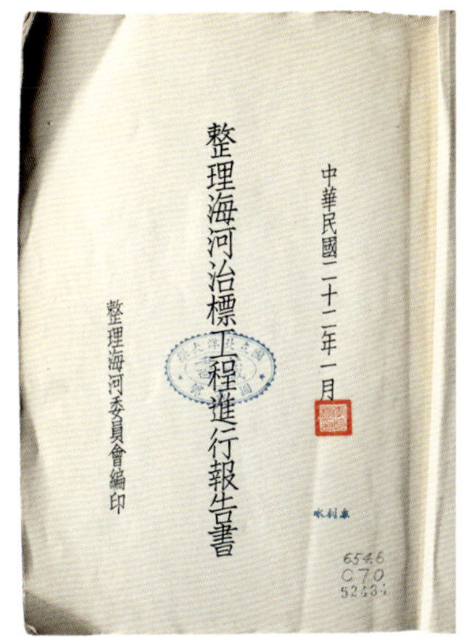
整理海河治標工程進行報告書

中華民國二十二年一月

整理海河委員會編印

整理海河治标工程进行报告书

放淤区域泄洪闸全景

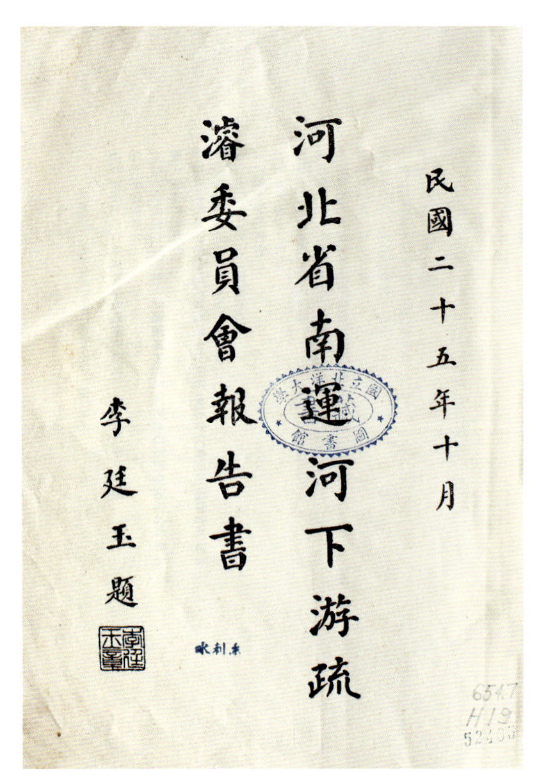
民國二十五年十月

河北省南運河下游疏濬委員會報告書

李廷玉題

《河北省南运河下游疏浚委员会报告书》

工程中担负主要管理及技术工作的北洋大学校友

刘郁馥　吕金藻　杨师骞　纪　华

李吟秋　李书田　李赋都　王华堂

高镜堂

河北省永定河河务局局长：刘郁馥
常务委员兼工程处长总工程师：吕金藻
工程处副处长：杨师骞
常务委员：纪华　李吟秋
委员：李书田　李赋都　王华堂　高镜堂

李廷玉视察第一二三四各工段与静海县

疏浚后南运河河口流水之情景

放水时开拆下坝装运运河淤之情形

市内段卯工领取工资之情形

九宣节制闸

疏浚后遥望南运河

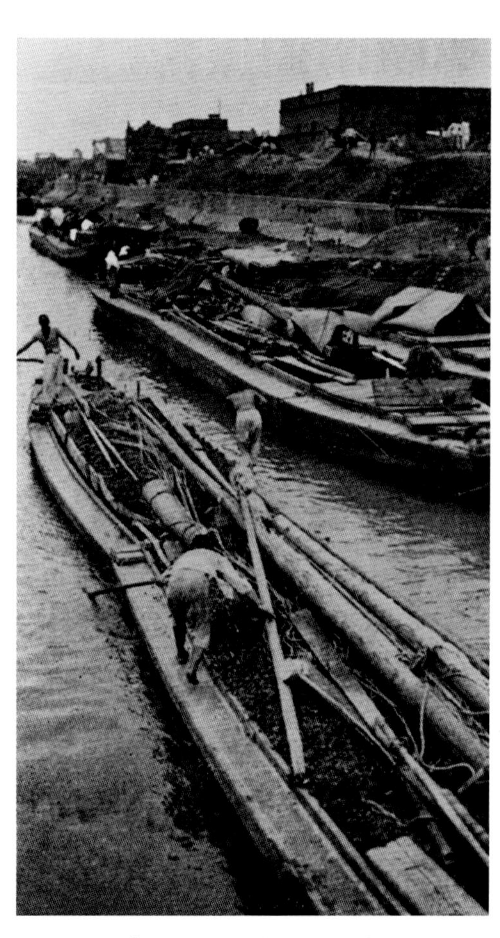

疏浚后运除两岸积淤之船只

屈家店水利枢纽与屈家店海河放淤工程（1930—1932）

屈家店水利枢纽位于天津北辰区屈家店村东北侧永定河尾闾与北运河交汇处，包括北运河节制闸、新引河分洪闸和永定新河进洪闸，占地面积12.6万平方米，控制流域面积511万公顷。该工程以防洪为主，担负着北运河、永定河泄洪任务，同时兼有灌溉、排涝、供水功能。屈家店海河放淤工程起因是，永定河在三角淀（三角淀位于永定河下游右侧，地处天津市武清县和北辰区境内，现处原永定河中泓故道通向屈家店枢纽前）中流速骤减，所挟泥砂逐渐沉积，日积月累，使北运河航道淤积逐渐高出堤外的地面，泄洪拦砂效果逐年降低。光绪年间，又对海河采取截弯、挖砂、建闸等多项措施进行治理，但未解决根本问题。堤内高出堤外地面3～6米，完全失去滞洪淤砂的功能。1927年伏汛，海河数处淤高至大沽水准零点，海河淤积极甚，吃水较深之船舶不能驶入天津，“商埠有废业之虞”，天津港几成废港。

1927年因海河天津港淤积非常严重，吃水2米以上的船舶不能行驶入口。于是1930年开始修建屈家店放淤工程，1932年主要工程基本完成。1932年至1939年间共放淤15次，放淤区沉淀泥沙达9392万立方米，放淤后，海河淤沙明显减少。海河上游来水减少，使海潮上溯至海河，将河道平均刷深1米。在海河上，吃水4.37米以内的轮船能够自由往返。这项工程是引永定河水穿北运河而东注入放淤区——塌河淀。在河道本身建节制闸及新式船闸，在我国特别在北方是首创。

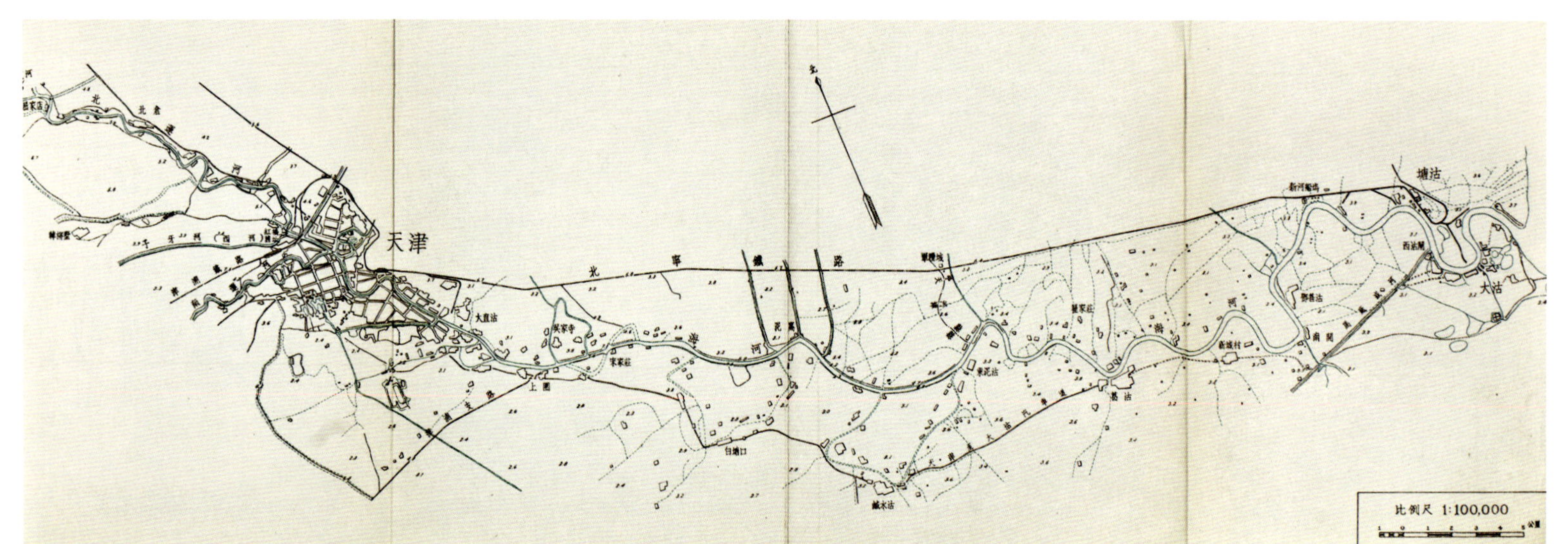

屈家店以下之北运河及海河平面图

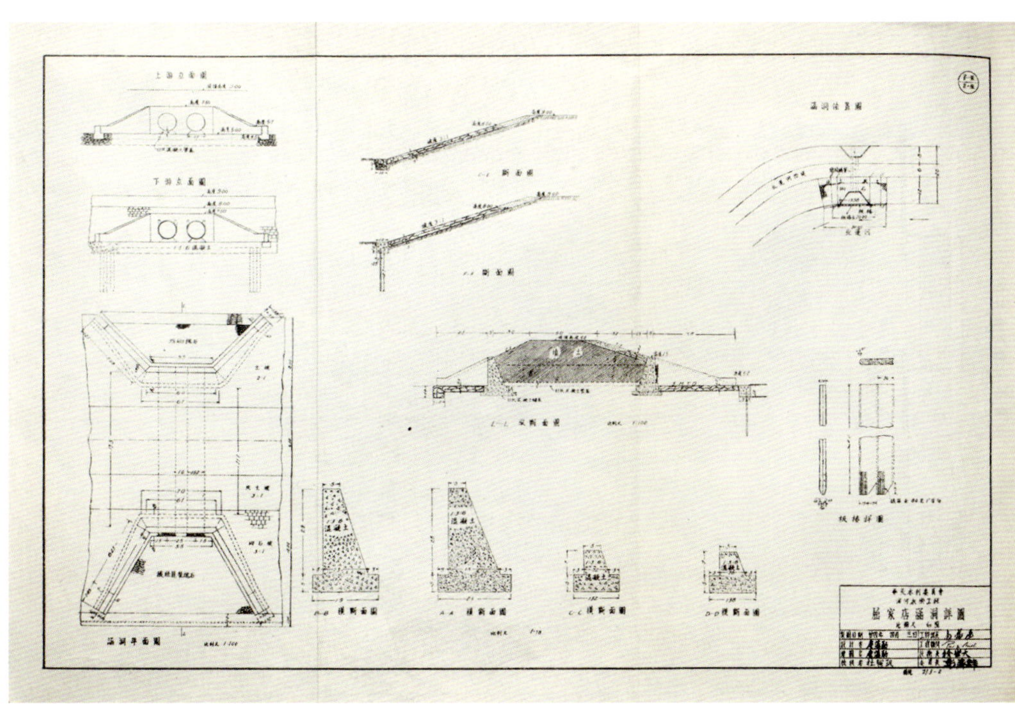

华北水利委员会海河放淤工程屈家店涵洞详图(1935年)

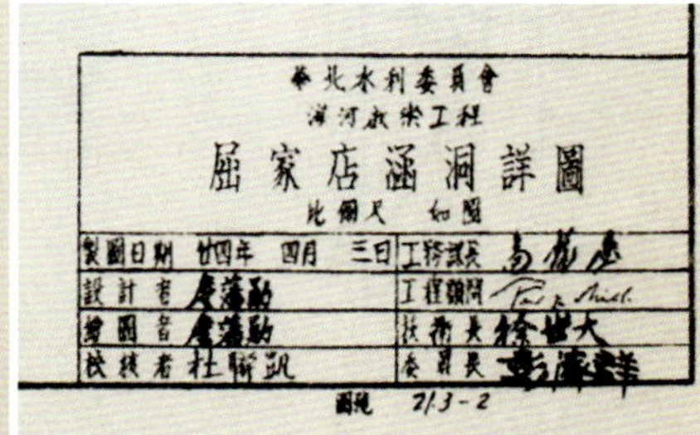

设计者：詹藩勋 工程课长：高镜莹
绘图者：詹藩勋 技术长：徐世大
校核者：杜联凯

入碟形舌门之安置法

填土夯硪

打基桩

打筑闸敦闸墙之水泥土

引河进水闸

北运河船闸节制闸及新引河进水闸

捷地减河节制闸

泄水闸

屈家店涵洞全景

船闸全景

船闸之上闸门

节制闸进水闸

船闸之下闸门

试开吊桥之情形

夏季船闸启开之情形

船闸竣工之情形

屈家店水利枢纽俯瞰图

屈家店水闸枢纽位于中国天津市北辰区屈家店村东北，由北运河节制闸、新引河进洪闸和永定新河进洪闸组成，是控制泄入海河流量、确保天津市防洪安全的国家一级工程。

屈家店水闸

龙凤河节制闸工程

凤河原始于通县其上游曰港沟，龙河原始于安次县，两河至武清县汇流名曰龙凤河，于武清县老米店村龙凤桥口入北运河。龙凤河流域面积约为2000平方公里，本不甚广原不足为患，因受北运河之倒灌又兼龙凤两河堤埝不完，以致十年九潦为害甚巨，张庄杨村间北甯路旁一片汪洋常年不退其情形之严重可见。故为救济龙凤河之水灾计必须不使北运河洪水倒灌洼地并须于相当时期内得将潦水盖其法，应于龙凤桥口建节制闸一座，北运河水面高于龙凤河口水面时即可将闸门闭以防倒灌，龙凤河水面高于北运河时则随时开闸泄水，如此则水患可免1935年于龙凤河口修建双向龙凤闸一座，闸身8孔，全部采用钢闸门，每孔宽4米，高2.81米，倒灌问题解决了，并且及时排泄洪水，使2000平方公里面积受益。1954年将龙凤河改到龙凤新河由筐儿港排出。承担这项水利工程的主要水利专家是总工程师徐世大、设计杜联凯、工程师徐邦荣、工务科长高镜莹以及徐连珠等时供职于华北水利委员会的北洋大学籍中国水利界翘楚。

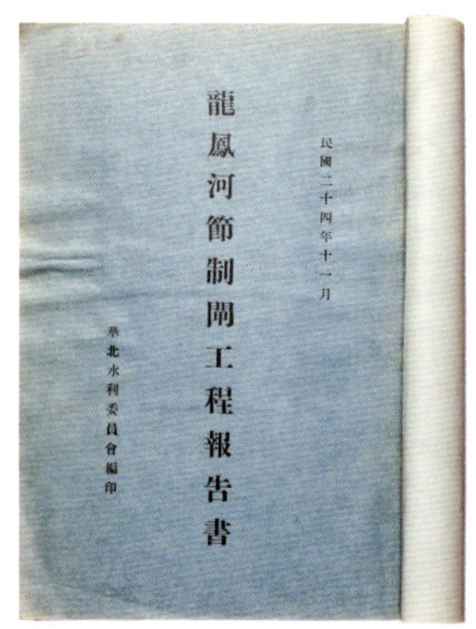
龍鳳河節制閘工程報告書
民國二十四年十一月
華北水利委員會編印

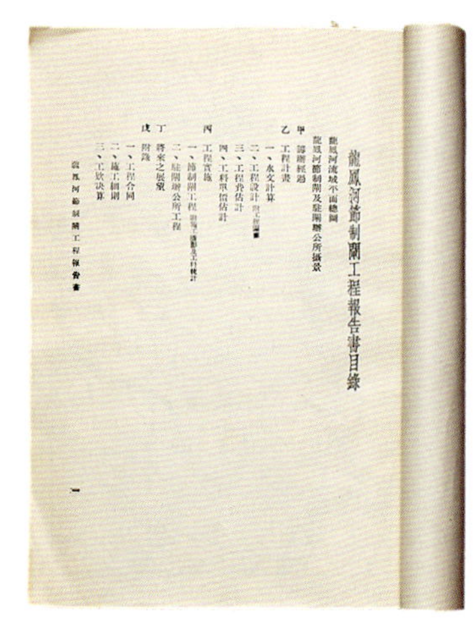
龍鳳河節制閘工程報告書目錄

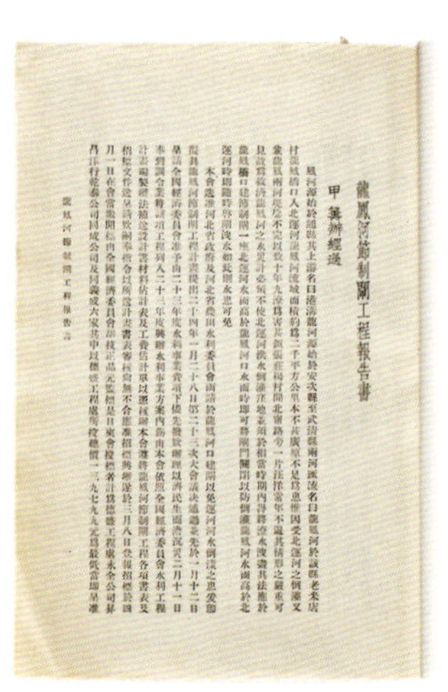
龍鳳河節制閘工程報告書
甲 築閘經過

龙凤河节制闸工程报告书

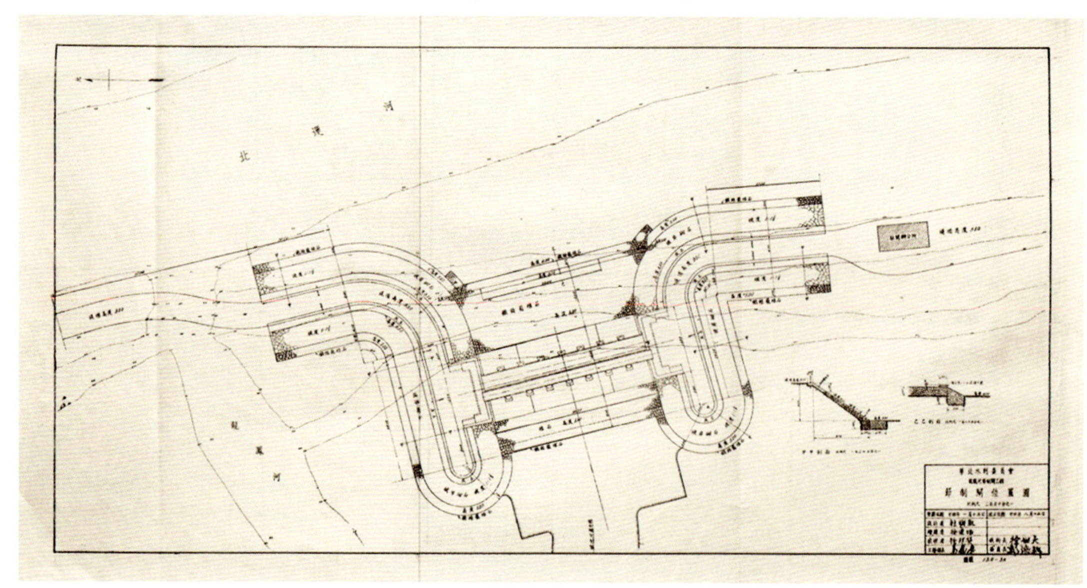

节制闸位置图
技术长：徐世大
设计者：杜联凯
绘图者：徐连珠
校核者：徐邦荣
工务科长：高镜莹
华北水利委员 1935年8月15日

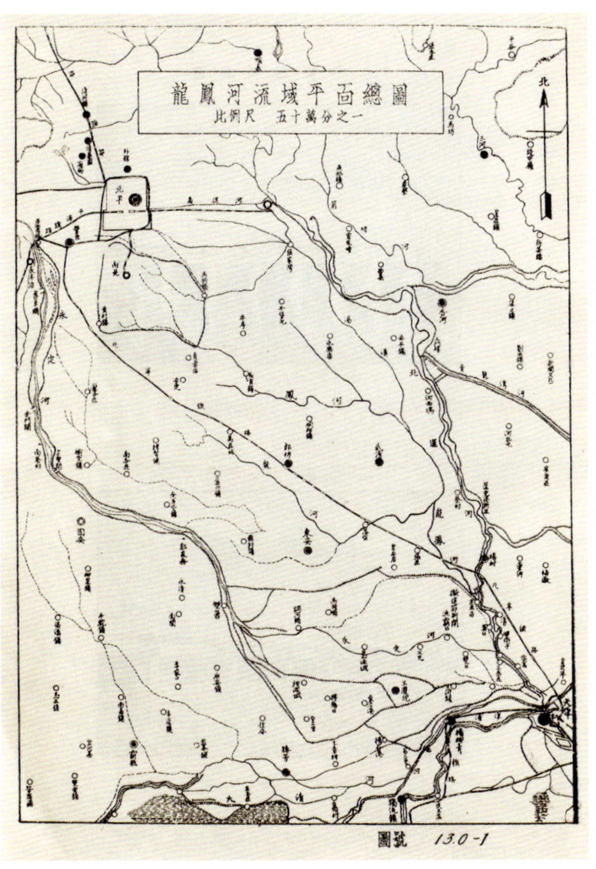

龙凤河流域平面总图

龙凤河节制闸桥梁及机架

龙凤河节制闸机架

龙凤河节制闸上游

龙凤河节制闸下游

龙凤河节制闸

泄水闸之上部

徐正

徐正，原名徐邦荣，字灿英，原河北武清县人。1920年毕业于北洋大学土木系。毕业后曾在顺直、华北水利委员会及南京全国经济委员会等处任工程师、技正等职务。抗战胜利后赴晋察冀解放区参加革命先边区政府农林处，后任华北水利委员会副主任。新中国成立后，任水利部计划委员会副主任，从1951年开始，担任河北省水利厅厅长近20年，曾任河北省水利科学技术研究委员会主任。

徐正从事水利工作50年，从绘图员开始，做过测量、水文、施工、设计、抢险、堵口等多方面技术工作，知识广博，经验丰富，他根据自己早期施工实践所编著的《监工须知》，1943年出版后，风行一时，长期被施工技术人员视为必备的参考手册。他主持河北省水利工作，正是新中国成立之初，堤防失修，江河横溢，灾害频仍，百废待举。徐正亲率广大工程技术人员，勘查设计，日夜操劳，呕心沥血。跋涉燕山塞北，河北省十余座大型水库、几十处灌区、闸涵、河道整治工程，遍布他的辛勤足迹。

徐正在水库施工工地上

徐正在水库施工工地上

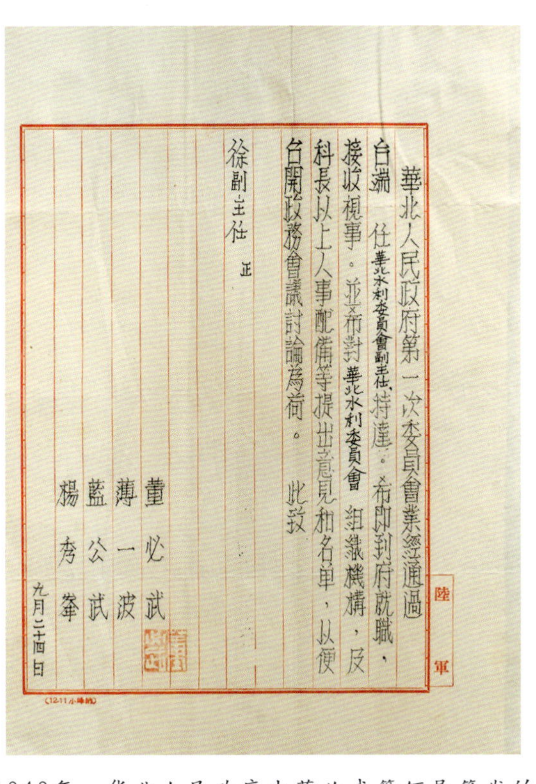

華北人民政府第一次委員會業經通過
台端任華北水利委員會副主任，特達。希即到府就職、
接收視事。並希對華北水利委員會組織機構，及
科長以上人事配備等提出意見和名單，以便
召開政務會議討論為荷。 此致
徐副主任 正

董必武
薄一波
藍公武
楊秀峯

九月二十四日

1949年，华北人民政府由董必武等领导签发的任命徐正为华北水利委员会副主任的函件

徐正

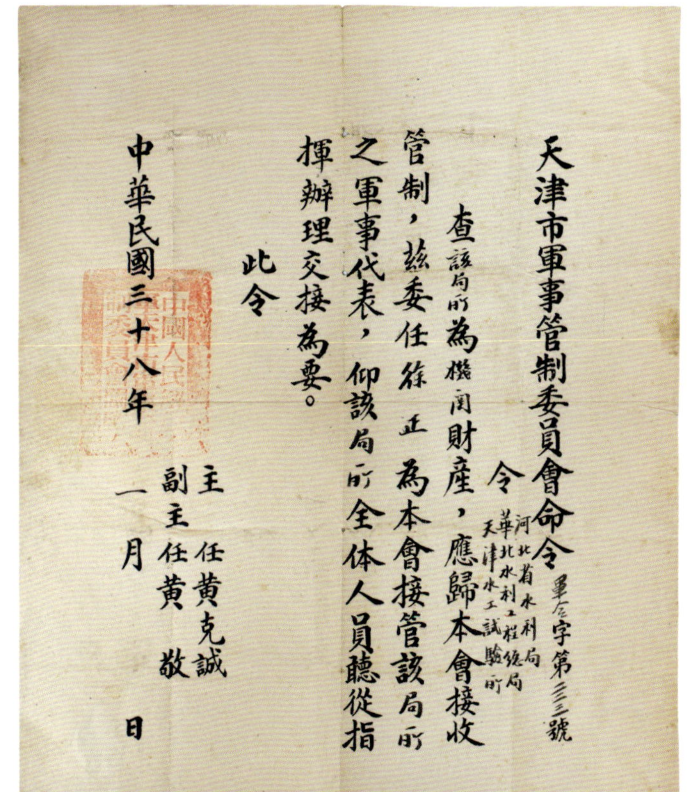

天津市軍事管制委員會命令 軍左字第三三號

令 河北省水利局 華北水利工程總局 天津水工試驗所

查該局所為機關財產，應歸本會接收管制，茲委任徐正為本會接管該局所之軍事代表，仰該局所全体人員聽從指揮辦理交接為要。

此令

主任 黄克誠
副主任 黄敬

中華民國三十八年一月 日

天津市军事管制委员会命令

1949年，天津市军事管制委员会签发给河北省水利局、华北水利工程总局、天津水工试验所委派徐正为本会接管该局所之军事代表的令。

徐正保留多年从事水利工作的照片影集

天津武清县黄庄处之北运河

北运河古称潞河，是我国著名的京杭南北大运河最北段的一段。由北京通县至天津成为北运河，系一天然河流，长140公里，上源有二，一为温榆河，而以下潮白河最大。昔时潮白河又名鲍邱河，其大部分水量于顺义县牛栏山东麓分泄入箭杆河。明嘉靖中为通密云饷道计，始遇潮入白，然箭杆河之通流永未间断，成为潮白天然之减河。

龙凤闸下游之龙凤河故道

龙凤河系龙河和凤河合流后之总称。龙河系汇集永定河左岸与京津铁路间平地之水及永定河左岸透堤水——天堂河，东南流至落垡北折穿铁路，流至豆张庄车站北与凤河汇流，称龙凤新河，穿北运入筐儿港。龙凤河与通惠河、凉水河系北运河之三大支流。

水利部海河水利委员会（天津市河东区龙潭路15号）

水利部海河水利委员会成立于1980年4月1日，前身为1918年3月，在天津成立的顺直水利委员会，1928年9月，改组为华北水利委员会，1949年改组为华北水利工程总局；海河水利委员会为水利部派出管理海河流域的行政机构，管理范围涉及北京、天津、河北、山西、河南、山东、内蒙古、辽宁等8省、自治区、直辖市，总面积32.06万平方千米。

新港筑梦

《建国方略》之北方大港

孙中山

1919年

兹拟建筑不封冻之深水大港于直隶湾中。中国该部必需此港，国人宿昔感之，无时或忘。向者屡经设计浚渫大沽口沙，又议筑港于岐河口。秦皇岛港已见小规模的实行，而葫芦岛港亦经筹商兴筑。今余所策，皆在上举诸地以外。盖前两者距深水线过远而淡水过近，隆冬即行结冰，不堪作深水不冻商港用；后两者与户口集中地辽隔，用为商港，不能见利。兹所计划之港，为大沽口、秦皇岛两地之中途，青河、滦河两口之间，沿大沽口、秦皇岛间海岸岬角上。该地为直隶湾中最近深水之一点，若将青河、滦河两淡水远引他去，免就近结冰，使为深水不冻大港，绝非至难之事。此处与天津相去，方诸天津、秦皇岛间少差七八十咪。且此港能借运河以与北部、中部内地水路相连，而秦皇、葫芦两岛则否。以商港论，现时直隶湾中唯一不冻之港，惟有秦皇岛耳。而此港则远胜秦皇、葫芦两岛矣。

由营业上观察，此港筑成，立可获利，以地居中国最大产盐区域之中央故也。在此地所产至廉价之盐，只以日曝法产出；倘能加以近代制盐新法，且可利用附近廉价之煤，则其产额必将大增，而产费必将大减，如此中华全国所用之盐价可更廉。今以本计划遂行之始，仅能成中等商港计之，只此一项实业，已足支持此港而有余。此外直接附近地域，尚有中国现时已开最大之煤矿（开滦矿务公司)，计其产额，年约四百万吨。该公司现用自有之港(秦皇岛)，借为输出之路。顾吾人所计划之港，距其矿场较近，倘能以运河与矿区相联，则其运费，方诸陆运至秦皇岛者廉省多矣。不特此也，兹港将来必畅销开滦产煤，则该公司势必仰资此港为其运输出口之所。今天津一处在北方为最大商业之中枢，既无深水海港可言，每岁冬期，封冻数月，亦必全赖此港以为世界贸易之通路。此虽局部需要，然仅以此计，已足为此港之利矣。

顾吾人之理想，将欲于有限时期中发达此港，使与纽约等大。试观此港所襟带控负之地，即足证明吾人之理想能否实现矣。此地西南为直隶、山西两省与夫黄河流域，人口之众约一万万。西北为热河特别区域及蒙古游牧之原，土旷人稀，亟待开发。夫以直隶生齿之繁，山西矿源之富，必赖此港为其唯一输出之途。倘将来多伦诺尔、库伦间铁路完成，以与西伯利亚铁路联络，则中央西伯利亚一带皆视此为最近之海港。由是言之，其供给分配区域，当较纽约为大。穷其究竟，必成将来欧亚路线之确实终点，而两大陆于以连为一气。今余所计划之地，现时毫无价值可言。假令于此选地二三百方咪置诸国有，以为建筑将来都市之用，而四十年后，发达程度即令不如纽约，仅等于美国费府，吾敢信地值所涨，已足偿所投建筑资金矣。

中国该部地方，必需如是海港，自不待论。盖直隶、山西、山东西部、河南北部、奉天之一半、陕甘两省之泰半，约一万万之人口，皆未尝有此种海港。蒙古、新疆与夫煤铁至富之山西，亦将全恃直隶海岸，为其出海通衢。若乎沿海、沿江各地稠聚人民，必需移实蒙古、天山一带从事垦殖者，此港实为最近门户，且以由此行旅为最廉矣。

兹港所在，距深水至近，去大河至远，而无河流滞淤，填积港口，有如黄河口、扬子江口时需浚渫之患。自然之障碍，于焉可免。又为干燥平原，民居极鲜人为障碍丝毫不存，建筑工事，尽堪如我所欲。至于海港、都市两者之工程预算，当有待于专门技士之测勘，而后详细计划可定。

陳序

海通以來，華北巨市，首推天津，海舶自四方來者，皆由大沽入口。然大沽爲淡水口，每屆冬令，凍結數月不解，商旅貨物必改道秦王島登陸，經行鐵路以達津市，民衆苦之，其想望不凍海港者，蓋非一日矣。

先總理有鑒於此，建國方畧實業計劃，首及開闢渤海灣中之不封凍北方大港。良以振興實業，端賴便利交通；而便利交通，尤在水陸運輸有不間斷之連絡也。統一既成，建設委員會爲實現總理實業計劃起見，乃於津市特設北方大港籌備處，規劃進行。當時主其事者，主任則李君儀祉，副主任則李君書田也。兩君皆海內河海工事專家，久負重望，就任以來，擘劃經營，不遺餘力。舉凡港位之選定，形勢之測勘，氣象之測驗，以及水陸交通出入貨品之調查，均經次第着手，規模蓋已畧備。今歲夏秋之交，李君儀祉奉命籌辦導淮，離職南下，建設委員會以懋解承乏。自維材輕任重，深懼弗勝；而北方大港爲救國要圖，關係民生綦鉅，復不敢畏難苟安，致使李君功虧一簣，不得已勉强應命北來。其幸免隕越者，則賴在事諸技術專家竭誠相助之力也。茲測勘已告段落，爰擬就北方大港之現狀及初步計劃一卷，先行刊布。惟事屬草創，疏畧缺憾之處必多，尚冀海內名達耆宿，及河海專家，不棄愚陋，加以糾正，賜以箴言，俾得有所遵循；不惟懋解私人之幸，港務發展，實利賴之！

中華民國十八年九月陳懋解序

《北方大港》序

北大港全景

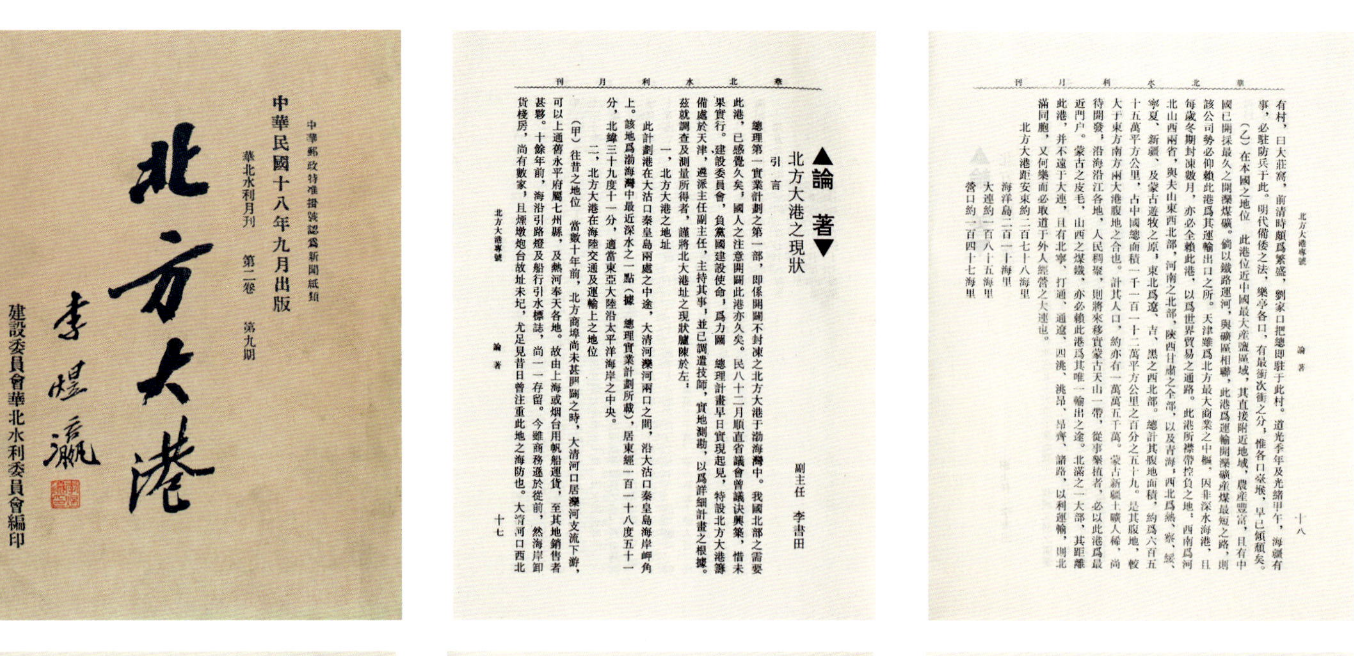

中華郵政特准掛號認爲新聞紙類

北方大港

李煜瀛

中華民國十八年九月出版

華北水利月刊 第二卷 第九期

建設委員會華北水利委員會編印

華北水利月刊

▲論 著▼

北方大港之現狀

副主任 李書田

引言

總理第一實業計劃之第一部，即係開闢不封凍之北方大港于渤海灣中。我國北部之需要此港，已感覺久矣，國人之注意開闢此港亦久矣。民八十二月順直省議會曾議决興築，惜未果實行。建設委員會，負黨國建設使命，爲力圖 總理計畫早日實現起見，特設北方大港籌備處於天津，遴派主任副主任，主持其事，並已調遣技師，實地測勘，以爲詳細計畫之根據。茲就調查及測量所得者，謹將北大港址之現狀臚陳於左：

一，北方大港之地址

此計劃港在大沽口秦皇島兩處之中途，大清河灤河兩口之間，沿大沽口秦皇島海岸岬角上。該地爲渤海灣中最近深水之一點（據 總理實業計劃所載），居東經一百一十八度五十一分，北緯三十九度十一分，適當東亞大陸沿太平洋海岸之中央。

二，北方大港在海陸交通及運輸上之地位

（甲）往昔之地位　當數十年前，北方商埠尚未甚興闢之時，大清河口居灤河支流下游，可以上通舊永平府屬七州縣，及熱河奉天各地。故由上海或烟台用帆船運貨，至其地銷售者甚夥。十餘年前，海沿引路燈及船行引水標誌，尚一一存留。今雖商務遜於從前，然海岸卸貨棧房，尚有數家，且烟墩炮台故址未圮，尤足見昔日曾注重此地之海防也。大清河口西北

北方大港專號　論著　十七

華北水利月刊

有村，曰大莊窩，前清時頗爲繁盛，劉家口把總即駐于此村。道光季年及光緒甲午，海疆有事，必駐防兵于此。明代備倭之法，樂亭各口，有最衝次衝之分，惟各口墩堠，早已傾頹矣。

（乙）在本國之地位　此港位近中國最大產鹽區域，其直接附近地域，農產豐富，且有中國已開採最久之開灤煤礦。倘以鐵路運河，與礦區相聯，此港爲運輸開灤礦產煤最短之路，則該公司勢必仰賴此港爲其運輸出口之所。天津雖爲北方最大商業之中樞，因非深水海港，且每歲冬期封凍數月，亦必全賴此港，以爲世界貿易之通路。此港所襟帶控負之地：西南爲河北山西兩省，與夫山東西北部，河南之北部，陝西甘肅之全部，以及青海；西北爲熱、察、綏、寧夏、新疆、及蒙古遊牧之原；東北爲遼、吉、黑之西北部。總計其腹地面積，約爲六百五十五萬平方公里，占中國總面積一千一百一十二萬平方公里之百分之五十九。是其腹地，較大于東方南方兩大港腹地之合也。計其人口，約亦有一萬萬五千萬。蒙古新疆土曠人稀，尚待開發；沿海沿江各地，人民稠聚，則將來移實蒙古天山一帶，從事墾植者，必以此港爲最近門户。蒙古之皮毛，山西之煤鐵，亦必賴此港爲其唯一輸出之途。北滿之一大部，其距離此港，并不遠于大連，且有北寧、打通、通遼、四洮、洮昂、昂齊、諸路，以利運輸，則北滿同胞，又何樂而必取道于外人經營之大連也。

北方大港距安東約二百七十八海里

海洋島二百一十海里

大連約一百八十五海里

營口約一百四十七海里

北方大港專號　論著　十八

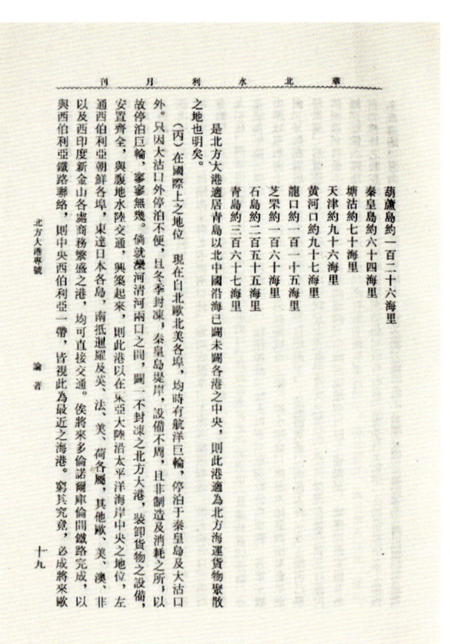

華北水利月刊

葫蘆島約一百二十六海里

秦皇島約六十四海里

塘沽約七十海里

天津約九十六海里

黄河口約一百一十五海里

龍口約一百二十海里

石島約二百三十八海里

芝罘約一百六十海里

青島約三百六十七海里

1929年，李煜瀛著《北方大港》节录

1929年5月2日，南京国民政府决定实施孙中山的《建国方略》，在乐亭县沿海修建“北方大港”，国家建设委员会委员长张静江呈准国民政府，任命华北水利委员会主席李仪祉兼任北方大港筹备处主任，李书田为筹备处副主任，组建了北方大港筹备处。李仪祉发表《海港之新发展》一文，副主任李书田发表《北方大港之现状》一文。

1929年6月10日，李书田组织北方大港筹备处技术人员在乐亭县沿海进行建港勘测，7月2日李书田偕工程顾问方维因（荷兰人）、工程师李蕴、测量队长吴恩度等对大清河口及以东，视察北方大港地势、风潮、水深，并调查当时出入口货物，将来建筑所需要材料的来源及开凿运河、修建铁路的起点与终点等事项。在调查研究的基础上，广泛收集气象地貌、地质情况、运输与贸易方面的资料，进行各方论证，提出具体的设计施工方案。

7月30日，李书田等编写对《北方大港之现状及初步计划》，对北方大港的选址、海陆交通、港口在运输上的地位、大港发展前景、大港的形势、气候、建设规划、资金概算、筹措办法、大港建后利益等项，都做出了论述。调查工程师李蕴写出《北方大港初步调查报告及约略计划意见书》，测量工程师兼队长吴恩度写出《北方大港测量报告》，都对建港提出详细意见。

8月24日完成建港勘测任务，《北方大港之现状及初步计划》为上、下两卷，拟定了建港方案，建议分三期完成全部工程，建成世界一等海港。该书洋洋洒洒数万言，深得国内外同行专家的赞许，誉为“开发华北，促进全国经济发展建设的伟大著作”。

1929年9月30日，华北水利委员会主办的《华北水利》月刊第二卷第九期出版了《北方大港专号》，引起海内外的关注。

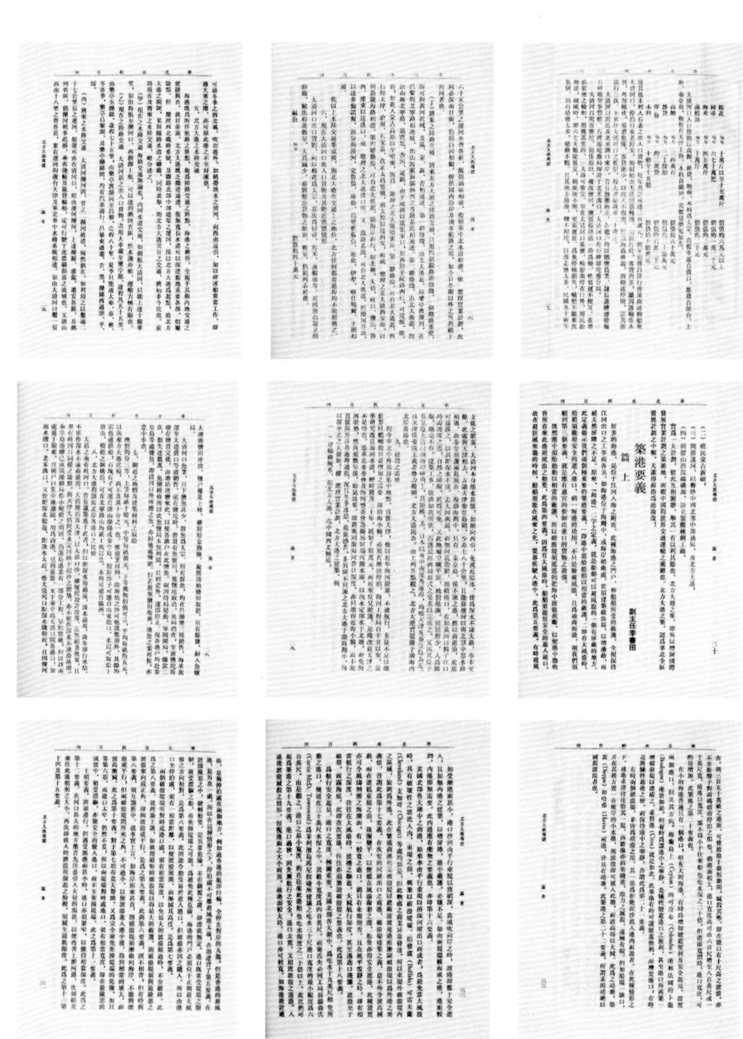

大清河王莊附近，挖至唐山及胥各莊附近，約長六十七公里，以便內河航運與新港通連。

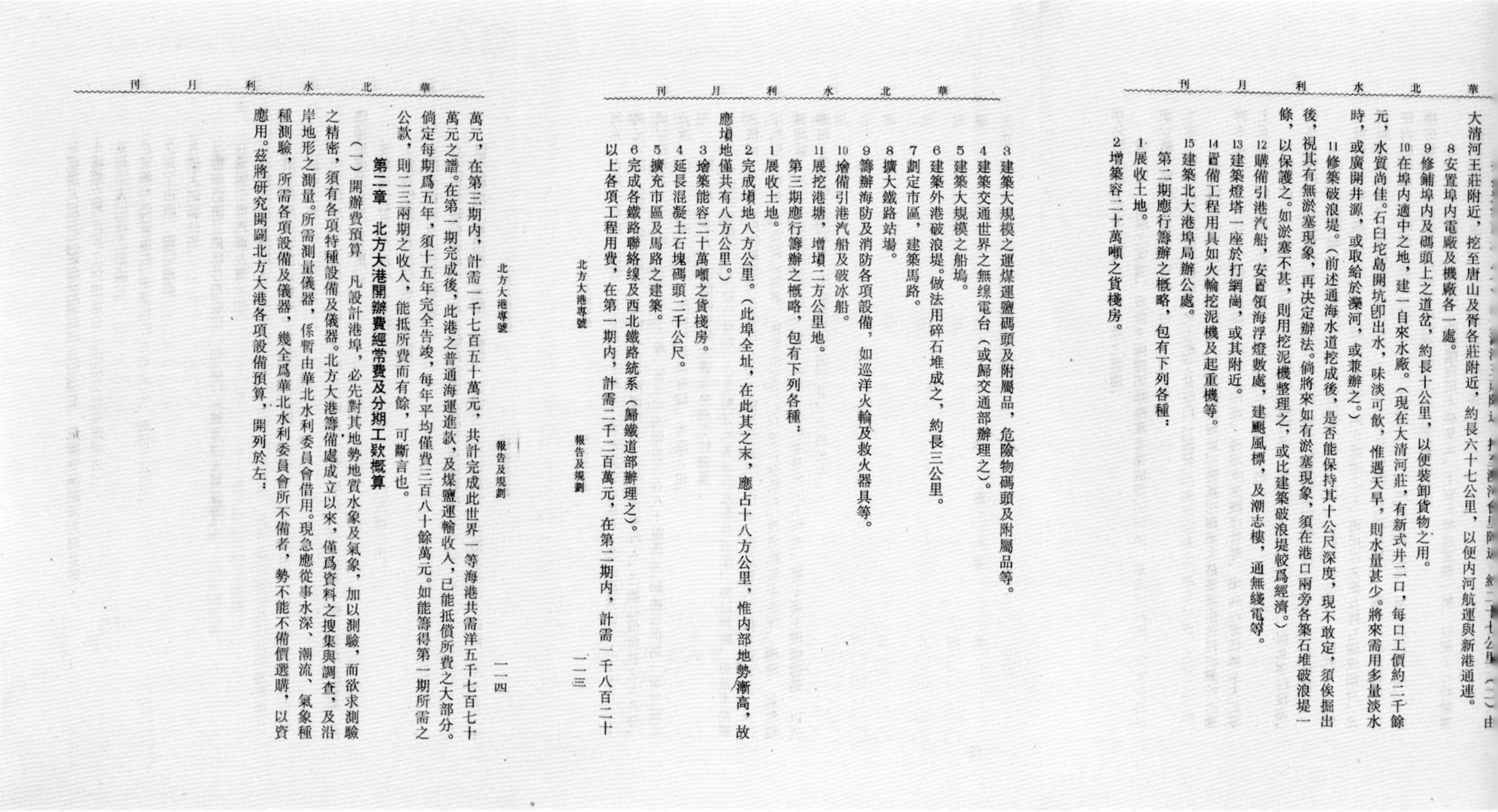

8 安置埠內電廠及機廠各一處。

9 修鋪埠內及碼頭上之道岔，約長十公里，以便裝卸貨物之用。

10 在埠內適中之地，建一自來水廠。（現在大清河莊，有新式井二口，每口工價約二千餘元，水質尚佳。石臼坨島開坑即出水，味淡可飲，惟遇天旱，則水量甚少。將來需用多量淡水時，或廣開井源，或取給於灤河，或兼辦之。）

11 修築破浪堤。（前述通海水道挖成後，是否能保持其十公尺深度，現不敢定，須俟掘出後，視其有無淤塞現象，再決定辦法。倘將來如有淤塞現象，須在港口兩旁各築石堆破浪堤一條，以保護之。如淤塞不甚，則用挖泥機整理之，或比建築破浪堤較爲經濟。）

12 購備引港汽船，安置領海浮燈數處，建颶風標，及潮志樓，通無綫電等。

13 建築燈塔一座於打網崗，或其附近。

14 置備工程用具如火輪挖泥機及起重機等。

15 建築北大港埠局辦公處。

第二期應行籌辦之概略，包有下列各種：

1 展收土地。

2 增築容二十萬噸之貨棧房。

3 建築大規模之運煤運鹽碼頭及附屬品，危險物碼頭及附屬品等。

4 建築交通世界之無線電台（或歸交通部辦理之）。

5 建築大規模之船塢。

6 建築外港破浪堤。做法用碎石堆成之，約長三公里。

7 劃定市區，建築馬路。

8 擴大鐵路站場。

9 籌辦海防及消防各項設備，如巡洋火輪及救火器具等。

10 增備引港汽船及破冰船。

11 展挖港塘，增墳二方公里地。

第三期應行籌辦之概略，包有下列各種：

1 展收土地。

2 完成墳地八方公里。（此埠全址，在此其之末，應占十八方公里，惟內部地勢漸高，故應墳地僅共有八方公里。）

3 增築能容二十萬噸之貨棧房。

4 延長混凝土石塊碼頭二千公尺。

5 擴充市區及馬路之建築。

6 完成各鐵路聯絡綫及西北鐵路統系（歸鐵道部辦理之）。

以上各項工程用費，在第一期內，計需二千二百萬元，在第二期內，計需一千八百二十

萬元，在第三期內，計需一千七百五十萬元，共計完成此世界一等海港共需洋五千七百七十萬元之譜。在第一期完成後，此港之普通海運進款，及煤鹽運輸收入，已能抵償所費之大部分。倘定每期爲五年，須十五年完全告竣，每年平均僅費三百八十餘萬元。如能籌得第一期所需之公款，則二三兩期之收入，能抵所費而有餘，可斷言也。

第二章　北方大港開辦費經常費及分期工欵概算

（一）開辦費預算　凡設計港埠，必先對其地勢地質水象及氣象，加以測驗，而欲求測驗之精密，須有各項特種設備及儀器。北方大港籌備處成立以來，僅爲資料之搜集與調查，及沿岸地形之測量。所需測量儀器，係暫由華北水利委員會借用。現急應從事水深、潮流、氣象種種測驗，所需各項設備及儀器，幾全爲華北水利委員會所不備者，勢不能不備價選購，以資應用。茲將研究開闢北方大港各項設備預算，開列於左：

1929年，北方大港筹备处副主任李书田撰写并呈报国民政府建设委员会《北方大港之初步计划》

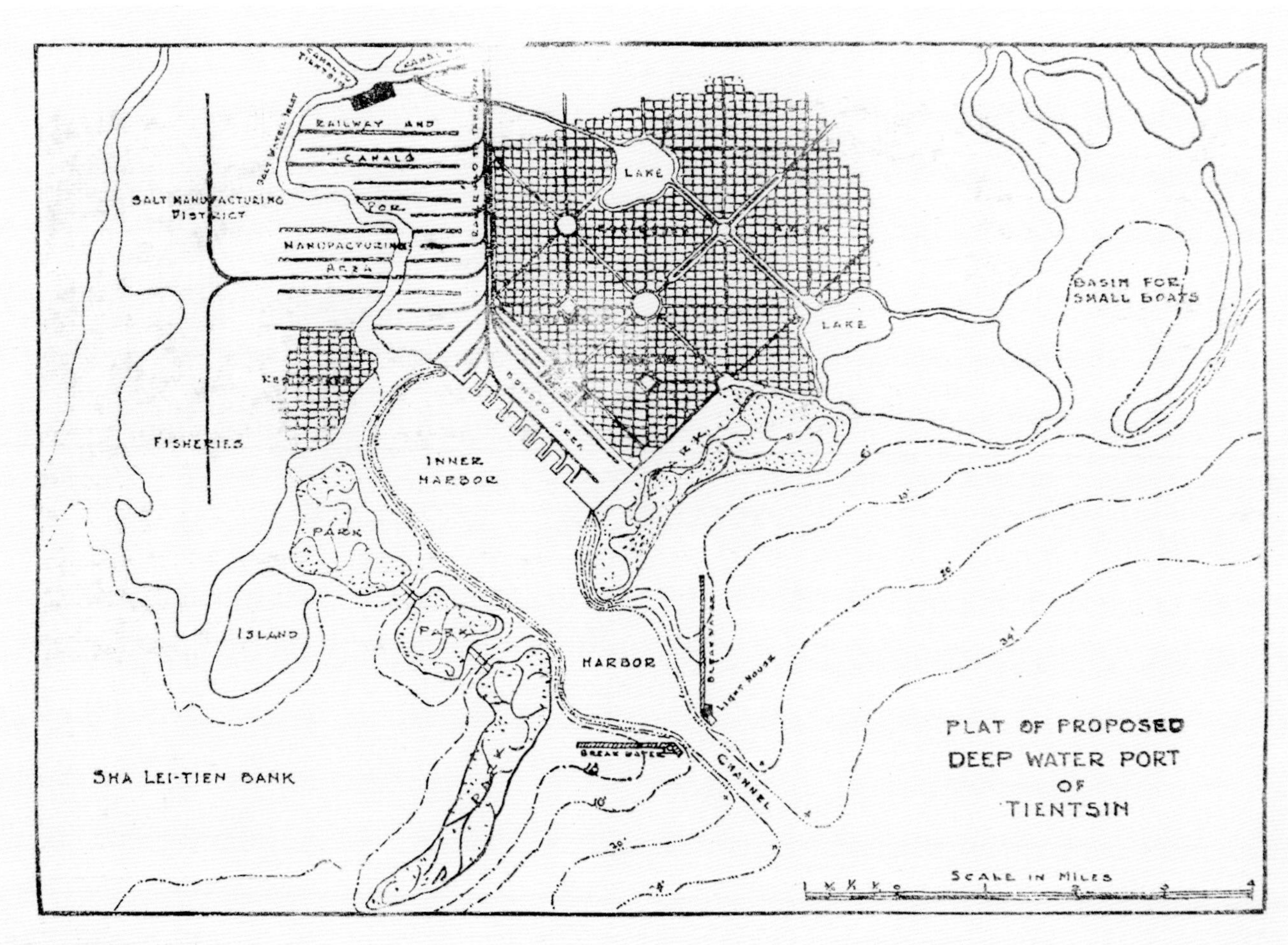

英文版天津深水港设计图

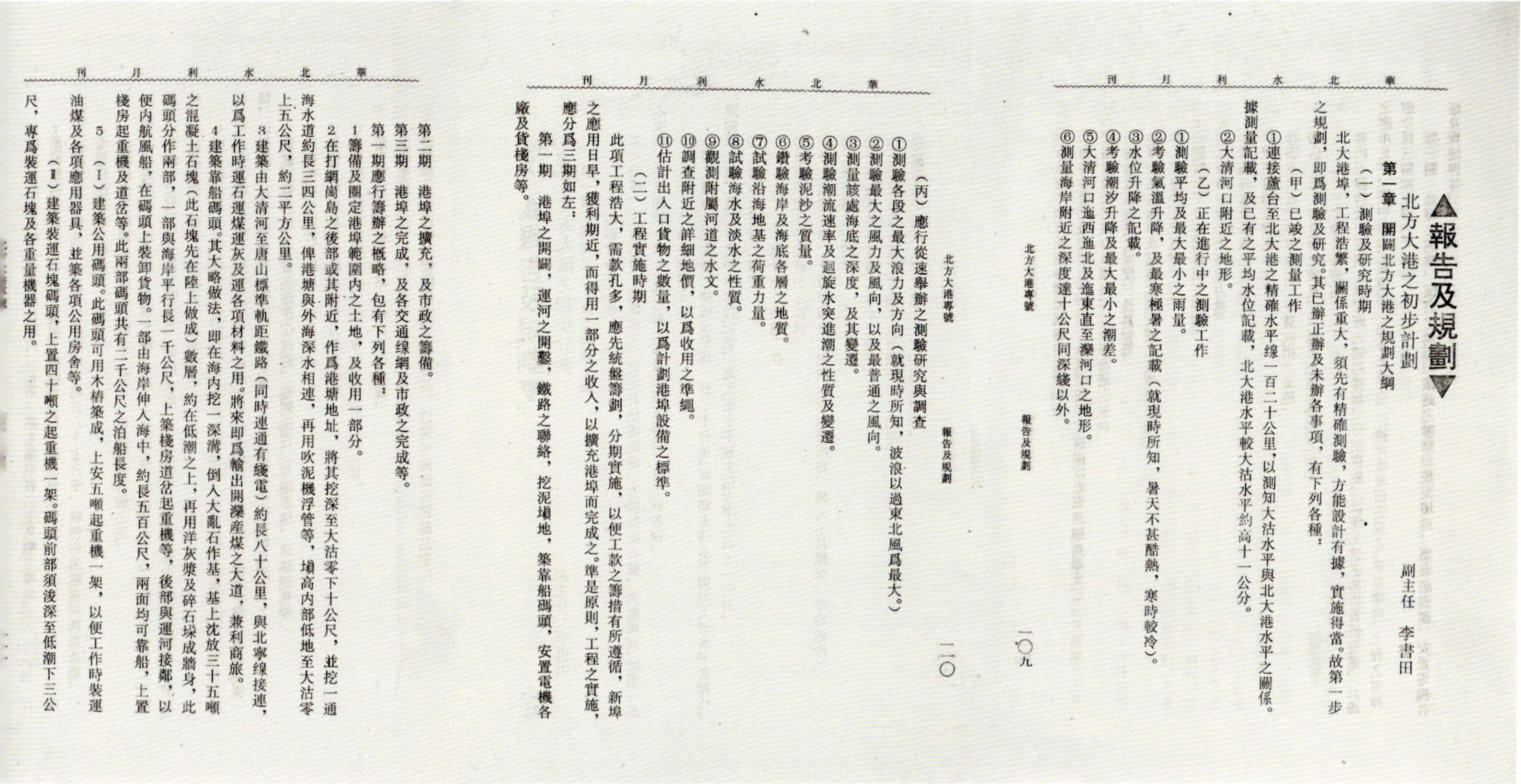

報告及規劃

北方大港之初步計劃

副主任　李書田

第一章　開闢北方大港之規劃大綱

（一）測驗及研究時期

北大港埠，工程浩繁，關係重大，須先有精確測驗，方能設計有據，實施得當。故第一步之規劃，即爲測驗及研究。其已辦正辦及未辦各事項，有下列各種：

（甲）已竣之測量工作

①連接蘆台至北大港之精確水平線一百二十公里，以測知大沽水平與北大港水平之關係。據測量記載，及已有之平均水位記載，北大港水平較大沽水平約高十一公分。

②大清河口附近之地形。

（乙）正在進行中之測驗工作

①測驗平均及最大最小之雨量。

②考驗氣溫升降，及最寒極暑之記載（就現時所知，暑天不甚酷熱，寒時較冷）。

③水位升降之記載。

④考驗潮汐升降及最大最小之潮差。

⑤大清河口迤西迤北及迤東直至灤河口之地形。

⑥測量海岸附近之深度達十公尺同深綫以外。

（丙）應行從速舉辦之測驗研究與調查

①測驗各段之最大浪力及方向（就現時所知，波浪以過東北風爲最大。）

②測驗最大之風力及風向，以及最普通之風向。

③測量該處海底之深度，及其變遷。

④測驗潮流速率及迴旋水突進潮之性質及變遷。

⑤考驗泥沙之質量。

⑥鑽驗海岸及海底各層之地質。

⑦試驗沿海地基之荷重力量。

⑧試驗海水及淡水之性質。

⑨觀測附屬河道之水文。

⑩調查附近之詳細地價，以爲收用之準繩。

⑪估計出入口貨物之數量，以爲計劃港埠設備之標準。

（二）工程實施時期

此項工程浩大，需款孔多，應先統盤籌劃，分期實施，以便工款之籌措有所遵循，新埠之應用日早，獲利期近，而得用一部分之收入，以擴充港埠而完成之。準是原則，工程之實施，應分爲三期如左：

第一期　港埠之開闢，運河之開鑿，鐵路之聯絡，挖泥墳地，築靠船碼頭，安置電機各廠及貨棧房等。

第二期　港埠之擴充，及市政之籌備。

第三期　港埠之完成，及各交通綫網及市政之完成等。

第一期應行籌辦之概略，包有下列各種：

1 籌備及圈定港埠範圍內之土地，及收用一部分。

2 在打網崗島之後部或其附近，作爲港塘地址，將其挖深至大沽零下十公尺，並挖一通海水道約長三四公里，俾港塘與外海深水相連，再用吹泥機浮管等，墳高内部低地至大沽零上五公尺，約二平方公里。

3 建築由大清河至唐山標準軌距鐵路（同時連通有綫電）約長八十公里，與北寧綫接連，以爲工作時運石運煤運灰及運各項材料之用。將來即爲輸出開灤產煤之大道，兼利商旅。

4 建築靠船碼頭。其大略做法，即在海内挖一深溝，倒入大亂石作基，基上沈放三十五噸之混凝土石塊（此石塊先在陸上做成）數層，約在低潮之上，再用洋灰漿及碎石垜成牆身，此碼頭分作兩部，一部與海岸平行長一千公尺，上築棧房道岔起重機等，後部與運河接鄰，以便内航風船，在碼頭上裝卸貨物。一部由海岸伸入海中，約長五百公尺，兩面均可靠船，上置棧房起重機及道岔等。此兩部碼頭共有二千公尺之泊船長度。

5 （Ⅰ）建築公用碼頭。此碼頭可用木樁築成，上安五噸起重機一架，以便工作時裝運油煤及各項應用器具，並築各項公用房舍等。

（Ⅱ）建築裝運石塊碼頭，上置四十噸之起重機一架。碼頭前部須浚深至低潮下三公尺，專爲裝運石塊及各重量機器之用。

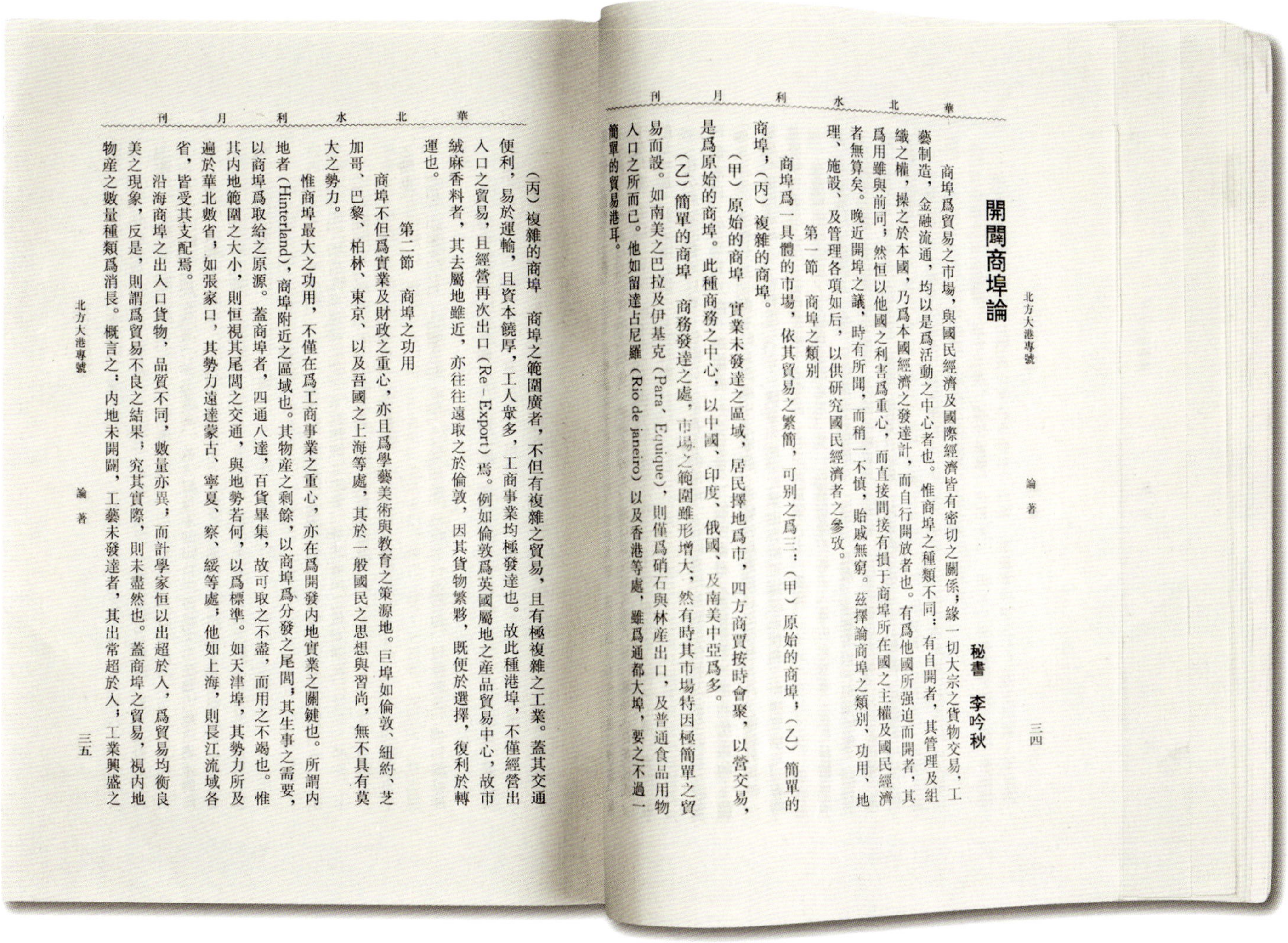

開闢商埠論

秘書　李吟秋

商埠爲貿易之市場，與國民經濟及國際經濟皆有密切之關係；緣一切大宗之貨物交易，工藝制造，金融流通，均以是爲活動之中心者也。惟商埠之種類不同：有自開者，其管理及組織之權，操之於本國，乃爲本國經濟之發達計，而自行開放者也。有爲他國所强迫而開者，其爲用雖與前同；然恒以他國之利害爲重心，而直接間接有損于商埠所在國之主權及國民經濟者無算矣。晚近開埠之議，時有所聞，而稍一不慎，貽戚無窮。茲擇論商埠之類別、功用、地理、施設、及管理各項如后，以供研究國民經濟者之參攷。

第一節　商埠之類別

商埠爲一具體的市場，依其貿易之繁簡，可別之爲三：（甲）原始的商埠；（乙）簡單的商埠；（丙）複雜的商埠。

（甲）原始的商埠　實業未發達之區域，居民擇地爲市，四方商賈按時會聚，以營交易，是爲原始的商埠。此種商務之中心，以中國、印度、俄國、及南美中亞爲多。

（乙）簡單的商埠　商務發達之處，市場之範圍雖形增大，然有時其市場特因極簡單之貿易而設。如南美之巴拉及伊基克（Para、Equique），則僅爲硝石與林產出口，及普通食品用物入口之所而已。他如留達占尼羅（Rio de janeiro）以及香港等處，雖爲通都大埠，要之不過一簡單的貿易港耳。

（丙）複雜的商埠　商埠之範圍廣者，不但有複雜之貿易，且有極複雜之工業。蓋其交通便利，易於運輸，且資本饒厚，工人衆多，工商事業均極發達也。故此種港埠，不僅經營出入口之貿易，且經營再次出口（Re-Export）焉。例如倫敦爲英國屬地之產品貿易中心，故市絨麻香料者，其去屬地雖近，亦往往遠取之於倫敦，因其貨物繁夥，既便於選擇，復利於轉運也。

第二節　商埠之功用

商埠不但爲實業及財政之重心，亦且爲學藝美術與教育之策源地。巨埠如倫敦、紐約、芝加哥、巴黎、柏林、東京、以及吾國之上海等處，其於一般國民之思想與習尚，無不具有莫大之勢力。

惟商埠最大之功用，不僅在爲工商事業之重心，亦在爲開發内地實業之關鍵也。所謂内地者（Hinterland），商埠附近之區域也。其物產之剩餘，以商埠爲分發之尾閭；其生事之需要，以商埠爲取給之原源。蓋商埠者，四通八達，百貨畢集，故可取之不盡，而用之不竭也。惟其内地範圍之大小，則恒視其尾閭之交通，與地勢若何，以爲標準。如天津埠，其勢力所及遍於華北數省；如張家口，其勢力遠達蒙古、寧夏、察、綏等處；他如上海，則長江流域各省，皆受其支配焉。

沿海商埠之出入口貨物，品質不同，數量亦異；而計學家恒以出超於入，爲貿易均衡良美之現象，反是，則謂爲貿易不良之結果；究其實際，則未盡然也。蓋商埠之貿易，視内地物產之數量種類爲消長。概言之：内地未開闢，工藝未發達者，其出常超於入；工業興盛之

1929年，北方大港筹备处秘书李吟秋撰写的论著《开辟商埠论》

伟大的革命先行者孙中山先生于1917年至1919年间，编著了《建国方略》，从心理建设、物质建设、社会建设三个方面完整地阐述了实现中国现代化的伟大理想和实施方案。《建国方略》就实现中国现代化的物质建设，提出完整的实业计划。其中在交通建设方面，提出建设铁路10万英里，建设公路100万英里，修缮和新开运河，治理长江、黄河、淮河和其他河流。港口和商业贸易方面，提出在中国中部上海、北部天津、南部广州各建一大洋港口，沿海岸城市建设二类三类商业港及渔业港。

经过几代人的艰苦奋斗，特别是近30年中国的改革开放大大加快了现代化建设步伐，孙中山的伟大构想正在由迅速崛起的中国现代化发展进程所实现并超越，正在顺应世界潮流浩浩荡荡向前迈进。《建国方略》提出的以上海为中心的中国中部东方大港建设目前已经居世界领先地位。截至2008年，上海港口吞吐

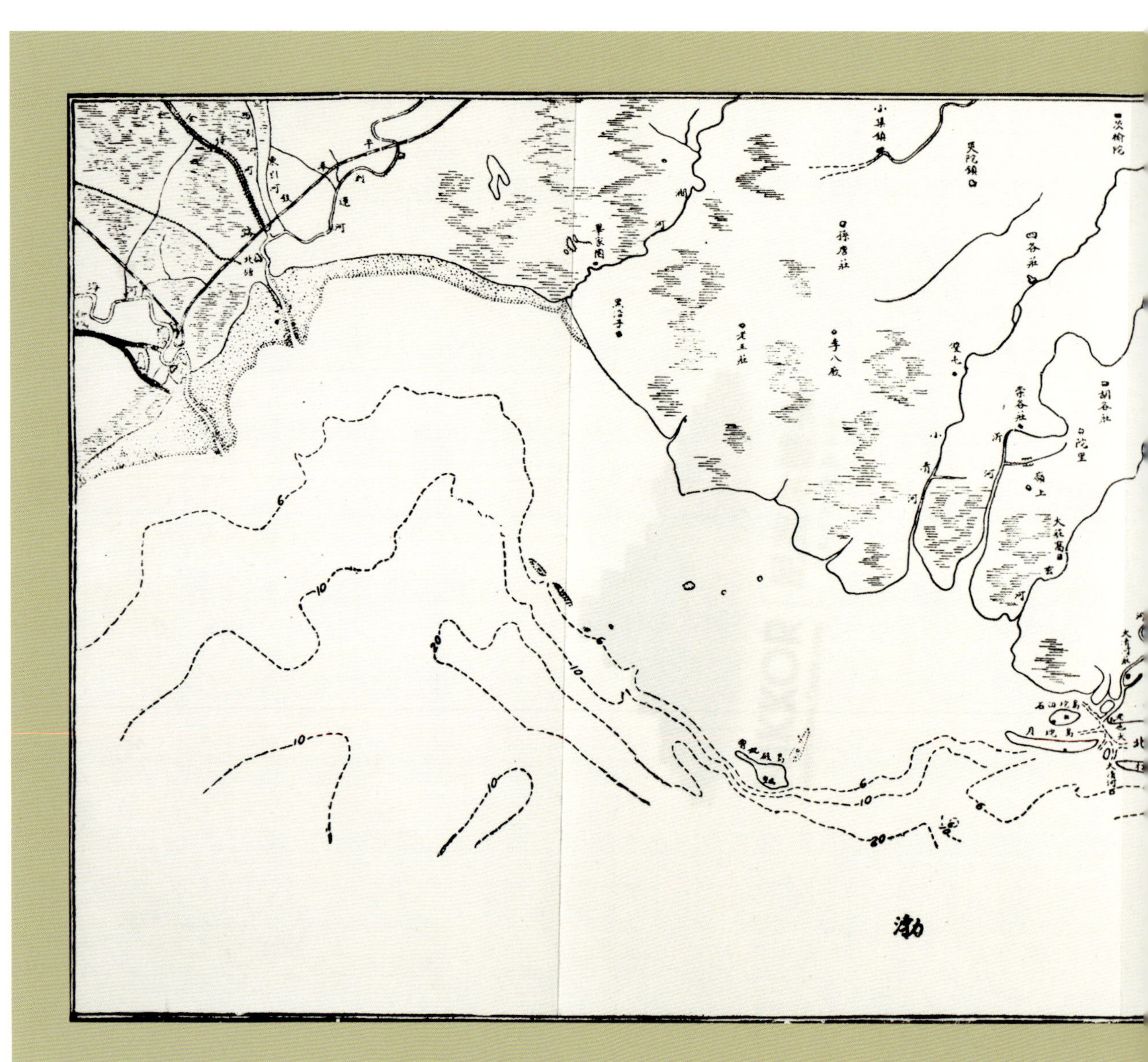

大沽至山海关海岸形势图

量58000万吨已居世界第一位，集装箱吞吐量2800万标准箱居世界第二位，航空货邮量达304万吨，其中浦东机场的航空货邮量居世界第三位。《建国方略》提出的天津附近渤海湾中部建设中国北方大港的目标，目前北方大港已经初具规模。到2010年，天津港货物吞吐量突破40000万吨，集装箱吞吐量突破1000万标准箱，成为中国北方第一个达到40000万吨的港口，天津港建设世界一流大港目标基本实现。《建国方略》提出的以广州为中心的中国南方大港建设的目标也已实现，广州已经成为国际大港，到2010年广州港货物吞吐量已突破40000万吨大关，位列世界港口第五位，集装箱吞吐量超1200万标准箱。目前，广州港已发展成为全球十大集装箱干线港，成为中国华南地区最大的综合性主枢纽港。

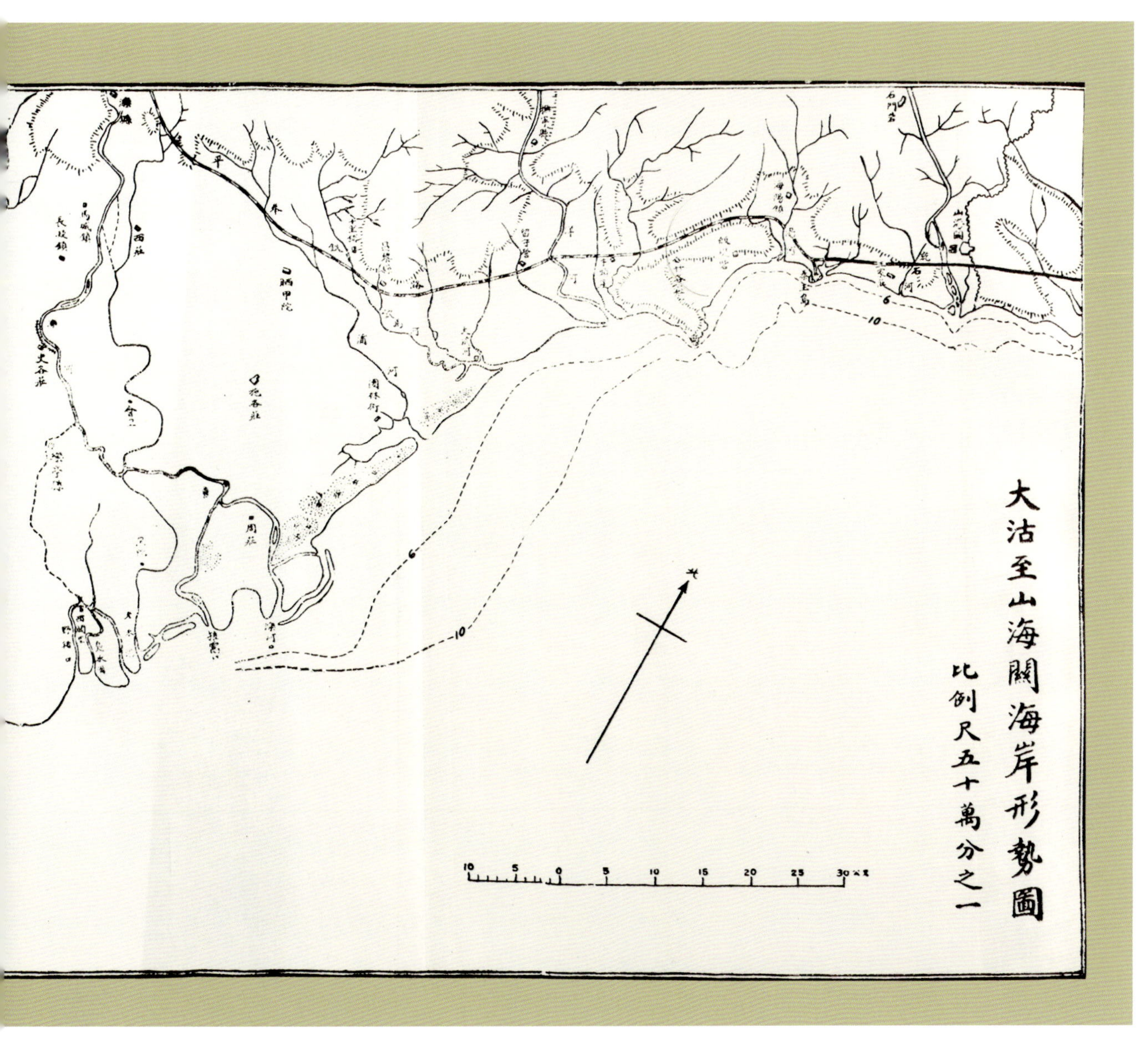

抗战胜利后，中国政府于1945年11月12日在天津举行了塘沽新港接受典礼。1946年4月23日正式成立塘沽新港工程处（同年8月改组为局），邢契莘任交通部塘沽新港工程局局长。

邢契莘在担任塘沽新港工程局局长期间，于1947年9月15日撰写并发表《塘沽新港工程之过去与现在》一文的序言中对塘沽新港的发展和建设规划有这样的表述："抗战胜利以还，港口行政，完全自主，将来发展，可就本位立场，作通盘。长足进步，当不在远。

塘沽新港工程，虽由日人于抗战时期动工，然日人与建之目的，乃在掠取我物质，摧残我工商，其作用与武力侵略，初无二致，我国接收后，以继续完成，虽于技术上无敌我之分，但因立场之不同，发展计划，亦大异其趣。

中国北部需要一世界性之海港，具见实业计划中。实业计划中之北方大港，位于青河口，距天津百余公里，虽屡经筹议开辟，终难实现。现塘沽新港既有相当基础，如能继续予以完成，则事实上之北方大港，将捨塘沽新港莫属。

吾人如根据国父所期望于北方大港者，引申其义而拟定塘沽新港之任务，当不外以下诸端。

1. 塘沽新港为开发中国北方实业之中心。
2. 塘沽新港为中国北方最大贸易港。
3. 塘沽新港为开发中国西北之门户。
4. 塘沽新港为沟通欧亚两大路之东方终点之一。

邢契莘(1887—1957)，字学耕，号寿农，嵊州长乐镇坎流村人。

清宣统元年(1909年)，考入北洋大学二等学堂，为优贡生。次年，考取清政府第一期官费生，留学美国，入麻省理工学院造船造舰系。1914年毕业后，继续选修造舰系，兼习航空机械。1916年，获硕士学位。回国后，任大沽造船所工程师，马尾福州船政局制船主任，北平航空署机械厅厅长，东北航空处技师、处长等职。1927年至1932年，任东北航务局及东北联合航务局总经理，东北造船所所长。1934年1月，任青岛市工务局局长。1937年4月，任国民政府航空委员会机械处处长。次年，转任滇西中央飞机制造厂监理官，修建南山大型机场，作为盟军对日作战的基地。1943年3月，任农林部总务司司长。抗战胜利后，先后任交通部塘沽新港工程局局长、水利部珠江水利工程总局局长、广州港工程局局长。1950年去台湾，先后任台湾交通主管部门设计委员会委员、台湾省渔业增产委员会委员。

1947年9月15日，邢契莘著《塘沽新港工程之过去与现在》

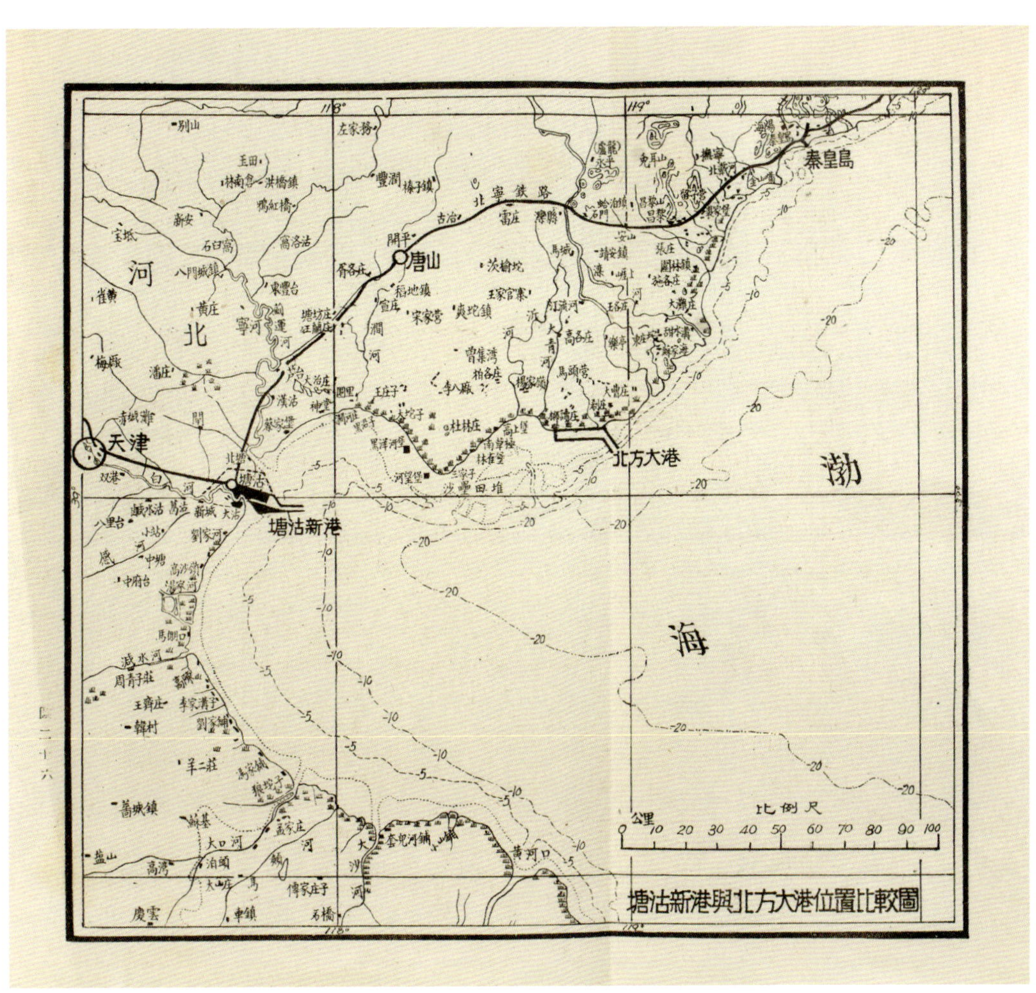

塘沽新港与北方大港位置比较图

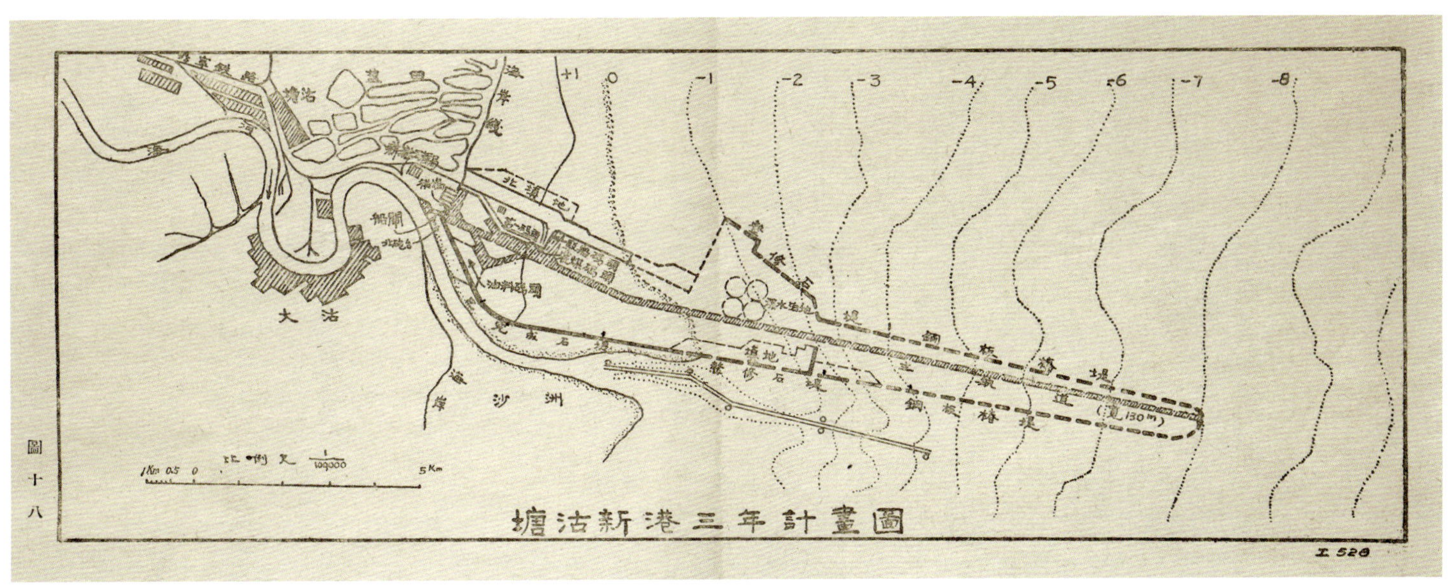

塘沽新港三年计划图

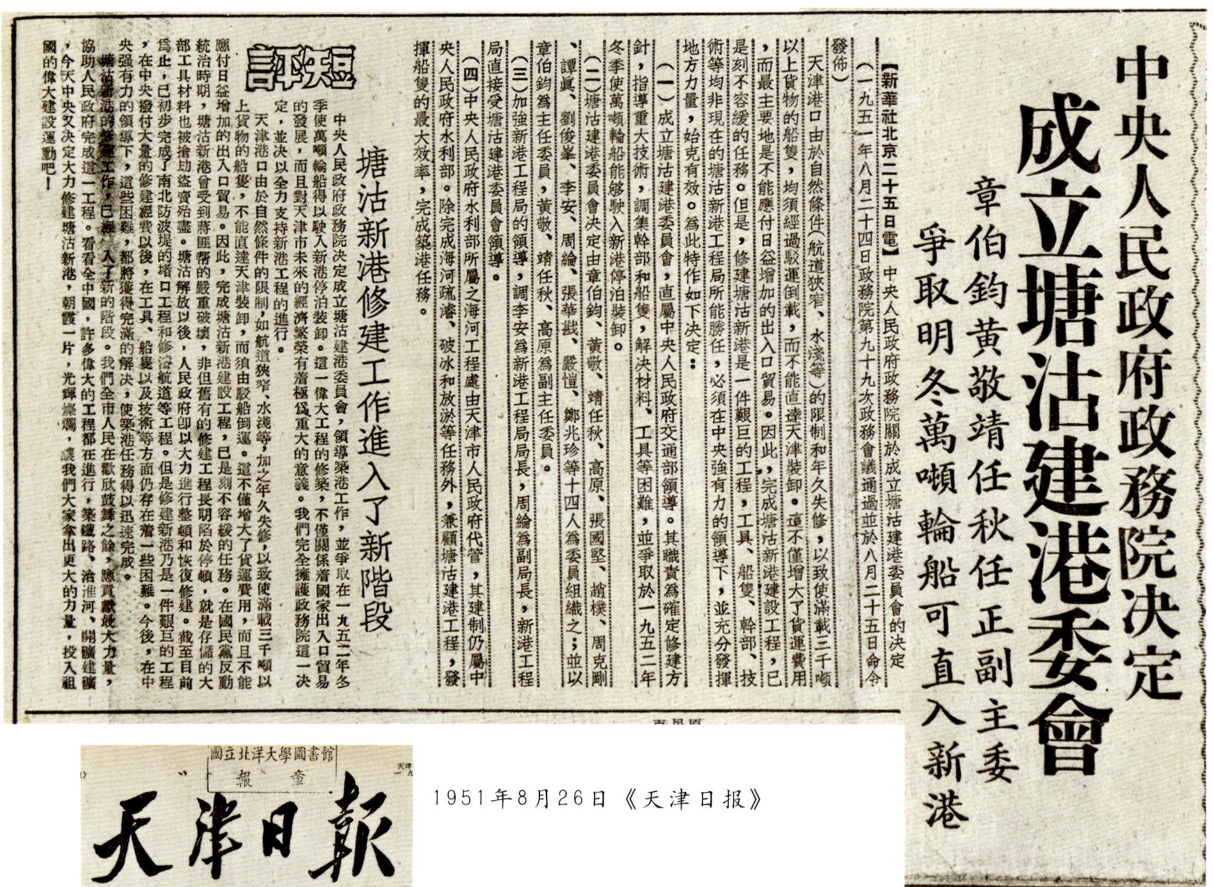

中央人民政府政務院決定成立塘沽建港委會

章伯鈞黃敬靖任秋任正副主委 爭取明冬萬噸輪船可直入新港

【新華社北京二十五日電】中央人民政府政務院關於成立塘沽建港委員會的決定（一九五一年八月二十四日政務院第九十九次政務會議通過並於八月二十五日命令發佈）

天津港口由於自然條件（航道狹窄、水淺等）的限制和年久失修，以致使滿載三千噸以上貨物的船隻，均須經過駁運倒載，而不能直達天津裝卸。這不僅增大了貨運費用，而最主要地是不能應付日益增加的出入口貿易。因此，完成塘沽新港建設工程，已是刻不容緩的任務。但是，修建塘沽新港是一件艱巨的工程，工具、船隻、幹部、技術等均非現在的塘沽新港工程局所能勝任，必須在中央強有力的領導下，並充分發揮地方力量，始克有效。為此特作如下決定：

（一）成立塘沽建港委員會，直屬中央人民政府交通部領導。其職責為確定修建方針，指導重大技術，調集幹部和船隻，解決材料、工具等困難，並爭取於一九五二年冬季使萬噸輪船能夠駛入新港停泊裝卸。

（二）塘沽建港委員會決定由章伯鈞、黃敬、靖任秋、高原、張國堅、趙樸、周克剛、譚真、劉俊峯、李安、周綸、張華戡、嚴愷、鄭兆珍等十四人為委員組織之；並以章伯鈞為主任委員，黃敬、靖任秋、高原為副主任委員。

（三）加強新港工程局的領導，調李安為新港工程局局長，周綸為副局長，新港工程局直接受塘沽建港委員會領導。

（四）中央人民政府水利部所屬之海河工程處由天津市人民政府代管，其建制仍屬中央人民政府水利部。除完成海河疏濬、破冰和放淤等任務外，兼顧塘沽建港工程，發揮船隻的最大效率，完成築港任務。

短評

塘沽新港修建工作進入了新階段

中央人民政府政務院決定成立塘沽建港委員會，領導築港工作，並爭取在一九五二年冬季使萬噸輪船得以駛入新港停泊裝卸。這一偉大工程的修築，不僅關係着國家出入口貿易的發展，而且對天津市未來的經濟繁榮有着極為重大的意義。我們完全擁護政務院這一決定，並決以全力支持新港工程的進行。

天津港口由於自然條件的限制，如航道狹窄、水淺等，加之年久失修，以致使滿載三千噸以上貨物的船隻，不能直達天津裝卸，而須由駁船倒運。這不僅增大了貨運費用，而且不能應付日益增加的出入口貿易。因此，完成塘沽新港建設工程，已是刻不容緩的任務。在國民黨反動統治時期，塘沽新港會受到蔣匪幫的嚴重破壞，非但舊有的修建工程長期陷於停頓，就是存儲的大部工具材料也被搶劫盜賣殆盡。塘沽解放以後，人民政府即以大力進行整頓和恢復修建。截至目前為止，已初步完成了南北防波堤的堵口工程和修浚航道等工程。但是修建新港乃是一件艱巨的工程，在中央撥付大量的修建經費以後，在工具、船隻以及技術等方面仍存在着一些困難。今後，在中央強有力的領導下，這些困難，都將獲得完滿的解決，使築港任務得以迅速完成。

塘沽新港的修建工作，已經進入了新的階段。我們全市人民在歡欣鼓舞之餘，應貢獻最大力量，協助人民政府完成這一工程。看看全中國，許多偉大的工程都在進行，築鐵路、治淮河、開礦建礦，今天中央又決定大力修建塘沽新港，朝霞一片，光輝燦爛，讓我們大家拿出更大的力量，投入祖國的偉大建設運動吧！

天津日報

1951年8月26日《天津日报》

1951年8月26日《天津日报》一版头条刊发了“中央人民政府政务院决定成立塘沽建港委员会”的消息，同时配发了短评“塘沽新港修建工作进入了新阶段”。

政务院的决定指出：“天津港口由于自然条件（航道狭窄、水浅等）的限制和年久失修，以致使满载三千吨以上货物的船只，均须经过驳运倒载，而不能直达天津装卸。这不仅增大了货运费用，而最主要的是不能应付日益增加的出入口贸易。因此，完成塘沽新港建设工程，已是刻不容缓的任务。但是修建塘沽新港是一件艰巨的工程，工具、船只、干部、技术等均非现在的塘沽新港工程局所能胜任，必须在中央强有力的领导下，并充分发挥地方力量，始克有效。”

政务院还决定：“（一）成立塘沽建港委员会，直属中央人民政府交通部领导。其职责为确定修建方针，指导重大技术，调集干部和船只，解决材料、工具等困难，并争取于1952年冬季使万吨轮船能够驶入新港停泊装卸。（二）塘沽建港委员会决定由章伯钧、黄敬、靖任秋、高原、张国坚、赵朴、周克刚、谭真、刘俊峰、李安、周纶、张华戡、严恺、郑兆珍等十四人为委员；并以章伯钧为主任委员，黄敬、靖任秋、高原为副主任委员。（三）加强新港工程局的领导，调李安为新港工程局局长，周纶为副局长，新港工程局直接受塘沽建港委员会领导。（四）中央人民政府水利部所属之海河工程处由天津市人民政府代管，其建制仍属中央人民政府水利部。除完成海河疏浚、破冰和放淤等任务外，兼顾塘沽建港工程，发挥船只的最大效率，完成筑港任务。”

塘沽建港委员会于1951年9月5日成立，办公地点设在天津市一区（今和平区）赤峰道5号天津区港务局。9月5日至7日塘沽建港委员会在新港工程局举行了第一次全体会议。会议通过的建港计划为确保完成一期建港任务奠定了基础。为此，1951年9月8日《天津日报》专门发表短评“贺塘沽建港委员会正式成立”。

塘沽建港委员会第一次委员会议全体合影

1951年9月5日，塘沽建港委员会第一次全体会议合影中：左一为中央人民政府交通部航道工程总局局长高原；左二为天津区港务局局长、塘沽建港委员会副主任委员靖任秋；左四为中央人民政府交通部部长、塘沽建港委员会主任委员章伯钧；左七为天津市市长、塘沽建港委员会副主任委员黄敬；左八为新港工程局副局长周纶。

谭真　　严恺　　赵今声　　郑兆珍

谭真，北洋大学土木工程系教授，塘沽新港建港委员会委员、总工程师。

严恺，北洋大学物理系教授，塘沽新港建港委员会委员，天津新港回淤研究工作组组长。

赵今声，北洋大学1923年班预科毕业，水利系教授，塘沽新港工程局和葫芦岛港务局顾问，天津新港回淤研究工作组副组长。

郑兆珍，北洋大学土木工程系1933年班毕业，水利系教授，塘沽新港建港委员会委员。

谭真

严恺

谭真

1946年，谭真应塘沽新港工程局长邢契莘之聘，任新港工程局总工程师，后提为副局长兼总工程师，主管新港的建设。中华人民共和国建立后，他继续担任总工程师，主持塘沽新港的扩建和改建工作，在他亲自组织领导解决了许多重大工程技术难题，为天津塘沽新港港口建设和航道治理做出了重大贡献。

一、塘沽新港的码头仓库改造工作采用新工艺

20世纪40年代，中国一穷二白，筑港工程也很落后，有些港口依赖荷兰筑港公司来包建。中国几乎没有专门的筑港队伍，施工机械和设备非常简陋。在这种情况下，要完成新港二码头装煤机、一码头仓库，3000吨级船闸和3000吨级干船坞的新建扩建改建工程，任务十分繁重和艰巨。但在谭真主持下顺利地完成了工程任务。他亲自指导设计施工的新港的三座大跨径钢桁架仓库，这在当时来说是一项很先进的技术。几十年来，这座建筑物，一直使用良好，并经受了1976年唐山大地震的考验。

二、新港一码头扩建工程采用“穿针引线”法水下施工成功。

1950年中央人民政府根据国家建设需要，决定将新港一座5000吨级码头扩建为万吨级深水码头，并浚深航道。党和政府将这一重任交谭真去完成。改建一座码头在一定程度上比新建一座码头技术还要复杂，加上受当时施工设备的限制，施工力量严重不足，而国家又急需一座万吨级码头，如新建一座万吨码头，不仅资金困难，建设周期又长。他欣然接受了扩建码头的任务。新港一码头，原系一座钢板桩码头，要扩建为一座万吨级码头，必须在位于水下增加一根锚锭拉杆，拉杆需固定于后方仓库下的锚锭桩辟，施工时，不建围埝，不动仓库，需水下施工，穿钢筋的精度要求高。谭真以自己丰富的经验组织施工人员经过多次周密研究，决定采用“穿针引线”法，即在码头前沿水下穿入新的拉杆采用导向措施，穿进后方钿锭处，结果达到预期要求。这一施工方案，大大缩短了工期，1952年码头竣工投产。“穿针引线”法施工新工艺的一举成功，轰动了中国筑港界，认为这是非常了不起的创举。

在修补新港防波堤的工程中，谭真又提出采用混凝土圆筒，代替混凝土方块以节约大量水泥。他还对混凝土冻溶和耐海水侵蚀等方面做了很多研究工作。在增强海工混凝土质量上获得可喜成果。

严恺

塘沽新港（后改名天津新港）是京津的出海口，是日军侵华期间为了将从华北掠夺来的物资运往日本国内而于1939年修建的，因为急于求成，在港址选择、水文和地质资料搜集以及规划与设计施工等方面都缺乏认真的论证，加上港口并未建成就急于投入使用，所以称不上是一个完整的工程。到了新中国成立前夕，由于泥沙淤积，航道水深已经不足3米，基本瘫痪。

天津新港作为北京的东大门自有其特殊的价值，再加上天津作为我国重要的工业基地与港口大都市本身发展的需要，在此重建一个大港势在必行。

然而，因为新港位于海河口、渤海湾顶部的淤泥质潮滩上，因而泥沙不断回淤，这就成了港口存在与发展的主要障碍。解决这一难题，国际上并无先例可循。水电部一位前苏联专家就说，新港的问题很复杂，前苏联也没有解决。前苏联当然是权威，言下之意就是，中国人解决不了这个问题。天津新港的泥沙回淤问题属于中国特点，显然，建港的事业只有完全依靠我国自己的科学家了。

塘沽新港建港委员会委员、天津新港回淤研究工作组组长严恺在筑港初期说："我国海岸线长达18000余公里，有很大一部分是淤泥质海岸。淤泥质海岸的特点是海滩坡度平坦，泥沙颗粒很细，如新港地区平均粒径为0.005毫米，加上我国沿海潮汐和风浪的作用都比较强烈，就对港口建设产生了非常不利的影响。坡度平坦，水深就不易取得（例如1／1000坡度的海滩要离水边10公里才能取得10米的水深），航道就要挖得很长，工程数量要大大增加；而且如建外堤，就要建得很长；挖泥和外堤等工程的维持费也相应增加了。泥沙细，潮汐和风浪作用强烈就容易造成淤积。但海运事业的发展，水产事业的需要，却非要我们在这种不利的条件下筑港不可。特别是目前海运事业的发展要求大吨位大马力的轮船，吃水很大，对水深的要求很高，就使得这一问题的解决更为困难了。新港问题研究出结果，不仅对解决新港问题本身有用，而且通过回淤规律的掌握和减少回淤措施的研究，可以对其他的淤泥质海岸筑港有很大的指导意义，此外对这样性质的问题如何进行研究，在研究方法上也可以摸索出一套经验……"

"特别值得提出的是，在国外这样性质的问题也很少先例，至于研究工作，那就做得更少了，而在我国这样的问题则是大量存在的，是我国独特的问题，今后非解决不可，而且必须自力更生地加以解决。此外，这一问题的研究，不但在生产上很重要，而且对发展海洋工程水文学、海岸动力学、海岸动力地貌学等薄弱、边缘学科也有重大意义。"（《天津新港回淤问题研究》发表于《新港回淤研究》1963年第1期）

1956年，十二年科研远景规划把新港回淤问题提到了重要的位置上来。严恺组织了国内十多个单位对港口及其周围海域进行了空前规模的气象、水文、地貌现场测验与调查，开展大量的专题研究，取得丰硕的成果，同时，回淤问题经过水文泥沙、地质地貌、港口航道等多门学科的联合攻关，突破了细颗粒泥沙回淤难题。

严恺在论文《天津新港回淤问题研究》中总结指出：港内细颗粒泥沙主要来自于外海浅滩，是由黄河口输送来的泥沙多年塑造而成；同时，港口南侧海河口每年有600万立方米泥沙入海并淤积在大沽浅滩上，也是一个重要来源；北面的蓟运河、滦河的泥沙量不大。浅滩泥沙由波浪掀起后被涨潮流带入港内回淤，而回淤泥沙量与港内纳潮量密切相关。

因此，在新港回淤规律的研究取得初步成果的基础上，进行了减轻回淤的措施方案的研究，第一期措施包括以下各方面。

第一，缩小港内水域面积，以减少进潮量，从而也减少了进沙量和港内回淤量。办法是将港内南疆圈筑围埝吹填，这样可以减少水域6.4平方公里（占港内水域面积的1／3强），根据1959年的初步估算可减少回淤65万立方米，同时还可以减少泥沙进港（避免吹泥港外）和增加陆域面积，供港口发展之用，一举三得。

第二，堵北堤缺口。根据1959年的估计可减少回淤量约45万立方米，又根据1962年的估计，仅在弱风天就可减少回淤量约20万立方米。

第三，整修横堤口以内的南北外堤。这样既可以减少回淤（因为通过外堤残缺部分也可带进泥沙入港，估计可减少回淤10万立方米），又可使现在外堤不致继续遭到破坏。

第四，改进疏浚工作。首先将停泊地疏浚泥方在港北筑围埝吹填，以免泥浆自然流失，增加进港泥沙，其次，尽量避免自航式挖泥船向港外抛泥，而改向南疆吹填，再次改进疏浚技术。以上措施估算共可减少回淤约120万立方米，即约回淤量的1／4。

第二期方案主要是延伸外堤。1958年在海河口修建了挡潮闸，对控制港口回淤起了重要作用。这一项研究成果为新港的发展提供了科学依据，也证明了淤泥质岸滩仍可兴建深水港口，这对国内外建港理论都是一个重大突破，具有很强的指导意义。在这一研究基础上，结合新港发展规划继续进行了多年的研究，现在已经可以比较准确地预报港口和航道的回淤量，提出规划研究报告，为港口发展提供科学依据。

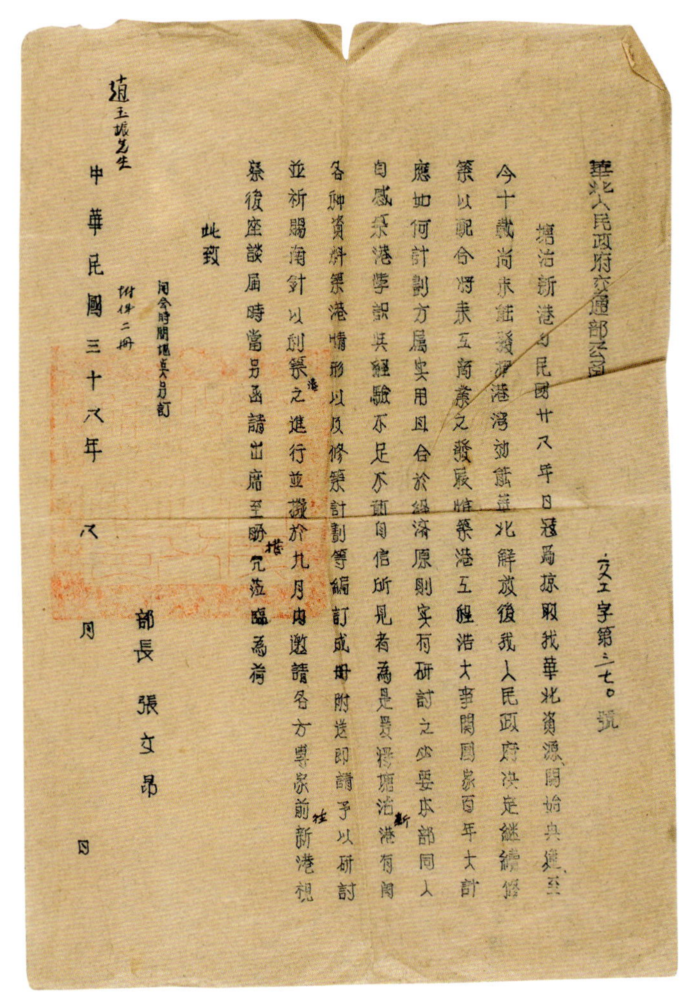

华北人民政府交通部邀请水港专家赵今声商讨天津港筑港工程事宜的函

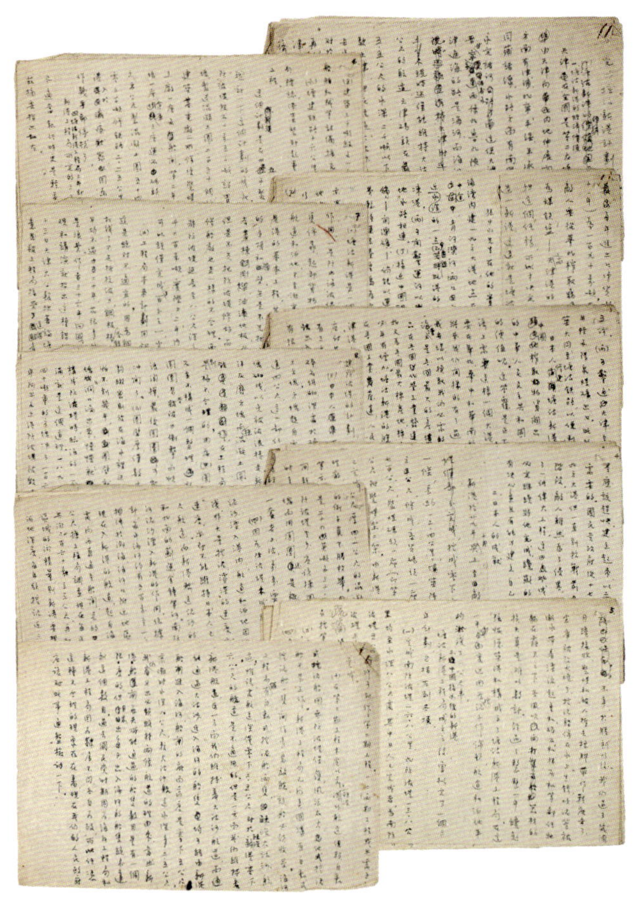

赵今声教授从1947年开始研究天津新港回淤问题；1949年被塘沽新港工程局和葫芦岛港务局聘为顾问；1958年成立天津新港回淤研究工作组，赵今声教授被推选为副组长；1960年在天津大学创建海岸工程研究室，招收海岸动力学专业硕士研究生，结合港口回淤问题，研究水流、波浪对泥沙运动的作用，开始深入开展对海岸河口泥沙运动及港口回淤的研究工作。1963年回淤研究工作组提出减轻新港回淤第一期工程措施方案。

华北人民政府交通部公函（交工字第370号）

塘沽新港自民国二十八年日寇为夺取我华北资源始兴建至今十载，尚未能发掘港湾效能。华北解放后我人民政府决定继续修筑以配合将来工商之发展，惟筑港工程浩大事关国家百年大计，应如何计划方属实用且合于经济原则实有研讨之必要。本部同人自感筑港学识其经验不足，不敢自信所见者为是爰将塘沽新港新港有关各种资料筑港情形以及修筑计划等编定成册附送，即请予以研讨并祈赐南针以利筑港之进行。并拟于九月内邀请各方专家前往新港视察后座谈，届时当另函请出席至盼拨冗莅临为荷。

此致

部长张文昂

中华民国三十八年八月

天津大学水利系赵今声教授与港口和海岸工程

港口和海岸工程专家、教育家。他从教60多年，为国家培养了大批专门人才，促进了我国航运事业的发展。他主编的《港口工程》被国家教委评为优秀教科书。他从1947年开始研究天津新港回淤问题，1958年成立天津新港回淤研究工作组，他任副组长。1960年在天津大学创建海岸工程研究室，结合港口回淤问题，研究水流、波浪对泥沙运动的作用，取得重大成果，他研究解决了天津新港、秦皇岛新开河口、福州马尾港、厦门港、黄骅港等港的淤积问题，取得显著经济效益。为港口和海岸工程的建设做出重大贡献。

1947年秋，他视察天津新港后，提出堵塞北堤缺口、完成防波堤、浚挖航道等建议。在中国工程师学会年会上宣读论文《直立式防波堤的波压力》，在天津《大公报》发表文章，论新港建设。在河北工学院及北洋大学开设港口工程课，自编材料。

1951年高等学校调整专业设置，赵今声建议在天津大学开设水道及港口水工建筑专业，并招考新生。1952年暑假后，他恳辞校级领导职务，组成专业教研室，专心教学工作。他学习俄文，编写港口工程教材并讲课，指导学生生产实习、课程设计、毕业设计，建立了水道及港口试验室。1960年他在天津大学组建海岸工程研究室，开展波浪及水流作用下的泥沙运动研究试验，并开始招考研究生。1960年秦皇岛港进行扩建，他被聘为建港委员，接受并在学校指导进行了扩建工程平面模型试验和防波堤断面模型试验。这是我国第一次做这种试验。秦皇岛新开河口是泻湖口门，口内建了渔船修造厂，造好的船需乘潮人工拉出。赵建议在口外修造两条导堤，掩护航道，能保持5米水深。港内增建了3000吨轮船修造厂、渔船码头、海军基地等，已发展成为中级港口，经济效益显著。1963年交通部召开教材会议，公推赵主编《港口工程》教科书。他和各校教师用3年时间写完交稿，未及出版，书稿即在“文化大革命”中遗失。1971年后又用3年时间重写，历尽艰辛，全书87万字，1978年出版。

写出《从船舶发展看港口发展趋势》《码头防护设备》两篇论文，被收入人民交通出版社1974年《水运工程技术参考资料》一书。1971年他接受交通部委托，研究沙质海岸沿岸输沙率的计算方法。在深入调查，作了大量分析工作后，于1973年完成任务，被交通部采用。他调查了天津、河北、江苏等省市在河口建筑挡潮闸后的淤积情况，写出《挡潮闸下河道淤积原因和减淤措施》论文，在1978年《天津大学学报》发表，又被收入人民交通出版社《平原河道整治论文集》。这篇论文有开创性。

1978年受南海石油勘探指挥部委托，赵今声率领研究生和助手到广西合浦县铁山湾进行全潮水文测量和调查研究，提出建港可行性研究报告，规划了航道，估计了回淤量。同年，遵照李先念副总理指示，交通部组织20多位专家教授考查了连云港、岚山港、石臼港，研究在何处建造10万吨级煤炭出口码头为宜，争论异常激烈。赵今声认为石臼港位于钩形海湾顶部，湾顶淤沙很少，表明沿岸无输沙，不会淤积，且地基为岩石，深水离岸很近，引桥及航道均短，造价低。而连云港处在淤泥质海岸，沿岸输沙多，地基不好，17米等深线离岸数十公里，航道很长，肯定会淤，故主张在石臼建港。国务院采纳了他的建议。建港后，果然不淤积，经济效益很好。

1978年8月赵今声他主管教务，积极整顿学风校纪，为教师评定学术职称，很快恢复了正常教学秩序。他又开始招考研究生，组织教师，为研究生编写了《海岸及河口动力学》教材，由海洋出版社出版。在全国科学大会上，赵今声被评为先进个人，授予奖状。应海洋出版社的邀请，他编写了《赵今声论文集》。这本书是在他85岁时完成的。

从1983年起，他用10年时间从技术上指导了天津市海岸带及海涂资源综合调查及海岛调查，提出了开发规划。他组织参加调查的单位组成天津市海岸带公司，并兼任第一届董事长。这个公司为全国海岸带开发服务，调动了技术人员的积极性，取得很好经济效益，受到国家科委表扬。

1987年赵今声赴淮阴市考查了灌河河口。江苏省拟在河口内建万吨级码头，进口煤炭，建发电厂。对于河口拦门沙碍航问题，赵建议采用双异堤掩护穿沙航道的办法解决。同年在北京发展中国家海岸及港口工程会议宣读了《波浪水流共同作用下的流速场》论文。

赵今声教授成功地解决了减轻天津新港的回淤问题

赵今声教授从1947年开始研究天津新港回淤问题；1949年被塘沽新港工程局和葫芦岛港务局聘为顾问；1958年成立天津新港回淤研究工作组，赵今声教授被推选为副组长；1960年在天津大学创建海岸工程研究室，招收海岸动力学专业硕士研究生，结合港口回淤问题，研究水流、波浪对泥沙运动的作用，开始深入开展对海岸河口泥沙运动及港口回淤的研究工作。1963年回淤研究工作组提出减轻新港回淤第一期工程措施方案。

他研究了天津新港浮泥在波浪及水流作用下的运动。提出了在天津新港建在海河口以北的淤泥浅滩上，用两条防波堤掩护港区，口门距岸8.8公里，处于海浪破碎区以内。每次涨潮自外海带进大量泥沙，部分淤在港内，退潮水流冲不动，带不走，造成港池航道严重回淤，20世纪50年代每年挖泥近540万立方米。1958年成立回淤研究工作组后，邀请国内科研院所、高等学校、工程单位分工协作，对新港风浪、潮汐、海流、气象等海洋水文情况、泥沙来源、泥沙运动基本规律展开了全面调查研究，推动了我国海岸工程学术的发展。1963年提出减轻回淤的第一期工程措施方案：即缩小港口无用水域面积；堵塞北堤缺口；建筑围埝，吹填港北陆域。这些措施实施后，效果显著，每个泊位平均淤积率从20世纪50年代的1.56降为20世纪70年代以后的0.9%。40年来，吹填造陆约20平方公里，为港口扩建提供了陆域，节省征地费用数亿元。更重要的是提高了我国回淤研究技术，培养了人才，为我国在淤泥质海岸及河口建港提供了技术基础。

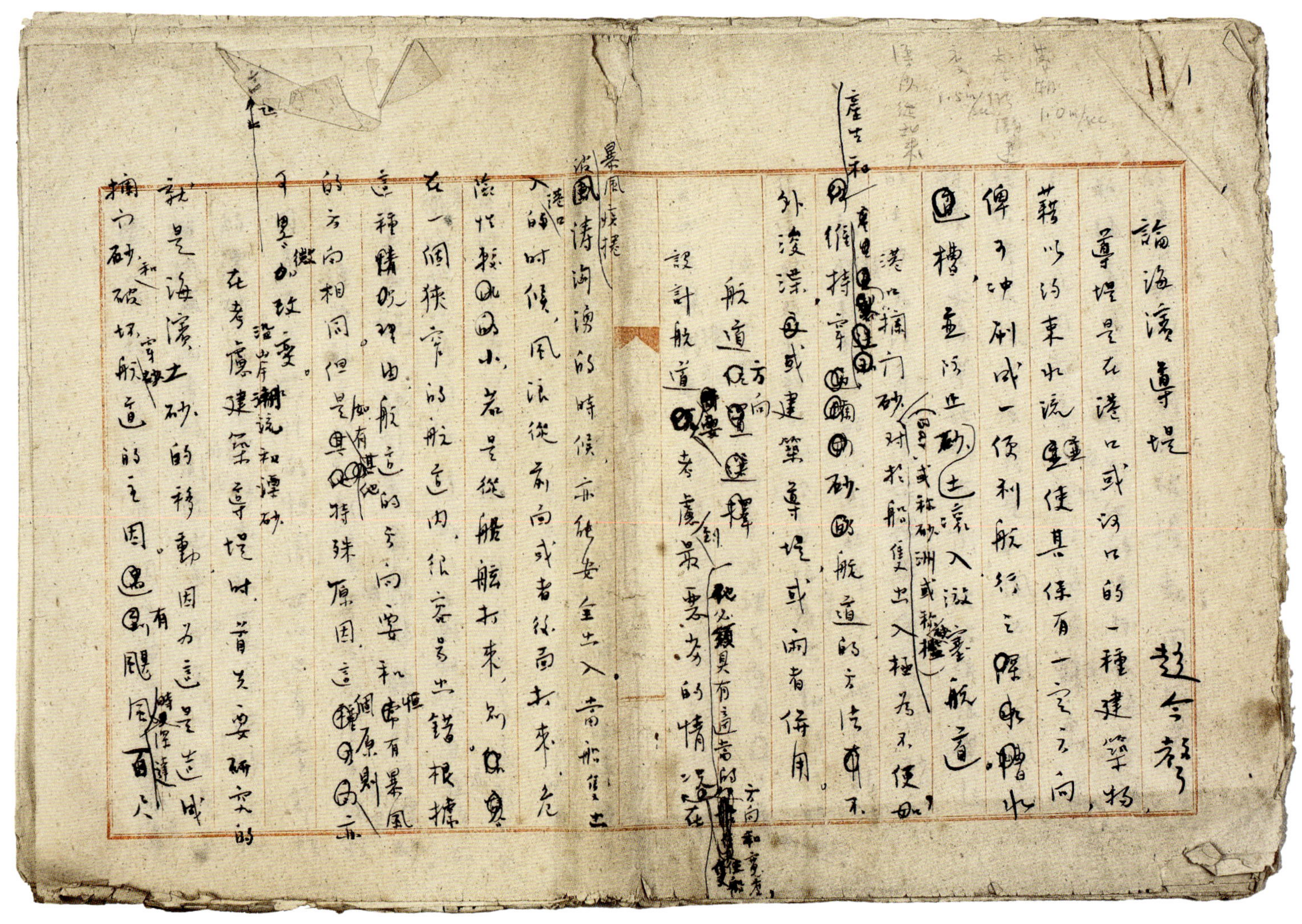
論海濱導堤

趙今聲

赵今声教授手稿

赵今声

我国第一个沙质海岸沿岸输沙率的计算公式

沙质海岸的海滩泥沙被海浪掀起后，随着潮流及其他海流运动。这种运动可分解为平行和正交于海岸的运动，前者的危害性更大。每秒平行于海岸的泥沙运动量称为沿岸输沙率。海岸泥沙运动引起海岸冲淤变化，使河口及港口航道淤浅，使海岸丁坝、导堤及防波堤后面淤积，丧失拦沙作用。开发海岸资源、修建港口，必须先了解海岸泥沙运动情况，沿岸输沙率是代表泥沙运动激烈程度的技术指标，它的数值愈大，则淤积危害愈严重。在建港或开发海岸资源前，必须先估算沿岸输沙率。估算方法一般利用经验公式，经济发达国家大都有适合本国情况的经验公式，而我国过去缺乏这种公式，只好利用美国或其他国家公式进行估算。赵今声受交通部的委托，根据我国资料，导出了沿岸输沙率计算公式，列入我国港口工程设计技术规范。基本假定是沿岸输沙率与破碎波能沿岸分量成正比，这个假定受到国际公认。美国公式被包括破碎波高、波速和波向与海岸线所成的角度，他根据法国夏都国立水工试验所的试验研究，增加了与深水波陡及沙粒中径有关的系数，考虑的因素更为全面。他分析了山东白沙口潮汐发电站丁坝和秦皇岛新开河口导堤及油港防波堤的拦沙量以及当地波浪资料，找到了他导出公式的经验系数。用这个公式可算得沙质海岸每米长的沿岸输沙率。

赵今声教授于20世纪五六十年代撰写的关于沙质海岸沿岸输沙率的计算公式的水工模型试验报告及科研论文手稿

1958年天津大学郑兆珍教授接受交通部的委托，他结合塘沽新港的建设，亲自指导时任讲师魏颐年、助教何伯森等教师进行了新港示向模型试验、港工试验，还进行了有关浮泥运动规律等多项研究工作，取得了多项科技成果。

为塘沽新港建设及科研做出贡献的还有天津大学王尚毅教授1957年完成的“细颗粒泥沙在静水中颗粒率的研究”；1989年由天津大学建筑设计研究院水运、水利设计所宋礽、朱遂、周世英、陈万佳、杨奕瀚、刘锡岑、王浩芬、杨景贤等教师们完成的“天津新港东突堤南侧200米码头工程水工建筑物施工设计”；1987年至1995年，张效铭主持完成的“天津港北大防波堤圆筒混合堤方案水工断面模型试验及优化设计”。

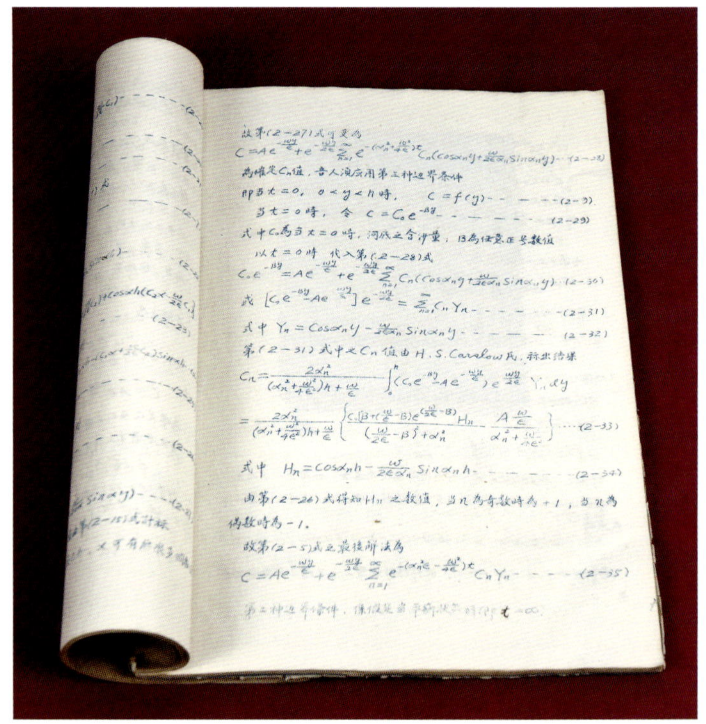

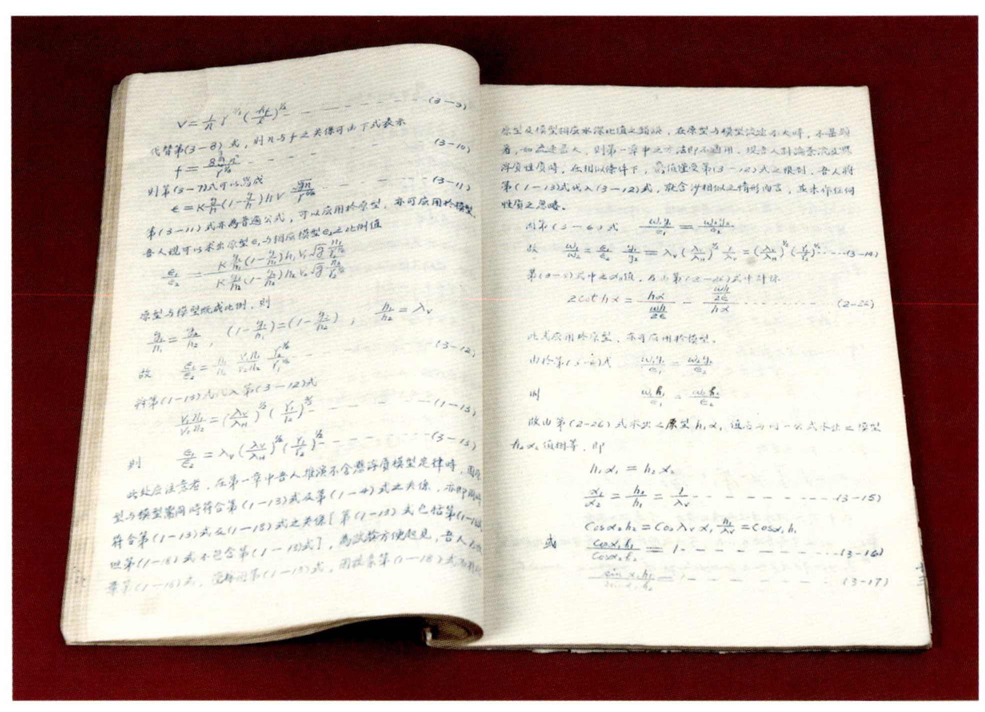

1953年，天津大学水利系水力学教研室“模型试验定律之研究”

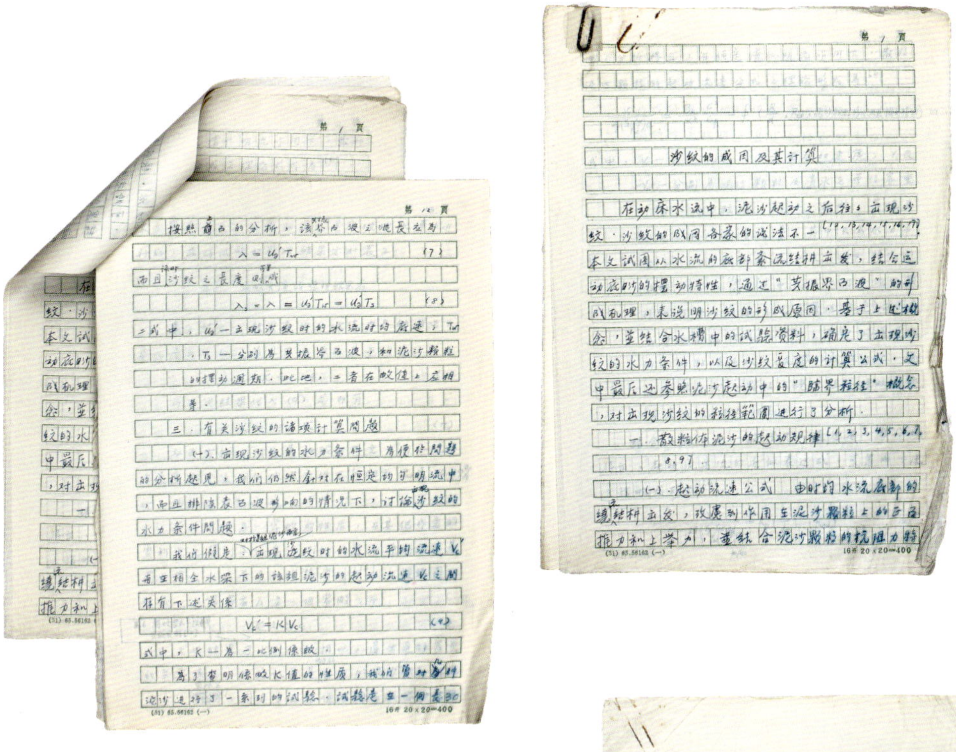

郑兆珍教授于20世纪50年代撰写的《沙纹的成因及其计算》水工模型试验报告手稿

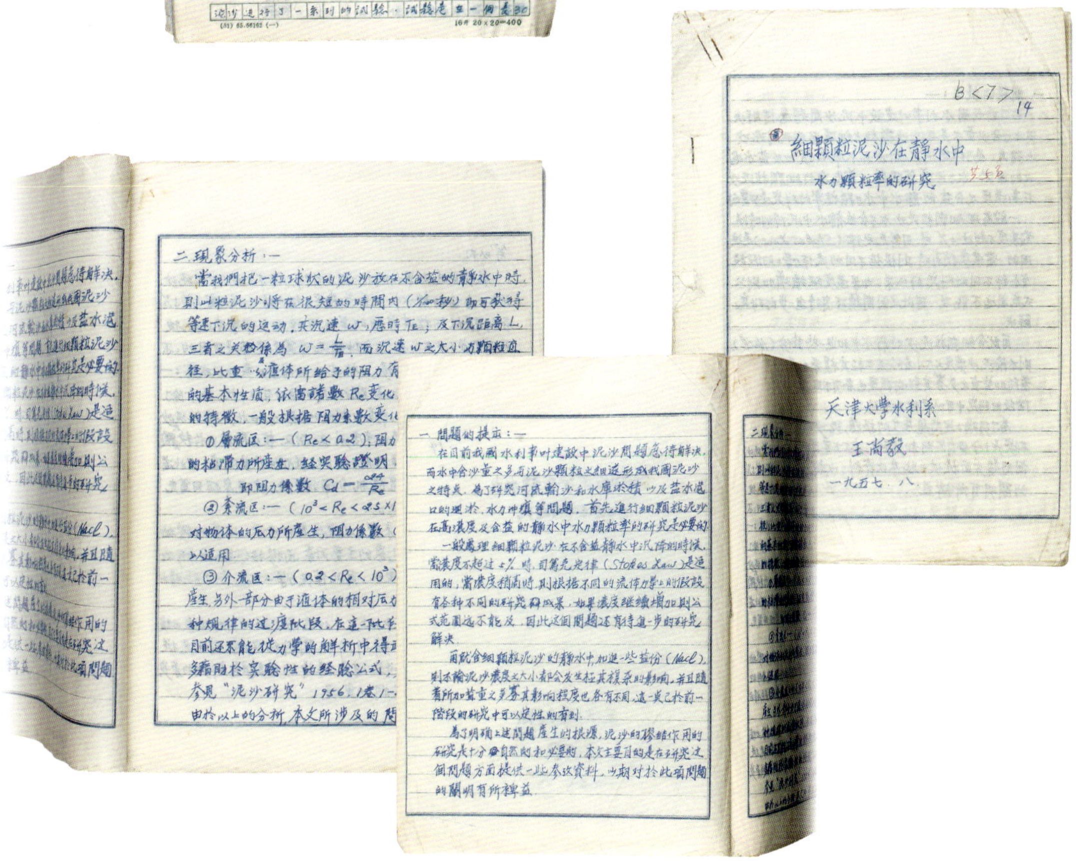

王尚毅教授撰写的《细颗粒泥沙在静水中水力颗粒率的研究》手稿

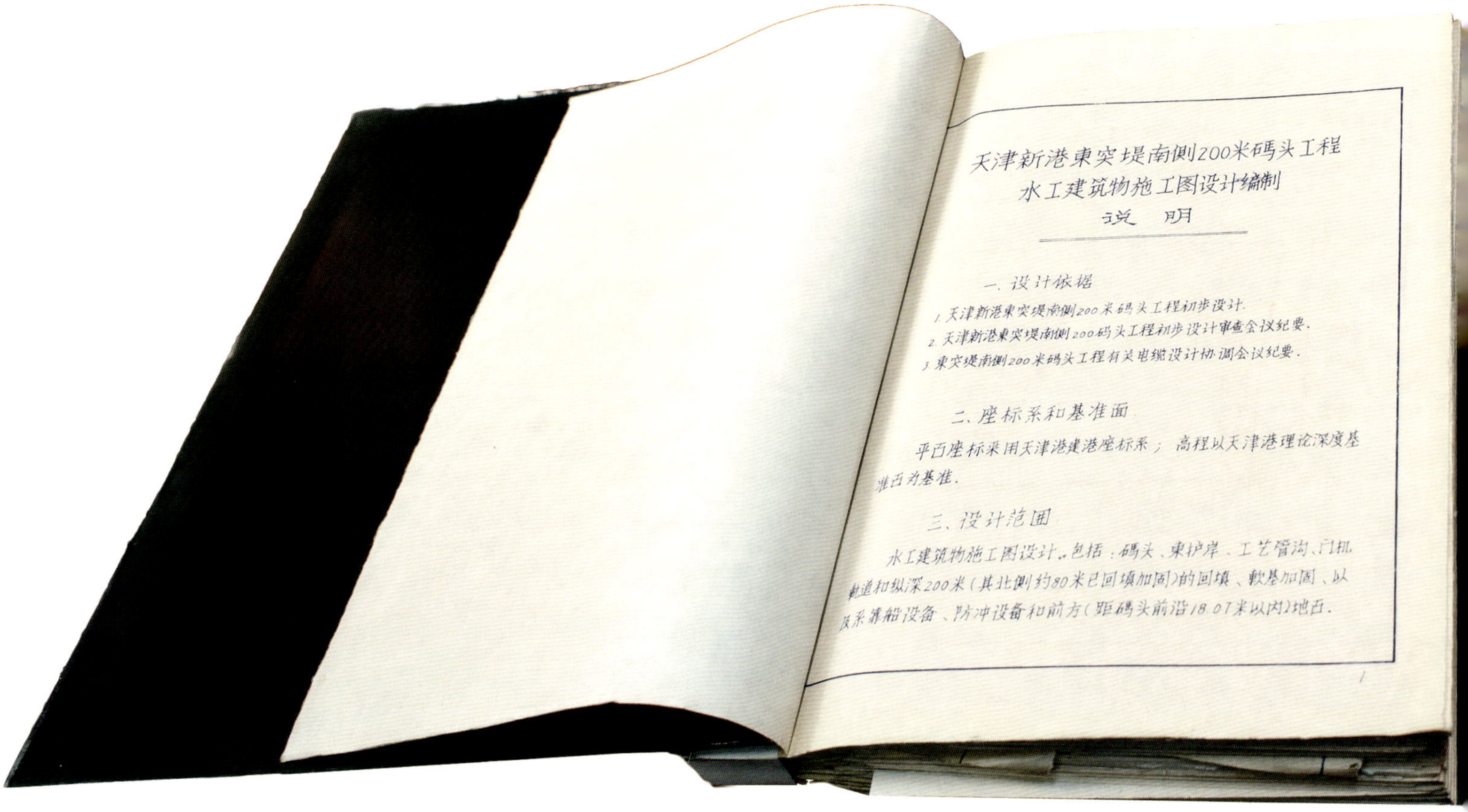

天津新港東突堤南側200米碼头工程
水工建筑物施工图设计编制
说 明

一、设计依据

1. 天津新港東突堤南側200米碼头工程初步設計.
2. 天津新港東突堤南側200碼头工程初步设计审查会议纪要.
3. 東突堤南側200米碼头工程有关电缆设计协调会议纪要.

二、座标系和基准面

平面座标采用天津港建港座标系；高程以天津港理论深度基准面为基准.

三、设计范围

水工建筑物施工图设计。包括：碼头、東护岸、工艺管沟、门机轨道和纵深200米（其北側约80米已回填加固）的回填、軟基加固、以及系靠船设备、防冲设备和前方（距碼头前沿18.07米以内）地面.

1

天津新港东突堤南侧200米码头工程水工建筑物施工图设计编制说明

由于天津新港建在淤泥质海岸浅滩上，软土层甚厚，作为持力层的粉砂层在-21.0米以下，自1940年开建以来，先后采用了板桩、高桩承台和重力式结构型式。1942年建成的第一码头，其结构为钢板桩岸壁拉锚式；1945年建成的第二码头，其结构为钢筋混凝土岸壁栈桥式。

1958年建成新港5号泊位，为中国第一座万吨级深水泊位，其结构改为钢筋混凝土高桩承台式；此后，新港新建的大量泊位，均采用了高桩承台式结构。1989年在新港东突堤南侧东端的矿建泊位，采用了沉箱重力式结构；在这个试验性工程成功后，接着于1990年开工建设东突堤北侧6个泊位，全部采用沉箱重力式结构，成为天津港的第一座重力式码头。

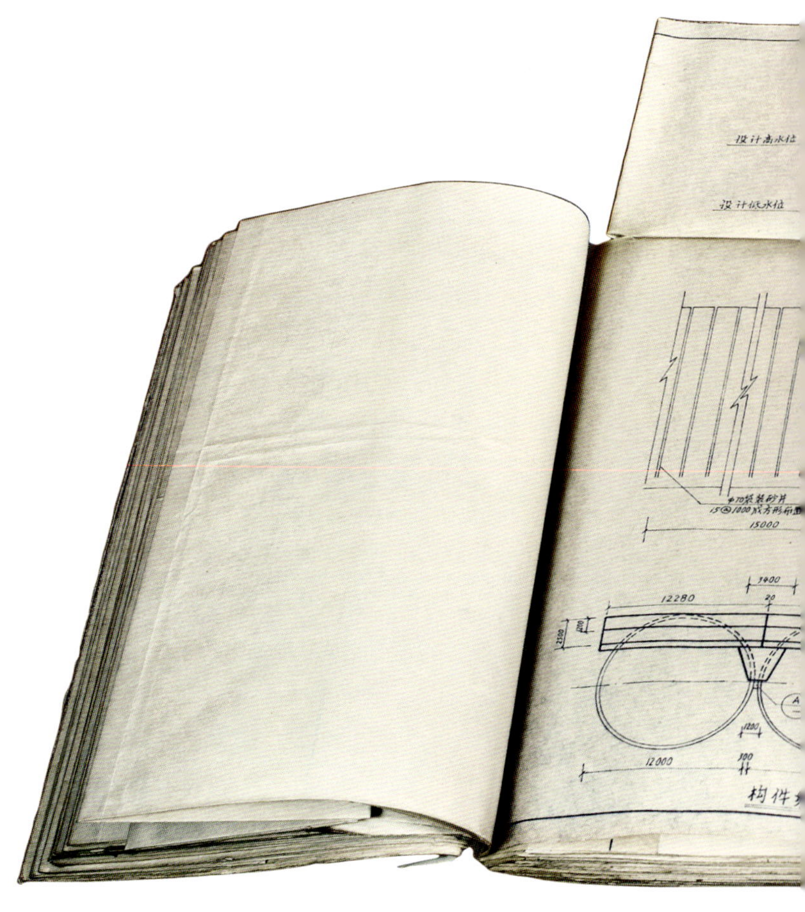

天津新港东突堤南侧200米码头工程水工建筑物施工图设计

1989年2月由天津大学水利水电水运研究院宋礽、朱遂、周世英、陈万佳、杨奕瀚、刘锡岑、王浩芬、杨景贤等教师共同完成的天津新港东突堤南侧200米码头工程水工建筑物施工图设计。

水工建筑物施工图设计包括：码头、东护岸、工艺管沟、机门轨道和加深200米（其北侧约80米已回填加固）的回填、软基加固以及系靠船设备、防冲设备和前方（距码头前沿18.07米以内）地面。

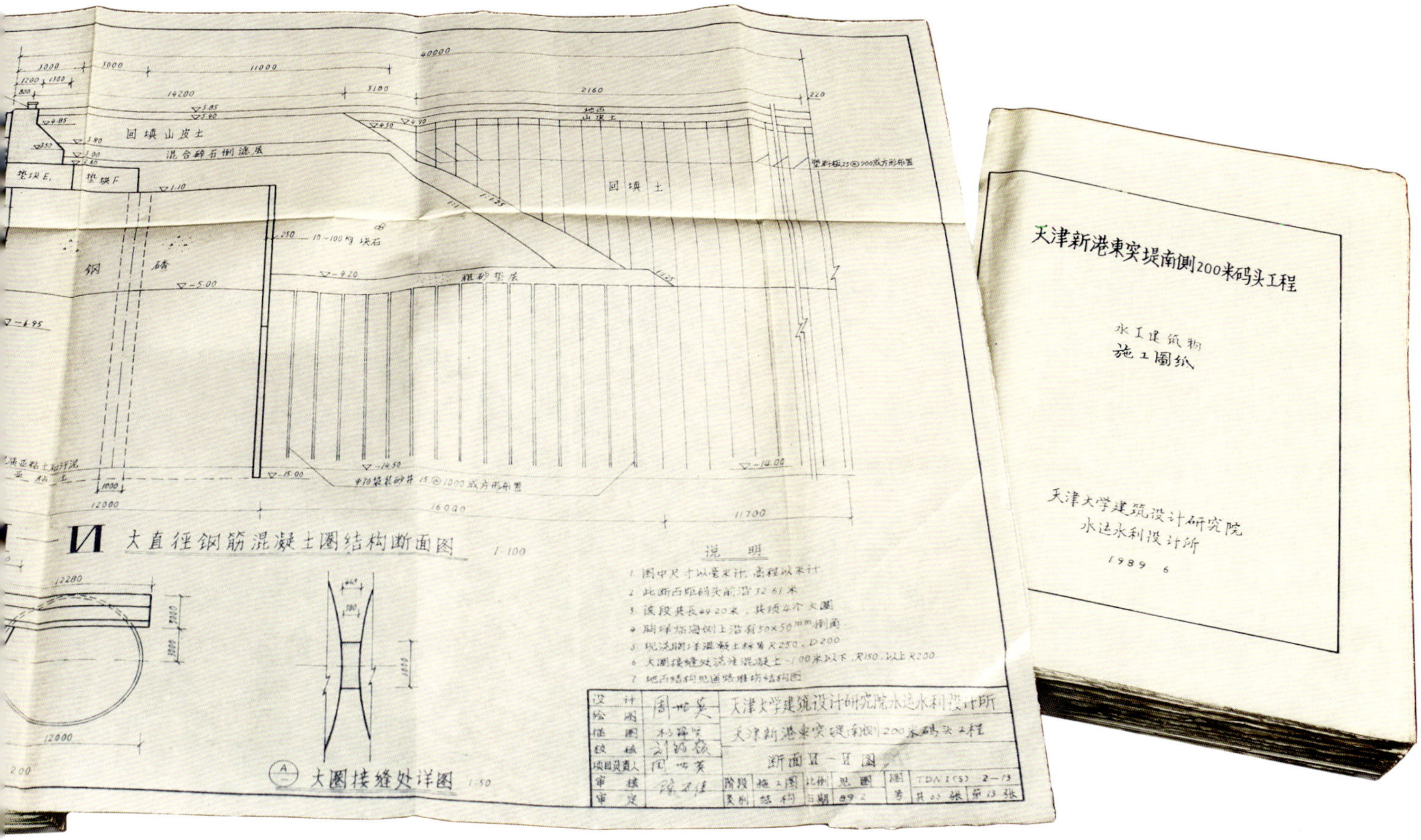

天津新港东突堤南侧200米码头工程水工建筑物施工图

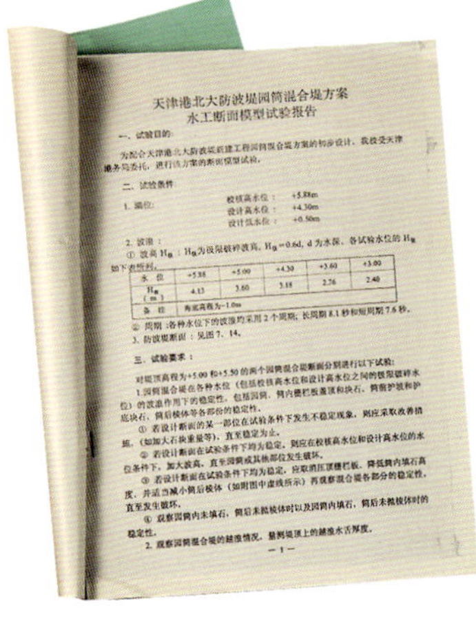
天津港北大防波堤园筒混合堤方案
水工断面模型试验报告

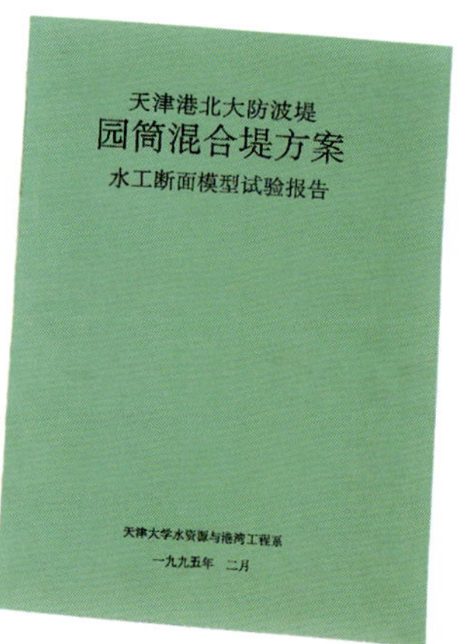
天津港北大防波堤
园筒混合堤方案
水工断面模型试验报告

天津大学水资源与港湾工程系
一九九五年 二月

水位4.30米，T=8.1秒，H=3.18米堤顶越浪的情景

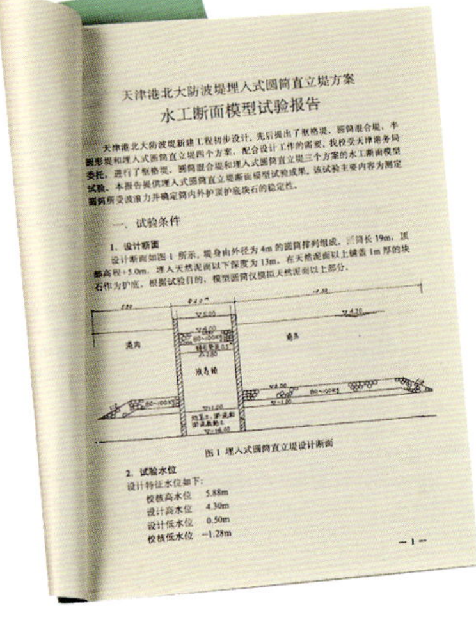
天津港北大防波堤埋入式圆筒直立堤方案
水工断面模型试验报告

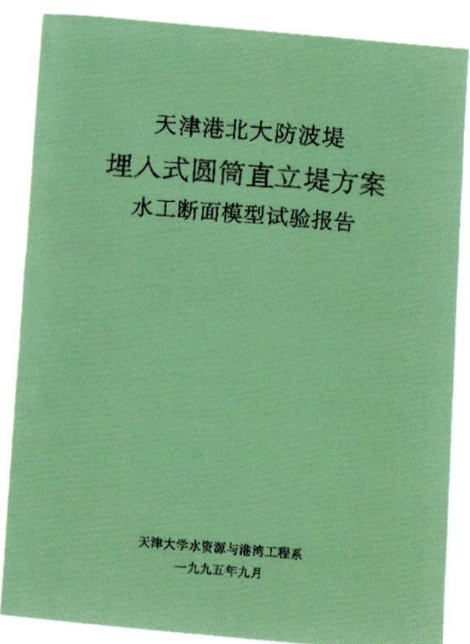
天津港北大防波堤
埋入式圆筒直立堤方案
水工断面模型试验报告

天津大学水资源与港湾工程系
一九九五年九月

水位3.60米，T=8.1秒，H=2.78米堤顶越浪的情景

1995年，天津大学水资源与港湾工程系完成的“天津港北大防波堤埋入式圆筒直立堤方案水工断面模型试验”

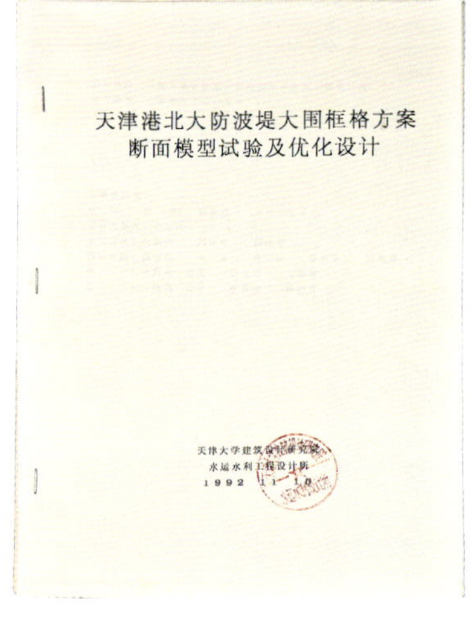
天津港北大防波堤大围框格方案
断面模型试验及优化设计

1992年，天津大学水资源与港湾工程系完成的“天津港北大防波堤大围框格方案断面模型试验及优化设计”

5.0断面，破碎后的波浪冲击圆筒（水位3.60，H=2.78米，T=8.1秒）

5.0断面，波浪在圆筒前破碎（水位4.30米，H=3.16米，T=8.1秒）

5.0断面，波浪在基床前沿破碎（水位3.60米，H=2.78米，T=8.1秒）

赵今声教授在1986年5月全国海岸带和海涂资源综合技术交流会上谈到我国海岸带资源时，他如数家珍地介绍了我国海岸带蕴藏丰富的农业、水产、海洋化工、矿产、交通、能源、旅游等十大资源。由于过去缺乏系统的调查，资源底数不清，更没有充分利用起来。这次全国海岸带调查的目的，就是为了更好地开发和保护这些海岸带资源。海岸带开发要因地制宜，要根据各地实际情况，具体分析，选择开发重点。例如，江苏“面向黄海，背依长江”，有充分的淡水资源，因此具备维垦条件。山东则适宜发展海水养殖。

在谈到天津调查和开发重点时，特别强调：“要根据天津的具体情况，第一是港口。天津的地理条件对发展海运是得天独厚的，天津将来可以建成华北国际贸易港口的中心。现在新港为维护航道和港口水深，每年要挖泥300万~400万立方米。为了适应四化建设的要求，为了港口的扩建和发展，这次海岸带水文地质调查要搞清这些淤泥的来源及其运动规律。第二是开发工业基地资源。天津市设想在海河两岸和塘沽、汉沽、北大港三个区的盐碱地建工厂，形成新的工业基地。因此，要调查这几个区的水文地质情况，为将来建厂提供科学依据。第三是海洋化学资源和海底石油。天津市以石油化工和海洋化工为工业重点，海上石油输送到天津的管道铺设，运出石油的油港建造，都应列为调查研究重点；此外，……”

天津日报　1986年2月4日　星期二　第五版

天津滨海区陆沉海浸危害和防治对策

赵今声

老教授赵今声畅谈调查开发天津海岸带

赵今声教授在著书。本报记者孙堂摄

在五月初召开的全国海岸带和海涂资源综合调查技术交流会上，记者采访了著名海港专家赵今声教授。赵老虽已年近八旬，但神采奕奕，谈笑风生，还担任着天津市海岸带资源调查技术指导小组组长。为了我国海岸带资源的开发事业，赵老不远千里，赶赴南京，参加了会议。

在谈到我国海岸带资源时，赵老如数家珍似地介绍了我国海岸带蕴藏丰富的农业、水产、海洋化工、矿产、交通、能源、旅游等十大资源。他说，由于过去缺乏系统的调查，资源底数不清，更没有充分利用起来。这次全国海岸带调查的目的，就是为了更好地开发和保护这些海岸带资源。

赵老在谈到海岸带资源开发时特别指出：海岸带开发要因地制宜，要根据各地实际情况，具体分析，选择开发重点。例如，江苏“面向黄海，背依长江”，有充足的淡水资源，因此具备围垦条件。山东则适宜发展海水养殖。什么是天津的调查和开发重点呢？根据天津的具体情况，赵老认为：首先是港口。天津的地理条件对发展海运是得天独厚的，天津将来可以建成华北国际贸易港口的中心。现在新港为维护航道和港口水深，每年要挖泥300—400万立方米。为了适应四化建设的要求，为了港口的扩建和发展，这次海岸带水文地质调查要搞清这些淤泥的来源及其运动规律。第二是开发工业基地资源。天津市设想用海河两岸和塘沽、汉沽、北大港三个区的盐碱地建工厂，形成新的工业基地。因此，要调查这几个区的水文地质情况，为将来建厂提供科学依据。第三是海洋化学资源和海底石油。天津市以石油化工和海洋化工为工业重点，海上石油输送到天津的管道铺设，运出石油的油港建造，

1980年2月4日《天津日报》

1983年赵今声教授担任天津市海岸带及海涂资源综合调查技术指导组组长，1985年以参加调查单位为股东，组成天津海岸带开发咨询服务公司，他被推选为第一任董事长，先后历时5年，组织和动员了几十个单位技术人员，经过共同努力，高质量完成天津市海岸带及海涂资源综合调查的各项工作，获得多项调查和技术研究成果。

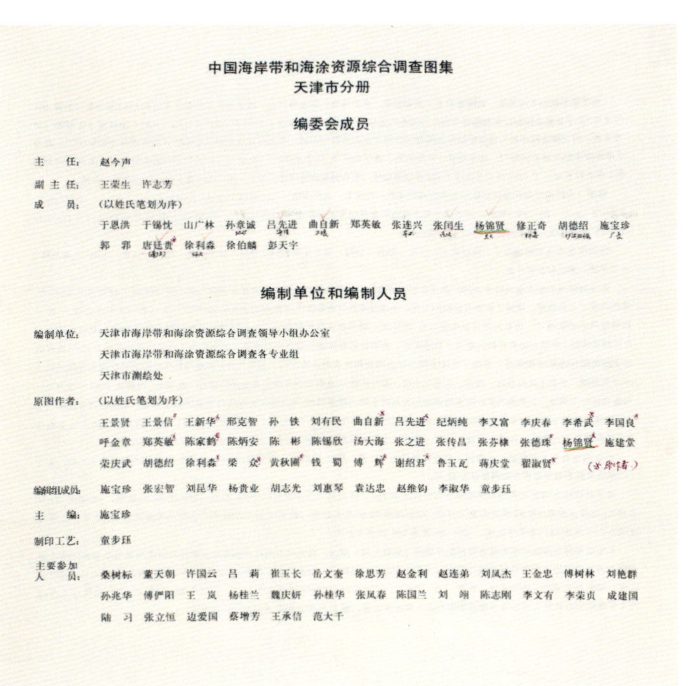

中国海岸带和海涂资源综合调查图集

天津市分册

编委会成员

主　　任：赵今声

副 主 任：王荣生　许志芳

成　　员：（以姓氏笔划为序）

于恩洪　于锡忱　山广林　孙章诚　吕先进　曲自新　郑英敏　张连兴　张闰生　杨锦贤　修正奇　胡德绍　施宝珍

郭　郛　唐廷贵　徐利森　徐伯麟　彭天宇

编制单位和编制人员

编制单位：天津市海岸带和海涂资源综合调查领导小组办公室

天津市海岸带和海涂资源综合调查各专业组

天津市测绘处

原图作者：（以姓氏笔划为序）

王景贤　王景信　王新华　邢克智　孙　铁　刘有民　曲自新　吕先进　纪炳纯　李又富　李庆春　李希武　李国良

呼金章　郑英敏　陈家鹤　陈炳安　陈　彬　陈锡欣　汤大海　张之进　张传昌　张芬棣　张德珠　杨锦贤　施建堂

荣庆武　胡德绍　徐利森　梁　众　黄秋圃　钱　蜀　傅　辉　谢绍君　鲁玉瓦　蒋庆堂　翟淑贤

编辑组成员：施宝珍　张宏智　刘昆华　杨贵业　胡志光　刘惠琴　袁达忠　赵维钧　李淑华　童步珏

主　　编：施宝珍

制印工艺：童步珏

主要参加人员：桑树标　董天朝　许国云　吕　莉　崔玉长　岳文奎　徐思芳　赵金利　赵连弟　刘凤杰　王金忠　傅树林　刘艳群

孙兆华　傅俨阳　王　岚　杨桂兰　魏庆妍　孙桂华　张凤春　陈国兰　刘　翊　陈志刚　李文有　李荣贞　成建国

陆　习　张立恒　边爱国　蔡增芳　王承信　范大千

天津市海岸带和海涂资源综合调查领导小组办公室

感谢信

赵今声　同志：

历时五年的天津市海岸带和海涂资源综合调查，您在严格把关定向，协助排除困难，确保如期完成既定任务，取得了优异成绩，做出了无私奉献。市政府特向您颁发了荣誉证书，为了略表市领导小组的感谢之意，送给您一部书以资纪念。<综合调查报告>也随同送上。

在迈进光辉的一九九零年之际，祝您身体健康、万事如意！

天津市海岸带和海涂资源综合调查领导小组

1989年12月27日

天津市海岸带和海涂资源综合调查领导小组写给赵今声的感谢信

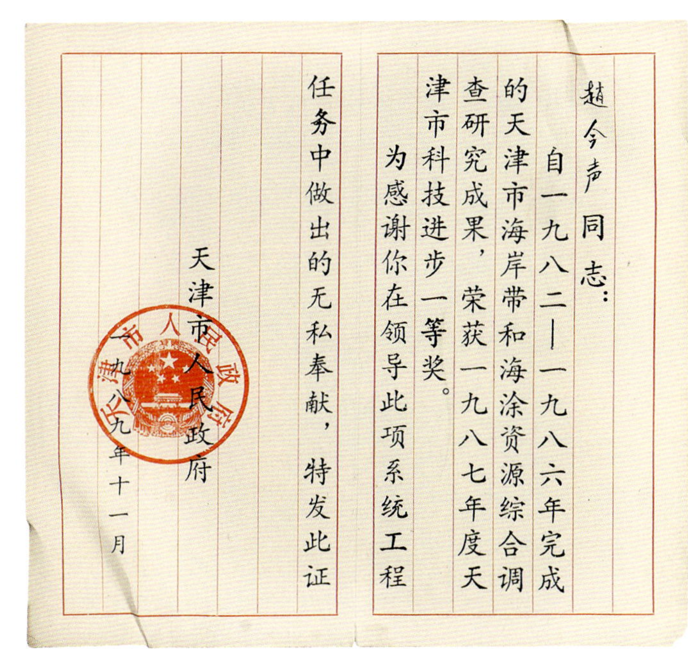

赵今声同志：

自一九八二—一九八六年完成的天津市海岸带和海涂资源综合调查研究成果，荣获一九八七年度天津市科技进步一等奖。

为感谢你在领导此项系统工程任务中做出的无私奉献，特发此证

天津市人民政府

一九八九年十一月

天津市人民政府颁给赵今声的天津市科技进步一等奖证书

《海岸带及海涂资源综合调查》

20世纪70年代末，国家为建设“中国东部沿海经济区”摸清资源与环境，并选出12个经济开发区。经国务院批准，由国家科委、农委、总参谋部、水产总局联合下达〔79〕“国科发”二字第465号文件《关于开展全国海岸带和海涂资源综合调查》的通知，并列入国家“八五”攻关重大项目。责成国家海洋局及沿海10省市在政府统一领导（各省、市派一名副部级领导为组长）下，抽调有关地质等13个学科专业人员，开展多学科、多部门全国同步综合科学调查。“天津市海岸带调查”属天津区域部分，由天津科委负责，于1980年抽调本市及中央驻津有关13个专业的部门、高校、科研、海军等73个单位开展同步调查。天津大学赵今声教授被聘为“天津海岸带”技术指导组长，水利系杨锦贤被聘为“天津海岸带”成员，负责编制《天津环境工程地质图》。1986年杨锦贤又被特约聘请为“全国海岸带”成员，主持并主笔《中国海岸带工程地质专业》的国家报告和专著。

该项目经1980年至1992年外业调查结束，后继又进行资料深入研究，发表了配套的论著，历时20年之久。杨锦贤参加了“天津区”和“全国海岸带”的全部过程。杨锦贤长期从事教学和有关中国沿海平原经济建设中的资源、环境地质质量和地质灾害的对策研究；结合天津建设规划、地质灾害对策和“全国海岸带和海涂资源综合调查”，对我国沿海平原区“地质环境与建设”进行长期、多学科系统性综合研究。首次提出了“中国沿海平原城市建设中工程地质区划原则与方法”，在“全国海岸带调查”10个省市同步进行工作中，唯有天津市具有探索性、独创性地编制出了影响天津市经济可持续发展的，能反映各种地质环境质量因素和可能发生地质灾害的图件，并提出预防和治理对策（包括出露地表和隐伏地下的）。《天津海岸带环境工程地质区划图》经国家鉴定后正式出版。该图对影响城市建设的“地壳、地基、地面三大稳定性及其叠加效应进行综合评价和区域划分”效益显著，仅地基稳定性一项成果，在天津开发区3.5平方公里内节约地基投资约亿元。高度概括了中国海岸带沿海平原区影响经济发展的五大环境地质问题及其工作原则、方法和“环境工程地质图”编制原则、内容。所有这些经总结，纳入了杨锦贤参加编写的我国首部《海岸带综合地质勘查》规范（国标）及条文说明。中国气象预报的“海洋预报”和“地质灾害预报”即是“全国海岸带调查”成果之一。

1995年5月10日在北京召开的“面向21世纪环境地质学前沿课题和优先发展领域的专题研讨会”上，将“沿海及海岸带的第四纪变化、资源开发、工程建设和环境保护”及“大部分城市灾害化的环境和灾害地质问题”列入十大前沿课题。1989年获天津市科技进步一等奖，1992年获国家科技进步一等奖和地质部地质勘探二等奖，1993年获天津市科技进步三等奖（指全国补充海岛资源调查——“北塘”蓟运河口的“三河岛”。已列入开发规划。）

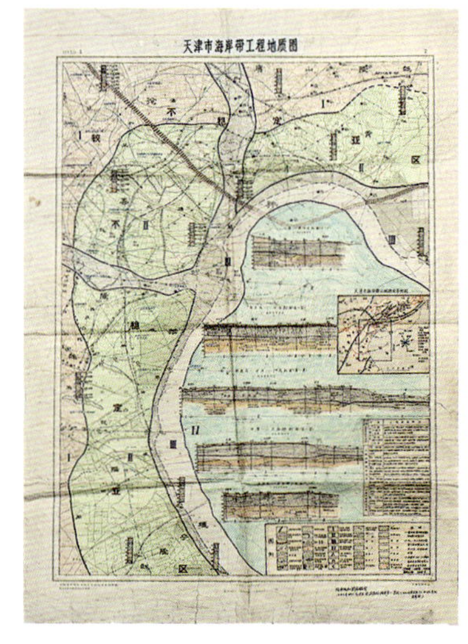

手工绘制的《天津市海岸带工程地质图》
（由1/10万原图幅缩编而成1/20万图幅，属上交成果图件和供正式出版的原稿底图）

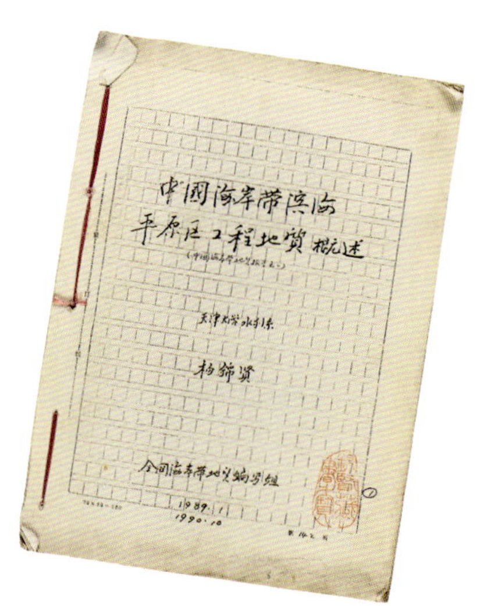

《中国海岸带滨海平原区工程地质概述》
（杨锦贤为“中国海岸带调查”课题“平原部分”著作所完成的手稿）（后与补充“山区部分”统一手稿已上交）

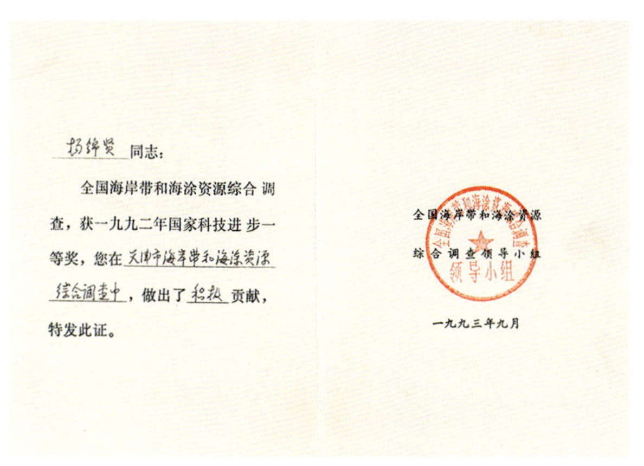
杨锦贤同志：

全国海岸带和海涂资源综合调查，获一九九二年国家科技进步一等奖，您在天津市海岸带和海涂资源综合调查中，做出了积极贡献，特发此证。

全国海岸带和海涂资源综合调查领导小组

一九九三年九月

“全国海岸带调查”获国家科技进步一等奖署名证书

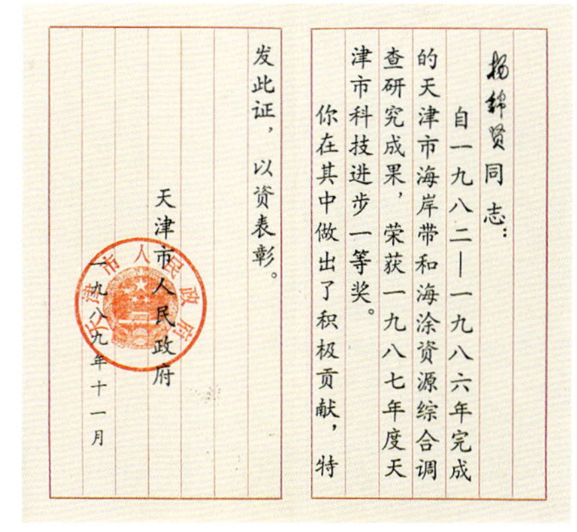
杨锦贤同志：

自一九八二—一九八六年完成的天津市海岸带和海涂资源综合调查研究成果，荣获一九八七年度天津市科技进步一等奖。你在其中做出了积极贡献，特发此证，以资表彰。

天津市人民政府

一九八九年十一月

“天津海岸带调查”获天津科技进步一等奖署名证书

《全国海岸带综合地质》规范
（国家计量局正式出版，为“国家标准”）

因海岸带地质条件复杂，经济开发不足，因此“属地质工作空白区”。随沿海经济开发的扩大要求和“海岸带综合调查”的经验总结，上级授权制定的“国标”规范。

“中国沿海平原经济建设中的资源与环境地质和地质灾害对策研究”（2000年5月，杨锦贤文稿汇编）

汇编文稿包括1974年至1999年的10个项目（大部分为政府负责项目）、10个报告、5个专著的目录以及“中国海岸带范围”的有关“地热地质”“地震地质”“水文地质”“港口地质”和“环境地质”“灾害地质”等专题的研究论文27篇。还附有聘书、获奖证书、专家评语和国家拟定的“地质前沿课题”“国家重大研究项目”等复印件。上述资料均为“中国海岸带综合调查”（含天津区域）成果图件和著作的重要素材或直接纳入项目成果。

《中国海岸带地质》（杨锦贤主笔“工程地质”专业，10余万字）

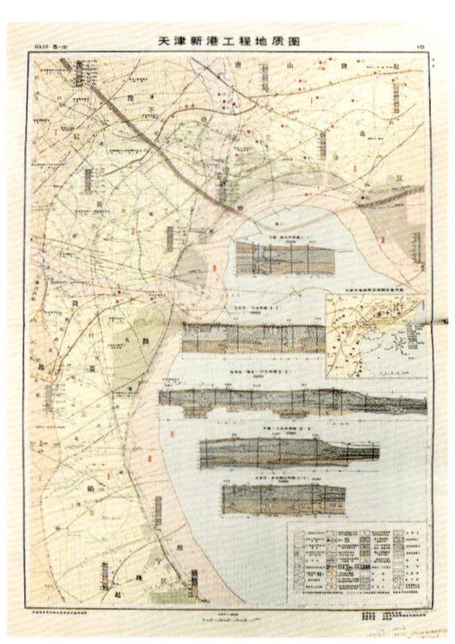

印刷版1/20万《天津新港工程地质图》，纳入天津海涂资源综合调查图册
（图件反映：①地壳稳定性及分区；②地基稳定性及分区；③地面稳定性及分区。该图是我国平原区首幅1/20万环境工程地质图，具有科学创新性和实用性）

新港

通过“海涂资源综合调查”项目及多年研究，塘沽新港的发展和建设的空间很大，具有地理上的极大优势；同时，港区处特殊的地质环境存在着地质环境质量差、易发生多种地质灾害等隐患，但只要重视它，认识其规律，完全可以用技术手段进行改善或避免。

第一，塘沽港地理位置优越。首先，对内可辐射东北、西北和华北，三大区资源丰富，商品流量大；同时又处三大区域及华东区的陆上交通枢纽中心，可实现水陆快速联运的集散地；紧靠我国北方最大的“塘沽开发区、自贸区和免费仓储区”。对外，通过渤海海峡（航道水深达25～30米）通往世界各地。这里可以成为我国北方对外贸易交流中心。其次，港区地处“渤海湾”西岸，整个“渤海”水域大，“渤中”底质“条件好”，待运停泊量大。最后，峡口外有山东和辽东两大“岩质半岛”作屏障，战略安全性高。

第二，存在下列地质环境质量问题，要重视和考虑预防多种地质灾害。首先，地处“燕山构造上升区”和“华北平原断陷沉降区”的交接带，在“渤海中部”和“唐山—宁河以北”是地下活动断裂发育带，在百公里内受东部“渤中”和北部“唐、滦、宁”两大历史及近代“地震多发中心”影响。“地质烈度”国家定位为“8度区”，经我们进行震害调查，港区“实际烈度”在唐山大地震中局部达“9度”。其次，随着人类高强度经济活动，大量抽地下水，引起“地面沉降”，港区位于华北及天津地区严重沉降的几个沉降中心的影响范围。再次，码头桩基端部“持力层”上下均为“海相软弱层”，尤其港区下25～30米内的“海相淤泥质”土层厚度大，含水量高，孔隙率高，且多“粉土”不连续夹层；它具有变形量大、并可产生“不均匀”沉降和“沙土液化”等对港区各种建筑物工程危害严重的地质灾害。但可采用合理“地基结构型式”解决。还有，风暴潮多发。地处夏秋季台风北上路线；受“渤海湾”收缩地形及水域面积大影响，加上当地“气象、水文”因素和正遇上“天文大潮”的叠加，其风暴潮灾害严重，应采取预防技术措施。最后，受“地质构造”区域性持续沉降影响，400～600米厚的松软土层的“自然”和“港区建筑物”荷重引起地层压缩，强烈地震产生“震陷值”，人为引起的地面沉降，地质上正处“第四季冰后期的暖期”及人类经济活动过量二氧化碳的排放使全球变暖，引起海平面不断上升。因此要考虑上述因素迭加引起华北低洼中心的“地面高程损失量”建筑物地面高程要预留50～100年的损失量。

第三，港区“回淤问题”的研究由来已久。经“综合调查研究”其物质来源有三条。首先，北部“滦河水下三角洲”物质顺“暗流”南下，但其粒径大，一般止于“大神堂”区域。其次，南部“黄河水下三角洲”物质，顺岸流北上，物质属粉砂粉土级。“航片”和“卫片”上清晰反映北上止于“驴驹河”口，影响甚小。再次，回淤物质产生于港区周围。塘沽港位于海河口九河下梢，河流沉积物颗粒小，港区又处“上部第一海相淤泥质软土层”最厚处。该地层在风、潮汐、运输和海洋本身规律，引起的“浪”，“多种潮流”的冲刷，分选和反复掀起，使“粘土粒级”集中于港区，产生较厚的、饱和的“浮泥”，使港区及航道底面高程抬高。经综合分析历史资料，它随“港区扩大”“长期吹淤造陆”、滨海新区的扩大使淤泥质土层的变薄，其“回淤量”正逐渐变少。

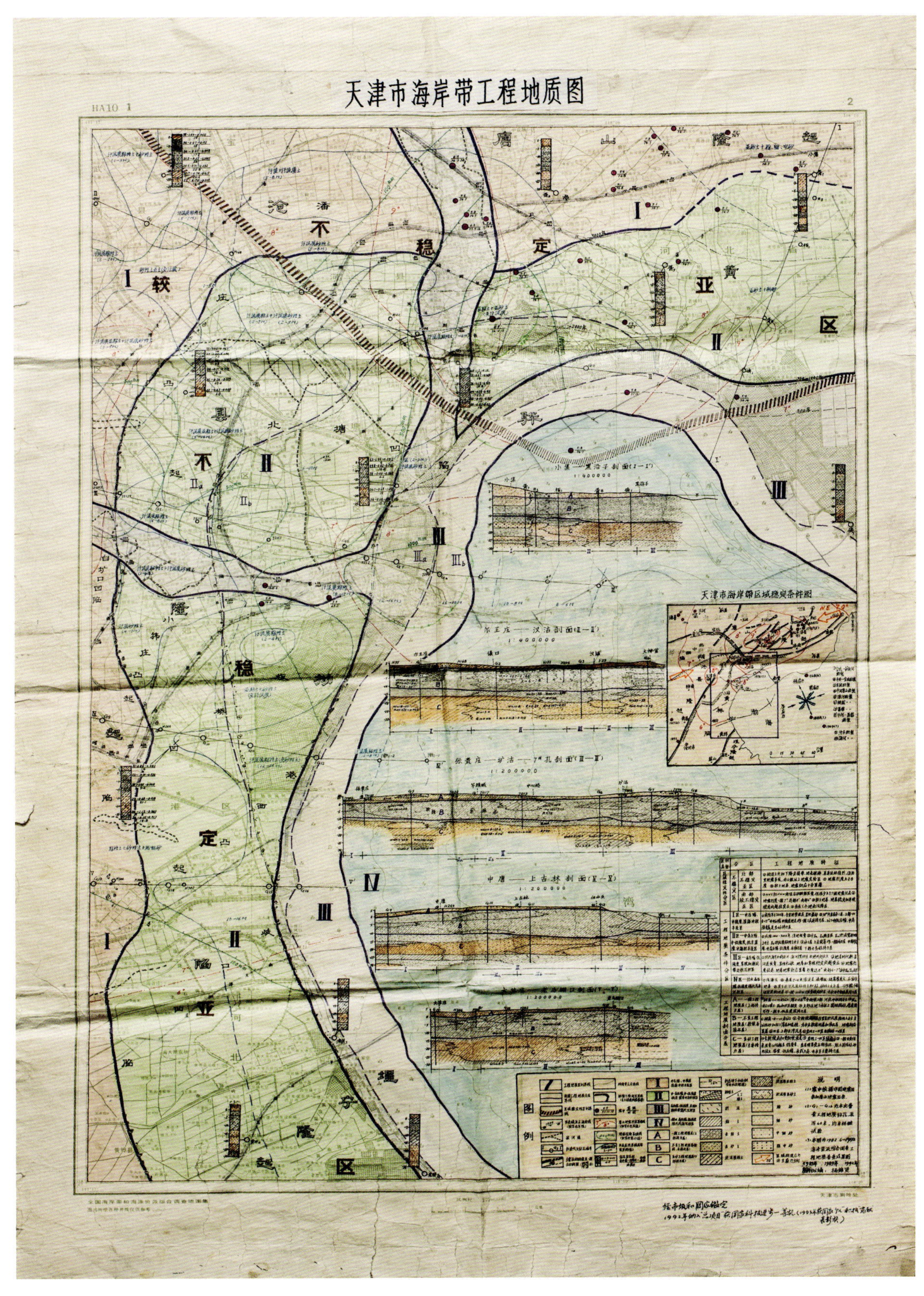

天津市海岸带工程地质区划图
（1/20万比例尺，杨锦贤手工制作）

天津港的发展与天津大学校友的贡献

作为我国国民经济的重要交通基础设施和核心战略资源的天津港，发展克服了自然条件的约束，在淤泥质海滩上创建了世界第五的人工深水大港。自新中国成立以来，天津港演绎了从“匀速前进”到“加速奔跑”，从“市场开发”到“功能开发”，从“资本积累建港”到“市场融资建港”，从“浅水浅用”到“建设深水大港”，从“建设推着规划走”到“超前规划合理布局”，在世界建港史上创造了一个又一个奇迹。这些都离不开天津大学不断向天津港输送的高科技人才，如今，天津港的发展成就凝聚着他们的心血，他们是：

天津港集团党委书记、董事长张丽丽；
集团副总工、原东疆公司总经理，现划建处处长刘欣；
地产公司总经理付瑞清；
集团总裁助理、南疆公司总经理张凤展；
东疆保税港区建设发展局副局长赵洪亮；
设施中心主任刘富强；
散货物流公司总经理李增军；
原设施中心主任丁乃庆；
轮驳公司书记、原建设公司总经理阮学明、建设公司总经理邹立；
物资公司副总经理郝久存；
地产公司副总经理付海峰、张弛；
原港务局副总工张瑞；
原港务局规划建设处原处长张葆桐；
原港务局规划建设处原处长张浩；
原港务局科技处原处长孟志学、王敬忠；
原港务局规划处原副处长薛曼华等。

天津港“贯彻落实科学发展观，创建世界一流大港，
努力实现科学发展、和谐发展、率先发展”

钱塘江大桥

讲述北洋大学与中国第一座铁路公路两用大桥的故事

杭州钱塘江大桥是第一座由中国人自己设计并主持施工的公路铁路两用大桥，曾饱受抗日战争战火硝烟的洗礼，至今屹立在滔滔湍流的钱塘江上，向人们讲述着一段动人的故事。

1933年，茅以升（系北洋大学校长）受浙江省建设厅厅长曾养浦（系北洋大学毕业生）之重托，任桥工处处长，与此同时，茅以升聘任留美时同窗好友罗英（系北洋大学教授）做总工程师，共同主持建造钱塘江大桥。

钱塘江杭州段江面开阔，江流湍急，江底流沙沉积甚厚，造桥十分困难。茅以升以造桥不成则跳江殉职自相激励，展现出中国人的铮铮铁骨。在他主持下设计施工人员创造性地运用多项科学技术，解决了施工中的80多个重大难题。历时两年半，这座长1453米、高71米的铁路公路两用双层大桥于1937年9月26日正式通车。1937年末，侵华日军南逼日紧，在我抗日部队和战略物资大部分抢运结束后，为了阻止日军南犯的速度，茅以升以民族利益为重，于12月23日遵上级命令忍痛将大桥主体关键部位炸毁，通车仅89天的钱塘江大桥化为断桥。当时，茅以升的心情十分悲痛，在《别钱塘》中写下“斗地风云突变色，炸桥挥泪断通途。五行缺火真来火，不复原桥不丈夫”的诗句。抗战胜利后，1948年5月，在茅以升的亲自主持下，钱塘江大桥基本得以修复，兑现了他“抗战必胜，此桥必复”的誓言，一座气势如虹的钱塘江大桥又恢复昔日的雄姿。钱塘江大桥的建成不仅是我国桥梁史上的巨大成就，也是中国铁路桥梁史上一个辉煌的里程碑。

在建桥的过程中，不论是建桥的决策者还是大桥的设计人员、总工程师、各个工段的技术人员以至实习的师生，皆有北洋大学人物身影，如今，钱塘江大桥宛如横跨在钱塘江上的一道色彩斑斓的彩虹，从中绽放出所有曾为之奋斗的人的精神光芒。

北洋大学与钱塘江大桥的故事，彰显了中国老一代科学工作者百折不挠、求真务实的风范。钱塘江大桥作为中华民族物质文化遗产为后人留下了一笔宝贵的精神财富。与此同时，作为在重大工程建设中多学科合作的典范，钱塘江大桥的建成进一步验证了大学在育人过程中重视专业课程的结构设置、培养复合式人才的重要意义。

钱塘江大桥

曾养甫

茅以升

罗英

建造钱塘江大桥中系北洋大学人物

曾养甫，北洋大学1932年矿业工程系毕业生，时任浙江省建设厅厅长，直接领导建造钱塘江大桥工作。

徐世大，北洋大学土木工程系1917年班毕业生，浙江省钱塘江海塘工程局局长。

茅以升，北洋大学教授、校长，钱塘江大桥设计者、工程处处长。

罗英，北洋大学教授，钱塘江大桥设计者之一，造桥工程处总工程师。

马席庆，北洋大学土木工程系1931年班毕业生，钱塘江水利工程局设计科科长。

熊正珌，北洋大学土木工程系1933年班毕业生，钱塘江大桥工程处工务员。

余权，北洋大学土木工程系1933年班毕业生，钱塘江大桥工程处工务员。

丘勤保，北洋大学1934年土木工程系毕业生，钱塘江大桥工程技术监理。

鲁乃参，北洋大学土木工程系1934年班毕业生，钱塘江大桥工程处工务员。

李伯宁，北洋大学土木工程系1934年班毕业生，钱塘江大桥工程处工务员。

鲍永昌，北洋大学土木工程系1935年班毕业生，钱塘江大桥工程处工务员。

张舜农，北洋大学会计兼钱塘江大桥工程处会计员。

钱塘江大桥桥工处全体人员合影（左六张舜农、十五鲁乃参，右一李伯宁、五熊正珌、十八茅以升、二十罗英）

茅以升（左一）与曾养甫（中）在建桥工地

茅以升（左一）与罗英（左二）在建桥工地

北洋大学二十五年班参建学生与工程师李文骥（左二）在打桩船上一起合影

茅以升（右二）与罗英（右一）怀德好施（左一）康立德（左二）在一起合影

周志宏

周志宏（1897—1991），1923年毕业于北洋大学矿业工程系。1924年赴美国学习，先后获卡内基工学院硕士学位和哈佛大学博士学位。上海交通大学教授、顾问。长期从事物理冶金和钢铁冶炼研究。1930年，成功研究出中国最早的大型铸锻件，完成了钱塘江大桥的桥梁桥座的铸造和加工任务。在周志宏主持下，上海炼钢厂不仅供应兵器用材，还承担了当时一些重要工程的大型设备的生产任务。并为钱塘江大桥制造了桥座铸钢件。1955年，周志宏被选聘为中国科学院学部委员（院士）。

钱塘江大桥

陈范有

陈范有（又名陈汝良），1917年入北洋大学土木工程系。曾任启新洋灰公司工程部工程师。主持创建江南水泥厂、江南水泥总公司，任常务董事兼总经理。公司所生产的“马牌”水泥多次荣获殊荣：1911年意大利都郎（灵）博览会优等奖章；1915年巴拿马赛会头等奖状、头等奖章。在建造钱塘江大桥时，启新洋灰公司一举中标成为造桥水泥主要生产及供应厂家。

王涛

王涛，1926年毕业于天津北洋大学矿业系，1932年应中国唐山启新洋灰公司邀请，取代德国总技师担任了启新洋灰公司总技师，成为中国水泥工业史上担任总工程师的第一位中国人。王涛作为启新洋灰公司的总技师为建造钱塘江大桥做出了贡献。

特别水泥

钱塘江含有大量海水，尤以高低潮位一带为甚。故为抵抗海水，桥墩外面受潮水侵蚀之处，应用有抵抗海水能力的水泥。 唐山启新洋灰公司，经一年余之研究，试造一种卜作栏铁质水泥，具有掺和水泥及铁质水泥二者之优点。因其为铁质水泥，故不致有水泥寄生虫之产生，因其为掺和水泥，故于凝结时不致遗留多量之氢氧钙。且因应用特种制造方法。该项水泥，除抵抗海水能力特别强大外，其他如凝固性及安全引压应力等，依试验结果，较之普通水泥，亦稍优胜，启新洋灰公司生产的“马牌”水泥是钱塘江大桥制造桥墩的材料。

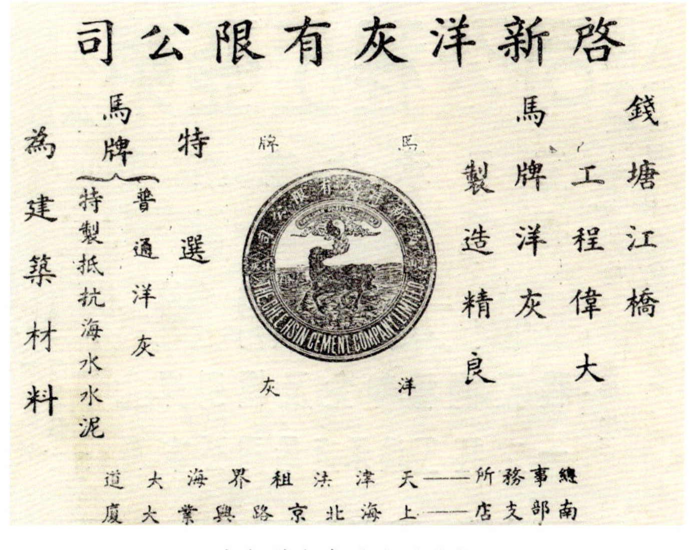

启新洋灰有限公司海报

建造钱塘江大桥首先要克服两大困难，一是洪水和涌潮。钱塘江上游是山区，有衢江、兰江、新安江、桐江、富春江、浦阳江，进入杭州后才名为钱塘江。每年雨季时有洪水暴发，从新安江到上游只是普通河道，到了杭州江面越来越宽，南星桥一带达2000公尺，下游江面更加宽了，先形成杭州湾，再扩大成喇叭形的黄盘洋后东流入海。每当大海潮涌入时，高过江面约2米，整个江面一字摆开，涛声大作，不绝于耳。如遇洪水上下同时迸发，汹涌澎湃，翻腾咆哮，势不可挡，再遇上台风季节更是浊浪排空似万马奔腾，有雷霆万钧之势。

钱塘江有其独特的地理环境，自然风貌影响下所形成的流沙深达三四十米。最深达48米，经水冲刷更是变化无常。石头经冲刷而下沉埋入江底难觅踪影，因此杭州民间有“钱塘江无底”的传说。根据浙江省水利局记载，桥址附近江水平均流速1.1米/秒，江心最大流速为1.57米/秒，最大潮时流速为2.25米/秒，1935年测得江底冲刷曾达11.6米。一些外国桥梁专家，面对看似无法征服的钱塘江，曾发出“建造钱塘江大桥的中国工程师还没有出生”的慨叹。

茅以升面对诸多困难，顶着压力，采用了一条科学法则“利用自然力来克服自然界的障碍”，创造性地使用了“射水法”“沉箱法”“浮运法”等先进技术，解决了建桥中的80多个技术难题，保证了大桥工程的顺利进行，创造了中国造桥史上一个又一个奇迹。

1934年，钱塘江大桥开工典礼

钱塘江大桥开工纪念碑
（右为茅以升）

钱塘江大桥工程处的钱塘江大桥模型

设在六和塔下测量桥址的定位三角架

钱塘江大桥测量工作

李洙（左）在测量钱塘江水速

水上钻探桥址

射水法

用一内径76毫米、管嘴32毫米的长钢管，以1900升每分钟水流量、17.5千克力每平方厘米水压，铅垂地向泥沙中冲一长孔，不用到底，就拔出这钢管，并将木桩就长孔位置插入，凭木桩重量下沉，随后再接以钢送桩，并用蒸汽锤施打，直至桩脚到达石层。

钱塘江正桥桥墩是以木桩为基础的，每个桥墩用桩160根，共9个桥墩，需要用桩1440根，每桩长度30米，要穿越41米的泥沙，并让桩头上留有11米的泥沙覆盖层。采用“射水法”后，由原来的一昼夜只能打1根桩提高到30根，加快了工程进度。

第二蒸汽打桩机船在建桥后和大桥一起被我方炸毁

起重为140吨的蒸汽打桩机，船长约46米、宽16米，吃水深2米，是专门为打30米以上的木桩特制的。第一艘船从上海往杭州途中遭风浪触礁沉没，第二艘船在建桥后和大桥一起被我方炸毁。

30米长的木桩

五吨半的汽锤将木桩锤入石层

浇筑钢板桩围堰内的第一号桥墩

罗英（左三）陪同浙江省公路局局长陈体诚（中）、水利局局长张自立视察打桩现场

将30米长的木桩锤击入水时套上22米的钢套筒，直接锤入河床以下10米

打桩施工平台

沉箱法

沉箱工地位于南岸桥址1.5公里的鲇鱼嘴，铺有两条500米长的轨道，一直伸入江中约百米。14只沉箱都在轨道中间浇筑，每只沉箱长17.7米、宽11.3米、高6米、重600吨。上无盖下无底，中间隔开，上半部分浇筑墩身，下半部分作为气室。为防止江水淹入，沉箱四周筑有木围堰，沉箱浇筑完后，用龙门吊车起吊离地，28位桥工分两边用背纤的方法来回行走，带动钢轮转动，以每小时15米的速度向江边移动。行至码头下水，沉箱入水5米深时，就会自动浮起，然后由拖轮拖至墩位。由于河床冲刷变化莫测，为使沉箱平稳落地，须先用柴席铺垫。柴席大小不一，最大的长55米、宽35米，把砍伐的柴禾，捆扎成10公斤一捆，固定在木排上再拖至墩位，抽去木排用石块抛掷其上，使之沉入河床。沉箱就位后，开始安装气筒气闸再加压，使沉箱降至柴席，向气室内注入3个大气压排挤江水，经试压后工作人员由气闸气筒进入气室（箱底）搬去石头割断柴禾，这时上面开始浇筑墩身，下面开挖泥沙，然后采用“喷泥法”把泥沙和成糊状，开启真空管的阀门，凭借气压作用泥浆被吸入管内直排墩外。这种上下并进的施工方法，彻底保证了施工的进度，大幅度提高了工效。

沉箱浇筑完成后，起吊离地

用于固定沉箱的重10吨的混凝土锚

喷泥法是向沉箱内充入3个大气压，用高压空气冲动泥沙，使泥沙通过真空管向墩外排泄，导致桥墩逐渐下沉

由于河床冲刷变化莫测，为使沉箱平稳落地，须先用柴席铺垫，图为桥工们编排柴席

拖运柴席

沉箱正在浇灌混凝土

沉箱起吊，两边桥工开始转动钢轮，以每小时15米的速度向江中移动

每一个沉箱需要10个10吨重混凝土锚固定

工程人员在沉箱底部工作的情景

浮运法

钢梁均采用合金钢制造，正桥钢梁在白塔岭下的工地组装。每组钢梁长67米，重260吨，用18000个铆钉铆合。每组钢梁组装完成后，用摇车摇至江边。浮运钢梁的设备由两只承载500吨的木船连接固定而成，船上搭有承载钢梁的两副高5米的木架。浮运时利用潮涨潮落的原理结合向舱内注水抽水来控制船体的升降，以达到船身自如驶入钢梁底部，托举后由拖轮拖至两个桥墩之间，按以上原理升降再安然驶离。第十六孔钢梁采用翅臂法，每安装一节，用方木垫平，依次伸展搭建至第十五号桥墩。两岸四孔拱梁都是用手拉胡芦固定在木头（木桩）上，把一根根钢梁慢慢吊上来再铆合组装的。

一组钢梁顺利浮运到桥的两墩上

浮运第十二孔钢梁

正在安装一组钢梁入座

浇筑引桥

北岸桥墩

1937年9月20日，安装最后一组钢梁

在钱塘江大桥工地锻炼实习的北洋大学部分学生名单

1936年班毕业生

李登奎　孙灿文　王庆云　孙瑞麐　黄肇中　华　超　邸增杰　耿培元
何学孟　冯玉琦　王家珍　袁志新　李树棠　王立铭　赵寿祺　刘以信
李承恩　王文奇　卢师孔　张焕常　赵家梁　董广智　耿启曾　郭文冈
李润宝　邵广藩　张蔚曾　王文洙　王中正　黄士斌　王兆杕　靳成麟
崔梦悦　李述景　李鲁卿　白文鉌　于培蕙　赵君鼎　贾士谔　马德先
岳丕忠　董荣禄　魏根立

1934年成立钱塘江桥工程处之初，由铁道部、浙江省政府颁发的《钱塘江桥工程处组织规程》中制定“得招收大学毕业生，实地练习，俾养成桥梁专门人才，为异日工程之助”。为培养和造就中国自己的桥梁专业人才，工程处向全国各高校发函，一共招收了三届练习工务员和实习生。北洋大学派出三届练习工务员和实习生共49人，参与描图、绘图、计算、抄录、施工等工作。在这座中国桥梁专家和工程师的摇篮里，学生们经过了课本理论知识同建桥实践相结合的锻炼，为新中国的桥梁建设奠定了人才和技术基础。

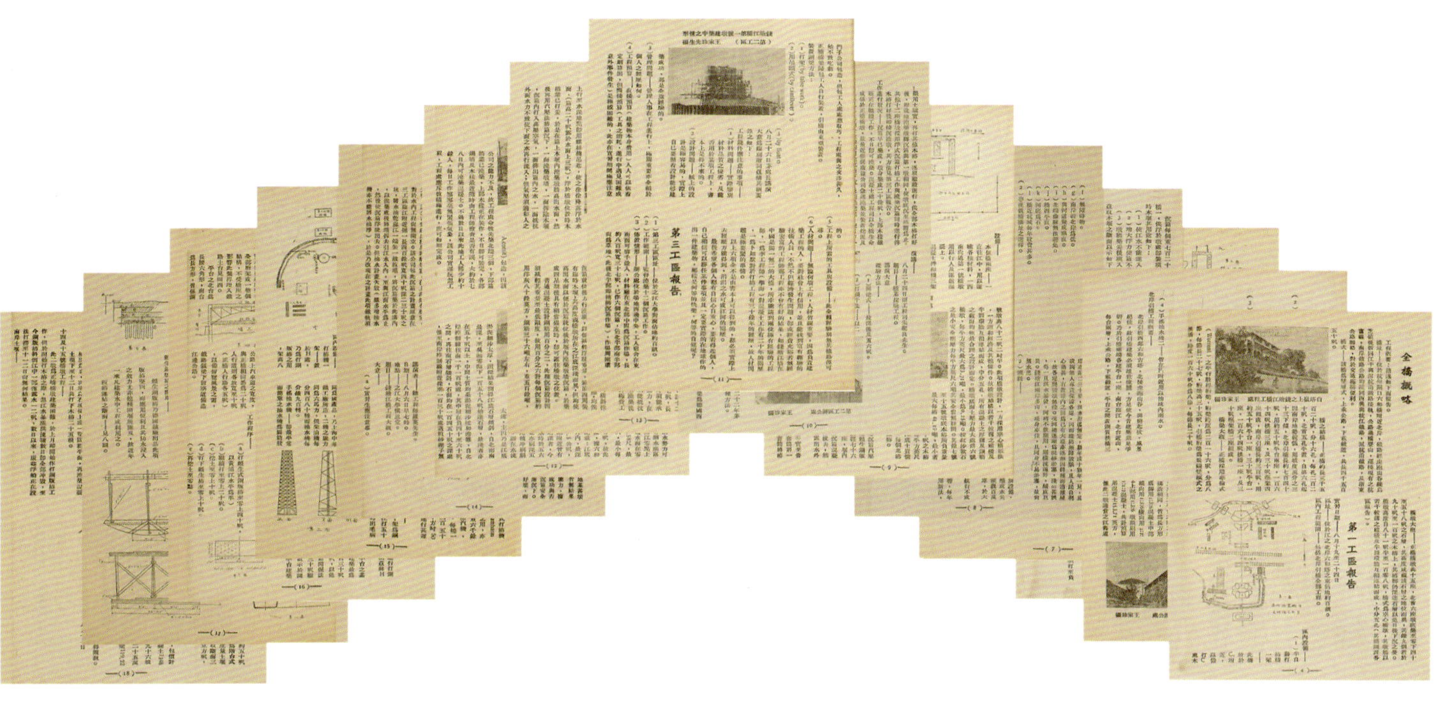

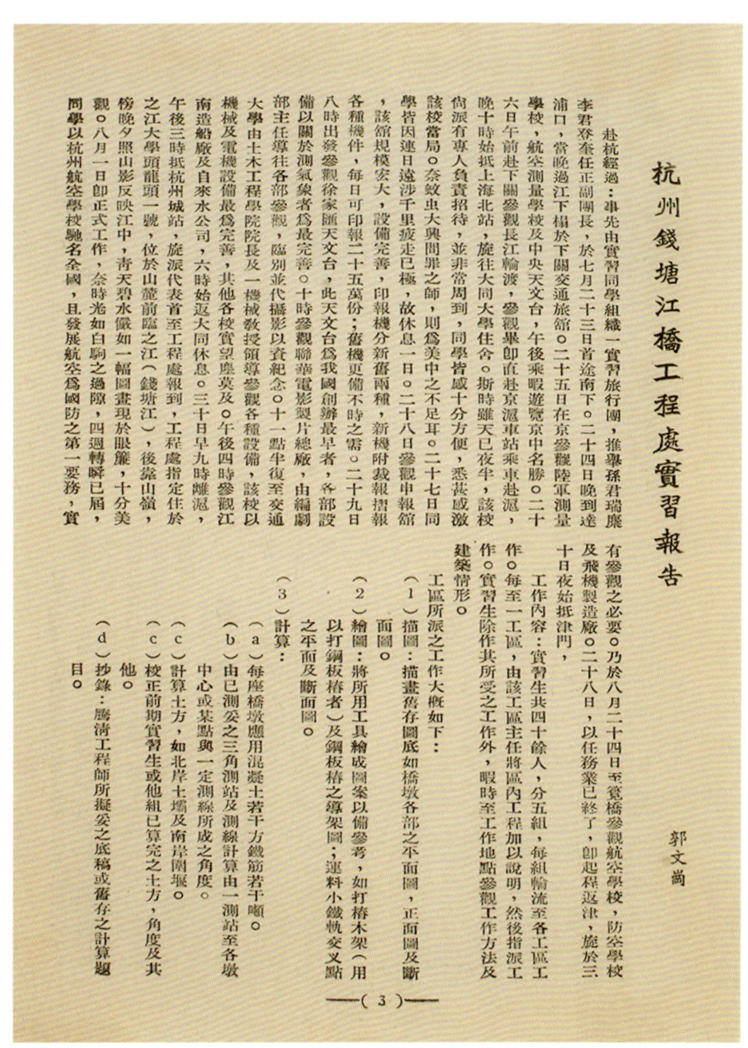

杭州錢塘江橋工程處實習報告

郭文尚

赴杭經過：事先由實習同學組織一實習旅行團，推舉孫君瑞麐李君登奎任正副團長，於七月二十三日首途南下。二十四日晚到達浦口，當晚過江下榻於下關交通旅館。二十五日在京參觀陸軍測量學校，航空測量學校及中央天文台，午後乘暇遊覽京中名勝。二十六日午前赴下關參觀長江輪渡，參觀畢即直赴京滬車站乘車赴滬，晚十時始抵上海北站，旋往大同大學住舍。斯時雖天已夜半，該校尚派有專人負責招待，並非常周到，同學皆感十分方便，悉甚感激該校當局。奈蚊虫大興問罪之師，則爲美中之不足耳。二十七日同學皆因連日遠涉千里疲走已極，故休息一日。二十八日參觀申報館，該館規模宏大，設備完善，印報機分新舊兩種，新機附裁報摺報各種機件，每日可印報二十五萬份；舊機更備不時之需。二十九日八時出發參觀徐家匯天文台，此天文台爲我國創辦最早者，各部設備以關於測氣象者爲最完善。十時參觀聯華電影製片總廠，由編劇部主任導往各部參觀，臨別並代攝影以資紀念。十一點半復至交通大學由土木工程學院院長及一機械教授領導參觀各種設備，該校以機械及電機設備最爲完善，其他各校實望塵莫及。午後四時參觀江南造船廠及自來水公司，六時始返大同休息。三十日早九時離滬，午後三時抵杭州城站，旋派代表首至工程處報到，工程處指定住於之江大學頭龍頭一號，位於山麓前臨之江（錢塘江），後靠山嶺，傍晚夕照山影反映江中，青天碧水儼如一幅圖畫現於眼簾，十分美觀。八月一日即正式工作，奈時光如白駒之過隙，四週轉瞬已屆，同學以杭州航空學校馳名全國，且發展航空爲國防之第一要務，實有參觀之必要。乃於八月二十四日至筧橋參觀航空學校，防空學校及飛機製造廠。二十八日，以任務業已終了，即起程返津，旋於三十日夜始抵津門，

工作內容：實習生共四十餘人，分五組，每組輪流至各工區工作。每至一工區，由該工區主任將區內工程加以說明，然後指派工作。實習生除作其所受之工作外，暇時至工作地點參觀工作方法及建築情形。

工區所派之工作大概如下：

（1）描圖：描畫舊存圖底如橋墩各部之平面圖，正面圖及斷面圖。

（2）繪圖：將所用工具繪成圖案以備參考，如打樁木架（用以打鋼板樁者）及鋼板樁之導架圖；運料小鐵軌交叉點之平面及斷面圖。

（3）計算：

（a）每座橋墩應用混凝土若干方鐵筋若干噸。

（b）由已測妥之三角測站及測線計算由一測站至各墩中心或某點與一定測線所成之角度。

（c）計算土方，如北岸土壩及南岸圍堰。

（c）校正前期實習生或他組已算完之土方，角度及其他。

（d）抄錄：謄清工程師所擬妥之底稿或舊存之計算題目。

—（3）—

北洋大学学生在钱塘江大桥工地实习报告

北洋大学实习学生在钱塘江大桥工地合影

实习生分成几组，轮流在各个工区实习。每到一个工区，由工区主任讲解区内工程，然后指派工作。除完成指派工作外，休息时，要求至工作地点参观工作方法及建筑情形。实习报告内容包括：每个工区的区址、工程范围、布置概况（附照片）、工程摘要、所用设备及工程进度、遇到的问题及如何解决等，并附有总结和体会。

实习期间，工程处派工程师进行技术讲解。总工程师罗英主讲“钱塘江桥工程大概”；工程师李学海主讲“正桥沉箱”；工程师李文骥主讲“桥址测量”；副工程师李仲强主讲“钱塘江之水利”；副工程师朱纪良主讲“桥基探验工程”及“钢梁工程”。茅以升讲演主要内容包括：工程条件应注意事项、材料问题、设计问题、管理问题、工程预算、工程所需设备和工具、人才问题等。这些需假以时日，涓涓细流汇成江河方得的阅历，都是书本上学不到的。1948年茅以升回到北洋大学任校长时，在教授专业课时，播放了《钱塘江桥施工》的纪录片，轰动一时。

北洋大学实习学生在施工工地组照

北洋大学实习学生在混凝土搅拌机上

北洋大学实习学生在船上

北洋大学实习学生在沉箱里

北洋大学实习学生在沉箱旁

北洋大学实习学生在桥墩上

1937年9月26日，钱塘江大桥建成通车

行驶在钱塘江大桥上的第一列火车

钱塘江上大桥横　众志成城万马奔
突破难关八十一　惊涛投险学唐僧
天堑茫茫连沃焦　秦皇何事不安桥
安桥岂是干戈事　同轨同问无浪潮
斗地风云突变色　炸桥挥泪断通途
五行缺火真来火　不复原桥不丈夫
——茅以升

茅以升炸毁钱塘江大桥关键部位

1937年12月23日，隐约见日寇骑兵奔向桥头，茅以升遵照上级旨意，命令关闭大桥，开动炸桥遥控器，实施爆破，一声巨响，满江烟雾，钱塘江大桥断了。从9月26日建成到12月23日炸毁共89天，大桥为抗日战争的胜利做出了巨大贡献。

被炸毁的钱塘江大桥

抗日战争胜利后，1946年茅以升召集桥工处的工程技术人员和精心保存下来的14箱资料回到杭州，于当年9月开始对大桥的修复工程。1947年3月1日，公路桥通车。1949年5月由于经费的问题， 工程搁浅。新中国成立以后，由上海铁路局接手工程，1953年9月，钱塘江大桥完全修复。

人生一征途耳，其长百年，我已走过十之七八，回首前塵，历历在目，崎岖多於平坦，忽深谷，忽洪涛，幸赖桥梁以渡，桥何名欤，曰奋斗。

以升

路魂

抗日战争中国战区北洋大学籍的交通宿将

容祖诰，1916年毕业于北洋大学土木工程系。

1938年，滇缅公路总工程师，第三区公路局总工程师。

抗日战争时期，历任山东烟台海坝工程会监工，云南个临铁路第三工程段长，辽宁四洮铁路工程师，黑龙江呼海铁路工务总段长，浙江省公路局缙百公路主任，江南铁路总工程师，川湘铁路、京赣铁路副总工程师。

陶述曾，1918年北洋大学预科毕业，后升入北洋大学土木系。

抗日战争时期，任军事委员会工程委员会处长、副总工程师，滇缅铁路总段长、副处长，中印公路工程处副处长、总队长，昆明飞机场工程处处长。他为滇缅铁路、中印公路等的建设做出了杰出贡献。

张叙丞，1920年毕业于北洋大学法学科。

1932年任浙江省建设厅主任秘书，闽、浙、赣、皖四省行营公路工程处主任秘书。1935年初任国民政府军事委员会委员长行营湘黔公路工程处主任秘书，湘川公路、湘黔公路副总监修，负责整个公路工程技术并主持施工常务行政管理工作。

孙发端，1921年毕业于北洋大学土木工程系。

抗日战争时期，历任四川汉渝公路工程处、乐西公路工程处、交通部公路总局等部主任工程师、总工程师，甘肃西北公路工程管理局总工程师，交通部公路总局第七区公路管理局副局长兼总工程师，西北交通部公路局副局长，一等一级工程师等职。

张海平，1922年毕业于北洋大学土木工程系。

历任军事工程委员会总工程师、铁路测量总队长、奉海铁路工程师、工务段长，浙赣铁路工程师兼总段长，京沪与沪杭甬两路的杭曹工程处处长、琼崖铁路工程局局长，广西三荔铁路筹备处处长等职。抗日战争中主持修筑缅甸到云南腾冲一段工程。

曾养甫，1923年毕业于北洋大学矿冶工程系。

历任国民政府建设委员会副委员长，国民政府委员会委员长行营公路处处长，铁道部政务处长兼新路建设委员会委员长，滇缅铁路督办公署督办，交通部部长兼军事工程委员会主任委员，滇缅国际公路、滇缅铁路督办。

白汝璧，1923年毕业于北洋大学土木系。

大学毕业后，长期服务于铁路部门。1937年，从杭州辗转湘桂，取道越南，到云南参加滇缅铁路修建工作。

邹岳生，1924年毕业于北洋大学土木工程系。

抗日战争时期，任国民政府军事委员会湘桂黔公路、铁路工程师、副主任兼测量总队长等职，主持抢修中越公路(衡阳至镇南关段)、湘贵铁路、滇缅铁路和由缅甸密支那至印度的公路。是世界著名的晴隆二十四道拐盘山公路勘察、设计者。

齐鸿猷，1924年考入天津北洋大学土木工程系。

抗日战争时期，任云南滇缅铁路分局工程师兼段长，1943—1945年在四川、陕西等地主持了飞机场的勘测、设计和施工工作。

张佐周，1932年毕业于北洋大学土木工程系。

历任全国经济委员会公路处技师，国民政府交通部公路总局设计科科长，上海市工务局第四区工务处处长。曾参与修建了沪杭公路、杭徽公路、西汉公路、滇缅公路、乐西公路。其中西汉公路是连接滇缅公路的国家军备命脉工程，张佐周负责留坝至汉中段的设计施工，他在国内首创了发针形回头曲线技术，修建了西汉公路上的鸡头关大型钢架桥。

戴昌晖，1939年毕业于北洋大学航空工程系。

毕业后，即被招聘到云南瑞丽中美合办的中央飞机制造厂工作，施展"航空救国"的抱负。1941年到印度中国航空公司工作。其间他参与了隼Ⅲ型飞机的生产，P-40型飞机的总装配，该飞机直接供应给"飞虎队"。此后，他又参加了CW21型飞机的生产和C47、C46飞机的维修工作，支援抗日战争。

关慰祖，1930年毕业于北洋大学土木工程系。

1940年任滇缅铁路工程师，1942年转至重庆任国民政府行政院水利委员会工程师。

李吟秋，1929—1937年任北洋大学土木工程系教授。

抗日战争时期，任滇越铁路管理局任副总工程师，参与筹建川滇铁路、滇缅铁路。受云南省主席龙云之托，负责筹备和勘测石屏至车里、佛海的石佛铁路（任处长、总工程师等职），并任中印公路第六工程处副处长。

王锦堂，1931年毕业于北洋大学土木工程系。

抗日战争时期，1936年在成渝铁路工程局任工务员，参与勘察成都至重庆的线路，修建成渝铁路。1938年调往滇缅公路西段工程处，任工程师兼分股长。承担勘察设计任务，所设计施工方案得到上级主管赞扬。1942年8月滇缅公路通车后，军事委员会决定在云南的呈贡、昆明、陆良、蒙自等地修筑飞机场。王锦堂刚完成滇缅公路的建设任务，又被派往修建飞机场，先后担任工程师、工区副主任、主任、工务段长等职务。

吴世鹤，1931年毕业于北洋大学土木工程系。

抗日战争时期，曾任上海私营大昌建筑工程公司工程师，昆明泰山建筑公司经理。发挥在钢筋混凝土结构设计方面的专业知识，为缅甸公路建设做出贡献。

刘承先，1932年毕业于北洋大学土木工程系。

抗日战争时期，任西汉公路工程员、副工程师，甘新公路副工程师兼段长，西兰、西汉两路工程处宝汉总段工程师兼总段长，汉渝公路工程师、测量队长、总段长、设计科长，乐西公路正工程师兼第二桥工所主任，川滇西路管理局总段长。

赵述，1932年毕业于北洋大学土木工程系。

抗日战争时期，先后在柳州、南宁、罗平机场工程处任工区主任职务。曾参加修筑滇缅公路的设计与施工，为国际交通线的开辟做出了贡献。

林诗梅，1934年毕业于北洋大学土木工程系。

抗日战争时期，历任湘黔铁路局工程师，湖南零陵飞机场工程师，滇缅铁路局工程师、工务课长，浙赣铁路株洲工程局工务课课长、工程师，多次参加飞机场工程建设。

陈松茂，1939年毕业于北洋大学土木系。

大学毕业后，随即被派往滇缅铁路西段工程处工作。

湘黔公路湖南宁乡沩水大桥

改造后滇黔公路的晴隆盘江古桥

张叙丞墓

湘黔公路是沟通我国西南各省的重要交通线，1935年初动工，同年8月27日全线通车，堪称中国现代筑路史上的奇迹。曾养甫为中国政府军事委员会委员长行营湘黔公路处处长，湘川公路和湘黔公路总监修；张叙丞为中国政府军事委员会委员长行营湘黔公路工程处主任秘书，湘川公路和湘黔公路副总监修，负责整个公路工程技术与主持施工常务行政管理工作。湘黔公路的修通，对抗日战争胜利起到了关键性作用。张叙丞墓坐落于湖南省怀化市沅陵县凤凰山森林公园半山腰靠近江边一侧。墓旁两块碑柱上镌刻着一幅对联：葬名山长眠绝顶，创伟绩乃距高峰。墓葬正前方竖立一块高3米、宽1.4米的石碑，刻碑文：故有张叙丞墓，曾养甫拜题。湘黔公路通车后，为了纪念张叙丞，中国政府交通部将沅陵汽车站命名为“叙丞站”。

张叙丞（1892—1935），又名鉴暄，张家坪乡肖家冲人。

1920年毕业于天津北洋大学法学科。在“五四”爱国运动期间任天津学生联合会主席，执笔撰写《天津学生告世界各国人士书》。1926年，曾任过国民革命军编辑建委员会秘书，中央陆军军官学校政治学教官、南京《青白日报》总编辑主笔等职。1933年为当时从美国留学回国任国民政府建设委员会副委员长的老同学曾养甫所敬仰，邀请他出任浙江省建设厅秘书主任，兼闽、浙、皖、赣四省行营公路工程处秘书主任，得以与在北洋大学时的学友茅以升共事，分别主持筑路的行政管理与工程技术工作。两人皆为曾养甫的得力助手。1935年初，该工程处改组为中国政府军事委员会委员长行营湘黔公路处，曾养甫任处长，随曾养甫和主建工程技术与行政管理人员入湘主持修建湘黔公路。当时，湘黔公路是沟通我国西南各省的重要干线，修筑任务起自常德经湘西直达贵阳。沿线地势险要，工程艰巨。尤以沅陵境内一段“谷径盘曲”“万峰插天”古为“蛮烟瘴雨”的“南天锁钥”。在地处湘黔边境的武陵、雪峰山区，更是“溪山重叠，步步皆危”，真可谓是，龙首岩拔地万丈、危峰兀立、怪石嶙峋、一块巨崖直立，另一块横断其上，直插天池山腰，奇峰绝壁。这里为兵家必争之地，战略地位十分重要。1935年初，中国政府鉴于当时的政治、军事上的需要决定“湘黔公路为湘省建设中心工作”，限令7月底完成，张叙丞是履行“遵限完成”的先行者，他以自己的实践经验和远见卓识，从主观和客观上分析工程的利弊情况，计酬承包，分段负责，各尽其能。湘黔公路于1935年8月27日全线通车，堪称中国现代筑路史上的奇迹。

1935年5月2日，张叙丞因操劳过度，不幸身染伤寒罹疾逝世，时年四十三岁。

滇黔公路晴隆“二十四道拐”盘山道

“二十四道拐”公路牌

“二十四道拐”位于贵州省晴隆县城西南1公里处，从上至下依山势呈弯道盘旋，计有24个弧形拐弯，全长4公里，蜿蜒于高达1799米的晴隆山西南坡，是世界著名的滇黔公路（史迪威公路）中地形极其险恶的一条路段。滇黔公路建于1935年，中国政府先后征调贵州各县民工5万多名、士兵3万人参加施工，于1936年9月完工通车。抗日战争开始后，贵州成为了抗战大后方。滇黔公路承担着运送海外援华物资和数万名中国远征军赴滇缅作战的运输任务，成为连接前线与滇缅、滇印公路两条国际大通道的桥梁和纽带。仅在1938年2月至1942年初的3年多时间里，负责战时后方运输的军事委员会西南运输管理局在重庆至贵阳、贵阳至昆明间，投入了四个大队约800辆卡车担负运输任务，运输抗战物资到前线，为抗战胜利做出了卓越贡献。

举世闻名的“二十四道拐”盘山公路（原滇黔公路）又称“史迪威公路”，古称鸦关，位于晴隆城南1华里处，国道320线2345公路桩前，始修于1935年，该路蜿蜒于高达1799米的晴隆山西南坡，全长4公里，山脚至山顶直线约350米，垂直高度约250米，坡的倾角约60度，向下俯视，仿佛游蛇下山；向上仰视，犹如白龙盘山；给人有惊、险、雄之感。该公路为中国第二次世界大战、重庆至昆明、缅甸、印度援华盟军及中国军民，抗击日本侵略，支援前方运输的公路必经通道

邹岳生纪念碑

邹岳生，（1896—1966），字峻五，江苏阜宁邹河人。

1924年毕业于北洋大学土木工程科。毕业后即从事中国公路、铁路以及军用机场建设事业在江苏、安徽、浙江、福建等省修建公路，担任公路局工程师、主任工程师及总段长之职。是世界闻名的晴隆“二十四拐”盘山公路领队、勘察、设计者。在同行中获得“公路巨子”的美誉。

1935年3月，邹岳生任行营公路处湘黔、黔滇公路主任工程师兼总段长，主持抢修中越公路(衡阳至镇南关段)、湘贵铁路、滇缅铁路和由缅甸密支那至印度的中印公路，1945年1月27日，第一批由美军驾驶的车队通过中印公路到达重庆后，蒋介石在电台作了重要讲话，将中印公路命名为“史迪威公路”，二十四道拐由此成为史迪威公路的亮点而永载史册。1936年9月调任军事委员会湘桂黔公路、铁路工程师、副主任兼测量总队长等职。1938—1945年，邹岳生先后任滇缅铁路多处工程处处长和军事委员会工程委员会副总工程师，先后负责过桂林、柳州、南岸、羊街、罗平和新城等机场的建设。抗战胜利后，邹岳生担任浙赣铁路南春段工程处处长兼办事处主任三年多。

新中国成立后，任上海铁路局正工程师、湘黔铁路测量总队长和集白线第二测量总队长之职。邹岳生一生献给了祖国的道路交通及军用机场建设，为祖国交通事业做出了巨大贡献。

陕西省汉中石门水库与古栈道

“褒谷口”处坐落着兴筑西汉公路留（坝）汉（中）、鸡头关大桥的设计者、建设者，为中国现代交通立下汗马功劳的张佐周之墓。

张佐周先生长眠于此

这里安息着一位可敬的开路先锋，也铭记着一段感人的前尘往事。

抗战前夕，修筑西北交通命脉西汉公路，途经之褒谷为云栈要冲，蜀道之始，早在东汉，已开凿世界最早的通车隧道—石门。内外遍布历代题刻，内容多与石门开凿，古道兴废相关。所书文字，构成我国汉魏至唐宋书法演变信史，历经千年积淀，乃灿烂中华文化之标本、国之瑰宝。然公路取线恰过石门，古迹注定遭破坏殆尽。危急关头，一位工程师挺力保护，架桥改道。在石虎峰下连凿三洞，筹等张蔡，成功保护石门；又修复一段栈道，新建一座亭阁，与古石门遥相辉映，为褒谷平添壮景，堪称千秋功勋。这位工程师便是当年西汉公路留汉段总段长，时年二十四岁的张佐周工程师。

张佐周，字郁文（1910—2005），满族，出生于河北保定书香世家，怀“修桥铺路”造福于民之志，入北洋大学，专攻土木工程。抗战军兴，投身我国早期公路建设，是沪杭、杭徽、西汉、乐西、滇缅等多条干线建设和组织者。新中国成立后，力倡我国高速和高架道路，创建交通工程学会，规划上海“三港二路”，是我国著名公路和交通工程专家。乙酉初春，张公仙逝，享年九十有六。遵其遗嘱，归息褒谷。秦岭巍峨，足证张公英姿；褒河涟漪，长忆云水襟怀。张公一生，历经世纪风云，坚守学人风范，忠公忘私，心胸坦荡；胆识兼备，外柔内刚。尤能在民族存亡之际，保护石门于前，投身滇缅于后；功勋卓著，彪炳史册，堪为国人表率。谨叙事略，以垂永远。

陕西省汉中市人民政府立

王蓬撰文　郭加水书丹　高昆镌刻

二零零五年十月二十日

西（西安）汉（汉中）公路

1932年，第一次淞沪抗战爆发，著名军事家蒋百里（科学家钱学森之岳父）提醒政府中日必有一战。要警惕日寇模仿800年前蒙古铁骑进攻南宋的路线，即由山西打过潼关，翻越秦岭，占领汉中再进攻四川与湖北，彼计若成，亡国无疑。必须将抗战军力“深藏腹地”，以陕西、四川、贵州三省为核心，以甘肃、云南、新疆为根据地，拖住日寇，打持久战，等候英美参战，共同对敌，方得最后胜利。

1934年，中国政府决定修筑西汉公路并与滇缅公路相连接，这是运输抗战物资的国家军备命脉工程，由中央直接拨款修建，在全国尚属首次。工程队由中央经委会公路处长赵祖康亲自挂帅，从全国数省工程局调集顶尖的工程师，其中就包括北洋大学筑路俊才孙发端、张佐周、刘承先、刘树升等。孙发端不仅是当时全国公路界公认的高手，学识渊博、经验丰富，而且人品高尚、廉洁奉公、堪为表率。由他出任西汉公路总工程师，保证了整个工程的顺利进展。

年仅24岁的北洋大学土木工程系毕业生张佐周是留坝至汉中段设计施工的负责人，他同时担任鸡头关大桥工程处主任，工程师刘承先为其副手。西汉公路工程沿河岩石坚硬、山势险峻，是整个工程最艰巨的一段，也是最有历史、文化意义的一段。张佐周在褒谷口成功地架桥改道，保护了石门石刻，对沿途古迹也采取了相应的保护措施，使其免遭损坏。1937年6月，鸡头关大桥全部竣工，顺利通过质量检验，这是中国近代桥梁史上第一座由中国人自己设计制造的大型公路桥梁。整座大桥长45.7米，宽6米，可并排行驶两辆汽车。最具特点的是中不设墩，一孔跨地，上部有曲线钢梁悬吊，造型美观、舒展大气，无论质量和外观在当时都堪称一流。大桥建成后备受各方称赞，不仅在当时反响强烈，还见于数种桥梁教科书，直到新中国成立初期的地理教科书中也有刊载。

张佐周

试问平生愿，路平车畅流。

—张佐周

鸡头山铁桥

鸡头关下渡船（为修西汉公路以500大洋造渡船）

RING连接新技术

逢水架桥

在西汉公路测量

开凿后的新石门

在“大散关”处进行公路测量

西汉公路盘越秦岭

济民安澜

华北水利委员会以黄河及河北五河为管辖。后定为黄河以北注入渤海各河湖流域及沿海区域为范围。按照行政省划分，华北水利委员会的范围包括河北、山西、察哈尔、热河、河南和山东北部以及北平、天津两市。对所辖区内的防洪、灌溉、航运、水力进行管理和建设。

郑州市金水路11号水利部黄河水利委员会机关大厦（摄于2011年秋）

部分曾先后在黄河水利委员任职的北洋大学籍人物

李仪祉（宜之） 陕西蒲城人，北洋大学教授

张伯声 河南荥阳人，北洋大学教授

李赋都 陕西蒲城人，北洋大学教授

严　恺（仲杰） 福建闽侯人，北洋大学教授

沈　晋 江苏高邮人，北洋大学教授

周保祺 江苏淮安人，土木工程系1911年班毕业生

陈泮岭（俊峰） 河南西平人，土木工程系1920年班毕业生

张含英（华辅） 山东菏泽人，土木工程系1921年班毕业生

李书田（耕砚） 河北昌黎人，土木工程系1923年班毕业生

李宝泰（履平） 河北天津人，土木工程系1923年班毕业生

潘学勤（励堂） 河北南皮人，土木工程系1926年班毕业生

袁昶旭（蔼亭） 河北丰润人，土木工程系1927年班毕业生

周宗莲（泽书） 湖南汉寿人，土木工程系1928年班毕业生

张　度（泽刚） 河北大兴人，土木工程系1929年班毕业生

张季春（秀三） 河北平山人，土木工程系1929年班毕业生

李昌图（伯仁） 河北任邱人，土木工程系1930年班毕业生

关慰祖 山西汾城人，土木工程系1930年班毕业生

董继藩（翰芝） 河北遵化人，土木工程系1931年班毕业生

钟瑞清（祥符） 河北滑县人，土木工程系1931年班毕业生

和春芳 河北蠡县人，土木工程系1931年班毕业生

王志鸿（者宾） 河北沧县人，土木工程系1931年班毕业生

冯同有（兰馥） 河北束鹿人，土木工程系1931年班毕业生

刘德润（敬修） 河南安阳人，土木工程系1932年班毕业生

申怀璧（席珍） 河北正定人，土木工程系1932年班毕业生

耿鸿枢（光斗） 辽宁铁岭人，土木工程系1933年班毕业生

常锡厚（叔宽） 河北饶阳人，土木工程系1933年班毕业生

刘经润（德如） 河北盐山人，土木工程系1933年班毕业生

阎树楠（培之） 河北藁城人，土木工程系1933年班毕业生

揭曾祐（荫先） 河北河间人，土木工程系1934年班毕业生

梁振民 河北行唐人，土木工程系1934年班毕业生

章元含（天倬） 江苏江阴人，土木工程系1935年班毕业生

崔式珍（敬轩） 河北望都人，土木工程系1935年班毕业生

丁仲文（子封） 山东單县人，土木工程系1937年班毕业生

王毓泰 河南济源人，水利工程系1942年班毕业生

李纬质 河南唐河人，土木工程系1945年班毕业生

时文生 河南林县人，水利工程系1946年班毕业生

商树清 天津武清人，土木工程系1951年班毕业生

1935年5月，由张含英承编的《黄河志》的第三篇《水文工程》

民國二十二年本會應太原經濟建設委員會之邀，派正工程師王華棠工程師劉錫彤副工程師吳樹德視查黃河中游。六月六日離津，由平綏路至包頭，循陸路視查河套，抵寧夏後，歸途乘舟順流調查黃河，至河曲登陸，轉太原於八月十日返津。就視查所得，編爲報告。承北洋工學院譚錫疇教授撰地質概略一章，地質調查所曾世英先生以精確地圖見借，並此誌謝。

《黄河中游调查报告》节录

黃河中游調查報告

民國二十三年十月

華北水利委員會編印

《黄河中游调查报告》

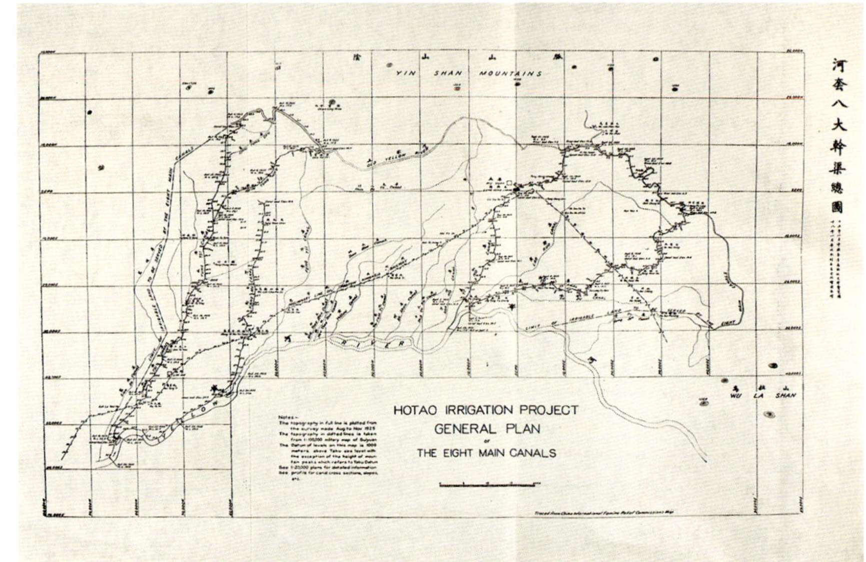

河套八大干渠总图

寧夏省各渠情況一覽表

渠名	所在地	長度(里)	平均寬(尺)	平均深(尺)	預定灌溉面積(畝)			歷年灌溉面積(畝)			
					潦年	常年	旱年	1929	1930	1931	1932
漢延渠	寧夏寧朔	230	45	6	133148	138148	130000	133978	133973	133148	137043
唐徠渠	寧朔平羅	343	50	6.5	217109	217109	210000	217109	217109	217109	209 57
惠農渠	寧夏平羅	262	40	5.2	116261	116261	110000	119918	117191	116261	107261
大淸渠	寧朔	72	16	4.5	22643	22648	22000	22648	22648	22648	22643
昌潤渠	平羅	136	18	4.5	25000	22000	22000	25000	25000	25000	25000
秦渠	靈武	150	22	5	100500	100500	90000	100500	100500	100500	100500
漢渠	金積	150	20	5	7000	7000	6000	7000	7000	7000	7000
七星渠	中衛	140	20	5	90000	90000	80000	96000	96000	96000	96000
美利渠	中衛	120	20	5	100000	100000	90000	100000	100000	100000	100000
天水渠	寧朔	45	12	4	6000	6000	5000	6000	6000	6000	6000

黃河中游調查報告　九

宁夏省各曲情况一览表

王华棠，北洋大学教授。水利专家，华北水利委员会技正（工程师）、总务处处长，华北水利工程总局局长。

刘锡彤，北洋大学教授。水利专家，华北水利委员会技正（工程师）。

谭锡畴，北洋大学教授。矿业学家，地质教育家，华北水利委员会技正（工程师），是中国第一批地质学家。

吴树德，北洋大学毕业生。气象专家，华北水利委员会测候试验所长。

曾世英（1899—1994），江苏常熟人。地图学家、地名学家，我国现代地图学的重要奠基人之一。曾任顺直水利委员会副技师，华北水利委员会和地质调查所技正、简任技正、绘图室主任。新中国成立后，历任新华地图社社长、地图出版社副总编辑、国家测绘总局测绘科学研究所副所长。

张含英考察黄河潼关至孟津河段（左一为布可夫，左二为张含英）

1950年7月，水利部部长傅作义、副部长张含英偕同水利部顾问布可夫、水利专家张光斗等人，在黄委会和工程技术人员的陪同下考察黄河潼关至孟津河段，正是这次考察活动催生了泥沙研究所。

1957年4月，李赋都带领检查组在郑州黄河花园口检查防汛

考察团在考察黄河期间纪实

1943年秋季，黄河水利委员会副委员长李书田与该会严恺、李赋都、李燕南、许宝农、阎树楠等人陪同行政院美籍顾问水利专家巴里特(Millis C.Barroit)对黄河中上游甘、陕、宁、绥、豫等省和沿河南防泛西堤进行查勘。就黄河泥沙、下游防洪、花园口堵口、陕(县)孟(津)间筑坝拦洪等问题提出意见。（李书田系北洋大学毕业生、校长，严恺、李赋都为北洋大学教授，阎树楠北洋大学毕业生）

耿鸿枢在查勘黄河期间向前苏联专家介绍刘家峡的情况

耿鸿枢（1911—1994），奉天铁岭人，高级工程师。

1933年毕业于北洋工学院土木系，曾任陕西省汉惠渠工程处工程师兼技术科科长，胥惠渠工程处主任工程师、总工程师、高级工程师，黄河水利工程总局技正。新中国成立后，历任黄河水利委员会规划处、计划处副处长，水利部第四设计室主任，黄河水利委员会勘测设计院副总工程师。先后负责汉惠渠和胥惠渠工程的设计与施工。主持黄河流域的查勘规划及资料整编工作，将过去认为的黄河大弯迁的7次改定为重要改道26次。负责设计了石头庄溢洪堰工程等。

1954年，耿鸿枢参加中央黄河查勘团，从黄河口起，溯河查勘至甘肃的刘家峡，并由他主持编写了《黄河基本资料汇编》，为编制《黄河综合利用规划技术经济报告》提供了基础素材。

考察团合影

陶述曾

“我自1921年从学校跨入社会，到今天已整整60年。在这漫长的岁月里，我从事的虽然都是交通工程和水利工程，但是，随着社会的大变革，工程的实质也前后大不相同。水利工程的发展特别显著……”

“水利科学技术和其他科学一样，是从社会实践中产生，经受社会实践的检验而发展。中华民族历史悠久，中国地域辽阔，江河众多，海岸线长，与水斗争的实践经验特别丰富。历代事业家、学者记其事迹，载入史册，著为专书，仅有黄河者汗牛充栋。”

（摘自陶述曾回忆，1982年28月）

陶述曾（1896—1993），湖北新洲人，土木工程专家。长期致力于水利、河港及交通工程建设。

1918年预科毕业后升入北洋大学土木系。抗战时期任海南岛琼崖铁路工程局测量队长，湘桂铁路灵川桥工处主任，滇缅铁路、中印公路总段长、处长，军事委员会工程委员会副总工程师。组织参加修建滇缅公路、中印公路，参与包括昆明机场在内的48座机场的修复与施工工程。抗战胜利后任广州港工程局局长，黄河花园口堵口复堤工程总局总工程师兼总段长，主持了花园口堵口复堤工程。

中华人民共和国成立后，长期担任湖北省工程建设领导职务，对长江中游防洪和水利建设做出了突出贡献，为我国的水利和交通工程事业奉献了毕生精力。在长期的水利建设实践中总结出来一套卓有成效的治水理论，并在水利教育工作中培养了大批科技人才。

1955年4月，湖北省水利局改组为省水利厅，他出任省水利厅厅长。1962年，任湖北省副省长，仍兼任省水利厅厅长。1962—1967年，任湖北省副省长。

陶述曾先生为人正直

一生为人民做了许多好事

王化云

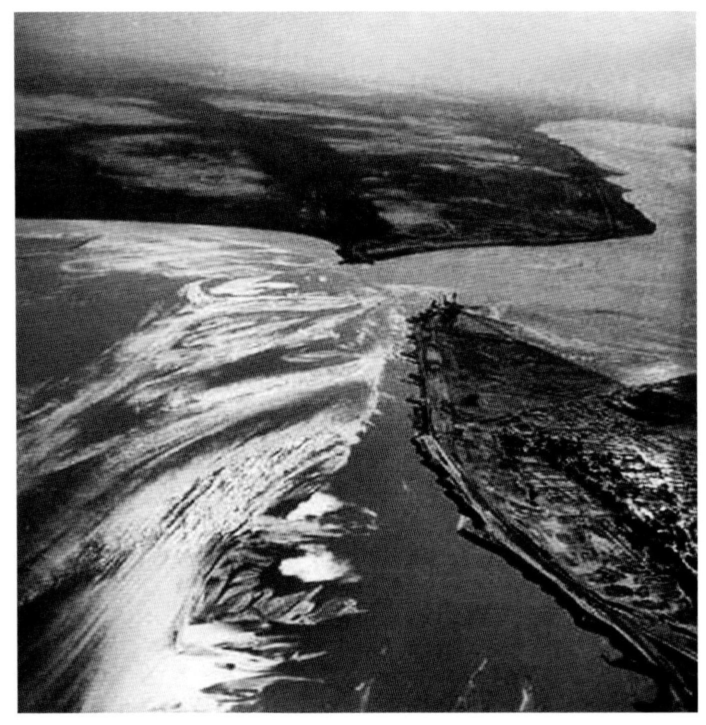

花园口决口之情景

1938年5月底，日本侵略军进逼豫东，开封、郑州告急。同年6月1日，国民政府采取“以水代兵”的方法，下令扒开黄河花园口放水阻敌西进。黄河水汹涌而出，致使豫、皖、苏3省44个县成为黄泛区，受灾长达8年之久。

花园口决堤成为中国一大水患。黄河水利委员会于1939年制定了《黄河堵口工程计划草案》，1940年经济部又将黄河堵口工程列入《水利建设纲要》，准备抗日胜利后立即实施。1941年，中央水利实验处在四川长寿县进行了大比例尺水工模型试验。

1945年8月15日，日本天皇正式宣布无条件投降。

1946年2月，黄河水利委员会成立“花园口堵口复堤工程局”。

今日郑州黄河花园口决口处

1947年合龙后的花园口

“为生民立命，为万世立功”

“翼圣，快到黄河来吧，这不仅是我在呼唤您！而且是黄河在呼唤您！您只要来花园口看一看那泛滥的洪水，看一看那一千多米的口门，您就会为这黄河母亲的巨大伤口而痛心。作为一个有血性的炎黄子孙，一个学工程技术的人，不把这黄河水患治服，那该是多么遗憾的事情！”

（摘自陶述曾北洋大学同窗好友，时任黄河堵复局材料处长瞿文琳写给陶述曾的信）

1946年春，陶述曾毅然领命出任黄河花园口堵口复堤工程局总工程师，挑起了让黄泛区人民在抗战胜利后能早日重建家园的施工重担。

黄河自1938年从花园口南流以后，成为一条没有尾闾的河流，失去控制的洪水在没有防范的平原上肆虐，民居村落一夜之间即可成泽国。而干涸断流8年的黄河故道两岸，原有的大堤或被沿堤挖成战壕，或被开为大车缺口，甚至被犁平了种庄稼。假如不修复故道的河道堤防就堵塞花园口，无异于让黄河洪水在故道造成新的泛区。陶述曾在1946年4月到工地查勘后，对这一形势熟悉是很清楚的。然而，当他从故道查勘完到达花园口堵口工地时，眼前的情景却使他万分惊奇。原来，在美国联勤总部委派的顾问，美国工程师塔德的指挥下，堵口工程在3月1日就开工了，1460米宽的决口，已捆厢进占1060米，只剩下400米宽的口门。黄河水在口门中湍急奔泻。塔德计划要在当年大汛到来以前即6月将口门合龙闭气，情势紧急，一定要阻止塔德计划的实施。陶述曾顾不得旅途劳顿，马上以总工程师的身份编制一份施工计划。但美国顾问塔德拼命反对这个计划，并得到南京国民政府的支持。 陶述曾因此离开工地，塔德则日夜赶工，架桥抛石。无奈黄河伏汛6月28日就抵达花园口，数日之内，所搭栈桥尽被冲没。塔德面对滔滔黄水，只得承认失败。堵复总局局长也因此引咎辞职。之后，朱光彩临危受命任局长，立即电请陶述曾复任总工程师。

1946年9月，陶述曾回到花园口，此时口门河势已急剧变化，原来深泓在口门中部，深度只有6米，现在深泓移靠东坝，深度已达17米，采用原设计的栈桥平抛石坝方案已不现实。陶述曾决定改用浮桥代替栈桥，仍用平堵抛石坝方案，几经挫折终使浮桥跨过了深泓。此时各种工料与石料也已预备充分，12月1日，开始散抛石坝，每日抛石1200立方米，很快把水位抬高1米以上。到1947年1月，水位上升到1.8米，新抛石块下水便被冲走，石坝无法继续上升，至1月15日，河水上涨，中间石坝被冲开32米宽的缺口，水深达15米左右，平堵合龙失败。陶述曾当机立断决定改用立堵合龙，即捆厢进占，浇筑后戗，抛枕合龙，恢复大坝。并采取了有力的工程措施：一是用柳枝、块石、绳索等材料把残存石坝、栈桥改造成进占大坝；二是在大坝南边50米加厢一座二坝，两坝之间填筑柜土，作为大坝的后戗，以降低过坝水头；三是在故道头加挖两条引河，降低合龙坝前水位；四是在口门以西上游200米处厢一座挑水坝，把大溜挑离岸脚，趋向故道引河口，并使合龙坝前能够轻易淤沙闭气。

黄河传统立堵法口门宽度一般不超过20米，超过25米多数会失败。然而这时花园口立堵口门已达到32米，由于措施得力，终于在1947年3月15日合龙成功，黄河安然流回故道，此举也创造了黄河堵口的新纪录。

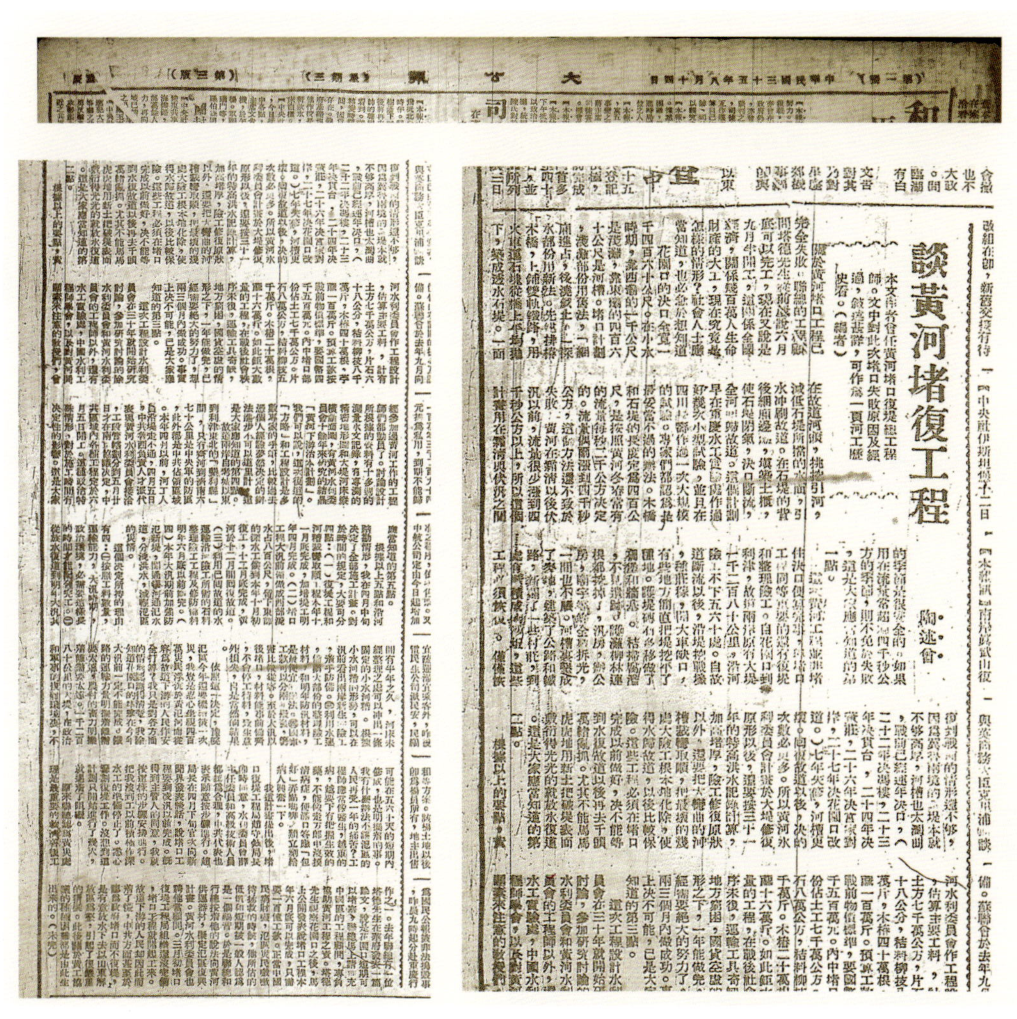

談黃河堵復工程

陶述曾

本文作者曾任黃河堵口復堤總工程師。文中對此次堵口失敗原因及經過，敘述甚詳，可作為一頁河工歷史看。（編者）

1946年8月14日北京《大公报》全文转载12日重庆《大公报》刊载的《谈黄河堵复工程》

第一次合龙计划宣告失败之时，陶述曾按捺不住激愤之情，写了一篇名为《谈黄河堵复工程》的文章，在1946年8月12日的重庆《大公报》上发表。文章最后这样写道：

最后，我可以说像这样顾头不顾脚的堵口失败了，不过糟蹋了价值十几亿元的工料，无关大局。假如侥幸成功，洪水冲入还没修好的故道，15000秒立方以上的流量在河北、山东境内不定决多少个新口，那才是全盘的失败。我还可以说这次堵口失败只是有形的损失。联总行总根据塔德先生的报告，在涡河接近泛区地带开垦田地，建筑新村，断绝了涡河分流之路，使泛区灾情加重，无形的损失恐怕比有形的大若干倍。我以为这次联总上了塔德先生的当，而政府又上了联总的当，所获的教训是明明白白的。政府为今后黄河工程顺利计，应当坦白地要求联总不再让塔德先生乱出主意，如他所说的“中心工作”之类，把好的工程计划施行坏了。假如联总必须派一位美籍工程师驻工，就应当派一位真正认识黄河的“工程师”，至少是“有科学头脑的工程师”。

抛掷柳石枕作业准备就绪（柳条把石料包裹起来）

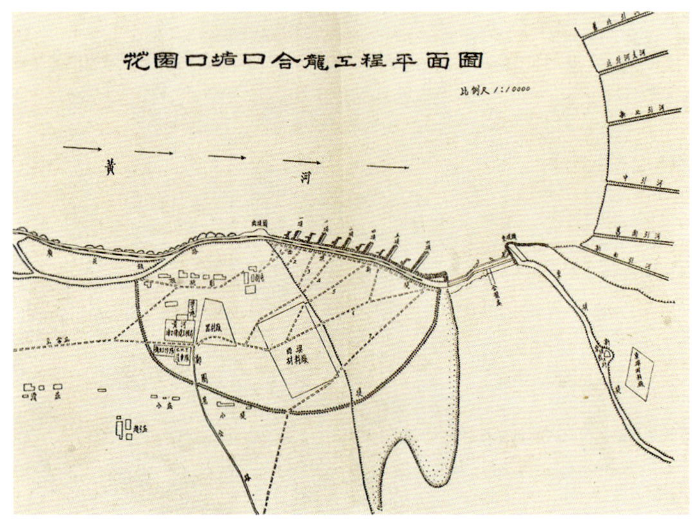

花园口堵口合龙工程平面图

当地群众帮忙运送工料

打桩机打桩修桥抛石堵口

工程现场人头攒动

热火朝天的施工场面

决战前的宁静

捆扎柳石枕

一声令下，人头攒动、车轮飞旋

攻坚战

最后的决战的时刻

“合龙万岁！”——1947年3月15日

黄河花园口堵口纪念浮雕

黄河花园口掘堤堵口记事碑

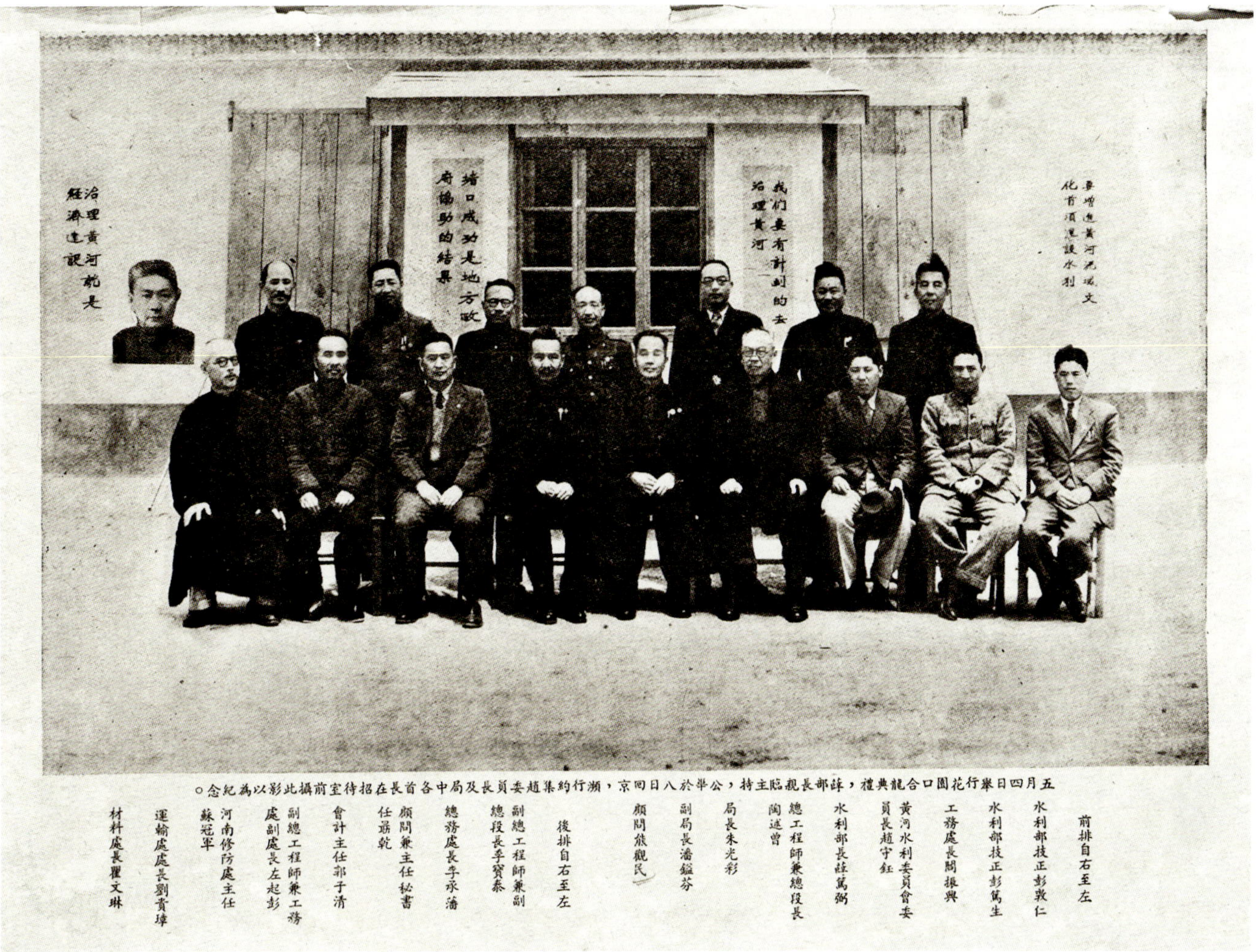

五月四日舉行花園口合龍典禮，薛部長親臨主持，公畢於八日回京，瀕行約集趙委員長及局中各首長在招待室前攝此影以為紀念。

前排自右至左
水利部技正彭敦仁
水利部技正彭篤生
工務處長閻振興
黃河水利委員會委員長趙守鈺
水利部長薛篤弼
總工程師兼總段長陶述曾
局長朱光彩
副局長潘鎰芬
顧問熊觀民

後排自右至左
副總工程師兼副總段長李寶泰
總務處長李承潘
顧問兼主任秘書任覊乾
會計主任郭子清
副總工程師兼工務處副處長左起彭
河南修防處主任蘇冠軍
運輸處處長劉貴璋
材料處長瞿文琳

黄河花园口堵复局工程师合影

黄河花园口堵口复堤工程局职员（北洋大学校友部分）

中方工程技术顾问：陈峻峰（泮岭）、刘德润

总工程师兼总段长：陶述曾

副总工程师兼副总段长：李宝泰

副总工程师：张季春

副总工程师：严恺

总监：须恺

材料处处长：瞿文琳

工程处处长：李赋都

工程技术人员：常锡厚、王光远、蔡邦霖、周保祺、孟宪亮、刘钟璜

治河委员会主任委员兼冀鲁豫行署主任：徐达本

花园口合龙纪念标志

CRH

水泥轶事

建筑材料是随着人类的进化而发展的，它和人类文明有着十分密切的关系，人类历史发展的各个阶段，建筑材料都是文化的主要标志之一。

中国历史悠久，在人类文明创造过程中有过辉煌成就，做出过重要贡献。特别是在15世纪之前更是如此。中国古代建筑胶凝材料从“白灰面”和黄泥浆起步，发展到石灰和“三合土”，进而发展到石灰掺有机物。可以看出，中国古代建筑胶凝材料有过自己辉煌的历史，在与西方古代建筑胶凝材料基本同步发展的过程中，由于广泛采用石灰与有机物相结合的胶凝材料而显得略高一筹。

18世纪的欧洲发生了人类历史上第一次工业革命，推动了西方各国社会经济的迅猛向前，建筑胶凝材料的发展也随之加快。1824年英国人约瑟·阿斯普丁（Joseph Aspdin）用石灰石和黏土烧制成水泥，被命名为波特兰水泥。

19世纪中叶，钢筋混凝土出现；20世纪30年代，预应力锚具的发明以及预应力混凝土出现；20世纪60年代，高效减水剂发明，塑性、半干硬性、干硬性混凝土转向流态、泵送混凝土。混凝土技术在以非一般的速度发展着。

20世纪90年代，由于混凝土耐久性问题日益突出，出现了免振自密实混凝土、高性能混凝土。混凝土并广泛应用于土木、水利与建筑工程，海洋及港口建设工程，交通运输、公路与铁路工程甚至航天工程，混凝土是当今世界上最重要的建筑材料之一。

北洋大学是中国开设建筑材料学专业课程及从事胶结性材料科学研究的高等学府，土木工程学门开设了材料性质学、材料势力学、建筑材料学、铁筋混合土构造学、混凝土房屋计划、道路材料试验等学科，并创建了水泥及混凝土试验室、建筑材料标本陈列室等。为现代建筑材料工业的发展做出了杰出贡献，培养了诸多我国建筑材料科研领域的杰出人才。

水泥及混凝土实验设备

建筑材料标本陈列室

构造工程应力研究仪器

普通材料实验设备（一）

普通材料实验设备（二）

陈范有

承天津北洋大学堂同学
陈范有家属之嘱
北洋老同学
爱国实业家
孙越崎题 一九八六年

孙越崎给陈范有的题词

陈范有（1898—1952），名汝良，以字行，安徽省石台县人。

历任启新洋灰公司工程部土木工程师、公司协理，主持创建南京江南水泥厂，江南水泥总公司常务董事兼总经理，所制水泥被国外誉为“东方水泥之冠”。新中国成立后，被推选为全国水泥工业同行业联合会主任委员。

陈范有于1916年考入北洋大学预科，毕业后考入北洋大学土木工程系。1919年“五四”运动爆发，与张太雷、林汝直、李则昂四人组成北洋大学第二讲演团，冲破天津警察厅、教育厅的禁令，赴塘沽宣传演讲。《益世报》载：“听者塞途，点头称是，相聚不散，引颈遥望，似恨时光短促，不能尽所欲闻。”1919年秋至1922年夏，与陈立夫、曾养甫同住一宿舍。三人志同道合，抱实业救国之念一致，遂成金兰之交。

1925年7月进入启新洋灰公司任工程部土木工程师，承担在塘沽于家堡修建水泥专用码头和奉天仓库的任务。1929年，与范有私交深厚的北洋大学校友曾养甫出任全国建设委员会副委员长，极力举荐他出任浙江省公路局副局长，范有“以养亲故谆辞不就”。随后曾养甫又邀范有建造钱塘江大桥。范有推辞后接受了为建造钱塘江大桥研制抗海水水泥的艰巨任务，由此开创了中国特种水泥生产之先河。1933年任启新洋灰公司董事、协理（副总经理）。

“九一八”事变后，为避敌日之锋，于民国24年开始在南京栖霞山筹建国内一流的江南水泥厂，陈范有担任江南水泥公司常务董事，全面负责筹建工作，于1937年基本建成水泥厂并完成试运行。此时，日本发动的全面侵华战争，将战火推进到距南京国民政府一步之遥的上海。同年12月江南董事会实施“以夷制夷”的方略，出资聘德国人昆德、丹麦人辛波驻厂，并组成留守组。在长达半年时间内，江南水泥厂难民营救护同胞3万多人。南京沦陷后，范有等人抱定“不资敌、不合作”方针，一直拒不开工生产。江南水泥厂长期不开工，遭到日方忌恨。1943年日方通知董事会要将江南机器拆迁至山东张店（今为淄博市）造铝（飞机原料）。陈范有等以国家商业法“一切重大事件需经股东大会决定”为由，与日方抗争，拖延机器拆迁。并于1943年11月20日在天津召开临时股东大会，一致投反对票。结果日方大怒，派兵进厂，强行拆迁，导致厂毁机亡。由于陈范有的抗争和拖延，到抗日胜利，日方铝厂也未建成。抗战八年中，江南水泥厂从未给日方生产过一包水泥。

抗战胜利后，任江南水泥公司总经理，全身心投入江南水泥厂的恢复工作。经过前后16年的努力，1950年9月17日江南水泥厂单窑顺利点火成功，正式投入试生产，并创下单窑安全生产663天的全国记录，填补了我国无高标号水泥的空白，在国际上享有“东方明珠”“东方水泥厂之冠”之赞誉。

1985年全国政协主席邓颖超提出为爱国实业家撰写百人名录，陈范有名列其中。

永济桥是一座中国自主设计并建造的混凝土钢结构公路桥。1922年，陈范有大学毕业后回到家乡安徽池州石埭（今石台县）建造此桥。在陈立夫、孙辅世、庾宗溎、郑敏之等同学、校友和北洋大学美籍教授裴特森的帮助下，永济桥历时一年半时间竣工。

裴特森教授

建成后的永济桥

工作中的陈范有

銀幣十三萬
有奇始癸亥
秋迄甲子冬
工程師美國
裴特森邑人
陳汝良民國
十四年天津
趙元禮記

石埭當徽甯
要衝城南大
河春夏盛漲
爲行旅患爰
築斯橋純用
洋灰鐵骨長
五百九十餘
尺孔十一縻

为纪念永济桥建成所立石碑之碑文

陈范有在永济桥施工工地上进行测量

永济桥大桥合拢时的场面

江南水泥厂建筑工程全影

陈范有（右二）与江南水泥厂员工合影

陈范有与友人合影

1925年，27岁的陈范有进入启新洋灰公司，从此步入水泥行业，并为之奋斗一生。他从工程师做起，很快就熟悉了水泥生产的各个环节，并承担了在塘沽于家堡修建水泥海运专用码头的任务。在1933年，他进入公司领导层任协理。他在领导层中学历最高，受过现代化教育，懂得工程技术。他进入决策层，为启新洋灰公司注入了新鲜的活力。他重视科学技术，大力起用技术人才，如聘用德国留学归来的王涛任启新总工程师，美国留学归来并任大学教授的赵庆杰任启新化验室主任。后来在建设江南水泥厂时，留美归来的庚宗溎负责土建工程。以上各位都是他在北洋大学校友。

王涛

王涛（1905—1985），字松波，江苏崇明人。自1926年供职于南京龙潭中国水泥公司，投身于我国的水泥工业起，在长达半个多世纪的岁月中，王涛集学者、专家、企业家于一身，呕心沥血，奋斗一生，为我国水泥工业的发展做出了重要的贡献。

王涛1926年毕业于天津北洋大学矿业系，1929年赴德国留学，在柏林水泥研究院从事水泥工艺研究，1932年他和导师库尔教授合著了《水泥水化》因此成为当时国外水泥经典著作中仅有的两名中国学者之一，而蜚声国际水泥界。同年，应中国唐山启新洋灰公司邀请回国，任了启新洋灰公司总技师，成为中国水泥工业史上担任总工程师的第一位中国人。在启新洋灰公司任职期间，他尽展才华，大力进行革新技术，解决了洋技师没有解决的水泥速凝结块的问题。他在国内首先推行50千克纸袋包装，废弃了笨重而且耗资多的腰鼓形木桶水泥包装。他研制和组织生产了建设钱塘江大桥需要的抗海水水泥，1935年开始，王涛积极建议并且主持建设了江南水泥厂。

1938年7月，王涛接受政府经济部长翁文灏的命令，组织湖北大冶华记水泥厂转移到后方的拆迁，他亲临现场组织指挥，经过日以继夜的努力，终于将全部机械和材料拆迁运至湖南辰溪，1939年12月1日建成并且正式投产，同时厂名更改为“华中水泥厂”。1941年经过增资改组为“华中水泥股份有限公司”，王涛任经理。当时，在西南大后方，只有“华中”“重庆”两家中型水泥厂担负着抗战时期的水泥生产任务。

抗战时期，许多工厂内迁昆明，因为缺少水泥无法建设，昆明工业界人士致函王涛，请他赴滇建设水泥厂，以民族大义为重，以振兴中国水泥工业为己任的王涛，立即赶赴昆明作实地调查，在缪云台先生的支持下，经过多方努力，由富滇新银行、中国、交通、新华四家银行和华中水泥厂共同合资建设经营，于1939年5月设立昆明水泥公司，由缪云台先生任董事长，王涛任总经理，他还亲自担任设计任务，主持了新型立窑的设计，昆明水泥公司于1940年12月建成投产，1941年1月开始营业。昆明水泥厂的建成投产，不但解决了滇缅铁路、空军基地、内迁工厂的水泥来源问题，同时也结束了外国水泥输入云南，独霸市场的历史。1941年，王涛和江西建设厅一起筹建了江西泰和水泥厂，1944年，王涛接受贵州省政府的邀请，接办了濒临倒闭的贵阳水泥厂。王涛目光远大，在世界反法西斯力量日益发展的形势下，他就开始提出了战后振兴中国水泥工业的规划。1943年5月，华中、昆明两厂在重庆召开股东联席会议，成立了华新水泥股份有限公司，王涛担任总经理。

抗战胜利后，他以全部的身心投入到华新水泥厂的建设当中去了，历经两年的时间，在荒山僻野的黄石枫叶山下，建设成了当时“远东第一”，后来一直享誉中外的华新水泥厂，即今天的华新水泥股份有限公司。该厂于1948年底完成主机的安装，1949年4月5日投入生产。

新中国成立后，在担任华新总经理、副厂长，总工程师期间，继续施展自己的才华，研究试制出了高标号大坝水泥和防海水浸蚀水泥等新品种，为我国的水利工程和海港建设做出了新的贡献。

1955年2月，王涛由华新奉调国家建材部任一级工程师，先后担任建工部水泥研究院院长、科技局副局长，北京建工学院副院长和建材研究院副院长，并历任国务院科学规划委员会硅酸盐组副组长、国家科委硅酸盐工程学科副组长、建工部科技常委、中国硅酸盐学会常务理事和顾问、《硅酸盐学报》编委会副主任委员等职务。

冯熙运

庚宗淮

赵庆杰

徐莘农

冯熙运，北洋大学土木工程系1905年毕业生。1911年任教于北洋大学，1920年任北洋大学校长。启新洋灰公司董事。

庚宗淮，北洋大学土木工程系1919年毕业生。1935年江南水泥股份有公司建厂处负责人、公司董事、副总经理。

赵庆杰，北洋大学冶金工程系1922年毕业生。启新洋灰公司化验室主任、总工程师、厂长。

徐莘农，先就读于北洋大学，后毕业于复旦大学。江南水泥厂财务主管。

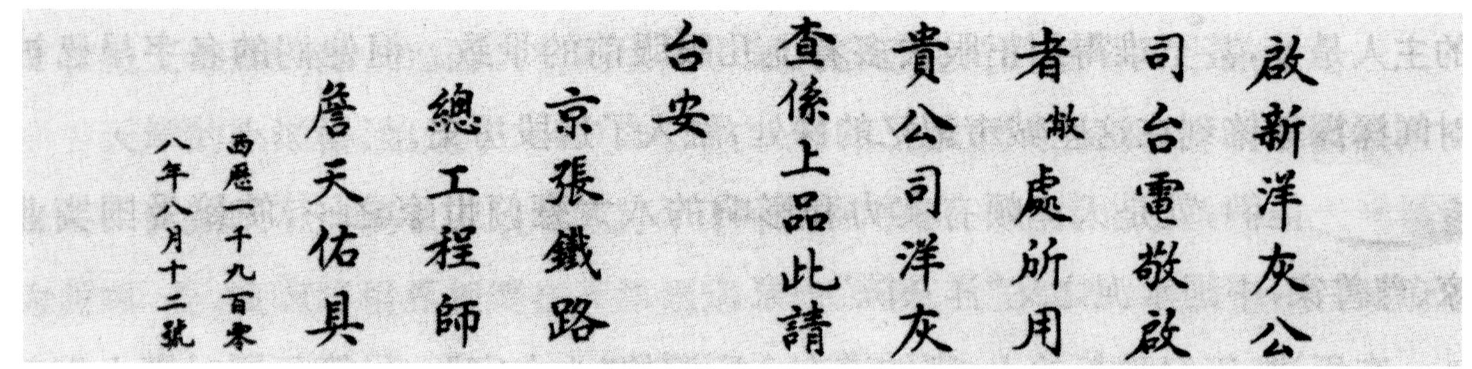
啟新洋灰公
司台電敬啟
者敝處所用
貴公司洋灰
查係上品此請
台安
京張鐵路
總工程師
詹天佑具
西歷一千九百零
八年八月十二號

詹天佑给启新洋灰公司的题字

1908年8月12日，京张铁路局首席中国工程师詹天佑表达对启新洋灰公司生产的洋灰质量上乘，特一幅用绫子装裱的横幅，以表谢意。

启新洋灰公司曾经使用过的商标

巴拿马万园赛会一等奖证

1911年11月7日，启新生产的“马牌”水泥经英国亨利菲加公司试验，其细度、强度、凝结、涨率和化学成分超过英、美两国标准。因其优质性，启新水泥1900年获湖北武汉第一次劝业会一等奖，1911年获意国都郎博览会优等奖章和农商部奏奖南洋劝业会头等商勋，1915年获得巴拿马赛会头等奖、农商部国货展览会特等奖。

陈范有亲自设计、组织施工建造的唐山启新洋灰厂的八号窑及其外景（1940年5月动工，1941年11月正式投产）

陈范有到美国和欧洲考察水泥工业，不断吸取先进技术，在负责唐山启新洋灰厂八号窑的扩建改造工程时，他不墨守成规，而是敢于创新，一丝不苟地按科学规律办事，亲自复核数据，亲自设计图纸，亲赴施工现场。1976年唐山大地震时，八号窑依然屹立，正常运转，堪称奇迹。

江南水泥厂建筑工程全影

陈范有和江南水泥厂所有同人，不仅为振兴中国民族工业做出了杰出贡献，在国家和民族最危难的关头更是挺身而出，与日寇进行抗争，保护无辜百姓，留下一段可歌可泣、不能忘却的故事。

1937年12月13日，日寇制造了举世震惊、骇人听闻的南京大屠杀。南京沦陷后，成千上万的难民四处逃亡，地处南京郊区的江南水泥厂成为避难场所。在陈范有和江南水泥公司董事会的提议下，在工厂中成立了由制造商德国人卡尔·昆德、丹麦人辛波与厂里留守的30名职工组成的留守组，并委托卡尔·昆德任代理厂长，在厂区悬挂德国和丹麦国旗。请昆德利用他德国籍的身份以及江南水泥厂重要的工业地位与日寇斡旋。陈范有则指示厂领导妥善安置难民，以骨肉之情积极给予难民各种救济和援助，有效地起到了保护难民的作用。在长达半年的时间内，使三万多同胞免遭日寇屠杀和蹂躏。2007年南京大屠杀七十周年之际，南京“侵华日军大屠杀遇难同胞纪念馆”完成了扩馆工程，新馆增加了“江南水泥厂难民营”展区，并展出陈范有的事迹和照片。

江南水泥厂难民营

天津大学建工学院新材料实验室建于1952年。主要承担本科教学实验；教师、研究生、本科生科学研究以及对社会服务的功能。

300吨抗压抗弯试验机（德国造，北洋大学时期留下的老设备）

1000 kN万能材料试验机

细集料堆积度漏斗及容量筒

材料工程实验室

（右一，200 kN抗压试验机（20世纪50年代购置）；右二，2000 kN抗压试验机；右三，60000 磅抗压抗折试验机（美国造）；右四，600 kW万能材料试验机）

天津大学土木工程实验中心结构工程实验室内景（一）

天津大学土木工程实验中心结构工程实验室内景（二）

天津大学土木工程实验中心结构工程实验室内景（三）

天津大学建工学院土木工程结构实验室建于1952年，1989年进行扩建，实验室跨度增加到18米，建筑总面积达1850平方米。结构工程实验室拥有各类试验仪器设备共380余台，总价值为1000余万元人民币。

天津大学土木工程实验设备

工程结构实验室承担着本科《建筑结构实验》和《桥梁结构实验》两门专业课的教学任务。本科生通过实验课的学习，基本掌握了实验规划、实验准备、实验加载、实验数据的采集与分析等本科专业方向的实验技能，培养了学生的动手能力，为今后的科学研究和结构检测奠定了基础。结构工程实验室又是土木专业教师、研究生、本科生进行科学研究以及对外服务的基地。

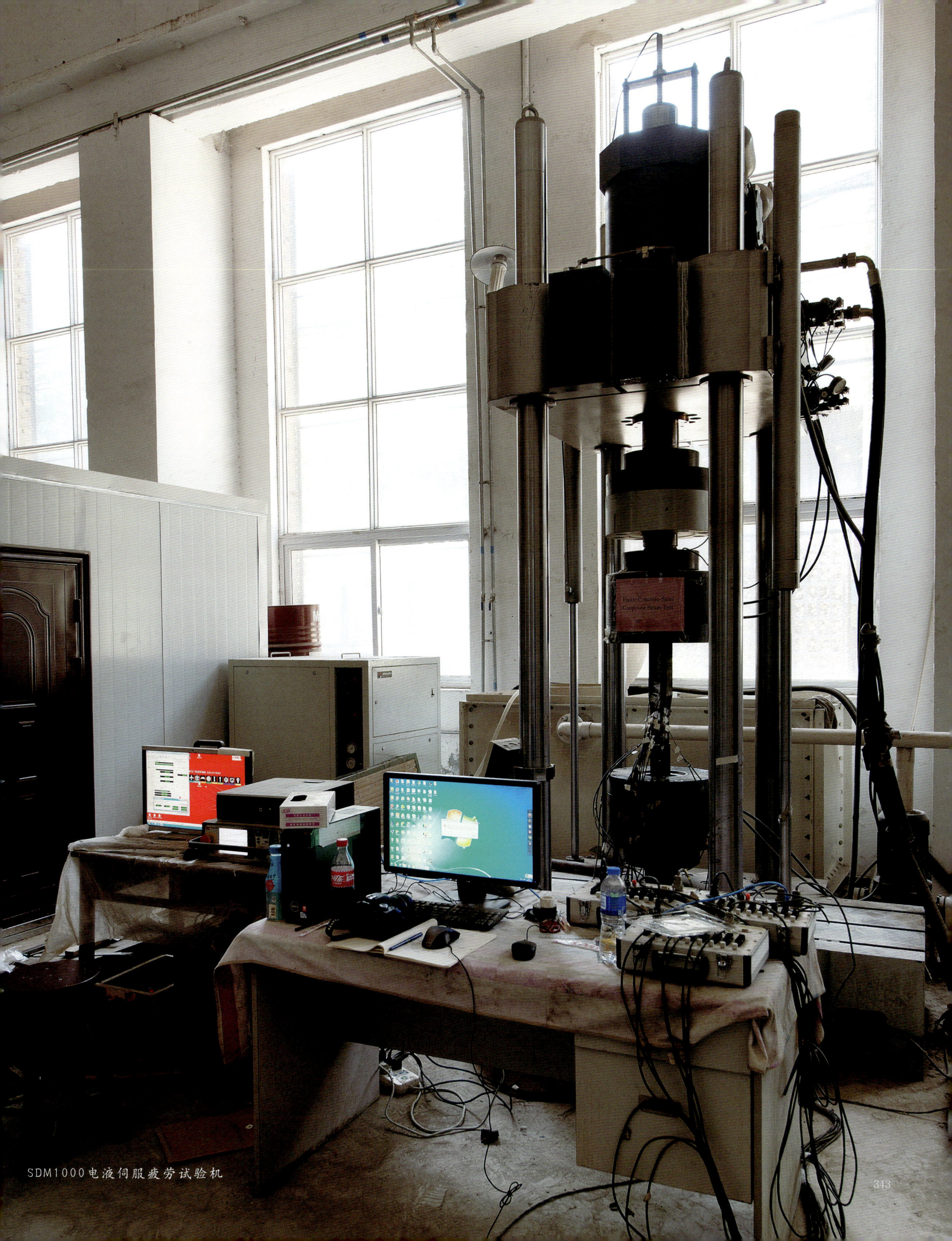

SDM1000电液伺服疲劳试验机

品学兼优毕业者之斐陶斐励学会金质徽章

宏铸津梁

国之大学　才堪宏济

硕学鸿儒·教师篇

原清华大学校长、北洋大学知名校友梅贻琦先生有一句名言“所谓大学者，非谓有大楼之谓也，有大师之谓也”。北洋大学之所以济济群贤、人才辈出，关键在于学校实行了一系列行之有效的管理制度，保持着一支恪尽职守、博大精深的师资队伍。外籍教师均出自国际名牌大学、博学多识，中方教师多为国内硕学鸿儒、德高望重。

例如美籍教师：福拉尔和莫里斯两位教授，前者求学瑞士期间与爱因斯坦过从甚密，深悉相对论要旨，曾为北洋学生做专题讲解；后者则是美国著名地质学家，原为哥伦比亚大学教授。美国第41届总统胡佛就职前曾数次来北洋大学讲授矿科专业课程、爱樂斯在北洋大学讲授土木工程学期间创建中国斐陶斐励学会、地质工程学家德雷克、讲授法科任纳福、席威、荫福满、法克斯、柯雷因、爱温斯、陶木森。土木工程学教师毛瑞尔、毛理尔、道彬士、裴特森、贝克尔、爱乐斯、佩德森、柏克、包尔、德义毕尔哲；讲授机械工程学教员亚当士、包尔；讲授铁路工程学的丰斯德、欧德满、德义、克尔登；讲授工程地质学的梅尔士、巴克尔、莫里斯、亚高士、亚当士；讲授英语有乐提摩、法克司、伯尔、赖秧、赖伯尔、乐提摩夫人、崔伯、饶博森、乐褅衲、白美义等美籍教师；以及韩国籍英语教师金钟文、法国籍法语教员吉德尔，德国籍德语教员罗莎、杨蕾贤、赵林克悌，俄国籍俄语教员来觉福，日本籍日语教员斋藤传寿等外籍教师。

中方教师多为中国近代硕学鸿儒、各专业领域泰斗或领军人物，如：国学教师吴稚晖、张文涛、徐德源、孙松林、沈易年、吴在、法科教师刘国珍、贺德森、赵天麟、刘松年、冯熙运、张务滋、李浦等；土木工程（水利工程）学教师茅以升、伍镜湖、李仪祉、冯熙敏、李书田、张含英、李吟秋、王华堂、王仰曾、谭真、须恺等，矿业工程学教师蔡远泽、翁文灏、何杰、王烈、阮维周、谭锡寿、冯景兰、魏寿昆、刘之祥、王炳章、邓日谋、雷宝华、伍克潜等；机械工程学教师刘仙洲、石志仁、王季绪、王洪星、杨荫宇、张凤岡等；电机工程学教师刘锡英、王翰辰、杜锡钰、徐庆春等；化学工程学教师侯德榜、方子琴、萧连波、丁绪淮、刘云浦、王绍亭；物理教师胡敦复、胡刚复、张国藩、严恺、沈晋、倪尚达；数学教员陈锦涛、张玉昆、张敬如、陈荩民、黄敦慈、董贻安；外语教员薛颂勋、温宗尧、张锡周、汝人鹤、金奎植；武术大师教员李耀庭等。

硕学鸿儒 器尽瑚琏

吳大業　亞當士　劉國珍　毛理爾　孫大鵬　傅樂爾　愛溫斯　徐德源　柯雷因　張玉崑　王劭廉　道彬士　趙天麟　錢俊　來映　亞當士　施渤理

宣统三年（1911年）北洋大学部分教师合影

校长徐德源，教务提调王劭廉，斋务提调钱俊（北洋大学法科），庶务提调吴大业，法学兼理财学教员赵天麟（美国哈佛大学法学博士），算学教员张玉崑，法科教员刘国珍，法科教员孙大鹏，国际法教员爱温斯（Richard T. Evans,美国哈佛大学文学士、法学士），法科教员柯雷因（Judson A. Crane,美国布朗大学文学士、哈佛大学法学士），铁路工程学教员道彬士（John L. Dobbines,美国加州大学文学士、理学士），机械工程学教员亚当士（Walter H. Adams,美国麻省理工学院理学士），结构工程学教员毛理尔（Arthur B. Morrill,美国麻省理工学院理学士），冶金教员施渤理（Edwin A. Sperry,美国西北大学），矿冶教员亚当士（George I. Adams,美国堪萨斯大学文学士、理学硕士、普林斯顿大学理学博士，曾在德国慕尼黑大学和美国耶鲁大学任教），化学教员傅乐尔（Harry V. Fuller,美国明尼苏达大学硕士、瑞士巴塞尔大学博士），英语教员来映（Will F. Lyon,美国奥柏林学院文学士）。

国之大学 才堪宏济

王修植  刘国珍  王劭廉  蔡儒楷

李景濂  刘春霖  孙松龄  金奎植

硕学鸿儒 器尽瑚琏

李仪祉  王季绪  李耀亭  伍镜湖

王烈  何杰  翁文灏  侯德榜

国之大学 才堪宏济

刘仙洲

罗英

杨宽麟

胡刚复

谭锡畴

陈荩民

茅以升

潘承孝

硕学鸿儒 器尽瑚琏

冯景兰 　　张绥祖 　　萧连波 　　王会宾

李恩波 　　李吟秋 　　阎振玉 　　高镜莹

国之大学 才堪宏济

鲍文蔚

何之泰

刘云浦

王华棠

张伯声

张国藩

崔宗培

杨遵义

硕学鸿儒　器尽瑚琏

陆士嘉

阮维周

舒扬棨

杨天祥

张维

张敬如

马婉贞

刘豹

悠悠学府 宏开炉冶

1933年，北洋大学全体毕业生合影

济济津梁·校友篇

1946年10月2日《大公报》“祝北洋大学五十一周年”社评：“北洋大学在半个世纪以来的中华建国的工作中”，“在近代中国走向现代征途中，有其辉煌的贡献”，“其毕业学生熏陶于实事求是的学风之中，出而问世，一般都能勤朴刻苦，踏实奋斗，尤以在工程界所有的领导人物及中级干部人才，多半出身北洋，卓然能自树立。在土木、采矿、冶金三部门中，任何较有规模的建设事业，更几乎都与北洋大学有不可分的关系”。

熔铸良才 济世津梁

北洋大学在在新中国成立以前的半个多世纪，为国家培养出了数千名高科技人才，其中不少为各行业及领域中的领军人物。不乏中国司法、外交、交通、建筑、地质、冶金、水利等工程建设领域的开拓者和奠基人。他们为中华民族重新屹立于世界民族强者之林做出了杰出贡献。其中的代表人物有：

中国最早的一批外交家王宠惠、金问泗、吴南如、享有中国奥运之父的王正廷，海牙国际法院大法官徐谟，法学家、教育家赵天麟、冯熙运、王世杰，王治昌、张务滋、郭云观、吴大业。

著名医学专家，中国创伤医学奠基人，中国近代公共卫生事业创建者刘瑞恒。美国西点军校中国第一人温应星，军事家陈廷甲、戢翼翘。

经济学家马寅初。中国现代煤炭工业和石油工业的奠基人孙越崎。

现代诗人、散文家徐志摩。

盐政名宿钟世铭、曾仰丰、朱庭祺、马泰钧。

金融家钱永铭。

冶金学家王宠佑、温宗禹、蔡远泽、王正黼、魏寿昆、王之玺。

首先发现攀枝花铁矿床的刘之祥。

教育家罗忠忱、梅贻琦、李建勋、齐国梁、冯熙敏。

交通名宿刘景山、孙鸿哲、胡栋朝、孙发端、邹岳生、程锡培、吴世鹤、张佐周、曾威、苏青选、靳珩。

机械工程和材料学家邓曰谟。

中国合金钢与铁合金生产的奠基人之一周志宏。

地质学家俞建章、何作霖、黄汲清、杨遵义、苏良赫、伍克潜。

我国水泥工业的重要开拓者、奠基者、水泥技术专家王涛、陈范有。

解放军兵器工业创始人程明升、陈志坚。

中国装甲部队第一人耿耀张。

悠悠学府 宏开炉治

孙鸿哲 　王治昌 　董士恩 　薛仙舟

王宠佑 　王建祖 　江顺德 　罗忠忱

熔铸良才  济世津梁

温宗禹 　　张根仁 　　金邦平 　　王宠惠

马寅初 　　王正廷 　　齐璧亭 　　孙凤藻

悠悠学府 宏开炉冶

马千里 　钱永铭 　王子泉 　杜潜

温应星 　张务滋 　郭云观 　梅贻琦

熔铸良才 济世津梁

刘瑞恒 　　王正黼 　　王世杰 　　金问泗

孙越崎 　　徐谟 　　孙云铸 　　顾随

悠悠学府 宏开炉冶

徐志摩 　　周志宏 　　吴南如 　　张太雷

俞建章 　　穆继多 　　耿耀张 　　程明升

熔铸良才 济世津梁

张文治  曹孟朴  魏寿昆  何振

钱万生  李维临  童铣  郭佩珊

悠悠学府　宏开炉冶

韩纯德

叶培大

贾有权

刘树人

柳青

石理

史绍熙

赵耀东

熔铸良才 济世津梁

吴自良 　曾泉生 　曹金涛 　陈之藩

贺家李 　刘希圣 　李安格 　姚树人

悠悠学府  宏开炉冶

土木宏材·校友篇

北洋大学土木工程学科毕业生多受社会青睐，并在工作中有承担大任的能力，与学校办学理念和教育风格不无关系，归纳特点如下。

1.课程结构科学、施教系统。最初预科四年、本科三年；之后，预科为三年、本科为四年。

2.师资雄厚，广博人才，北洋大学时期土木学科先后聘请外籍教师60人，多出自世界名校，中方教师109人（不含短期任课教师）。教师中多有本校毕业生后经过一段工作实践后再回校任教。

3.选拔学生宁缺勿滥，毕业生实行淘汰制。学习成绩优异者多保送国外深造，美国康奈尔大学免试接收北洋大学土木工程学科学生。

4.北洋大学土木工程学科办学从未间断过，形成了一种特有的教学经验和文化特质。

熔铸良才 济世津梁

宣统三年（1911年）北洋大学土木工程系丙班毕业生合影

（至今保留北洋大学土木工程系最早的毕业班合影照片。前排右一：王孟、朱延平、崔焕章、屠鼎、郭树屏，二排右一：陈基信、王瑾、刘德芬、唐廉，三排右一：梁际春、梁福恺、尹荣琨、韩树程、曹昌江、后排右一：汤栋、林秉珪、滑德铭、曹荣锡、石以让）

悠悠学府　宏开炉冶

胡栋朝　戢翼翘　刘景山　徐赤文

朱庭祺　容祖诰　金问洙　程士范

熔铸良才 济世津梁

孙发端

张润田

贺邦墉

王锦堂

丘勤宝

谭炳训

王廷璋

张湘琳

悠悠学府 宏开炉冶

华起

华超

戴统三

刘承先

齐树椿

姚鸿儒

王子兴

周�

熔铸良才 济世津梁

林治远 　曾威 　吴成三 　马振欧

袁心湖 　胡茂悌 　靳珩 　裘采畴

智者善水 兴国安澜

智者善水·校友篇

北洋大学时期培养出了不少水利人才，它与我国社会需要有关，也与我国的历史有关。我国历朝历代对江河的治理、运河的开凿、农田的灌溉和排涝等事业都十分重视，并有大量的实践。到了近代，对于华北水利、黄河下游和淮河流域灾害的治理，更提出迫切的要求，并成立了相应的治理机构。尤其在北洋大学所在地的天津，在海港和海河的治理方面最先引进了西方的科学技术。建立了"顺直水利委员会"（后改为 "华北水利委员会"），先后有诸多北洋大学毕业生在这水利机构专职或兼职工作，施展个人才华。他们在实践中逐渐成长。而这些有实践经验的人，有的又回学校任教或兼课，对于学生的培养，形成一种良性循环的机制。

例如：讲授地质工程的美籍著名工程学家德雷克；讲授河海工学和水力机学的裴克；讲授测量学的赫尔曼；讲授工程制图的亚当士等。国内著名水利专家如：讲授河工学、水文学、大坝设计等课程的李仪祉教授；讲授灌溉、河工学的须恺教授；讲授测量学、制图学、投影几何学的冯熙敏教授；讲授工程地质学的翁文灏、谭锡寿、冯景兰、俞建章教授；讲授水力学、灌溉工程、堰坝工程的杜镇福教授；讲授物理及水力学的张国藩教授以及何之泰、李赋都、王华棠、崔宗培、严恺、谭真、赵今声、刘德润、常锡厚教授等，他们都有从学校到社会再回到学校任教的经历，既有理论又有实践经验。

治水兴利　千古伟业

1928年，北洋大学土木科与水利科全体师生合影

近代水利人物翘楚多为北洋大学所培养的优秀学生。他们广及祖国大江南北的各项水利工程建设与管理的岗位上建功立业，近现代中国水利工程建设上的丰功伟业无不浸透着北洋大学师生们的心血,其中有：黄河水利委员会委员长张含英，华北水利委员会秘书长、黄河水利委员会副委员长李书田，永定河河务局局长刘郁馥，浙江省水利厅厅长徐赤文，长江水利工程总局局长陈泮岭，天津海河工程局局长徐世大，河北省水利厅厅长徐正，湖北省水利厅厅长陶述曾，淮河水利总局局长林一平，长江水利工程局总局长孙辅世，冀中水利局、工务局局长郝执斋，西北军政委员会水利部副部长丁仲文以及顺直水利委员会永定河测量队测量师黄敦慈，华北水利委员会总工程师徐世大，花园口堵口复堤工程总工程师兼总段长陶述曾，导淮委员会总工程师长林一平，扬子江水利委员会总工程师孙辅世，广州港工程局总工程师裘向华，陕西省汉惠渠工程处主任工程师、总工程师耿鸿枢，交通部第三航务工程局主任工程师袁鸿志，浙江省水利水电勘测设计院总工程师马席庆……。他们是中国治水兴利发展史上智者善水的典范，中华民族永远的丰碑。

智者善水 兴国安澜

秦汾  刘郁馥  吕金藻  徐赤文

周镇伦  陈泮岭  黄敦慈  徐正

治水兴利　千古伟业

周保祺 　徐世大 　邓曰谟 　瞿文琳

陶述曾 　林一平 　李书田 　张含英

智者善水 兴国安澜

孙辅世 　　吴树德 　　赵今声 　　周宗莲

刘德润 　　何量 　　丁仲文 　　阎树楠

治水兴利 千古伟业

张度 　揭曾祐 　郑兆珍 　常锡厚

方愷　耿鸿枢 　李荣梦 　孙家驹

智者善水　兴国安澜

武元昌 　徐达本 　杜镇福 　郝执斋

于凤钧 　张子林 　姜崇熙 　冯尚友

治水兴利 千古伟业

张泽祯 　许志方 　杜竞一 　商树清

扬桓 　魏颐年 　陈肇和 　董光鉴

人物传略检索

硕学鸿儒·教师篇

王修植（1858—1903），字苑生，号俨庵，浙江舟山皋泄乡人。

清光绪十六年（1890年）中进士，授翰林院庶吉士。任编修。不久，调任直隶省道员，创办水师学堂。是时，光绪帝意图变法。修植草拟开铁路、设邮政、裁绿营、立学堂、废科举、开经济特科等十二章上奏。帝认可，降旨实行。一年后，任北洋大学总办兼定武军营务处帮办。1897年创办《国闻报》，开设“北洋西学官书局”，普及科学知识。著有《行军工程测绘》一书传世。

刘国珍（1862—1947），字介臣，又名席玉，浙江绍兴人。

青年时期，最初被录入直隶总督衙门任文职，由于学识渊博、才智过人、品行正直、办事能干，很快成为当时总督衙门的大师爷，由于精通大清律例，主要负责国内的民事律法问题，为官方处理日常法律事务的骨干。

刘国珍是维新派在天津的积极支持者，当时在津以新潮人物而知名。光绪末年，他即被美籍总教习丁家立选中而被聘请到北洋大学主讲中国律例与国文。他文史功底极厚，熟读深谙四书五经、诗词歌赋，更喜联系时局策论，这正符合北洋大学堂教学的主要要求。他42岁才进入北洋大学任教，是当时校内年龄大、资历深的名教授之一。

王劭廉（1866—1936），字少荃，天津人。

1886年天津北洋水师学堂第一期毕业。毕业后即被派往英国格林海军士官学校深造，先学习造船工程，后又学习法律政治。学成归国后受李鸿章重用，任威海水师学堂、北洋水师学堂教习，讲授英文、数学等课程。后任五城学堂洋文总教习、顺天学堂洋文总教习。

1906—1914年，任北洋大学教务提调。王劭廉任职期间，维持并开创了北洋大学的新局面，对北洋大学的发展做出了巨大贡献，北洋大学校长李书田对他的评价是：“王氏学问渊博，治校严明，校章所定，贯彻始终，不惟学生敬畏如神明，外籍教授莫不心悦诚服，不稍迟误。北洋功课以森严闻世，望门墙者愈多，良风所播，直迄今兹。”

1909年，清政府因其“兴办教育持久”特奖予进士出身，担任直隶学务公所议长、教育部教育会议议长等职，为民国初年的教育改革提出过不少的议案。

蔡儒楷（1869—1923），字志赓，江西南昌人。

1897年中光绪丁酉科举人，援例以知府用，发直隶佐理教育行政。1906—1911年任北洋大学监督，1911年任直隶提学使。1913—1914年任直隶教育司司长兼国立北洋大学校长。历任北京政府教育总长、山东巡按使、江西南浔铁路总经理。1915年筹办鲁丰纱厂，1919年鲁丰纱厂开业。

李景濂（1869—1939），字右周，直隶邯郸县人。

早年师从吴汝纶学习古文，进士出身（清末殿试登三甲榜尾）。此后，历官内阁中书、学部总务司案牍科主事，历任直隶省莲池书院斋长、直隶学校司编译处编纂、进士馆学员、学部专门普通实业三司行走、北京法政专门学堂国文教员、北洋五省优级师范学堂专科国文教员、直隶文学馆副馆长，直隶大学堂（北洋大学预备学堂）汉文教习、北洋大学教务主任。

刘春霖（1872—1942），字润琴，号石箕，河北肃宁人。

1903年参加殿试，一举获得一甲一名，得中状元。中状元之后即被授予翰林院修撰之职。1905年科举制度的废除，使刘春霖成为中国历史上最后一个状元。

历任福建提学使、直隶法政学堂提调、直隶女学堂监督。1909年，他又改任直隶高等学堂（北洋大学预备学堂）监督，并在莲池文学馆讲学。他在直隶高等学堂期间网罗社会名流到校执教，一时学校以治学严谨、学术昌明、文明教化、陶铸人才闻名于世。

孙松龄（1880—1954），字念希，河北蠡县人。中国近现代国学大家、教育家、诗人。

光绪末年举人。1920年任北洋大学国文教授。当时，北洋大学共有20多位正职教授，其中仅有三位中国籍教授，他们就是孙松龄（国文）、张玉崑（土木）、冯熙敏（土木）。20世纪30年代末，孙松龄在北京师范大学任教，教授国学。他曾与几位教授组织了“国学补修社”，孙松龄先生作为补修社的主办人员，在社里主讲古文和诗词。新中国成立后，任济南市文史研究馆馆员。1952年，在济南与秦文炳，崔裕如、楼辛木、吴揖云、左次修、辛铸九、张叔平等先生结成了“偕老会”（诗社），进行古典诗词研究和创作。

金奎植（1881—1950），化名金仲文、余一民、王介石。号尤史、竹笛、金城，韩国京畿杨州人。

1896年金奎植去美国接受美式大学教育，成为在美国获博士学位的第一个韩国人。1919年参加“三一”运动后与其他韩国志士流亡到上海，出任韩国临时政府首任外务总长，并以议和大使身份持中国护照，用“金仲文”的名字出席巴黎和会，向和会提交了《号召韩国独立的陈述书》，控诉日寇暴行，表达韩国国民摆脱殖民统治的强烈愿望。1935年在北洋大学任英语教授。1935年担任韩国临时政府国务委员兼宣传部长、学务(教育)部长。1940年9月，他被选为十七届韩国临时政府唯一的副主席、主席。1945年11月，韩国临时政府成员集体回到光复后的汉城，金奎植担任韩国立法议会议长。1988年，被韩国政府追授大韩民国建国功劳勋章重章。从1919—

1945年，金奎植在中国从事抗日、独立运动达26年之久，对中国怀有深厚感情，自称是“半个中国人”。

李仪祉（1882—1938），名协，字仪祉，陕西蒲城县人。

1898年在同州府院考中秀才。1903年，应于右任之邀任商州中学堂教员。1904年考入京师大学堂德文预备班，学习成绩优异，毕业时获得举人头衔。1906年参加同盟会。1909年由陕西西潼铁路筹备处选派赴德国柏林皇家工程大学土木工程科学习。辛亥革命爆发后回国。1912年参与创办陕西三秦公学。1913年春再度赴德国学习，接受郭希仁建议入丹泽大学主攻水利专业。1915年春学成回国，任南京河海工程专门学校教授、教务长，曾一度主持校务，并主讲河工学、水文学、大坝设计等课程，培养了中国第一批水利专门人才。1922年秋回到西安，任陕西省水利局局长兼渭北水利工程局总工程师，遍勘省内诸河流。1924年冬赴京、津、沪、宁等地筹措“引泾工程”款及扩充西北大学经费。军阀刘镇华围困西安时不得已滞留北京。1927年被国民军联军驻陕总司令部任命为建设厅厅长。后因局势恶化愤然辞职离陕，同年任上海港务局局长兼南京第四中山大学教授，年末任四川重庆市政府工程师，为成海公路设计了老鹰岩盘道，被后人誉为“巧夺天工的杰作”。次年任华北水利委员会主席，应刘仙洲校长聘请任北洋大学教授。1929年兼任北方大港筹备处主任、导淮委员会委员兼总工程师及工务处处长，此间设计了杭州湾新式海塘。1930年在天津创办了中国第一个水工试验所。

1930年冬任陕西省建设厅厅长和省水利局局长。1931年兼任国民政府救济水灾委员会委员、工程师，主办江河复堤工程。1932年创办陕西省水利专修班，亲自执教，并关心学生道德品质的培养。1933—1935年任黄河水利委员会委员长兼总工程师，致力于黄河治本计划的勘测与研究，先后写出40余篇专著与报告，并参与了长江、汉江、海河等诸河流的规划治理与研究。后辞职，专任陕西水利局局长。

王季绪（1882—1952），江苏吴县人。

1912年毕业于英国剑桥大学，获博士学位。1912—1937年先后任北洋大学教授、教务长兼机械科主任，北洋工学院代理院长等职。

1931年，日军悍然发动了对我国东北的侵略战争。消息传到北洋，全院师生义愤填膺地投入到抗日救亡活动之中。机械系教授、教务长、代理院长王季绪率先行动，通电全国，呼吁国民党政府出兵抗日，并毅然绝食。1935年10月10日，王季绪和刘仙洲等人联名发起成立中国机械工程学会，为该会创始人之一。七七事变后他被日军列入抓捕名单。

李耀亭（1883—1956），字子扬，河北定兴县张祖庄人。武术大师，北洋大学武术教员。

在清末民初的形意拳界，李彩亭（字呈章）、李文亭（字星阶）、李耀亭嫡亲三兄弟，曾扬名四海，驰誉南北，武林界誉为“李氏三杰”。他们出生在一个武术世家。祖父李鉴（字铁珊），是清朝咸丰年间的著名镖师，精通少林拳及各种器械，“李氏三杰”的父亲李梁栋（字国钧），也是一位身怀绝技的镖师。他秉承家学且功夫过人，在河北一带赫赫有名。李耀亭为李氏三杰之首，1917—1934年担任北洋大学武术教员。

伍镜湖（1884—1974），字澄波，广东台山县人。铁道工程专家、教育家，铁道工程教育的先驱。

1912年美国纽约州伦斯勒理工大学毕业，得土木工程师学位。毕业后又在德拉瓦汉河铁路公司工作。1913年夏，伍镜湖回国任川汉铁路汉口宜昌段任助理工程师。1914年转入京绥铁路任工务员。1915以后任北洋大学土木工程系教授，是讲授铁路工程专业课的第一任中国教授。

王烈（1887—1957），字霖之，萧山临浦镇人。

1906年入京师大学堂读格致科，1909年考取公费生出国留学。1911年赴德国弗赖堡大学攻读地质学，1913年学成回国，先后执教于北京高等师范学校博物系、农商部地质研究所、地质调查所工作。1928年任北洋大学采冶工程学门地质学教授，所教的课程有地质测量及地质构造、矿物学、高等矿物实验、高等岩石学、光性矿物学、普通地质学、野外实习学等。王烈所写的《河北省怀来县八宝山煤田地质报告》是我国最早的地质报告之一。

何杰（1888—1979），广东番禺人。

1914年获美国理海大学理科硕士，回国后，从事矿业教育60余年。1925年任北洋大学采矿学教授兼矿冶系主任及教务长多年。后任两广地质调查所所长、湖南煤矿局杨梅山矿矿长兼总工程师、广西稀有金属矿产勘探队队长等职。曾绘制广东、广西多种矿产地质图，主编两广地质调查所年报，勘探广西若干地区的铀矿和钍矿，为探明广东、广西矿产资源做出了贡献。

翁文灏（1889—1971），谱名存璋，字咏霓，又字永年，号君达，又号悫士，浙江宁波人。

1902年中秀才。1908年考入布鲁塞尔鲁汶大学攻读地质，是我国首位地质学博士。1913年回国后，在北洋政府农商部任事，并在地质研究所任讲师、主任教授，北洋大学地质学教授。中国首代地质工作者多出自其门下。翁文灏一生专注于祖国的地质事业。他对地质学造诣很深，对著名的大陆漂移说和燕山造山运动的阐述与发展贡献卓著，为祖国地质事业和地质科学奠定了基础。

侯德榜（1890—1974），福建候官县人。化学家，“侯氏制碱法”的创始人。

1913年赴美国留学。1916年毕业于美国麻省理工学院化工专业，获学士学位。1919年获美国哥伦比亚大学制革硕士学位。1921年获博士学位。1921年回国后任塘沽碱厂总工程师、南京铵厂厂长、永利化学工业公司总工程师和总经理。新中国成立后历任中央财经委员会委员、重工业部顾问、化学工业部副部长、中国化学会理事长、中国化工学会理事长等职。1924—1928年，应刘仙洲校长邀请任北洋大学教授。1948年选聘为中央研究院院士，1955年受聘为中国科学院技术科学部委员。

刘仙洲（1890—1975），原名鹤，又名振华，字仙舟。河北完县人。

1914年公费进入香港大学工学院机械系学习；1918年获得香港大学工程科学学士学位，毕业试卷经英国伦敦大学审查，评为“头等荣誉”。1924年担任北洋大学校长。刘仙洲锐意革新，聘请茅以升、石志仁、侯德榜、何杰等中国著名学者任教，亲手拟定《北洋大学附设工读协作制机械工学系意见书》。中华人民共和国成立后，刘仙洲继续在清华大学任教，并先后担任副校长、第一副校长，国务院科学规划委员会机械组副组长，国家科学技术委员会技术科学学科组副组长，中国科学院技术科学部常务委员兼机械组组长、中国机械工程学会第一届理事长和第二、三届副理事长，中国农业机械学会第一届理事长等职。1955年选聘为中国科学院学部委员。

罗英（1890—1964），自怀伯。江西南城人。著名的桥梁建筑专家。

1910年保送为“庚子赔款”第一批公费留美学生入美国康奈尔大学土木工程系学习桥梁专业，1917年获硕士学位。先后在美国鲁洛斯特纽约省铁路公司和纽约中央铁路公司工作。1919年回国，曾在天津任津浦路养路主任兼任北洋大学教授7年。曾任北宁铁路北海关桥梁厂厂长、北京铁路天津总局技术主任工程师、钱塘江大桥工程处总工程师，与茅以升共同设计和建造了钱塘江大桥。后又任湘桂铁路桂柳段测量队总队长、湘桂铁路桂南段工程局副局长兼副总工程师、北平第八区公路管理局局长、昆明第四区公路工程管理局局长。新中国成立后，任广州、重庆、成都等公路总局专门委员和副局长，上海华东交通部支前公路修建委员会总工程师。不久调任北京重工业部顾问工程师兼北方交通大学结构系教授。1953年应聘为武汉长江大桥技术顾问委员会委员。

杨宽麟（1891—1971），上海人。

1902—1909年就读于上海圣约翰大学，1912—1916年在美国密歇根大学学习土木工程，并获得硕士学位。1917年回国，1918—1920年执教于北洋大学土木工程系，并任启新洋灰公司工程顾问。后来他成立了自己的工程师事务所。20世纪20年代初作为设计代表监督修建了北京前门邮局、司法部大楼，并设计了天津永利化工厂厂房、沈阳火车站和东北大学校舍。他的这些建筑设计，使钢筋混凝土结构开始在中国房屋建筑中大量应用与推广。20世纪30年代在上海和南京主持设计了大陆银行大楼、美琪大戏院、大新公司等建筑物。从1940年开始，历任圣约翰大学土木工程学院主任、北京市建筑设计院结构总工程师、中国土木工程学会副理事长。他主持设计的和平宾馆、新侨饭店及王府井百货大楼等是新中国成立以后北京第一批多层混凝土框架结构工程。他直接指导修建的大型工程项目有北京民族饭店、军事博物馆、工人体育场等，并参与设计了人民大会堂。杨宽麟是中国最早的现代房屋结构工程专家之一，对推广预制混凝土构件做出过重要贡献。1949年后，中国结构工程界有“南杨北朱”之说，朱是朱兆雪，杨就是杨宽麟。

胡刚复（1892—1966），江苏无锡人。物理学家、教育家、中国近代物理学事业奠基人之一。

1909年清游美学务处第一批赴美留学生，入哈佛大学，1918年获哲学博士学位。同年回国，曾任南京高等师范学校物理教授、物理系主任，唐山交通大学教授，北平研究院镭学研究所特约研究员，浙江大学文理和理学院院长。1926年创办厦门大学理学院并任院长。1927年筹建第四中山大学，任理学院院长。1928年协助创办中央研究院物理研究所并任专任研究员，1949年任北洋大学物理学教授，1952年院系调整调任南开大学物理系教授。

谭锡畴（1892—1952），河北吴桥县梁集村人。地质学家、矿业学家、教育家。是我国第一批地质学家之一。

1916年毕业于北京农商部地质研究所，1926年获美国威斯康星大学硕士学位，1927年获约翰霍普金斯大学硕士学位。回国后历任北京地质调查所技正，北平研究院研究员，北洋大学、西南联合大学、云南大学等学校教授，云南易门铁矿局局长，全国地质工作计划指导委员会矿产探勘局局长。谭锡畴早年调查华北地质，在山东采获了重要的白垩纪恐龙、鱼和植物化石，是中国地质学者的首次发现。他在1924年编制的《北京—济南幅地质图（1:100万）》是中国地质学者自编的第一幅大面积地质图。他发表的有关泥裂及其他沉积构造的论文是国内最早的沉积学论著。20世纪20年代末，他进入四川、西康地区调查，完成了多幅1:20万路线地质图。

陈荩民（1895—1981），原名陈宏勋，天台城关人。

1916年考入北京高等师范(今北京师范大学)数学系。1921年，陈荩民赴法国里昂中法大学深造，1925年学成回国，先后任北京高师兼北京大学教授、浙江省立第六中学校长以及暨南大学、复旦大学、英士大学等校教授。1943年起，历任北洋工学院院长、北洋大学理学院院长、北洋大学北平部主任。新中国成立之初，陈荩民任北洋大学校务临时委员会主席。定居北京，任北京工业学院教授兼校务委员会委员、高教部高等数学教材编审委员会委员。

茅以升（1896—1989），字唐臣，江苏镇江人。

1916年毕业于唐山工业专门学校，1917年获美国康奈尔大学硕士学位，1919年获美国卡耐基理工学院博士学位，回国后曾任国立东南大学教授、工科主任、南京河海工科大学、北洋大学校长、交通大学唐山工程学院院长等职。中国科学院资深院士。茅以升主持中国铁道科学研究院工作30余年，为铁道科学技术进步做出了卓越的贡献。积极倡导土力学学科在工程中应用的开拓者。曾主持修建了中国人自己设计并建造的第一座现代化大型桥梁——钱塘江大桥，成为中国铁路桥梁史上的一个里程碑。

潘承孝（1897—2003），江苏吴县人。

1921年毕业于唐山工业专门学校。1924年到美国威斯康星大学研究院攻读硕士研究生，1925年获硕士学位。1927年回国后到直隶公立工业专门学校任教，后在沈阳冯庸大学、沈阳东北大学工学院、北平大学工学院、西北临时大学工学院、陕西城固西北工学院任教。1937年七七事变后任西北工学院教务长兼机械系教授、代理院长、院长。1948年受聘于国立北洋大学，任机械系教授。

1949年1月，北洋大学成立校务委员会，潘承孝任校务委员会委员。1951年，北洋大学更名为天津大学，潘承孝任校务委员会副主任委员，主管教务。1958年，中共河北省委、河北省人民政府决定恢复重建河北工学院，当时任天津大学教务长的潘承孝受命重建河北工学院并担任院长。1962年，河北工学院与天津机电学院、天津建筑工程学院、天津化工学院正式合并，改称天津工学院，潘承孝担任天津工学院院长。1983年任河北工学院名誉院长。1995年2月16日，原国家教委批准河北工学院更名为河北工业大学，潘承孝任河北工业大学名誉校长。

冯景兰（1898—1976），字淮西、怀西，河南唐河县人。地质教育家、矿床学家、地貌学家。

1918年考取公费赴美留学，入美国科罗拉多矿业学院，学习矿山地质，1921年毕业，同年考入美国哥伦比亚大学研究院，攻读矿床学、岩石学和地文学，1923年获硕士学位。1929—1933年任北洋大学教授，讲授矿物学、岩石学、矿床学和普通地质学等课程。这段时期调查过辽宁沈海铁路沿线地质矿产、河北宣龙铁矿成因、陕北地质等。1933年起任教于清华大学地学系，兼任地学系系主任，讲授矿床学、矿物学和岩石学等课程。他先后到河北平泉、山西大同、山东招远以及泰山等地进行地质和矿产调查，是招远玲珑金矿地质研究的先驱之一。1938—1946年，任西南联合大学教授，兼任云南大学工学院院长和采矿系系主任。这段时期冯景兰主要研究四川、西康和云南三省的铜矿。1946年回清华大学任教。中华人民共和国成立后，先后在清华大学和北京地质学院任教，继续从事地质矿产和水利资源的调查研究。1951年被国家任命为中国地质工作计划指导委员会委员，参与新中国地质工作的全面规划。1954年被国家聘为黄河规划委员会地质组组长。

张绥祖（1898—1976），字朵山，曾名张佶，河北昌黎人。

1913年8月考进天津南开学校，与周恩来中学同窗三载。1916年考取清华学校公费留美预备班。1920年公派赴美深造，就读于美国麻省洛威尔工科大学，1923年获纺织工程学士学位。后入北卡罗来纳农工大学攻读硕士研究生，获纺织工程硕士学位。在美国对纺织厂的建筑设计进行全面系统的研究。1924—1926年到萨克罗威纺织机械制造厂和美国桥梁公司等处实习。回国后，先后任东北大学、西安临时大学、西北联合大学、国立西北工学院、北洋大学纺织系教授。抗日战争胜利后，担任中国纺织建设公司天津分公司总工程师，并兼任天津第六棉纺织厂厂长。1947年协助北洋大学成立纺织系。新中国成立后，任北洋大学（天津大学）纺织系教授并担任系主任。1958年天津大学纺织系调出成立河北纺织工学院。

萧连波（1899—1977），天津武清人。

1919年赴美留学，入威斯康星大学、伊利诺伊大学学习制浆造纸工艺。1923年毕业归国，任北洋大学化工系教授、主任。1937年抗战爆发北洋大学西迁入陕，任西安临时大学工学院、西北联合大学工学院化工系教授、系主任。中华人民共和国成立后，历任天津科技大学化工系教授、系主任、造纸教研室主任等。萧连波是我国造纸工业界著名的专家，为国家培养了大批造纸技术人才。

王会宾（1899—1966），原名王端骙，河南开封人。

1924年上海交通大学电工科毕业。1928年获美国麻省理工学院研究院工学硕士学位。1928年回国任胶济铁路机务处工程师。1930—1937年任北洋大学电机科教授，后任津浦铁路天津机厂工程师、开滦矿务局唐家庄矿电气工程师。1950以后任开滦煤矿机电处副处长、设计处主任工程师，北京煤矿设计院开滦分院副总工程师，唐山煤炭科学研究院副院长，唐山煤炭科学研究所工程师。王会宾是我国煤矿机电专家，煤炭科研事业的奠基人之一。

李恩波（1900—1995），字宇涵。河北丰润县杨官林村人。

毕业于河北省遵化中学，考入北京国立师范大学数学系，毕业后，被分配到师大附中男生部任教。1936年自费去德国莱比锡大学深造，师从Ven Der Worden博士（荷兰人，著名几何代数专家），1941年获得自然科学数学博士学位。1942年回国，在兰州师范大学数学系任教。1946年秋组建北洋大学数学系，任该系教授兼系主任。1952年院系调整任南开大学数学系教授。

李吟秋（1900—1983），原名李绪西，河北迁安人。

1922年公派赴美留学，先后毕业于伊利诺伊大学铁道工程专业、康奈尔大学水利工程专业、普度大学研究院桥梁建筑及结构学，分别获得学士、硕士学位。1928

年，归国后应邀赴东北交通委员会任职，1929—1937年，李吟秋历任天津市政府技正兼华北水利委员会委员、工程师，天津工务局局长，兼任北洋大学土木工程系教授，并著有《凿井工程》《市政工程》，为天津的水利、市政建设做出诸多贡献，主持设计和建造了天津西河新桥（新大红桥）。抗日战争期间，李吟秋积极参与筹建川滇铁路、滇缅铁路，又受云南省主席龙云之托，负责筹备和勘测石屏至车里、佛海的石佛铁路（任处长、总工程师职），并任中印公路（史迪威公路）第六工程处副处长。这些工作圆满完成后，返回昆明铁路局任正总工程师。抗战胜利后，除了在滇越铁路管理局任副总工程师外，主要精力用于教学。后应云南大学校长熊庆来之委托，组建云南大学铁道管理系（后改为铁道系），并任系主任。1949年任云南大学工学院院长，专一教育事业。 1953年8月，李吟秋赴湖南长沙参与组建中南土木建筑学院工作，任铁道运输系、铁道建筑系副主任。1954年被选为湖南省科协主席。1956年当选国务院首批二级教授。为中南土建学院的第一位带硕士、副博士研究生的导师。1960年长沙成立铁道学院，李吟秋先后担任铁道运输系、铁道工程系主任。

阎振玉（1900—1992），北京人，旗籍汉军正黄旗。

早年毕业于北京师范大学物理系，是北师大当年解禁女生后的首批女学生，她毕生从事教育事业，曾任上海著名的务本女中校长，上海私立育青中学校长，浙江天台私立育青中学校长，北洋大学教授，北京化工学校教师等。是一位杰出的女教育家，爱国知识分子。在抗日战争期间，她与夫君陈荩民艰难办学，培育大批因战争失学的青年。她身为天台私立育青中学校长，还兼任浙江天台县妇女联合会会长，积极开展抗日救亡活动，曾设法掩护本校的中共地下党员和进步学生。

高镜莹（1901—1995），天津人。

1925年毕业于美国密歇根大学，获工科硕士学位。1925年回国，先后参担任北洋大学、河北工学院讲师，东北大学教授，华北水利委员会黄河测量队队长等职。1930年初，任华北水利委员会工务课课长，同年末转任海河整理委员会工务处处长，1934年，回到华北水利委员会任工程组主任，同时仍主持海河放淤工程。1936年，兼任永定河官厅水库工程处副处长。1938年初，受聘任天津工商学院教授兼土木系主任。1945年，抗日战争胜利，任华北水利委员会堵口复堤工程处处长，兼任技正。任华北水利工程总局副局长。筹备永定河梁各庄堵口和官厅水库工程。中华人民共和国成立后，任华北水利工程局总工程师，1951年末，根治永定河水患的关键工程官厅水库工程开工，任官厅水库工程局局长，后改任总工程师。任华北水利工程局总工程师期间，提出了确立海河防洪体系的方案：在上游山区兴建必要的水库控制洪水、结合兴利；在中游利用现有洼淀滞洪；在各支流尾闾打开洪水出路，开辟减河分流入海。指导完成潮白新河工程、成独流入海减河工程，以后四女寺减河、马场减河治理工程。1952年开工的独流减河工程是为了解决海河南支大清河、子牙河、南运河的洪水对天津市的威胁。在高镜莹领导下完成了设计与施工图纸， 1963年特大洪水中显示了巨大的泄洪效能。1954年，任水利部勘测设计局副局长，翌年任水利部技术委员会主任兼技术司司长，1958年，任水利电力部技术委员会副主任，仍主管水利方面的工作。后历任水利部顾问、中国水利学会常务理事，北京市水利学会理事长、名誉理事。

鲍文蔚（1902—1991），江苏宜兴人。文学翻译家、教育家。

1926年毕业于北京大学文学院西洋文学系，师从鲁迅、周作人等。1927赴法国留学，攻读法国古典文学及欧洲近代文学。回国后， 1934年开始从事法语、英语教学及法国、欧洲文学的研究和翻译工作，翻译有《雨果夫人见证录》《巨人传》《罗曼罗兰传》等法语著作。1945年先后在东北大学和北洋大学任公共课教授，曾任北洋大学总务长。新中国成立后，先后在山东大学、解放军外语学院、北京外国语学院教书。1956年，评为国家二级教授。

何之泰（1902—1970），字叔通，浙江龙游人。

1930年公费留学美国，获康奈尔大学土木工程硕士学位。1933年，获美国爱荷华大学水利博士学位。回国后，曾任中央大学、北洋工学院教授，浙江省水利局局长、建设厅技正，湖南大学教授、系主任、工程院院长和代理校长，中国水利工程学会董事、长江分会会长，长江水利工程总局顾问等职。1950年任武汉大学水利系主任，长江流域规划办公室副总工程师。1957年起，任长江水利水电科学研究院院长。毕生从事水利科学研究和工程技术管理，在水利界有“南何(何之泰)北张(张含英)”之誉。在留学美国时发表论文《河底流沙起动流速的确定》获学术界好评，被美国土木工程师学会吸收为会员。1934年发表的《河底冲刷流速之测验》，提出水流起动流速与泥沙粒径和水深间经验关系公式，称“何氏公式”。为我国较早研究渠道含淤问题的学者。在陆水水库主坝的趾墩修改中及时提出差动坝方案，收到消能抗蚀的效果。参加荆江分洪工程、汉江流域规划、杜家台分洪工程、丹江口枢纽、鸭河口枢纽、广东芦苞闸修复工程等的领导和技术指导工作。

刘云浦（1902—1994），江苏泰县人。著名的化学家、教育家，天津大学化学系创建者之一。

1930年就读于美国加州大学，获得美国加州大学的科学硕士学位转入南加州理工学院，专攻物理有机化学。1933年获罗氏基金会的奖学金。入选美国“Sigma Xi”荣誉会员，1934年获美国加州理工学院哲学博士学位。

1948年任北洋大学化工系物理化学教授。1952年任天津大学化工系及化学系教授兼物理化学教研室主任。

王华棠（1903—1991），字韡鄂，河北赵县人。

早年留学美国，历任北洋大学土木工程系教授，华北水利委员会工程师。1947年任华北水利工程总局局长，天津市工务局局长。曾主编天津工程学会刊物《天津工程》，撰写了《华北水利工程三十年》等有关水利刊物和市政建设诸多方面的论文。为华北特别是天津市的水利工程建设做出了不可磨灭的贡献。1978年和1983年两次当选天津市水利学会名誉理事长。

张伯声（1903—1994），河南荥阳人。中国科学院地学部学部委员，地质学家、大地构造学家、地质教育家。

1928年获美国威斯康星大学化学专业硕士学位。随后考入芝加哥大学研究院攻读地质专业。次年，转入斯坦福大学地质系研究部。1930年回国，历任焦作工学院、河南大学、交通大学、唐山工学院教授，1938—1946年任北洋大学地质系教授、系主任。中华人民共和国成立后，历任西北大学理学院院长，西北大学地质系主任兼岩矿教研室主任、中国区域地质研究室主任，西北大学教务处长、副校长，西安地质学院名誉院长及地质构造研究所名誉所长等职。曾任中国地质学会副理事长、全国构造地质专业委员会副主任、中国地层委员会委员、中国第四纪研究委员会委员、中国地质学会前寒武纪专业委员会委员、中国地质学会陕西分会副理事长。

张国藩（1905—1975），湖北安陆人。教育家、力学家和物理学家。

1933年获美国康奈尔大学理学硕士学位，1935年获美国艾奥瓦大学工程博士学位。1935—1952年在北洋大学任物理及水利学教授、航空系主任、教务长兼物理系主任。1952—1975年在天津大学任教，并任副校长、校长和天津市副市长。主要从事湍流理论的研究，主张从物理方面研究湍流的本质，提出湍流温度的比拟概念。

崔宗培（1907—1998），河南南阳县人。

1936年获美国艾奥瓦大学研究生院水利工程硕士学位。1937年被授予艾奥瓦博士学位。被艾奥瓦西拉马赛稟励学会接纳为会员，并获金钥匙及证书。1937年回国，参加重庆行营公路监理处工作，以勘察工程师的名义督修川鄂公路和川滇公路。1939年转到四川省政府技术室，管理四川省水利建设计划和工程设计审批，同时兼任四川省征工事务管理处督导组组长。1941年兼任征工事务管理处主任，主要任务是修建机场。1942年到全国水利委员会工作，不久，任乡村建设学院水利系主任。1943年兼任“中国农村水力实业公司”总工程师。1945年抗战胜利，年底到沈阳参加接收资产工作，组织技术人员翻译日本留下的有关水利资料。1947年初成立东北水利工程总局，任总工程师，参与辽河治理规划研究、二龙山水库抢修和太子河堵口复堤等工程建设。1948年举家到天津，参加华北水利工程总局工作，任工务处处长。1949年任天津华北水利工程总局副总工程师。1949—1952年任北洋大学教授，讲授防洪工程学课程。1953年调任水利部设计局副局长。1954年调任水利部新组建的北京勘测设计院副总工程师。1958年任水利电力部北京勘测设计院任总工程师。1960年调水电部水利水电建设总局工作任副局长，分管水利水电工程规划设计和处理有关技术问题。1979年被任命为新成立的水利部水利水电规划设计管理局总工程师。

杨遵义（1908—2009），广东揭东登岗镇人。中国古生物学和地层学的奠基人，地层古生物教育事业的开拓者。

1939年取得美国耶鲁大学哲学博士学位。回国后历任中山大学教授、系主任，北洋大学地质学系教授，1952年，作为建院负责人之一参与创办北京地质学院并一直在此任教。1980年当选中国科学院地学部学部委员（院士）。

陆士嘉（1911—1986），浙江萧山城厢镇人。我国著名的流体力学家、教育家。

1933年毕业于北平师范大学物理系。1937年考入德国哥廷大学，学习物理，后改学航空，时为世界流体力学权威普朗特教授唯一的女学生和中国籍留学生。在校学习期间，她用求解析解理论，解决飞机喷气发动机一个技术关键难题，其理论和实验结果完全吻合。1942年获得博士学位。1946年回国后，先后在北洋大学、水工研究所、清华大学等任教。1952年筹建北京航空学院时，任筹备委员会委员、航空学院教授，首任该学院气动力学教研室主任，主持建设我国第一个空气动力专业。自20世纪50年代起，在完成繁重教学任务的同时，参与创建一整套低速风洞和我国第一个高速风洞。历任中国空气动力学研究会第二届副理事长，中国力学学会名誉理事，中国航空学会理事，中国宇航学会气动力学专业委员会副主任等职。1982年聘为德国应用数学和力学学会委员。

阮维周（1912—1998），安徽滁县人。

1935年毕业于北京大学地质系，曾受教于葛利普(A. W. Grabau)、丁文江和李四光等著名地质学家。毕业后考入中央地质调查所工作，期间因深受当时所长翁文灏和大学时代丁文江老师赏识，于1941年获中华基金会奖学金，推荐至美国芝加哥大学深造。于1945年获得博士学位后，在当时美国实验岩石学泰斗鲍文教授(N. L. Bowen)的指导下研究数年。1943—1945年曾任美国地质调查所地质师，1946—1947年担任北洋大学教授。

舒扬棨（1912—1993），江西于都县人。

1936年毕业于清华大学土木工程系（水利组）。1938年任四川长寿龙溪河水力发电工程处工程师，1945

年任全国水力发电工程总处工程师。1945年考取政府公费留学生赴美国柯州大学研究院学习，在美期间先后在美国垦殖局、TVA工程局、军部工程团、美国国际工程公司担任水电工程师，并考察了美国诸多水电站、大坝及船闸等水利工程，参加中美合作三峡水电工程的规划设计工作。1948年回国，任全国水力发电工程处总工程师，江西省办事处兼江西省水利局总工程师。1949年任国立河北农学院水利工程系教授兼系主任。1950年8月出席全国第一次发电工程会议，并应邀作大会发言。1951年任国立北洋大学水利系教授，1953—1984年水利工程系教授兼任系副主任。1958年4月教育部派往前苏联考察水利水电高等学校和工程单位，并聘为莫斯科土木建筑学院博士毕业答辩委员会委员 。1959年作为特邀代表出席在北京召开的全国群英会。1960年后，担任国家科委水利科学组成员、水利部科学技术委员会委员、中国水力发电工程学会理事、《水力发电学报》编委、《水力发电技术知识丛书》编辑委员会编委、全国水力发电类教学委员会委员兼水电站教学组组长、天津市水力发电工程学会第一届理事会名誉理事长。

杨天祥（1912—2004），天津人。我国著名的结构力学专家、教育家。

1937—1940年在德国柏林工科大学留学，回国后任重庆大学、复旦大学教授。1942—1947年曾在钢铁厂、中国桥梁公司、重庆水力发电工程处任工程师。1947年起任北洋大学教授至1986年退休。历任天津市工程师协会常委、天津市土木工程学会理事长、国家教委工科基础课教材编委会委员、天津大学校务委员会委员、学术委员会委员、工会主席、科研处处长、土木系主任等职。

张维（1913—2001），北京人。我国著名力学家、教育家，中国科学院和中国工程院两院院士。

1928考入北洋大学预科，1933年入唐山交通大学（现西南交通大学）土木工程系学习，1938年获伦敦帝国理工学院工学硕士学位，1944年获德国柏林高工（柏林工业大学）工学博士学位。张维在弹塑性力学、板壳理论及结构工程特别是圆环壳、弯管的强度、屈曲、振动及其工程应用，核电站管道系统，快中子增殖堆主钠池的结构完整性与安全评价等方面造诣极深。他创造性地运用解析法、半解析数值法、数值计算、力学试验等方法对具有较强工程背景的结构进行强度、稳定性分析。还从事“美国及欧洲主要高级的高等工程教育发展史”的研究以及“壳体文献数据库”的整理工作。曾获国家教委科技进步一等奖、国家教委科技进步三等奖、联邦德国洪堡基金会洪堡奖章、大十字勋章、中国工程院科学技术奖等。发表论文50余篇，著作译著多部。张维曾任北洋大学土木工程系教授，清华大学教务长、副校长、清华大学校务委员会名誉副主任，深圳大学首任校长，中国科学技术协会副主席、瑞典皇家工程科学院外籍院士，世界工程师学会联合会副主席，德国工程师学会、国家桥梁与结构工程学会高级会员，茅以升科技教育基金会会长等。

张敬如（1914—2007），北京人。

早年就读于北平师大女附中。1929年进上海同济大学附中学习。1930年入北平市立第一女中。1933年考入北平师大数学系。1937年毕业后，在天津耀华中学任教。1946年任北洋大学数学教师。1960年以后任天津大学数学系教研室主任。张敬如教授长期从事基础课的教学工作。是1958年高教出版社出版的《高等数学》（机电类）编写工作的主持人之一，1959年高教出版社出版的27院校专业部分的数学教材《复变函数论》的主审人。之后曾多次主持编写天津大学《高等数学》教材。

马婉贞（1918—？），河北蠡县大百尺乡南许村人。

1938年考入北平师范大学。北洋大学小学教员。

刘豹（1923—2013），江苏常州市人。

1936年进入江苏省立上海中学学习。1941年考入重庆大学机械工程系。1946年毕业后转入北洋大学机械工程系任助教。1948年春入美国科罗拉多大学研究生院攻读机械力学，1949年春获硕士学位。1950年2月到中国人民解放军大连海军学校任教，并担任船舶辅助机械教研室主任。1954年应邀转到天津大学任教至今，历任化工仪表教研室主任、热工仪表教研室主任、电力及自动化工程系系主任、系统工程研究所所长、管理学院院长等职。曾任国际自动控制联合会系统工程委员会副主席，中国系统工程学会副理事长，中国自动化学会常务理事、名誉理事，中国仪器仪表学会常务理事，中国能源研究会常务理事，天津市科协副主席，天津市自动化学会理事长，天津市系统工程学会理事长。担任《系统工程学报》总编辑、编委会主任，《系统工程与系统科学（英文版）》主编，《自动化与仪表》编委会主任，《中国仪器仪表学报》副主编，《信息与控制》副主编，英国《预测》杂志编委，国务院学位委员会第二届学科评议组成员、管理学科评议成员兼第一召集人等学术职务。

济济津梁·校友篇

孙鸿哲（1876—1937），字揆百（揆伯），号寒松，江苏无锡人。同盟会会员，杰出教育家。

早年入北洋大学机械工程系铁路专科，后官费赴英国留学，毕业于爱丁堡大学机械系。回国后，先后任唐山京奉铁路机厂副总管（总管需为英国人），北宁铁路局局长、江苏省建设厅厅长等职。他三次出任唐山交通大学校长。

孙鸿哲热爱祖国，威武不屈，一身正气，特别是在九一八事变之后，唐山交大处在抗日最前线，他带领师生员工临危不惧，坚持办学，冀东二十二县，唯唐山交大独挂国旗，坚守民族气节，深受师生爱戴，为了怀念他治学的功绩，学校迁到贵州平越后，将男生宿舍命名为鸿哲斋。把唐山校园湖中的小亭起名为寒松亭。

王治昌（1876—1956），字槐青，直隶天津人。爱国民主人士。

1903年北洋大学法科毕业，毕业后即公派日本留学， 1906年获得商学学士学位，回国后在北洋女师范学堂任教。参加清廷留学生考试，授商科举人。先后在天津高等师范学堂、天津商业专门学校等处当讲师。1912年南京临时政府成立，任工商部主事。1912年任北洋政府工商部佥事，代理商务司司长，兼商品陈列所所长。1921年后任农商部工商司司长，代理过农商总长。1923年兼关税会议筹备处委员、修正工商法规委员会副委员长、侨工事务局专门委员，1924年兼商标局局长，1925年兼善后会议经济委员会委员长等。1919年和1921年作为代表团专门委员出席了巴黎和会与华盛顿会议。

董士恩（1877—1949），字右岑、佑丞，江苏铜山人。著名爱国民主人士。

北洋大学一期毕业。1912—1928年，历任吉林榷运局局长，黑龙江财政厅厅长，吉林财政厅厅长，东省特别区哈尔滨市政管理局局长兼哈尔滨商埠局督办，北京全国烟酒事务署督办兼署长，张作霖北京政府财政部次长等职。

薛仙舟（1877—1927），原名颂瀛，字仙舟，广东香山人。中国合作运动大师、金融家、政治家、教育家。

1900年北洋大学法科毕业。1900年因从事推翻清政府的革命活动被捕，获释后赴美留学，攻读经济学。回国后，于1919年创立了“上海国民合作储蓄银行”，是中国最早的合作金融组织，也是我国早期合作运动重要成果之一。

1920年起，薛仙舟指导早期中国合作事业最重要的理论刊物——《平民》周刊，1927年6月起草中国合作运动纲领性文件《中国合作化方案》，同年9月意外去世。

王宠佑（1878—1958），字佐臣，广东东莞人。

1985年与弟王宠惠一同以优异成绩考入北洋大学，因成绩优异被誉为“杰出学生”。1899年毕业，成为中国首批大学毕业生。1901年，由学校资送赴美留学，先在加州大学伯克利分校攻读采矿工程，后转纽约州立哥伦比亚大学学习。1904年，王宠佑获采矿和地质硕士学位，被选为美国矿冶工程学会会员，并膺选美国采矿学会会员。此后他转赴欧洲深造，先后在英、法、德学习。

1908年回国建立了中国第一座炼锑厂，开创了中国金属锑的生产工业。1914年任大冶铁矿经理。1916年担任汉口炼锑公司总工程师。1918年任山东煤矿接收委员会主任委员，后任汉冶萍铁厂厂长、六河沟煤矿经理及扬子江工程局工程师等职。1933年，任南京国民政府军事委员会国防设计委员会委员及后来改组的资源委员会的专门委员。

王宠佑是中国地质学会及中国矿冶工程师学会的创建人之一，先后当选为中国地质学会副会长、会长。其英文专著《锑》于1909年由英国查尔斯·格里芬出版有限公司出版，这是国际上关于锑的第一本专著，被各国冶金界视为锑的权威著作，不断为有关学术论文所引用。 鉴于王宠佑在学术上的成就，美国哥伦比亚大学授予他大学奖章，美国矿冶工程师学会授予他荣誉勋章。

王建祖（1878—1935），字长信，江苏镇江人。

1900年北洋大学经济专业毕业。官费赴美留学，获加利福尼亚大学经济学硕士学位。毕业归国，王建祖被取为“法政科进士”，经廷试，授予翰林院检讨。随后，他充当赴美专使唐绍仪的随团参赞。再次回国后，王建祖担任了苏州财政监理官。

民国初年，王建祖出任北京大学教授兼法科学长，为时数年。当时，北大有4位学长，其他3位是文科学长陈独秀、理科学长夏元瑮、工科学长温宗禹。

孙中山的广东军政府成立后，他担任财政部次长，此后历任菲律宾实业银行总经理、上海特区临时法院推事等职。1927年后，王建祖担任司法院秘书、最高法院推事、行政法院评事。

江顺德（1880—？），字文治，广东宝安人。

1900年毕业于北洋大学堂。1902年起在加州大学就读三年，1905年获理学士学位。此后两年在哥伦比亚大学学习，是美国矿冶工程师学会成员。1907年获得文学硕士学位。归国后参加留学生考试，1908年获得游学毕业工科进士。此后被湖南政府聘为采矿和冶金工程师，任职至1909年。1909—1912年，任湖南官办的设在长沙的黑铅炼厂总工程师。该厂是中国人自办的首家采用科学冶炼技术的炼铅厂，至1925年前后仍在运营。1912年出任广东政府的总工程师，并兼任广东政府分析实验室及化工部帮办。1913—1915年，任增城帽峰山金矿及加工公司总工程师。此后任湖南政府冶炼厂的总工程师及技术经理。该厂冶炼锑，第一次世界大战结束后，锑的价格大幅下跌，他遂建议湖南政府将铜钱冶炼为铜和锌并成功地冶炼出纯的铜和锌，有力地抑制了外国输入的铜的价格。

江顺德是明星公司的创始人、经理及总工程师，该公司生产锌氧化物、颜料及涂料。该公司在湖南长沙设工厂，总部设在湖北汉口。1924年起，江顺德在刚创建的汉口道松学校任董事会主席。1924—1929年，任香港国民商业储蓄银行汉口营业部经理。

罗忠忱（1880—1972），字建侯，福建福州人。

1900年北洋大学机械工程系毕业。1903年应丁家立邀请任教于保定高等学堂。1905年丁家立总管北洋官费留美事宜，就保送官费留美。1910年美国康奈尔大学土木系毕业。回国后，从1912年至1955年退休在唐山铁路学校任教务长兼土木工程教授。

罗忠忱讲授过多种课程，自1917—1952年的36年中，他长期讲授应用力学（即现在的理论力学）和材料力学两门课。他是我国早期的一位工程教育家，毕生致力于工科大学教育及力学教学工作。

温宗禹（1800—？），原名景禹，别号善普，广东台山人。

1900年北洋大学冶金工程系毕业。毕业后任北京大学冶金教授，1916年任北京大学工科学长，主持校务委员会。

张根仁（1880—1944），字涵初，怀远县关衙后街人。

1904年毕业于北洋大学。1905年参加同盟会，任孙中山先生秘书。因参与刺杀晚清摄政王载沣与组织起义而被捕入狱。出狱后又参加广州黄花岗起义，在战斗中负伤。

1911年辛亥革命后，他出任总统府顾问和辽西都督。后为反对袁世凯帝制，创办《民立报》并任主编。该报被查封后，又创办《民呼报》，终被捕。1923年，在北京参与创办《建设报》，同时与冯玉祥等人劝募筹资，兴办新民大学。1924年，任广州军政府大元帅府参赞、黄埔军校教官兼中山大学教授。1931年，在南京国民政府西南政务委员会任职。九一八事变后，他联合黄埔、中山两校爱国师生，发动海内外华侨和爱国人士筹集巨款，支援抗日，继而出任东北抗日义勇军宣慰使。1938年秋，赴四川重庆。1939年夏，赴香港募款抗日。1943年农历七月返重庆。翌年八月去世。抗日战争胜利后，其灵柩运回怀远，葬于涡河北新城区红庙。

张根仁性情豪爽，能诗善文，尤爱书法。怀远荆山白乳泉望淮楼上的名联“几回客兴登临，最好初夏初晴，羽经细品；此处天然佳境，莫说某山某水，苏子来游”即出其手。

金邦平（1881—1946），字伯平、亚粹，安徽黟县渔亭镇玛川村人。

1899年在北洋大学学习期间官费赴日本留学，毕业于早稻田大学。回国后，先后任翰林院检讨、北洋大臣直隶总督袁世凯的秘书、练兵处参议、宪政编查馆咨议官、资政院秘书长等职。1912年，任中国银行筹办处总办。1914年，任袁世凯内阁政事堂参议。次年，任农商部次长，全国水利局副总裁、总裁及农商部林务处督办。1916年4月，任段祺瑞内阁农商总长。后入实业界。金邦平全家迁往上海，先后在商务印书馆、上海银行、启新洋灰公司任职。1926年，任天津启新总公司经理。后又任上海银行监察、振华纸板厂董事、耀华中学校长等。

王宠惠（1881—1958），字亮畴，广东东莞人。

1900年北洋大学法科毕业，获钦字第一号考凭，为中国第一个获得国内大学文凭者。毕业后公派赴美留学，获美国耶鲁大学民法学博士学位。英国伦敦中殿律师学院获英格兰及威尔士高等法院大律师资格。回国后，历任北京法官刑法委员会会长、法理委员会会长，海牙常设国际法院法官，中华民国外交总长、司法总长、国务总理、代理行政院院长，中华民国第一任司法院院长，中央研究院第一届院士等职务。

马寅初（1882—1982），浙江嵊县浦口镇人。

1903年考入北洋大学，1907年在学期间公费赴美国留学，先后获得耶鲁大学经济学硕士学位和哥伦比亚大学经济学博士学位。1915年回国，曾任北京大学经济学教授。1919年后历任北大第一任教务长、浙江省省府委员、南京政府立法委员、财政委员会委员长、经济委员会委员长，兼任南京中央大学、陆军大学和上海交通大学教授、重庆大学商学院院长兼教授。1949年任浙江大学校长、中华人民共和国中央人民政府委员、中央财经委员会副主任、华东军政委员会副主任等职。1951年任北京大学校长。1960年1月4日，发表《新人口论》，1979年任北京大学名誉校长，1981年当选中国人口学会名誉会长。1993年8月获首届中华人口奖“特别荣誉奖”。

王正廷（1882—1961），字儒堂，浙江奉化人。中国第一位国际奥委会委员。

1904年北洋大学法科毕业。1907年赴美国留学，1910年毕业于耶鲁大学法律系后留耶鲁大学研究院深造。1911年回国。武昌起义爆发后，任黎元洪都督府外交司司长、临时参议院议员。1912年中华民国成立，任唐绍仪内阁工商部次长兼代总长，中华基督教青年会全国协会总干事。1913年当选参议院议员及副议长、代理议长。1917年赴广州参加护法运动，任政府外交总长。1919年为巴黎和会全权中国代表，坚持拒签对德和约，获得国内舆论好评。1928年任南京国民政府外交部部长。1936年出任驻美大使。抗战胜利后任全国体育协进会理事长、中国红十字会会长、交通银行董事等职。1949年任太平洋保险公司董事长。

1913年王正廷代表中国与日本、菲律宾共同组成亚洲地区第一个国际性体育团体——远东体育协会，并于当年在马尼拉举办首届远东运动会。1922年当选国际奥委会委员，成为中国第一位国际奥委会终身委员。1924年被推选为新成立的“中华全国体育协进会”名誉会长。1933年任该会主席、董事。1932年资助中国运动员刘长春参加第10届奥运会，并提出“为祖国争光”的口号。1936年和1948年作为中国体育代表团总领队，率团先后参加第11届和第14届奥运会。王正廷长期担任中华全国体育协进会的领导人。

王正廷是中国第一位国际奥委会委员，为中国参加国际奥林匹克运动做出了重大贡献，有“中国奥运之父”之美誉。

齐璧亭（1883—1968），名国梁，以字行。山东宁津人。

中国著名师范教育家，中国女子教育的开创者。1907年入北洋大学师范班。1909年毕业后官费赴日本广岛师范学校学习。1911年冬回国参加辛亥革命，在宁津、广千、保定任教。1913年再赴日本完成学业。1915年入研究科深造。1916回国，任直隶第一女子师范学校校长。1921年，留学美国斯坦福大学，获文学学士、教育学硕士学位，又入哥伦比亚师范学院研究两年。1925年回国，复任直隶第一女子师范学校校长，1929年任河北省立女子师范学院院长；抗日战争期间，任教于国立西北师范学院，抗战胜利后，任河北省立女子师范学院院长。

孙凤藻（1884—1932），字子文，天津人。创办中国最早的水产教育机关——直隶水产讲习所。

北洋大学早期毕业生。1909年直隶总督北洋大臣陈夔龙委派孙凤藻赴日本调查水产讲习所，赴日调查水产教育事告竣返国，筹办水产讲习所，1911年3月20日为该校校庆纪念日，定名为直隶水产学堂，1929年直隶水产学堂升格为河北省立水产专科学校。

孙凤藻为首任监督（校长），设渔捞、制造二科，学制4年。该校生产的9种食品罐头及渔具模型，在1915年美国“旧金山巴拿马太平洋博览会”上获银牌奖。1917年，该校选派渔捞、制造两科毕业生10人，留学日本，他们中间有后来成为天津“水产三杰”的张元第、郑恩绶、刘纶，著名水产教育家张国经和新中国水产部副部长杨扶青等。

马千里（1885—1930），名仁声，以字行，浙江绍兴人。著名爱国教育家和社会活动家，五四运动领导者之一。

1906年北洋大学俄文专修师范班毕业。曾在南开中学及直隶第一女子师范学校任教，既是周恩来的老师，又是邓颖超的老师。1919年，五四运动爆发，天津学界迅速掀起反帝、反卖国贼、要求收回国家主权的爱国运动。马千里投入到轰轰烈烈的运动中。由于他在爱国运动中的声誉和地位，积极促成了天津学生联合会、女界爱国同志会和爱国工商界及其他爱国团体的联合，成立了“天津各界联合会”，马千里亲自任副会长。“五四”运动后，马千里创办了《新民意报》，自任主编。曾发表周恩来写的《警厅拘留记》《检厅日录》两篇文章，该报追求爱国进步、支持女权运动，受到进步青年的欢迎。1921年创办天津达仁女校并任校长，邓颖超受邀在女校任教。马千里积极支持天津女界的活动，帮助邓颖超等人组织女星社，协助刘清扬等女界人士创办了全国唯一专门讨论妇女问题的日报——《妇女日报》。1927年北伐战争之后，马千里任河北省立一中（现天津市第三中学）校长，一如既往地热心于爱国教育事业，为此贡献了毕生精力。

钱永铭（1885—1958），字新之，浙江吴兴人。

1902年考入北洋大学，1903年官费赴日留学，入神户高等商业学校学习财经及银行学。1909年学成回国。1910年经张謇介绍任交通银行上海分行副经理。1919年升任交通银行上海分行经理。1920年又出任上海银行公会会长。1922年任交通银行总行协理。1925年转任盐业、金城、中南、大陆四行储蓄会副主任及四行联合准备库主任。南京国民政府成立后，任财政部次长。1928年任浙江省省府委员兼财政厅厅长。是年秋，国民党政府中央银行成立，钱永铭被任命为理事。11月交通银改组为特许发展全国实业银行，钱永铭任常务董事。1929年任中兴煤矿总经理，建立了中兴轮船公司，并出任董事长。同年成立了中汇银行。1930年受国民党政府委派为中法工商银行中方副董事长。九一八事变后，任上海地方维持会理事、副会长。1933年投资太平洋保险公司和泰山保险公司等企业。1935年中国、交通两银行改组，担任这两家银行的常务董事，1938年任交通银行董事长。1942年任重庆“中华实业信托公司”，常务董事。1943年任 “通济公司”常务董事。抗战胜利后，任上海交通银行总行董事长，并兼任金城银行董事长。1948年被任命为美金公债劝募委员会主任委员，并参与筹组复兴航业公司并任董事长。

王子泉（1886—1983），字恒源，曾用名王一黎，直隶南宫人。

1920年北洋大学采矿工程系毕业，毕业后先后任江西萍乡煤矿段长、煤师，河北井陉矿务局煤师，河北井陉正丰煤矿总煤师，河北省农矿厅技正、设计委员，《河北省矿业矿产志》编辑，河南禹县济众煤矿总工程师，察哈尔省建设厅技正，河南六河沟煤矿主任矿师，河北井陉矿务局测绘科主任，河北临城矿务局矿长兼总工程师，重庆经济部矿冶研究所技正，成都建中实业公司总工程师兼灌县煤矿、矿长，成都燃料公司总工程师，四川南桐煤矿矿长等职。1949年2月于香港经乔冠华安排，乘“大中山号”北上。8月4日抵营口，又抵沈阳，受到当地领导和群众热烈欢迎。8月30日抵北平，参加全国政治协商会议，后安排到中央燃料工业部华北煤矿管理局工程师室工作。新中国成立以后，曾任北平门头沟煤矿公司总经理，燃料工业部华北煤矿管理局工程师室负责人、计划处处长，燃料工业部煤矿管理总局总工程师、生产技术处处长、矿井地质处副处长。煤炭科学研究院筹备处主任工程师、开采所所长等职务。

杜潜（1887—1952），字扶东，封丘县安上集人。

1905年北洋大学学习期间，公费入东京法政学院攻读政治、法律。1906年，杜潜与同学陈伯昂、曾可楼等加入同盟会，随即于东京成立河南支部，并主持工作。同时与曾可楼、宋教仁、胡汉民等在东京创办了《民报社》作为同盟会机关刊物，积极开展革命宣传。

1908年，孙中山派杜潜等人回国到开封发展同盟会员，组织发动起义。回到开封后秘密成立河南分会，发展同盟会员200余名。第二年，杜潜返回东京学习，1911年他在东京政法学院毕业后又回河南。联合山东丁惟汾等准备起事，失败。转入上海会同国民党元老陈其美组织沪军先锋队，并电请孙中山由美回国成立临时政府。杜潜奉孙中山手谕为秘书长。不久，又受命担任山东都督，率沪、粤两军和海容、海涛、楚有三舰首克烟台，继而进军山东龙口，矛头直指天津，使清廷为之大惊。

1912年，杜潜被河南选区选为临时参议院议员。他进京后，通过赵秉钧、陆建章等人营救了不少遇难革命党人。1917年段祺瑞北洋政府拒绝恢复《临时约法》之后，杜潜赴广州参加孙中山组织的护法运动，并充任非常国会议员。1927年他进入刘雪亚部参与军机，1915年奉命驻坝头，巩固河防，兼管河务局。1929年河南民政厅厅长特邀杜潜代为主管赈务工作。1952年病逝于上海，终年66岁。

温应星（1887—1968），字鹤荪，广东台山人。美国西点军校毕业的中国第一人。

1897年考入北洋大学，1904年公费赴美留学，就读于弗吉尼亚军校，1905年转入西点军校 (美国赫赫有名的巴顿将军当时与温应星同班)。1909年温应星从西点军校毕业后，随即返国，投身军旅，他前后担任过广东军校教官、孙中山的英文秘书、广东督军陈其美的副参谋长、沈阳特区警卫长、上海市公安局长、财政部税警团中将总团长、全国伤兵管理委员会主任、全国战地政务委员会主任委员、立法委员等职。1928年4月至6月，他还担任过清华学校校长，成为该校历任校长中唯一的军人。

温应星病逝后，美国对这位西点军校培养出来的中国将领评价甚高，推崇他在中国军事政治学术上的杰出成就。他的墓在庄严巍峨、宁静肃穆的西点墓园里，他也是第一位有此殊荣安葬于西点的外国人。

张务滋（1886—1965），号别、洽升，上海人。

1911年北洋大学法科甲班毕业生。民国时期京津地区著名律师。自1912年执业到1948年，张务滋从业36年，在此期间天津许多重大案件中均有关于他的记载，如：1919年五四运动为营救被捕学生，是周恩来等四名学生代表辩护的律师之一；1931年发生在天津静园的末代皇帝溥仪在与皇妃文绣离婚案；1931年“一二·九”运动保护北洋大学学生以及1937年日寇占领天津后，支持赵天麟等爱国志士抵抗日本在天津实施奴化教育行动曾经卖掉汽车资助抗战等。

张务滋在1925—1949年期间始终没有离开北洋大学，先后任北洋大学法律教师、总务长，抗日战争胜利后，任北洋大学接受管理委员会副主任委员兼总务长。

郭云观（1889—1961），字闵涛，号文田，浙江温岭人。中国近代著名法学家。

1915年北洋大学法科毕业。1916年任《政治学报》编辑，1917年被公费派往美国哥伦比亚大学研究院攻读国际法，获法学博士学位，1919年中国代表团参加巴黎和会，任专使秘书，1920年任北京大理院推事、国民政府司法部参事，兼修订法律编纂室主任。1921年作为中国代表团秘书长出席华盛顿裁减军备会议。1932年任上海第一特区高、地两级法院院长，兼任燕京大学校长、国民党中央研究院院士等职，抗战胜利后任上海高等法院院长。

梅贻琦（1889—1962），字月涵，江苏武进人。著名教育家。

1908年入保定直隶高等学堂（北洋大学堂预备学堂），一年后考取庚子赔款奖学金留学生，1911年入美国伍斯特理工大学研究电机工程，1914年回国在天津青年会工作，1915年到清华学校执教英文、几何，1916年即担任清华大学物理教授。

1931年起担任清华大学校长。八年抗战期间，清华、北大、南开合组国立西南联合大学，以校务委员会常委身份主持校务。梅贻琦是清华大学（含北京、新竹）历史上任期最长的校长，清华人尊称为“永远的校长”。

刘瑞恒（1890—1961），字月如，直隶南宫人。我国著名医学专家，中国创伤医学的奠基人，中国近代公共卫生事业创建者，首批哈佛大学留学生之一。

1903年考入北洋大学堂，1906年在学期间官费赴美留学，入哈佛大学读书。1909年获哈佛大学理学士学位后，专攻医学6年，1915年获哈佛大学医学博士学位。1915年回国任上海哈佛医学校教授。1918年被北平协和医学院聘为外科教授。1920年赴美进修，专攻肿瘤外科。回国后，他任北京协和医院第一任华人院长和中华医学会会长。他与协和公共卫生教授美国人兰安生(J.B.Grant)一道在北京建立了第一卫生事务所，开创了中国公共卫生事业的先河。

1928年10月，国民政府卫生部(后改卫生署)于南京成立。中国政府的医疗和公共卫生事业便以此为开端，刘瑞恒历任卫生部(署)次长、部长、署长，兼禁烟委员会委员长，兴建中央医院兼任院长，负责与国际联盟技术合作设立中央卫生设施实验处。1932年，他奉命成立军医总监部，并担任总监，兼陆军军医学校校长。抗战胜利后，任善后救济总署卫生委员会主委。

王正黼（1890—1951），浙江宁波人。

1910年北洋大学矿冶工程系毕业。1912年获美国哥伦比亚大学硕士学位。回国后，任辽宁本溪湖煤铁公司总工程师兼制铁部长，东北矿务局总办，管理东北全境13个矿山，创办、扩建、改进了阜新、八道壕、西安、复州湾等煤矿，兴建了八道壕发电厂。此外，还创办了本溪湖林场、大石桥滑石矿、五湖嘴砖厂和瓷窑，勘察了世界上储量最大的大石桥菱镁矿。1932年组设冀北金矿公司，开采凌源、平泉、承德、滦平四县金矿，还创办北京门头沟平兴煤矿，筹办苏州西山煤矿。1934年任河南六河沟煤矿总办。1945年日本投降后，资助创设燕京大学工学院。

王世杰（1891—1981），字雪艇，湖北崇阳人。

近代著名的教育家、法学家、外交家。1911年北洋大学学习期间官费留学英、法，1917年获英国伦敦大学政治经济学士，1920年获法国巴黎大学法学研究所法学博士学位。回国后曾任教于北京大学，与胡适等创办《现代评论》周刊。后历任国民党政府法制局局长，湖北省政府委员兼教育厅长，海牙公断院公断员，武汉大学校长，教育部部长，军事委员会参事室主任兼政治部指导员，国民党中央宣传部长，中央设计局秘书长。曾一度任国民参政会主席团主席。1945年出任外交部长，赴苏签定“中苏友好条约”，嗣任巴黎和会代表团团长。1946年选任“制宪国代”，翌年当选中央研究院院士。

金问泗（1892—1968），号纯孺，浙江嘉兴人。

近代著名外交家。1916年北洋大学法科毕业，同年应北京政府外交官领事官考试，获隽后以政务科学习员身份入外交部。1917年派为驻美国使馆学习员，同时入纽约哥伦比亚大学习国际公法及外交学，获法学硕士学位。1919年任中国出席巴黎和会代表团副秘书。1920年任设于驻英国使馆之国际联合会中国代表办事处秘书及专门委员。1921年任中国出席华盛顿会议代表团秘书。

1922年回国，任职于北京财政部，外交部通商司榷税科，关税特别筹备处。后奉派兼督办中俄会议事宜公署委员，关税特别会议委员会议案处帮办，外交部议事处帮帮办，外交部佥事，词讼科科长，上海特别市政府专任参议，外交部秘书，国民政府外交部第一司司长，外交部驻江苏交涉员，外交部代理常务次长，中国出席国联行政院副代表，驻荷兰公使，中国出席伦敦太平洋军事会议代表，驻荷兰全权大使，驻比利时、挪威、捷克大使，代驻波兰公使馆馆务。1946年任出席巴黎和会中国代表团副代表。1949年任驻比利时大使兼驻卢森堡公使。

孙越崎（1893—1995），浙江绍兴人。实业家、社会活动家。

1917年考入北洋大学矿冶工程系，在1919年的五四运动中，他作为北洋大学学生会的会长，积极支持北平学生的爱国运动，率先表态罢课游行，被学校开除，后来在蔡元培先生的支持下，转入北京大学矿冶系学习。毕业后，长期创办民族工业，曾任中福煤矿、玉门油矿等总经理。还担任国民政府资源委员会委员长、经济部部长等。新中国成立以后，任煤炭工业部顾问等职。

徐谟（1893—1956），字叔漠，江苏吴县人。中国现代法学家、政治学家、外交活动家。

1917年北洋大学法科毕业。1922年获美国华盛顿大学法学硕士学位。回国后，曾任南开大学法学教授、文科主任，南京政府外交部常务次长、政务次长等职，参与中国对外政策的制定和实施。1946年当选联合国国际法院大法官。1948年任职三年后又连选连任。1956年，当选国际法学会副会长。1956年6月28日，因心脏病突发于荷兰海牙在国际法院大法官的任上去世，终年63岁。

孙云铸（1895—1979），字铁仙，江苏高邮人。中国地质学家、古生物学家、地层学家、地质教育家。

1914年考入北洋大学预科，1916年升入北洋大学本科学习采矿，1918年转入北京大学地质系。1920年毕业。1927年在德国哈勒大学获理学博士学位，回国后曾任北京大学地质系教授系主任、清华大学教授、中心大学访问教授、西南联合大学地质地理气象系教授和系主任。新中国成立后，曾任中国地质工作计划指导委员会委员、地质部教育司长、地质部地质矿产研究所副所长、质部地质科学研究院副院长。1955年当选中国科学院生物地学部首批学部委员。

孙云铸是我国古生物学和地层学的主要奠基人。他发表的《中国北方寒武纪动物化石》是中国第一部古生物专著。他对无脊椎动物化石的很多门类，特别是三叶虫及各时代地层，尤其是寒武系做了开拓性研究，对地层界线、地史分析方法多有创见。长期主持北京大学和西南联合大学地质系工作，培育了几代人才。20世纪50年代，领导地质部教育司，积极规划并参与教材建设，为新中国地质教育做出了重大贡献。

顾随（1897—1960），本名顾宝随，字羡季，笔名苦水，别号驼庵，河北清河县人。中国韵文、散文作家，理论批评家，美学鉴赏家，讲授艺术家，禅学家，书法家，文化学术研著专家。

1914年考入北洋大学预科专攻英语，两年后转入北京大学英文系。先后在河北女师学院、燕京大学、辅仁大学、中法大学、中国大学、北京师范大学、河北大学、女子文理学院等校讲授中国古代文学，四十多年来桃李满天下，很多弟子早已是享誉海内外的专家学者，叶嘉莹、周汝昌、史树青、邓云乡、郭预衡、颜一烟、黄宗江、吴小如、杨敏如、王双启等便是其中的突出代表。叶嘉莹教授以老师晚年名号“驼庵”在南开大学设立了“叶氏驼庵奖学金”，以奖励后辈学子 。

徐志摩（1897—1931），名章序，笔名南湖、云中鹤等，浙江海宁人。现代诗人、散文家。

1917年考入北洋大学法科特别班。1918年赴美国学习银行学。1921年赴英国留学，入伦敦剑桥大学当特别生，研究政治经济学。在剑桥两年深受西方教育的熏陶及欧美浪漫主义和唯美派诗人的影响。

1921年开始创作新诗。1922年回国后在报刊上发表大量诗文。1923年，参与发起成立新月社。加入文学研究会。1924年与胡适、陈西滢等创办《现代评论》周刊，任北京大学教授。印度大诗人泰戈尔访华时任翻译。1925年赴欧洲，游历苏、德、意、法等国。1926年在北京主编《晨报》副刊《诗镌》，与闻一多、朱湘等人开展新诗格律化运动，影响到新诗艺术的发展。同年移居上海，任光华大学、大夏大学和南京中央大学教授。1927年参加创办新月书店。次年《新月》月刊创刊后任主编。并游历英、美、日、印诸国。1930年任中华文化基金委员会委员，被选为英国诗杜社员。同年冬到北京大学与北京女子大学任教。1931年初，与陈梦家、方玮德创办《诗刊》季刊，被推选为笔会中国分会理事。同年11月19日，由南京乘飞机到北平，因遇雾在济南附近触山，机坠身亡。

周志宏（1897—1991），江苏丹徒人。中国科学院资深院士、冶金学家、冶金教育家。我国合金钢与铁合金生产的奠基人之一。

1923年北洋大学冶金工程系毕业。1924年赴美国学习，先后获卡内基工学院硕士学位和哈佛大学博士学位。1930年，成功研究出中国最早的大型铸锻件，完成了钱塘江大桥桥梁、桥座的铸造和加工任务。研制坩锅炼钢，冶炼出中国第一批高质量的锋钢、冲模钢、磁钢、不锈钢，还自行设计电炉、试制出纯钨钨铁、矽铁等金属材料，是我国工具钢、高速钢和不锈钢的首创者。1949年后，研制了少含、不含铬的滚珠轴承钢。1960年，首先提出了氧气顶吹转炉炼钢法，并在工厂生产中得到应用。1978年又推出了顶底双吹氧转炉炼钢法。

吴南如（1898—1975），字炳文，又名南柱、凌虚，江苏宜兴人。民国时期著名外交家。

1920年北洋大学法科毕业，即任天津英文报《华北明星报》记者。翌年转任中美通信社编辑。1921年任华盛顿会议中国代表团谘议。1922年入华盛顿大学研究法律。回国后，历任北京政府国务院秘书、北京国闻通讯社北京分社主任、驻英国公使馆一等秘书，公余入伦敦大学进修。回国后，历任国民政府外交部条约委员会委员兼欧美司司长、外交部简任秘书、国际司司长、外交部情报司司长、驻前苏联使馆参赞、驻丹麦公使、外交部礼宾司司长、外交部欧洲司司长、瑞士公使。1946年参加巴黎和会，任中国代表团顾问。

张太雷（1898—1927），原名曾让，学名复，谱名孝曾。江苏省武进人。

1920年北洋大学法科毕业。1919年积极投身五四运动，前往上海发起组织上海社会主义青年团。同年9月，在北京参加了李大钊组织的中国共产党北京小组。随后担任天津社会主义青年团小组书记。1921年受中国共产党发起组的委托，赴俄任共产国际东方局中国科书记，从事中国共产党发起组与共产国际之间的联系工作。同年6月参与筹备召开中国共产党第一次全国代表大会。6月23日，受党的委托，出席了莫斯科举行的共产国际第三次代表大会。8月，从事中国社会主义青年团的筹建工作。1922年初，在莫斯科分别参加了远东各国共产党及民族革命团体第一次代表大会、赤色职工国际成立大会和青年国际第二次代表大会，并当选青年共产国际的执行委员。1922年5月，参加了在广州举行的中国社会主义青年团第一次代表大会，并当选团中央委员。同年7月，列席了在上海举行的中国共产党第二次全国代表大会。1923年6月12日，出席中国共产党第三次全国代表大会，被选为候补中央委员。8月，当选团中央常委，负责主持团中央的日常工作，并担任中国社会主义青年团驻青年共产国际代表。1924年春，回国担任中国社会主义青年团中央书记。1925年1月26日，在上海主持召开团的第三次代表大会，他继续当选共青团中央书记，兼妇女部长。1925年1月，出席中国共产党第四次全国代表大会，继续当选候补中央委员。1925年秋，兼任中共广东区委常委、宣传部长。1926年2月，担任中共广东区委机关刊物《人民周刊》主编。后调任中共湖北区委书记。1927年4月，在中国共产党第五次全国代表大会上，当选中央委员。7月上旬，中共中央政治局进行改组，被指定为中央临时政治局委员。8月7日，当选中央临时政治局候补委员、南方局委员，调任中共广东省委书记。9月下旬，在潮州领导当地人民举行武装起义。11月26日，组织广州起义，任总指挥。12月11日凌晨起义爆发，成立了广州市苏维埃政府，当选代主席兼陆海军人民委员长。12月12日，在指挥战斗中不幸牺牲。遗著有《张太雷文集》。

俞建章（1899—1980），字端甫，安徽和县人。地质学家、古生物学家、地层学家、地质教育家。

1918年考入天津北洋大学预科，两年后转入北京大学地质系。1933被派往英国留学深造。1936年，俞建章完成了博士论文《中国南部丰宁系珊瑚》后返回中国，在南京中央大学任兼职教授。抗日战争爆发，他随地质研究所去重庆，兼任重庆大学地质系教授，把主要精力投到地质教育事业上。

俞建章对晚古生代地层及四射珊瑚化石研究建树尤多。提出中国下石炭统珊瑚的四个化石带，奠定了中国早石炭世生物地层学之基础。建立了中珊瑚目，为从古生代四射珊瑚到中生代六射珊瑚的演化提供了重要线索。在中国最早研究了异珊瑚化石，主撰的《石炭二叠纪珊瑚》是总结性经典。

中华人民共和国成立后，1950年他到东北北部进行地质矿产调查工作，1951年他参加考察嫩江水库莫屯水坝地基的地质工作。

穆继多（1900—1975），字续昭，祖籍河北，生于沈阳。建筑师。

1918年考入北洋大学冶金工程系，毕业后考取官费留学美国哥伦比亚大学矿冶专业，1926年毕业。回国后成立“多小股份有限公司”，广泛涉足沈阳的地产、矿业、汽车等多个行业，成为奉天颇具名气的实业家。设计了沈阳中街吉顺丝房、吉顺隆丝房、泰和商店、利民商场等建筑，成为当时沈阳炙手可热的本土建筑设计师。还曾担任冯庸大学教授、清原县大金厂金矿工程师，东北煤矿管理局工程师。

耿耀张（1901—1992），曾用名耿耀翟，山西右玉县人。中国第一个装甲团的筹建者，骑兵名将，中国装甲部队的开拓者。我国最早从事汽车、装甲车辆教学工作的教育家。

1923年，考入北洋大学预备科机械专业。1925年，考入西北军干校。毕业后，被分配到骑兵第一师任三十七团副团长，后晋升为旅参谋长、代旅长。1928年底，赴英国佛克斯高等工业学校学习。1933年回国后，参加了冯玉祥将军的抗日部队。后应杨虎城的邀请，到陕西省任机器局副局长兼工务主任。1934年，国民政府黄镇球聘任耿耀张为防空学校汽车学教官兼汽车修理厂厂长。在杭州防空学校期间，他提出建立装甲兵的建议，引起了当局的重视。1936年，国民政府决定从德国购坦克，成立装甲兵部队，兵工署长俞大维决定派他到德国协助谭怀远完成订货任务，并到意大利驻菲亚特厂监督生产。1941年，菲亚特厂为中国制造的坦克陆续运到湖南洪江，耿耀张也回国主持装甲兵的训练工作。1943年，中国第一个装甲团在抗战烽火中建立。新中国成立后，曾在川南工业厅、川南第一机械厂担负技术领导工作。1952年，调任北京工业学校（院）教授。

程明升（1903—1990），字象悬，河南灵宝县人。我国著名电机专家、解放军兵器工业创始人之一。

1924年考入北洋大学，是北洋学生参加五卅运动的组织者和领导者之一。在李大钊的影响下，逐步接受了马列主义，1925年5月加入了中国共产党。1929年春，考入日本早稻田大学高等学院。1936年春，到焦作中福公司任电气技师。1937年，在程明升家里成立了中共豫北特委，程明升任宣传委员。1938年3、4月间，经过民选，并报请第一战区司令长官程潜批准，委任程明升为修武县长。

程明升领导的修武县政府和道清游击队，扒火车、割电缆，经常夜袭敌伪据点。同时，坚持抗日民族统一战线，在敌后建立抗日区、村政权和抗日群众团体，先后在道清铁路南北两侧和山区，建立了6个区级抗日政府。1939年3月，程明升调到八路军总部第一兵工厂担任厂长兼政委，是太行根据地兵工厂的主要创始人之一，曾领导设计仿制成功第一台军用通信发电机，结束了延安手摇发电的历史。中央军委授予他特等劳动英雄的奖状并颁发了奖金。

抗日战争胜利和新中国成立后，程明升先后任东北军区军工部副部长、东北电业管理局局长、中央水利电力部副部长等职。

张文治（1906—1984），名张化天，河北景县人。

造船工程学家。长期从事内河航运、船舶设计、制造和修理工作。对长江船舶设计和制造有深入的研究和实践，不仅开创了新一代长江船型，而且开发了川江船舶，特别是浅水激流船舶和水翼船。为中国船舶工业和水运事业的发展做出了重大贡献。

1929年北洋大学机械工程系毕业。1930年任北洋大学教员。1937年英国杜伦大学臂强学院造船系毕业，获硕士学位。1938年在德国丹泽大学潜水艇专业肄业回国。任陕西城固国立西北工学院教授。曾任民生实业公司副总工程师、总工程师、副总经理。新中国成立后，历任上海同济大学、交通大学教授、交通部河运总局、海河总局、水运总局、技术局、水运工业局、海洋局副局长、总工程师、船舶设计院副院长等职。

曹孟朴（1907—1991），黑龙江宁安人，开国少将。

1924年北洋大学毕业。毕业后在吉林省宁安县省立第四中学任教，并从事中国共产党的秘密工作。1938年加入中国共产党。同年参加八路军，入延安马列学院学习。抗日战争时期，任八路军115师344旅中干队指导员，第129师政治部教育科长、巡视团主任。解放战争时期，任东北合江军区宣传部副部长，东北野战军纵队政治部宣传部部长，东北军政大学团政治委员。中华人民共和国成立后，任中南军区军政大学湖南分校政治部主任，中国人民解放军第22步兵学校政治部主任，高级工兵学校副政治委员，高级工程兵学校政治委员，工程兵工程学院政治部主任、副院长、院长、顾问。1955年被授予大校军衔，1964年晋升为少将军衔。荣获二级独立自由勋章、一级解放勋章。1988年7月被中央军委授予中国人民解放军一级红星功勋荣誉章。

魏寿昆（1907—2014），天津人。中国科学院资深院士、我国著名的冶金学和冶金物理化学家、冶金教育家。

1923年以第一名的成绩考入了北洋大学。1930年考取公派留学，1935年获德国德累斯顿工业大学博士学位。1936年回国，任北洋大学矿冶系教授，抗战胜利后，任北洋大学冶金系主任，采矿系主任、教授，北洋大学工学院院长，天津大学副教务长。1952年，高等院校进行院系调整，他赴北京参加组建了北京钢铁学院的工作，曾担任教务长、一级教授、北京钢铁学院副院长等职。1980年当选中国科学院学部委员（院士）。他从事高等教学77年，培养了大量冶金人才，在钢铁脱硫、钢液脱磷、活度理论、选择性氧化和冶金热力学等研究领域取得了重要成果，并多次获奖。

何振（1910—1980），河北束鹿人。

1937年毕业于天津北洋工学院矿冶系。抗日战争时期，先后在冀中教导团和抗大第三团毕业。历任冀中化学厂技师、教导团教员、生产管理处研究室主任、化学厂厂长。1949年8月，与其他同志一道创建了兵工职业学校和太原第一化学工业学校。历任中级部主任、教务处长、副校长、校长。太原机械学院副院长、党委副书记。在革命战争年代，为兵器工业生产做出了重要贡献。新中国成立以后，忠诚党的兵工教育事业，勤勤恳恳、任劳任怨、艰苦朴素、一心为公、尊师爱生、为人师表，为兵器工业培养中、高级技术人才做出重要贡献。

钱万生（1910—1997），字一粟，又名宗群，蓟县人。

1938年毕业于北洋大学采冶工程系。在校学习期间，积极参加了"一二·九"运动，任中华民族解放先锋队队长。其后任天津学联常委。1937年随北洋大学西迁至西安，为战区和抗大输送青年学生。1938年5月，经西安八路军办事处介绍到东北竞存中学兼课并从事地下工作。1942年赴延安，开始从事民族教育工作，先后任延安民族学院教育处副处，延安大学延安民族学院领导，三边公学教务处副处长，延安民族学院(城川)教育长、秘书长。1947年秋，任三边地委副秘书长，分管民族工作。1949年春，调至西北局(延安)城工部从事民族工作。西安解放后，任西北局(西安)统战部民族处处长，兼西北大学副教授。1950年春，任西北军政委员会西北民委处长，1952年调入中央民族学院，历任研究部副主任、副教务长、副院长、党委副书记、代院长、代党委书记及顾问。兼任国家民委委员、国家民委学术委员会副主任等职。

李维临（1911—1977），浙江绍兴人。新中国引信技术领域奠基人之一、我国引信技术高等教育开拓者之一、北京工业学院引信技术专业创建者。

1931年北洋大学预科毕业，1935年北洋大学机械工程系毕业。毕业后入唐山启新洋灰公司任技术员。1944年他最要好的同学钱耀绪邀他去天津爱克门工厂任设计师。1946年由潘承孝先生推荐他到北洋大学机械工程系任教，起初任讲师，不久即升任副教授，是当时北洋大学最年轻的教授。1950年，北洋大学的同事孙确基推荐他到北京工业学院，北京工业学院聘请他为教授。之后历任教研室主任、系副主任、系主任、院务委员会委员、国防科工委教材编委会委员、中国航空工程学会理事等职。

童铣（1911—1972），原名张沛，河北赤城县镇安堡村人。

1938年毕业于北洋大学电机工程系。1936年加入中国共产党。1937年秋，由中央组织部分配到中央军委三局局部电讯器材厂任政治指导员，后又任中央军委二局政治指导员兼技术教员。1939年秋调至中央马列学院学习。1940年调至中央组织部任干事、科长。1942年秋调至中央军委三局任干部科长。抗日战争胜利后，历任商都县委常委兼宣传部长，河北宣化电业公司经理，大连光华电气厂厂长，安东、辽东电业总局副局长，东北局电业总局秘书长、副局长等职。1950年赴苏联实习，1953年回国任国家计划委员会燃料局副局长、局长。

郭佩珊（1912—1985），河北定县人。

1935北洋大学机械工程系毕业，1933年在校加入中国共产党。曾任北洋大学学生会总干事，领导开展学生运动；后在天津参加"社联"（中国社会科学家联盟）工作。1938年，根据中共中央长江局领导董必武的指示，郭佩珊考入国民党空军机械学校高级机械班。1939年到云南工作。1941年进入昆明空军第十飞机修理厂，他运用自己的专业技术帮助盟军修复和改进飞机性能，经他改装的B—25D型轰炸机，使一架飞机能发挥以往三四架飞机的效率，在滇西战役中更大范围地阻击和消灭了入侵者，受到盟军高度赞扬。这是抗日战争期间，中国人改良美军飞机的唯一一件事情，他也由此受到嘉奖与破格提升，特准连升三级（从尉官晋升为校官）。同时，他的技术职务也被提升为航修厂的修造课课长（生产总工程师）。1950年12月，他调任西南区空军工程部部长，1958年转业到北京中科院任科学出版社副社长兼副总编辑，1963年7月调任中科院物理研究所任副所长兼党委书记。

韩纯德（1913—2009），山西定襄人。

1931年入北洋大学。1933年完成学业后到包头和北京从事革命活动，1935年入党。次年考入北平中国大学，后弃学从戎。1936年起，先后任中华民族解放先锋队北平六区区队长、中共忻阳中心县委书记、中共定襄县委书记、晋察冀边区二地委河北分委书记、热河省省委委员兼秘书长、热西地委书记兼热西军分区政委。新中国成立以后，历任中共太原市委书记兼太原市市长、中共山西省委委员、省委常委，华北行政委员会财经委员会副主任，纺织工业部副部长。第三机械工业部副部长，电机制造工业部党组成员、副部长等职。

叶培大（1915—2011），上海南汇人。中国科学院资深院士、中国通信科技界泰斗、著名微波通信与光纤通信专家、杰出的教育家。

1938年毕业于北洋大学，是北京邮电大学的创始人之一。叶培大先生是第四、五、六、七届全国政协委员，第五、六、七届中国民主同盟中央委员会常委。自1955年北京邮电学院建校起，叶培大先生历任北京邮电学院无线系主任、院长助理、副院长、院长、名誉院长；1993年学校更名为北京邮电大学后，任名誉校长。1980年，叶培大先生当选中国科学院学部委员（1993年改称院士）。叶培大先生先后担任国务院学位委员会电子学与通信学科评议组首届召集人、国家自然科学基金委员会光学评议一组组长、国务院信息化领导小组专家组组长、国家863计划信息领域通信主题立项论证专家组组长、跨国电气电子工程师学会（IEEE）终身会士（Life Fellow）、IEEE通信学会（COMSOC）国际活动委员会委员及亚太地区委员会委员、IEEE北京分会主席等学术职务和称号。

贾有权（1916—2010），又名贾坡，辽宁昌图人。实验力学奠基人、材料力学专家。

1943年毕业于西北工学院机械系，1947年公费赴美留学，1950年在美国犹他大学获硕士学位，历任北洋大学副教授、天津大学教授。曾任中国力学学会第一届理事、第二届常务理事、第三至第八届名誉理事，中国力学学会实验力学专业委员会第一任主任，天津市力学学会第二、三届理事长等职。曾任《实验力学》主编，《力学学报》《固体力学学报》编委，美国SEM终生会员。贾有权教授献身力学教育与实验力学科学领域研究60多年，在我国的光弹性、全息动态光学、云纹干涉、液体双折射等研究领域进行了开创性工作，为我国实验力学学科的建立和发展做出了卓越的贡献，被誉为我国实验力学奠基人。

刘树人（1916—1989），山西太原人。中国的石油钻井工程的开拓者之一，大庆油田的八大专家之一。

1937年北洋大学采冶工程系毕业。毕业后，他到南京资源委员会矿室工作，参加了提高锑品纯度课题的攻关研究，独立完成了300多袋锑样的分析，为我国锑品达到国际标准认真剖析。1940年到甘肃玉门油矿，从此他就把自己的一生献给了祖国的石油事业。1948 年被任命为玉门油矿矿场矿长。中华人民共和国成立后，参加燃料工业部在北京召开的全国第一次石油会议，并参与《天然石油工业三年计划草案》的编制以及柴达木盆地的筹建与开发。1960年奉调参加松辽石油会战，由他负责组织有关部门共同规划了矿区的排灌布置、矿区建设以及居民点的规划等工作。1973年到该指挥部从事管理工作，并参加了油田建设施工技术成果展览的筹备工作。1978年10月以后，先后任石油工业部外事局顾问、中国石油工程建设公司高级顾问、石油工程建设管理协会顾问等职。在外事局工作期间，他参与了我国海上石油的对外合作会谈等工作。

柳青（1916—1978），原名刘蕴华，陕西吴堡县人。

1938年入北洋大学俄文进修班。学生时代就投身革命活动。1935年参加了“一二·九”运动，任学生刊物《救亡线》编辑。“西安事变”后，曾参加中共陕西省临时宣传委员会和西安文协党组工作，并主编《学生呼声》杂志。1937年任《西北文化日报》副刊编辑。1938年赴延安，任八路军西南115师独立支队2团1营、129师386旅771团文化教员，延安抗联作家。1940年，在文艺界抗敌协会工作。1943—1946年在米脂县做乡文书。 此后，任大连大众书店主编，不久又回到陕北深入生活，参加创办《中国青年报》，任编委、副刊主编。1952年，到陕西省长安县皇甫村安家落户，任县委副书记。在那里，他生活、战斗了14年。 柳青主要作品有短篇小说集《地雷》，长篇小说《种谷记》《铜墙铁壁》，中篇小说《恨透铁》，散文集《皇甫村的三年》等。《创业史》是柳青最有影响的一部作品，曾被称为描写农业合作化运动的史诗，已被翻译成英、日、德、西班牙等多种文字，在国外也享有声誉。

石理（1916—2008），湖南邵阳人，航天科学家。

1939年北洋大学机械工程系毕业。他在抗战时期为前线研制战车坦克，战后留美，从事火箭和航天研究。他为美国空军研制第一架太空飞机，为“火箭王”冯·布劳恩设计的导弹研制靶机，并跟他探讨火箭技术。他在军工企业马丁公司参与核火箭发动机的研制和马丁—泰坦型运载火箭。1952年研究设计制造2000吨水压机，1954年研制无人靶机的内燃机，1958年参与研制X-15型火箭飞机（第一架太空飞机）的发动机。1959年设计发动机尾气排出喷嘴，1960年研制成功新型闭环式磁流体发电装置。

史绍熙（1916—2000），江苏宜兴人。中国科学院资深院士、工程热物理学家、燃烧学家。

1939年北洋大学机械工程系毕业。1949年获英国曼彻斯特大学博士学位。回国后，任天津大学教授、内燃机燃烧学国家重点实验室主任。发明了复合式燃烧系统。推导出粒子在气缸内涡流中的运动轨迹方程，提出了周边混合气流形成的原理。发明柴油机的热混合理论。建立了周期性脉动式流动的能用速度分布方程，并求得了其频率影响的无因次式，从而解决了层流流量计多年来未解决的理论问题和设计问题。研究开发成功我国第一台转速为3000转/分以上的高速柴油机和第一台两级自由活塞式发动机压气机。1980年当选为中国科学院学部委员。1982—1986年任天津大学校长。

赵耀东（1916—2008），江苏淮阴人。

1940年北洋大学机械工程系毕业。1947年 赴美留学，获麻省理工学院硕士学位。历任中央机器厂助理工程师、资源委员会天津机器厂厂长。台湾中本纺织公司总工程师、代总经理；纺织纤维公司副董事长以及越南纺织厂设计经理，纺织工艺公司设计经理，新加坡纺织公司设计经理。1992年5月，他作为台湾经济研究院的顾问访问大陆，对两岸经济的交流和发展提供建言，受到国家领导人的接见和赞许，更在台湾引起震撼。他说“我是中国人，上对得起祖宗，下对得起子孙”。赵耀东病逝后被台湾媒体誉为“台湾经济界巨子”和“企业管理耆宿”。

吴自良（1917—2008），浙江浦江人。中国科学院资深院士、物理冶金学家、两弹一星功勋。

1939年毕业于北洋大学航空工程系。1948年获美国匹兹堡卡内基理工大学博士学位。1950年春被选为美国科学促进会会员。中国科学院上海微系统与信息技术研究所研究员。20世纪50年代，从事苏联低合金钢40X代用品的研究，对建立我国低合金钢系统有示范作用。60年代，领导并完成了铀同位素分离用“甲种分离膜”的研制任务，为打破超级大国的核垄断做出贡献。开始研究钢中过渡族元素Mn、Cr、Mo、V、Ti和氮的s-i交互内耗峰，澄清了过去文献中许多争论和谬误，证明只有钛才有足够的固氮能力，净化位错，消除钢的应变时效。1988年转向研究高温超导体YBCO中的氧扩散机制，求得了精确的氧扩散率和扩散激活能，在磁控溅射c取向薄膜中，发现膜的增氧速度，端赖于垂直c－轴单晶的位错管道所提供的快速氧输运过程。1980当选中国科学院院士。

曾泉生（1917—1990），原名昭淼，北京人。

1937年就读于北洋大学，弃学从戎。1938年到新四军七里坪办事处要求参加新四军奔赴抗日前线。1939年2月，在陕甘宁边区参加了青年救国联合会，历任延属地委保安处外勤股股长、青年救国联合会秘书长、经济部副部长、部长等职。在延安大生产运动中，被部队评为甲等生产劳动模范，获得边区政府颁发的奖状和奖金。解放战争时期，曾泉生先后担任陕甘宁边区保安分处干事、外勤科长。1949年8月，曾泉生由西北局大荔地委社会部调入海军，参加人民海军的建设工作。在30多年的海军生涯中，历任华东海军校五大队副政委、华东海军井冈山舰队政委、华东海军第六舰队南昌舰舰长兼政委、海军一舰队参谋长、中南海军司令部军训处处长、南海舰队司令部副参谋长、海军第二水面舰艇学校首任校长、海军指挥学院顾问。1955年9月曾泉生被授予上校军衔，1964年晋升为大校，1988年被授予二级红星功勋荣誉章。

曹金涛（1918—1989），河北满城县东马乡北庄村人。

1938年北洋大学机械工程系毕业。1939年考入成都空军机械学校高级班，毕业后在成都第十一、第三飞机制造厂供职。1943年，先后入美国康索里德·沃尔特轰炸机制造厂、密歇根大学研究院和英国哥老斯特喷气式机制造厂，专攻飞机设计和制造。1949年9月参加中国人民解放军，历任华东军区空军航空工程研究室飞机组组长、空军工程部飞机修理处工程师。 1951年调入北京工业学院任教。北京航空学院组建后，转入该院任教授兼图书馆馆长。1958年参与设计、制造“北京一号”多用途飞机，完成中国第一架超音速飞机气动设计， 荣获北京航空学院“红旗奖章”和奖状。1960年7月，经周恩来总理批准，被特招到人民海军，从事导弹工程的教学、科研工作，历任海军高级专科学校科研部部长兼空气动力研究室主任、系主任、训练部副部长和海军第二炮兵学院副院长兼研究部部长、学院顾问。他为海军导弹事业的发展做出了重要贡献。1989年3月28日，曹金涛不幸因公牺牲。

陈之藩（1925—2012），河北霸县人。著名科学家和散文家。

1948年北洋大学电机工程系毕业，1955年赴美国留学，获得美国普林斯顿大学硕士学位，后获英国剑桥大学哲学博士学位。他曾任教于美国普林斯顿大学、香港中文大学、美国波士顿大学，同时也是香港中文大学电机系创系的系主任。

陈之藩堪称科学家跨界文学的最佳典范，他的文风简洁且富有情感，理性与感性兼具，记述他对社会、科学、文学的见解，字里行间流露知识分子忧国忧民的情怀。其散文集《旅美小简》《在春风里》《剑河倒影》都是大家耳熟能详的经典，《谢天》《失根的兰花》《哲学家皇帝》等文章曾入选内地和港澳台地区中学生语文课本，其作品在华人世界有很大影响。

贺家李（1925—），陕西西安人。著名电气学家。

1948年北洋大学电机工程系毕业。1961年在苏联莫斯科动力学院继电保护专业研究生毕业获副博士学位。回国后，历任天津大学教授、电力及自动化系副主任、电力及自动化工程研究所所长，国务院学位委员会第一、二届学科评论组成员，水电部电力类专业教材编审委员会副主任委员，天津市电力学会第二、三届副理事长。IEEE高级会员。是我国高校电力系统故障分析与继电保护学科的奠基人。成功研制了短距离输电线方向纵差动保护装置、50万伏输电线路的高频方向保护装置。

1978年出席第一次全国科学大会并获科学大会奖。1999年当选俄罗斯圣彼得堡工程院外籍院士，2000年当选俄罗斯工程院外籍院士，2010年荣获顾毓琇电机工程奖。

刘希圣（1926—），河北保定人。中国石油钻井著名专家。

1951年，北洋大学采矿系毕业。在采矿系学习时由于国家急需石油技术人才，他积极报名加入了北洋大学刚刚成立的石油采矿组。1951年毕业后留校任教，1952年，组建成立了新中国第一所石油高等学府——北京石油学院。1956年开始，任北京石油学院钻井工程教研室主任。曾任石油工程系教授，钻井力学及工程研究室主任，中国石油工程委员会委员，石油天然气总公司科技委员会委员。刘希圣长期从事油气钻井工程的教学和研究工作，是油气井工程学科创始人之一。

李安格（1928—），北京人。

1951年北洋大学航空工程系毕业。先后任北京体育大学研究员、博士生导师、科研所副所长。1950年李安格作为排球队员入选国家体育代表团，并参加新中国首次国际比赛。1951年国家体委正式成立国家队，李安格被第一个调入，成为新中国国家专业运动员第一人。1953—1956年担任中国女排主教练。1980—1988年任中国女排技术顾问、科研攻关组组长。1977年创造了“快速反击”超前战略新理论，并根据这一理论创造了包括“单脚背飞”扣球在内的多种单脚起跳打快球和“快抹”等新技术。中国女排采用了这一新理论和这些新技术，创造了“五连冠”的辉煌历史。1986年他又创造并实验成功了“双快错位背飞”“串平错位夹塞”等新战术，还创造出“多重掩护快攻战术”新理论，根据这一理论，又创造设计出上百种新技战术。2008年北京奥运会前夕，80岁高龄的李安格又为中国女排提供了他创造的新技战术，并通过比赛技术统计数据等为女排出谋划策，以此为中国女排奥运夺冠做贡献。

姚树人（1929—2015），河北霸县胜芳镇人。海军少将、教授、原海军工程学院院长，为研制“两弹一星”做出突出贡献的科技专家。

1950年北洋大学化工系毕业。同年参加中国人民解放军。1960年中国科学院长春应用化学研究所研究生毕业。历任第二海军学校燃料教研室主任，海军工程学院研究部副部长、教授、副院长、院长。长期致力于高分子化学的教学和研究。1954年研制成海水消盐剂。1958年率课题组在国内首先研制成液体火箭燃料。1985年指导研究成乳胶ＩＰＮ阻尼材料、宽温域高阻尼材料。1988年被授予海军少将军衔。

土木宏才·校友篇

胡栋朝（1872—1957），字振廷，广州人。铁路桥梁专家。

1900年北洋大学毕业，获工科学士学位，被派赴美留学，专攻铁路桥梁，获土木工程硕士学位，著有《比较柱桥及钉桥之用》。1906年回国兴办铁路，赐进士衔。历任四川省川汉铁路正工程师，南京宁湘铁路工程局科长，北京铁路处处长，粤汉铁路督办处工程科长，广东省建设公路处工程师，广州市工务局建筑科长，广东省广九铁路管理局局长。相继勘查了江浙铁路、海靖铁路及清徐、杭甬两线，并绘出江浙铁路总图。勘查潮汕铁路，测量韶关至坪石公路。主持修筑惠爱路、永汉路、长堤大马路等。新中国成立后，致力于翻译国外有关铁路著作。

戢翼翘（1885—1976），字劲成、勋成，湖北房县人。同盟会会员、军事家。

1905年北洋大学预科毕业，升入北洋大学土木工程学门。1909年入日本陆军士官学校，1911年毕业。参加过1915年云南护国运动，后历任南京陆军一师二旅旅长、江苏四旅旅长、安国军二十九军军长、四洮铁路局局长、国民政府军事参议院参议、东北边防军司令长官公署军事参议官、陆海空军副司令张学良北平行营参谋长、直隶行政院北平政务委员会财政整理委员会常务委员和军事委员分会委员。1935年升为中将。

刘景山（1885—1976），字竹君，河北沧县人。

1903年入北洋大学，1906年公费赴美国费城宾夕法尼亚大学攻读铁路管理，1909年获经济硕士学位。回国后，曾在交通部工作18年，1917年收回中东铁路，取消英国人独霸购料之合约。主持修筑成渝铁路，修建沪杭甬铁路展线，完成襄鄂铁路的整顿工作。刘景山对我国早期铁路交通贡献颇大，被誉为交通名宿。

徐赤文（1887—1963），名宗溥，以字行，浙江温州人。

1916年北洋大学土木工程系毕业。历任天津顺直水利委员会见习技师，华北水利委员会技正、正工程师兼水文课长，山西滹沱河工程处主任工程师、技正兼测量组主任，桑干河灌溉工程处主任，山西工程总处主任，广东珠江水利局技术主任，贵州都江工程处处长，华北水利委员会专门委员兼驻桂办事处主任等职。新中国成立后，先后任浙江省农业厅水利局总工程师，浙江省温州市人民政府副市长，浙江省农业厅副厅长，浙江省水利厅厅长，中国科学院浙江省分院副院长，浙江省钱塘江工程治理委员会副主任委员。毕生从事水利工程建设。

朱庭祺（1887—1979），别号体仁，江苏沙川人。

北洋大学早期毕业生，后公费赴美国留学，获美国哈佛大学经济硕士学位。曾任"鲁案"善后办公署路务处主任。1928年12月任财政部会计司司长，后任盐务稽核总所总办。

容祖诰（1891—？），字百峰，广东新会人。

1916年北洋大学土木工程系毕业。曾任云南临沧个旧铁路工务段段长、四平洮安铁路工务段工程师、国民党政府交通部公路总局第三区公路工程管理局总工程师、滇缅公路总工程师。新中国成立后，历任广东省军管处及交通部华南公路修筑指挥部总工程师、广东省交通厅副厅长兼总工程师。参加并主持了临个、四洮等铁路，浙粤公路、中印及滇缅公路的建设。对海南岛国防公路及广东省其他公路的建设做出了贡献。

金问洙（1891—1964），字通尹，号率楼，浙江嘉兴人。

1934年北洋大学土木工程系毕业。1917年以后历任复旦大学教学教授、秘书长、理学院院长、代理教务长、上海补习部教务委员会主席。1923年，复旦大学授其名誉理学硕士学位。抗战胜利后，历任上海晋元中学校长，北洋大学教务长、代理校长，1936年回复旦大学任土木系教授。新中国成立后，任复旦大学校务委员会委员、土木工程系主任，复旦理工学院院长，青岛工学院院长，武汉测绘学院副院长。

程士范（1892—1960），又名敷模，安徽绩溪人。

1915年北洋大学土木工程系毕业。毕业后留校任教。1918年后历任安徽省立第二师范学校教务主任、安徽甲种工业学校校长、北洋大学教授、江苏宝山海塘工程主任工程师、上海邮政储金汇总局副局长等。1934年，担任淮南铁路建设工程总工程师，主持勘测、设计并建成了淮南铁路。铁路线完工后，被任命为淮南铁路局局长兼总工程师。不久，调任杭州自来水工程处主任兼总工程师。抗日战争爆发后，应聘为贵州省政府顾问。1939年寓居上海，开始了与中国共产党长期合作共事的历程，并支持亲人参加革命斗争。1944年，程士范将上海住宅作为共产党的地下交通站。1946年，担任芜湖明远电厂总经理。新中国成立以后，程士范先后担任过安徽省工业厅厅长、参事室主任、安徽省科联主席。

孙发端（1895—1977），号效文，字效父，安徽桐城人。

1921年北洋大学土木工程系毕业。毕业后，曾任安徽省立第四师范学校教员，安徽省道路局技士，安徽省政府技术员兼省立工业学校土木工程科教员，交通部韶赣国道工程局技佐，浙江省建设厅、公路局浙皖、鄞奉、杭昌、杭长、永缙线等公路工程师兼队长，安徽建设厅技正兼科长，陕西省西汉公路工程师兼测量队长、总工程师，全国经济委员会公路处督察工程师，广西湘桂铁路工程局副工程师兼段长。抗日战争期间，在四川汉渝公路工程处、乐西公路工程处、交通部公路总局等任主任工程师、总工程师、简任技正。历任甘肃西北公路工程管理局总工程师，交通部公路总局第七区公路管理局副局长兼总工程师，西北交通部公路局副局长，一等一级工程师等职。新中国成立后一直担任主管技术业务的行政领导工作。历任西北公路局副局长，交通部公路设计院副院长等职。

张润田（1898—1937），字倬甫，河北滦县人。

1924年北洋大学土木工程系毕业，美国伦斯勒理工学院研究院工学博士。1931年任北宁铁路局副局长兼北洋大学土木工程系教授、系主任。九一八事变发生后，机械系老教授、教务长兼代理院长王季绪通电全国呼吁国民政府出兵抗日，并毅然绝食，但是政府毫无所动，金仲文教授随北洋大学同学们共赴南京请愿。请愿的队伍奔赴天津北站，得到了时任北宁铁路局副局长的张润田的热心帮助。后来张润田被日寇逮捕，遭严刑拷打、壮烈牺牲。

贺邦墉（1904—1978），字西垣，陕西韩城人。

1933年北洋大学土木工程系毕业。在华北水利委员会任工程师。1935年到西安任西兰公路工务局工程师兼测量队队长，完成西兰公路的勘测设计工作。1936年保送英国留学。次年毕业于英国学院研究院，入伦敦大学研究院。毕业后获科学硕士学位。又于1938年赴柏林大学研究院攻读水利专业，1940年毕业，获水利博士学位。然后重返英国，以两年时间攻读城市建设专业，亦获博士学位。1939年贺邦墉借中美文化基金资助赴美国做技术考察和讲学，后定居美国。在机械工程设计制造、发电设计制造方面颇有成就，晚年成为航天技术领域权威。

王锦堂（1905—1993），河北束鹿人。土建技术专家。

1931年北洋大学土木工程系毕业。毕业后先后任河北省建设所工程处实习生，青岛大中华建筑公司工程司（技术员），山西同蒲铁路西山支线工务段工务员，河北省建设厅南临公路工程处工程师，成渝铁路工程局工务员，滇缅公路西段工程处分股长、工程师。1942—1946年，云南宝贡、昆明、陆良、蒙自修筑飞机场，任工区副主任、主任、工务段长、工程师。1946—1949年，任中国纺织建设公司天津分公司建筑委员会工程师。王锦堂长期从事纺织工业建设和设计工作，为纺织工业建设做出了贡献。新中国成立后王锦堂历任华北纺织管理局建筑科科长、工程师，邯郸第一棉纺织厂筹建处代主任、工程师，华北纺织管理局基建处副处长、工程师，纺织工业部第一建筑工程公司副经理，纺织工业部基本建设局建筑安装公司总工程师，任纺织工业部基本建设局基建处处长，纺织工业部纺织设计院副院长、总工程师。

丘勤宝（1908—1966），广东梅州梅县人。我国著名土木水利专家，土力学奠基人之一。

1934年北洋大学土木工程系毕业，后赴美国康奈尔大学留学，获硕士学位。回国后，曾在岭南大学、中山大学任教。1938年起，先后任国立云南大学教授、土木系主任、工学院院长和四川大学教授，新中国成立后任成都工学院教授，培养了一批成绩卓著的建筑人才。20世纪30年代，曾参与茅以升钱塘江大桥设计施工建设，任工程技术监理。1940年后，曾考察、踏勘规划了弥勒太平水库坝址、灌溉渠系及沪西知府塘排洪隧道等。

谭炳训（1908—1959），山东济南人。

1931年北洋大学土木工程系毕业。毕业后历任北平市工务局局长，庐山管理局局长，江西省公路局局长，交通部驿运总管理处处长兼全国经济委员会委员，交通部驿运管理处处长，工务局局长。新中国成立后，任山东大学土木系教授。1956年，随青岛工学院土木系调入到新组建的西安建筑工程学院，创建了卫生工程系，并兼任学校科学刊物编委会委员。1943年，发起成立中国市政工程学会，1947年成立了北平市都市计划委员会。

王廷璋（1908—1989），河北行唐人。

1933年北洋大学土木工程系毕业。曾任华洋义赈会陕西省泾惠渠工程处助理工程师，山东省建设厅水利工程师，南京扬子江水委会工程员等。

张湘琳（1908—1968），直隶静海人。

1932年北洋大学土木工程系毕业。1935年获美国北卡罗来纳大学土木工程硕士学位。回国后，曾任北洋大学教授、土木系主任。新中国成立后，历任天津大学教授、土建系主任。长期从事给排水工程的研究与教学。

华起（1908—？），别号振民，山东益都人。

1932年北洋大学土木工程系毕业，终身致力于中国公路建设。1937年赴西北参与公路建设，1945年任青藏公路工程处工程课长，1947年任青新公路工程处副处长。新中国成立后历任咸宋公路工程局副局长、青藏公路工程局副局长、陕西省交通厅总工程师、甘肃省交通厅副总工程师、交通部第二公路工程局副总工程师。

华超（1909—？），别号遂仲，山东益都人。

1936年北洋大学土木工程系毕业，终身致力于中国公路建设，参与和主持了西北多条公路的修筑，新中国成立后任交通部第五设计院总工程师。1958年宁夏回族自治区成立时为支援宁夏交通建设，调任宁夏回族自治区交通厅总工程师。

戴统三（1909—？），河北博野县人。

1937年北洋大学土木工程系毕业。曾任陇海铁路局宝天段工务员、隧道工务所主任，天兰总段三分段段长，测量队队长。新中国成立后，历任西北干线工程局工程师，铁道部第一工程局隧道队副队长、工程处处长、局副总工程师，京秦铁路修建指挥部技术顾问。对隧道工程建设有丰富经验，先后主持修建30余座隧道。

刘承先（1909—2005），山东淄博人。

1932年北洋大学土木工程系毕业。毕业后，先后任山东省建设厅水利专员兼该厅所设工程学校主任教员，西汉、甘新、宝汉、汉渝、乐西、川滇西及青藏公路的段长、总段长、测量队长及副总工程司等职。1945年赴美国进修。回国后，又到西北公路局，后改为交通部公路总局第七区公路工程管理局，任主任督察工程司及川陕公路宝鸡渭河桥工程处处长兼主任工程司。新中国成立后，他历任西北军政委员会交通部工程处、计划处处长，西北行政委员会交通局总工程师，交通部公路总局工程处副处长。1956年，提升为副总工程师，代行总工程师职责。1963年当选中国土木工程学会道路工程委员会副主任委员，1978年及1985年两次当选中国公路学会第一、二届理事会副理事长，1990年第三届理事会授予荣誉理事。1979年及1983年当选中国铁道学会第一、二届理事会理事。

齐树椿（1909—？），字柏心，河北蠡县人。

1934北洋大学土木工程系毕业。历任河北省建设厅技术室任技士，陕西省建设厅咸榆公路帮工程师，任西乡至重庆、乐山至西昌、西宁至西康的雅安等公路副工程师、正工程师、施工分段长和总段长、测量队长，两次任第七区公路工程管理局正工程师，兰州至西宁、青藏（西宁至雅安）两公路改善工程处副处长，康藏公路第二测量总队总队长及第二施工局工程科科长，交通部公路设计院科长、室主任，交通部第一公路勘察设计院总工程师、顾问、院史编审委员会主任委员。曾任中国地质学会第32届、第33届理事会理事，中国公路学会第一届理事会理事、第二届理事会名誉理事。

姚鸿儒（1909—1991），河北藁城人。

1933年北洋大学土木工程系毕业。1949年以前在国民政府水利委员会和水利部工作，曾任水利部渠港司处长。新中国成立后，在水利部工作。

王子兴（1910—2000），原名孟庆元，河北安国县人。

抗日战争时期，两次进石门开展地下工作。石家庄解放后，王子兴先后任市长秘书，建设局副局长兼烈士陵园筹建办公室主任，任飞机场建设工程总指挥，建委副主任兼省八三工程副总指挥等。

周楫（1912—1983），河北乐亭茹头村人。

1935年北洋大学土木工程系毕业。1945年考取公派赴美国实习一年。回国后，曾任青新公路工程处副主任工程师并于1948年担任西北农专、西北工学院教授。新中国成立后，曾经担任西北公路局技术科科长，交通部第五公路设计院总工程师，西安公路学院公路系副主任、道路教研室主任、副院长。中国土木工程学会理事，中国公路学会理事，中国公路学会道路学会第一届副理事长，陕西省土木工程学会常务理事和公路工程委员会副主任委员，高等院校路桥专业教材编审委员会主任委员。他曾参加西汉、汉渝、青藏、青新等公路的修筑设计，1957年主持设计建设的延安大桥，为我国西部特别是西北公路交通事业发展做出了不朽贡献。

林治远（1913—2002），广东潮阳人。

1935年北洋大学土木工程系毕业。新中国成立后历任北京市人民政府建设局技正、正工程师，道路工程事务所主任，市政院设计室主任、技术室主任、副院长、院副总工程师、总工程师。退休后任院技术顾问委员会主任。教授级高级工程师。1989年获建设部授予中国工程设计大师称号。1981—1988年负责组织并完成《城市道路设计规范》，主持北京市柔性路面设计方法与参数的研究工作。1988年11月获中国土木工程学会“学会积极分子”称号。1988年12月获中国公路学会“从事公路交通工作50周年老专家”称号。1990年为中国公路学会与中国交通工程学会荣誉理事。

曾威（1913—2007），原名曾景贤，福建长乐人。

1935年北洋大学土木工程系毕业。同年赴美国康奈尔大学留学，获得土木工程硕士和博士学位。回国后，历任湖南大学土木系教员，中央工业专科学校、中央大学、重庆大学、复旦大学教授，北洋大学土木系教授兼系主任，国民政府交通部公路总管理处副工程司，台湾大陆工程公司总工程师。新中国成立后，他回国到北洋大学任教。之后先后任东北人民政府公路局一级专家兼总工程师，交通部公路总局副总工程师，公路科学研究院副院长，交通部科技局总工程师，交通部科学院总工程师，交通部公路科学研究所研究员，学术委员会名誉主委和学位委员会主任，国际材料和结构研究所协会技术委员会委员，中国国际工程咨询公司特聘顾问，国家发明评选委员会委员，中国土木工程学会及桥梁和结构工程学会名誉理事以及多座特大型桥梁的特聘专家、顾问等。

吴成三（1914—1998），辽宁法库人。

1939年北洋大学土木工程系毕业。教授级高级工程师。新中国成立后，先后担任国家铁道部第二工程局施工处工程师、科长、副处长，铁道部基建总局技术处处长、基建总局副总工程师，波兰华沙铁路合作组织第九专门会议主席，中国铁路工程总公司副总工程师。先后参加了成渝铁路、宝成铁路、成昆铁路、川黔铁路、湘黔铁路、枝柳铁路、大秦铁路等国家重点工程建设。参与主持修建的汉江斜腿钢构薄壁箱钢梁桥，在全国铁路系统，首次获国家工程金质奖和国家科技进步一等奖。

马振欧，又名马奔，河北定州人。

1936年北洋大学土木工程系毕业。曾任八路军第三支队教导员、晋察冀边区公路局科长、华北公路运输总局副处长。新中国成立后，历任交通部科学研究院院长，中国科协第一至三届全国委员会委员，中国土木工程学会第三届秘书长，中国公路学会第一、二届副理事长。组织制定了我国《公路工程技术准则》，负责创建了交通部公路科学研究院，为我国公路科学研究工作的发展做出了贡献。

袁心湖（1915—？），原名邹高清，字定才，湖南新化人。

1939年北洋大学土木工程系毕业。在北洋大学读书时，积极参加“一二·九”抗日救亡运动。1936年参加中华民族解放先锋队。1938年参加中国共产党。同年，由党指派至绥西傅作义游击军政治部任宣传科科长。1941年转至陕甘宁地区关中地委任统战科科长。1942年任延安行政学院学习委员。1945年任延安西北局社会部副科长。1949年任西北军政委员会联络处处长。1953年，调中央直属机关，1955年赴开罗，任中华人民共和国驻埃及、叙利亚大使馆参赞，后任巴基斯坦总领事。1968年回国后任解放军总参谋部情报局一局局长，国家安全部副部长。

胡茂悌（1922—1983），安徽绩溪人。

1948北洋大学土木工程系毕业。历任参谋、工程队区队长、副队长、工程师、主任工程师、工程兵国防工程办副主任、工程兵国防工程设计研究所副所长(副师级)，从事国防工程建设30多年。

靳珩（1924—1957），河北无极县人。

1948年北洋大学土木工程系毕业。1948年来到台湾，任中横溪畔工务段段长，主持建设中横公路。1957年在巡视桥梁工程时，不幸被山上滚石击中，压于溪底，当场殉职。

裘采畴（1926—2013），浙江嵊州崇仁镇人。

1948年北洋大学土木工程系毕业。1949年入伍到铁道兵部队，赴朝作战，为祖国立下战功。回国后继续奋战在铁路战线，先后任铁道兵技术员、工程师，铁道兵学院教员等。

智者善水·校友篇

秦汾（1882—1973），字景阳，江苏太仓州嘉定人。

1906年北洋大学公派赴美留学，获哈佛大学硕士学位。后又到英国、德国留学，1910年归国。辛亥革命任嘉定军政分府参谋。1912年后进入教育界，历任上海浦东中学校长、南京江南高等学堂教务长、公立上海南洋公学教授、北京大学教授，北京政府教育部参事、教育司司长，东北文化事业上海分委员会委员，中华教育基金委员会委员，代理教育部次长，代理北京大学理学院院长，教育部普通教育司司长，财政部会计司司长、主计处主计官，黄河水灾救济委员会常务委员，全国经济委员会秘书长，财政部常务次长。1935年起，他历任交通部邮政储金汇业总局监察委员、全国经济委员会合作事业委员会常务委员、中国纺织股份有限公司董事长，经济部政务次长，行政院水利委员会常务委员。

刘郁馥，字联璧，河北满城县人。

1906年北洋大学预科班毕业。民国时期永定河河务局局长。

吕金藻，字振庭，天津人。

1907年入北洋大学堂工科采矿冶金学门乙班，1910年毕业。1911年清学部会考北洋大学堂毕业，赏给进士出身，以主事分部尽先补用，分农工商部主事补用。1920年以后在农商部任职，后历任河北省建设厅监防委员、河北省政府建设厅技正、磁县炼矿筹备处主任，河北省南运河下游疏浚委员会工程处处长。1946年中国工程师学会天津分会成立任临时主席。

徐赤文（1887—1963），名宗溥，以字行，浙江温州人。

1916年北洋大学土木工程系毕业。历任天津顺直水利委员会见习技师，华北水利委员会技正、正工程师兼水文课长，山西滹沱河工程处主任工程师、技正兼测量组主任，桑干河灌溉工程处主任，山西工程总处主任，广东珠江水利局技术主任，贵州都江工程处处长，华北水利委员会专门委员兼驻桂办事处主任等职。新中国成立后，历任浙江省农业厅水利局总工程师，浙江省温州市副市长，浙江省农业厅副厅长，浙江省水利厅厅长，中国科学院浙江省分院副院长及浙江省钱塘江工程治理委员会副主任委员。 毕生从事水利工程建设，足迹遍及黄河、淮河、滹沱河、桑干河、珠江、都江等流域。

周镇伦（1890—1969），字子藩，号滋汎，浙江衢县人。

1919年毕业于天津北洋大学土木工程系。毕业后任福州闽江疏浚局工程师、南京首都建设委员会技正、浙江省水利局副总工程师、水利局长兼气象测侯所主任、北洋大学教授。曾任中国水利工程学会学刊《水利》主编。1920年制订《整理杭州自来水工程计划》并被选做大学教材。抗战时期，任广州黄埔督办公署内疏浚工程处处长，后赴香港任建筑设计师，为香港、九龙市政建设尽心尽力。

陈泮岭（1891—1967），字峻峰，河南西平县人。

1914年考入北京大学预科，1917年转入北洋大学土木工程系。1921年在开封创立水利工程测绘学校。1929年创办河南水利工程专科学校。1931年曾任河南焦作中福煤矿总经理。抗战胜利后成立中原工学院。1927年以后历任河南省水利局局长，导淮水利委员会委员，国民政府行政院水利委员会委员，黄河水利工程总局长后兼任长江水利工程总局局长。

黄敦慈（1891—1991），字屺瞻，河南信阳人。

1916年北洋大学土木工程系毕业。毕业后任顺直水利委员会永定河测量队测量师、开封甲种工业学校及第一中学教师、农业专门学校测量教授、中州大学数学教授。新中国成立后，历任河南大学、河南师范学院、新乡师范学院、河南师范大学数学系教授、系主任、教研室主任。

徐正（1891—1972），原名徐邦荣，字灿英，天津人。

1920年北洋大学土木工程系毕业。毕业后曾在顺直、华北水利委员会及南京全国经济委员会等处任工程师、技正等职务。抗战胜利后赴晋察冀解放区，先在边区政府农林处，后任华北水利委员会副主任。新中国成立后，任中国人民解放军军事管制委员会河北省水利局、华北水利委员会、天津水工试验所军事代表，华北水利委员会副主任，水利部计划委员会副主任，河北省水利厅厅长。河北省水利科学技术研究委员会主任等职。

周保祺（1893—1949），江苏淮安人。

1920年北洋大学土木科毕业。1936年任扬子江水利委员会勘察队队长，曾辗转西康、四川、江苏等水利工程部门任技正、科长等职。于1946年参加革命，任苏皖边区人民政府水利局技正，山东省河务局技正、工程科长兼技术室主任，具体负责黄河治理的技术工作。

1946年到山东省河务局工作，是山东黄河主要技术负责人。1949年6月15日，周保祺作为华东解放区的代表，参加了在济南举行的黄河水利委员会成立大会，并当选黄河水利委员会委员。1949年6月23日积劳成疾病逝，被山东省政府追认为革命烈士并立碑纪念。

徐世大（1895—1974），字行健，笔名山石，浙江绍兴人。

1917年北洋大学土木工程系毕业。第二年考取清华大学官费留学，入美国康奈尔大学学习水利及卫生工程，1920年获土木工程学硕士学位，1921年回国。1929年任华北水利委员会总工程师。在此期间，完成了滹沱河灌溉工程，金厅闸放淤工程，永定河善后工程，永定河治本工程计划及独流入海减河计划，永定河官厅工程及若干其他河道治本计划的研究。并参与创建中国第一水工试验所(任董事会秘书)。1946年任天津海河工程局局长，在任期间指导疏通海河已淤的航道，并协助浚深塘沽新港。徐世大曾担任中国水利工程学会第三届至第六届董事会负责人，第七届至第九届总干事，中国水利工程学会天津分会副会长，天津市水利学会会长。

邓曰谟（1896—1983），号舒菴，广东香山上栅村人。

1915年进入北洋大学。1917年预科毕业转入本科，1920年北洋大学采冶工程系毕业，后自费去美国留学。1930年回国到北洋大学任教，先后任化学教授、机械教授、水利教授。1937年在开滦煤矿西林技术员训练所任所长兼教务主任。抗日战争胜利后，历任北洋大学采矿系教授、北洋大学校务委员会委员、天津财经委员会委员，担任天津市农垦局、双林农场、农业部新港及海河工程局、天津市工业局新华机械厂等许多工厂和单位的顾问，并担任中国矿业学院机械教授。曾制造的我国第一台水力发电机，主持了天津芦台（今宁河县）高里区水利灌溉工程的设计和重建，北京兴建永定河三家店水利枢纽工程，创造出了一种测量水砂混合体在管道内流速的新方案。

瞿文琳（1896—1948），字苐章，湖北武穴人。

1921年北洋大学土木工程系毕业。毕业后受聘于河南水利工程测绘养成所，任河南大学理学院教师以及河南大学理学院土木工程系主任、河南水利工程专科学校校长。1938年迁居陕西宝鸡，从事铁路工程建设。1946年任花园口黄河堵口复堤工程总局材料处处长。1947年任广州港工程局工务处处长。

陶述曾（1896—1993），原名翼圣，湖北黄冈人。

1921年北洋大学土木工程系学生。长期致力于水利、河港及交通工程建设。抗战时期，全程参与了滇缅铁路、中印公路等交通建设工程。历任滇缅铁路总段长、副处长，中印公路工程处副处长、总队长，昆明飞机场工程处处长，军事委员会工程委员会处长、副总工程师。抗战胜利后，主持了花园口堵口复堤工程，任总工程师兼总段长。新中国成立后，先后担任湖北省建设厅厅长、武汉长江中游工程局总工程师，武汉长江大桥设计委员会副主任，湖北省交通厅厅长、水利厅厅长，湖北省副省长，湖北省科协副主席、名誉主席，中国土木工程学会副理事长，湖北省土木工程学会理事长，中国水利工程学会武汉分会理事长等领导职务。

林一平（1897—1979），字平一，浙江奉化人。

1923年北洋大学土木工程系毕业，即自费赴美留学。初入康奈尔大学土木工程学院，次年转入爱荷华大学水利工程学院，1925年毕业，获硕士学位。先后实习于曲伦敦美国桥梁公司、纽亚伦密西西比河工程委员会。1927年回国，历任南京国立中央大学土木工程系教授，兼任整理导淮工程图案委员会委员，导淮委员会简任级工程师，设计组主任工程师，工程处技正，代理总工程师，綦江水道工程局局长，导淮委员会总工程师，水利部淮河水利总局局长。中华人民共和国成立后，任水利电力部技术委员会委员、水利水电科学院一级工程师等职。

李书田（1900—1988），字耕砚，河北昌黎人。

1919年北洋大学预科毕业升入该校土木工程系，1923年毕业荣膺"中国斐陶斐励学会会员"，并官费赴美国康奈尔大学研究生院继续攻读土木工程专业。1926年获得博士学位。1927年回国，到北洋大学任教，创办"工科研究所"，并创建"中国第一水工实验所"。李书田曾担任华北水利委员会秘书长、北方大港筹备处副主任（常务）、中国水利工程学会首任副会长、永定河工款保管委员会委员、整理海河委员会委员兼工程委员会委员、河北省农田水利委员会委员、国立北平研究院研究会员。被美国铁道工程学会聘为铁道运行经济研究委员会及河工港工研究委员会委员。1943年任黄河水利委员会副委员长等职。

张含英（1900—2002），字华甫，山东菏泽人。

1918—1921年先后在北洋大学、北京大学求学，1921年赴美国留学，1924年毕业于美国伊利诺大学土木工程系，1925年获美国康奈尔大学土木工程硕士学位。1925年回国后历任北洋大学教授、校长，黄河水利委员会秘书长、总工程师，扬子江水利委员会顾问，黄河水利委员会委员长。1950年后，长期担任水利部和水利电力部副部长，兼任水利部技术委员会主任，中国水利学会第一、二届理事长等职。

孙辅世（1901—2004），江苏无锡人。中国水利工程学会创始人之一、著名水利专家。

1923年北洋大学土木系毕业。1926年获美国康奈尔大学硕士学位。曾任扬子江水利委员会总工程师、代理委员长，长江水利工程局总局长，中国水利工程学会董事、副会长。新中国成立后，历任华东财经委员会专员，水电部科学技术委员会委员、顾问，中国水利学会常务理事、副秘书长、名誉理事，水利部原计划司顾问等职。

吴树德（1899—1944），又名仲滋，上海市人。

1923年北洋大学土木工程系毕业。曾任华北水利委员会工程师、测候室主任，是天津已知最早制作超长期气候预测的气象人员之一。1937年天津沦陷后，为不使气象水文资料中断，吴树德带领两名助手继续做观测记录，后被日本侵略者杀害。

赵今声（1903—2000），又名赵玉振，河北束鹿县辛集市人。港口和海岸工程专家、教育家。

1921年考入北洋大学预科。1923年考取直隶省教育厅派往香港大学的公费生。1926年香港大学工科土木工程专业毕业，并授予一级荣誉工学士学位。历任西安临时大学土木系教授、西北工学院土木系教授兼总务长、河北工学院院长、天津大学副校长，天津市科学技术协会第二届副主席，全国科学技术协会第三届常务委员，中国海洋学会第二届副理事长。1952年创建了水道及港口试验室。他主编的《港口工程》被国家教委评为优秀教科书。1958年成立天津新港回淤研究工作组，他任副组长。1960年在天津大学创建海岸工程研究室。为港口和海岸工程的建设做出重大贡献。

周宗莲（1906—1977），字泽书，湖南汉寿人。

1928年北洋大学土木工程系毕业。毕业后赴英国留学深造，获英国孟都斯特大学工程博士学位，并被聘为德国普鲁士水工研究所研究员。回国后，曾被聘担任黄河水利委员会工程师、华北水利委员会工程师、北方大港筹备处工程师、航空委员会西安飞机场工程处总工程师、陪都（重庆）建设计划委员会副主任委员、湖南沅资流域规划发展委员会副主任委员、中央设计局设计委员兼工程召集人；北洋大学土木工程系主任，西北联合大学工学院院长，西北工学院水利系主任，西康技艺专科学校校长等职。

刘德润（1907—1994），曾用名刘敬修，河南安阳人。

1932年北洋大学土木工程系毕业，1937年获美国依阿华大学水工硕士、工学博士学位，被吸收为"Σ-4"科学荣誉学会会员并获"Σ-4"金钥匙奖。1937年回到祖国，先后任职于北洋大学、焦作工学院、西北联合大学、国立黄河流域水利工程专科学校、西北工学院，历任助教、讲师、水利系教授、系主任，还曾任国立黄河水利专科学校校长，黄河治本研究团团员、代理团长。新中国成立后，刘德润在中央水利部工作，其间曾在黄委会帮助工作，并兼任平原省人民政府委员。自1954年起，先后任水利部工程管理局副局长等职。

何量（1908—1984），河北张家口人。

1933年毕业于北洋大学土木工程系。曾任全国经济委员会工程局工程师、察哈尔省桑干河工程处主任兼主任工程师、官厅水库大坝指挥部副主任、内蒙古水利厅副处长、内蒙古水利勘测设计院总工程师、昆都仑水库施工指挥部总指挥兼总工程师、内蒙古水利厅副总工程师等职。

丁仲文（1909—1988），原名张多疆，山东单县人。

1927年北洋大学土木工程系毕业。1937年大学毕业后，奔赴延安。在整个抗日战争和解放战争时期，战斗在陕甘宁边区，历任摩托学校教员，边区政府建设厅科长、局长、副厅长等职，从事行政技术工作。负责设计和施工延安枣园排庄大水渠、一些新型水利设施以及延安中央大礼堂、志丹陵等建筑工程。新中国成立后，丁仲文从事水利工程方面的领导工作。先后任西北军政委员会水利部副部长、西北行政委员会水利局副局长、黄河水利委员委员、水利部灌溉管理局局长、水利部部长助理兼科学研究教育司司长。1957年丁仲文任天津大学副校长、党委副书记，后又兼任中国科学院河北省分院副院长。

阎树楠，字培之，河北藁城人。

1933年北洋大学土木工程系毕业。曾任黄河水利委员会勘测规划设计院处长、高级工程师。1946年12月黄河水利委员会改组宁夏工程总队为宁绥工程总队，负责发展宁夏、绥远引黄灌溉，阎树楠任总队长。

张度（1909—2000），字泽刚，北京大兴人。

1929年北洋大学土木工程系毕业。曾任黄河水利委员会、华北水利委员会高级工程师、处长。

揭曾祐（1910—1992），字荫先，河北河间人。

1934年北洋大学土木工程系毕业。毕业后，曾在华北水利委员会、云南农田水利贷款委员会、黄河水利委员会任职。曾参加官厅水库的筹建，参加白渭轻便铁路修建工程，完成了云南弥勒县竹园坝灌溉工程等四项设计，参与宁夏灌区勘测、黄河河道整治设计、搜集整理黄河历代资料和进行水稻需水量试验等工作。1946年春，他到西北工学院水利系执教，被聘为教授。半年后，返回天津走上了北洋大学水利系的讲台，创建了农田水利教研室并任教研室主任。1955年武汉水利学院建院后，揭曾祐任该学院农田水利系首任系主任。后任中国水利学会武汉分会学术部副部长、湖北省水利学会学术部副部长。

郑兆珍（1910—1969），天津人。

1933年毕业于北洋大学土木工程系。1934—1936年任华北水利委员会技佐、技士，1936—1939年公派德国柏林水利试验所学习，1939—1946年在中央水工试验所（重庆）工作，1946年后任中央大学（重庆）教授、北洋大学教授兼任天津水工试验所所长。郑兆珍终身从事水利科学研究和教学工作，提出的流量调糙率的方法，成功地应用在独流减河入海等工程的模型试验上。1954年召开的全国第一次水工模型专业会议上，被推选为第一主席。

常锡厚（1911—2004），字叔宽，名福和。河北饶阳人。

1933年北洋大学毕业。常锡厚毕业后在外工作一年，又回母校当助教。1936年考取公费留学，赴美攻读水利。1937年获美国依阿华大学水利工学硕士学位，并通过博士入学考试。抗日战争爆发后回国，先后就职于湘桂水道工程处、重庆扬子江水利委员会。1940年受聘为西北工学院水利系教授。创建黄河流域水利工程专科学校，担任教授兼教务主任。抗战胜利后，任北洋大学任教授及水利系主任，1947年与华北水利委员会合作创办第一个水工试验所后任所长。1960年辗转于河北、大西北，其间为当地数十个农场兴建小型水电用起到关键性作用，做出重大贡献。十一届三中全会后，恢复天津大学水利系教授职务。

方恺（1911—1980）。

1933年毕业于北洋大学土木工程系。从1943年起到北京进行市政管理工作，曾任北京市市政管理处副主任，毕生精力贡献给首都的市政养护事业，是一位很有成就的高级工程师。

耿鸿枢（1911—1994），奉天铁岭人。

1933年北洋工学院土木工程系毕业。曾任陕西省汉惠渠工程处工程师兼技术科科长，胥惠渠工程处主任工程师、总工程师、高级工程师，黄河水利工程总局技正。新中国成立后，历任黄河水利委员会规划处、计划处副处长，水利部第四设计室主任，黄河水利委员会勘测设计院副总工程师。先后负责汉惠渠和胥惠渠工程的设计与施工。主持黄河流域的查勘规划及资料整编工作，将过去认为的黄河大弯迁的7次改定为重要改道26次。负责设计了石头庄溢洪堰工程等。1954年，耿鸿枢参加中央黄河查勘团，从黄河口起，溯河查勘至甘肃的刘家峡，并由他主持编写了《黄河基本资料汇编》，为编制《黄河综合利用规划技术经济报告》提供了基础素材。

李荣梦（1912—1988），字健秋，湖南长沙人。

1932年北洋大学土木工程系毕业。1936年获美国康奈尔大学工学硕士学位，1938年获工学博士学位。先后当选美国开亚蒲玺龙土木工程荣誉学会会员、美国西格马赛科学研究荣誉学会会员，获康奈尔大学研究院荣誉奖金、美国麦克纳奖学金、美国麦克穆伦研究奖级。1938年回国，历任西北工学院土木系及水利系教授，重庆长江、嘉陵江两座大桥设计总工程师，中国农业银行水利技术专员，台湾台中海港总工程师，台湾农田水利局总工程师，湖南省沅资流域规划发展委员会总工程师，四川省水利局顾问工程师。新中国成立后，历任西南大区水利部计划处副处长，长江水利委员会及长江流域规划办公室副总工程师，长江水利水电科学研究院副院长，长江工程大学副校长，云南省水电厅总工程师等职。

孙家驹（1913—2009），天津人。

1938年北洋大学土木工程系毕业。新中国成立初期任水利部水利水电建设总局勘测总队总队长，后任水利部技术委员会委员（副局级待遇）。他的足迹遍及祖国大江大川，将毕生精力贡献给了国家和他所热爱的水利事业。

武元昌（1913—1983），山东曹县人。

1938年北洋大学土木工程系毕业。历任南京军管会水利部、上海华东农业水利部上海华东水利局、中央水利部、农业部等单位工程师。1961年调到农业部、水利部漳卫南局工作，历任主任工程师、计划处副处长等职。在漳卫南局工作期间，为协调处理冀鲁豫三省边界水利纠纷做了大量工作。

徐达本（1913—2013），河北遵化人。

1938年北洋大学土木工程系毕业。曾任井陉、平山县县长，晋察冀五专署专员，冀中行署、冀鲁豫行署副主任，中共晋冀鲁豫中央局财经办事处工矿处处长、党委书记，晋冀鲁豫边区政府工业厅厅长，华北人民政府企业部副部长。新中国成立后，历任开滦煤矿党委书记，中共唐山市委副书记，燃料工业部、煤炭工业部、农业机械部副部长，郑州铁路局党委书记，煤炭经济研究会副理事长。

杜镇福（1914—2001），山东黄县人。

1931年考入北洋大学预科，1938年毕业于“陕西临大”北洋工学院土木工程系（水利组），后历任广西扬子江水利委员会湘桂水道工程处工程员、西北工学院水利系助教、河南省立水利专科学校副教授、黄河水利专科学校教授。1945年赴美国科罗拉多大学研究生院学习水利工程，1946年参加中国驻美国丹佛三峡水电设计工作。1947年在美国科罗拉多大学研究生院获硕士学位。回国后，先后任小丰满水电站工程师、北洋大学水利系教授，1952—1983年兼任水利系系主任。历任天津大学校务委员、校学术委员，《中国大百科全书·水利卷》编委和水工分册副主委，中国水利学会理事、名誉理事，水力学专业委员会副主任，天津市水利学会名誉理事长。

郝执斋（1914—1965），又名郝庆礼，河北安新人。

1938年北洋大学土木工程系毕业。曾任冀中水利局副局长、局长，冀中工务局局长，华北水利委员会委员兼秘书长。新中国成立后，历任水利部办公厅副主任，水利电力部办公厅副主任、副部长。

于凤钧（1914—1972），北京人，高级工程师。

1938年毕业于北洋大学土木工程系。曾任河北省建设厅技士、河北省永定河河务局局长。1949年后，历任河北省水利厅工程师、河北省水利勘测设计院副总工程师等职。

张子林（1914—1998），曾名张蔚，河北阳原人。

1936年北洋大学土木工程系毕业。1937年参加山西民族革命战地总动员委员会保安司令部政治部的工作，后担任山西新军暂一师第六支队特派员、代理政治部主任、师政治部政工科科长。1942年被派到晋绥边区工作，先后任行署技术室主任、交通管理局设计科科长、平绥铁路局工务处处长、边区第一发电工程局副主任、华北人民政府农业部农田水利处处长。1947年起先后担任农业部、水利部的农田水利局局长、水利部水利科学研究院院长和中科院、水利电力部水利水电科学研究院院长等领导职务。组建了北京水利水电学院（现华北水利水电大学）并兼任首任院长。中国水利水电科学研究院组建后的第一任院长。

姜崇熙（1921—2005），山东掖县人。

1948年北洋大学水利工程系毕业，即留校任教。历任中国水利学会水文专业委员会委员、天津市水利学会委员会主任、《天津市水利志》编委会委员。长期从事工程水文教学工作。为金钟河闸规划设计提供水文计算分析成果。与人合译世界气象组织编写的《水文实践指南》。

冯尚友（1923—1999），河北抚宁人。

1948年北洋大学水利工程系毕业。历任武汉水利电力学院系主任、科研处副处长，校学术委员会主任，湖北省水利学会常务理事，湖北省系统工程学会常务理事、副理事长，中国水力发电工程学会水能规划与动能经济专业委员会副主任委员。20世纪50年代末负责筹建武汉水力电力学院水力计算教研室。1982年主持开办“水资源规划及利用”本科专业并在全国率先招生。1997年筹建水资源研究室。先后主持完成2项国家自然科学基金资助课题、4项国家教委博士学科点基金课题及多项国家科技攻关课题和生产课题。分别获电力部科技进步理论成果一等奖1项，省、部级科技进步二等奖4项和三等奖1项。

张泽祯（1924—），河北丰润人。

1948年毕业于西北工学院水利系。1948年留校任教。历任官厅水库工程局工程师，水利部北京勘测设计院设计总工程师。1956年至1957年在印度鲁基大学水资源工程专业读研究生，中国援助阿尔巴尼亚菲尔泽水电站专家组副组长、设计总工程师，水利电力部科技司司长，水利部科技局局长，水利水电科学研究院副院长，水利水电科学研究院院长，国际泥沙研究培训中心管理委员会主任，1988年任教授级高级工程师。曾任中国水利学会副理事长，中国大坝委员会，国际水资源协会副主席。

许志方（1925—），浙江诸暨人。

1950年毕业于北洋大学水利工程系，1951—1955年在莫斯科水利学院学习，1955年获副博士学位。1956年后在武汉水利电力学院任教，历任水利系主任、院长，中国水利学会第4届常务理事、第3～5届农田水利专委会副主任委员，中国水法研究会第一届副会长，中国排灌国家委员会主席，国际排灌委员会副主席。长期从事高校的教学、科研及行政领导工作。1989年被列入英国剑桥国际传记中心主编的《大洋洲和远东名人录》。

杜竟一（1927—），河北怀柔人。

1948年毕业于北洋大学工学院水利工程系。毕业后先后任河北省水利局任技术员、助理工程师、工程师，唐山柏各庄灌溉工程局工务处副处长，邱庄、西大洋、洋河、安各庄四座大型水库建设主任工程师，河北省水利厅基建处设计审核组副组长，河北省根治海河指挥部副主任工程师，河北省水利厅计划处设计组长、规设处处长、厅副总工程师、副厅长兼总工程师，河北省副省长，河北省政协副主席兼政协经济委员会主任，河北省政协之友联谊会副会长、河北省防汛抗旱指挥部顾问、河北省南水北调工程筹备组顾问、河北省水利厅顾问。曾担任中国水利学会第三、四届理事会理事、第五届理事会名誉理事，河北省水利学会第二、三届理事会副理事长、第四届名誉理事长及河北省农业生态学会第一届理事长，河北省水利学会第五届名誉理事长及省农业生态学会第二届理事会理事长，在河北省长期从事水利工程技术和领导工作。

商树清（1927—1988），天津武清南蔡村马庄村人。

1951年北洋大学土木工程系毕业。毕业后分配到水利部工作。1954年调入黄河水利规划委员会，1956年调入黄河三门峡工程局，先后在三门峡工程局任技术员、助理工程师、工程师、副主任工程师。1973年任水电部第十一工程局党委委员，1977年任十一局总工程师，1979年任十一局副局长。1983年任十一局局长。曾参加或领导过荆江分洪工程、黄河三门峡水利枢纽工程、小浪底水利枢纽筹建工程、渠村分洪闸工程和洛河故县水利枢纽工程建设。

杨桓（1927—2014），曾用名杨敬文，宁夏贺兰县人。

1946年考入北洋大学水利工程系。1948年12月到解放区河北泊镇参加革命。1962年调国防科工委第二十试验训练基地（即酒泉卫星发射场），先后任科长、副处长、副团长、副参谋长、副司令员长达21年。1983年4月调中国人民解放军第二炮兵任技术装备部部长，1985年7月至1992年11月任第二炮兵副司令员。1993—1998年为第八届全国政协委员会委员，科技委员会委员。1982年评为高级工程师，1988年授予少将军衔，1990年晋升中将军衔。他曾任中国宇航学会理事，中国宇航学会地面发射设备专业委员会副主任、主任，国家国防科学技术进步奖、发明奖评审委员会委员、副主任，中国高科技产业化研究会顾问等。主要从事我国战略导弹、人造地球卫星的飞行发射试验和战略导弹部队的建设和发展事业，直接组织指挥发射的导弹和卫星有17枚（颗），加上在各级领导岗位组织领导发射的导弹、卫星共约50枚（颗）。

魏颐年（1928—），辽宁沈阳人。

1949年毕业于北洋大学水利工程系。毕业后留校任教直至1987年退休。从教期间从事水利科学和教学工作。对河流泥沙和水工模型的研究工作成就尤为突出。1949年他作为北洋大学教师加入天津水工试验所，参与流量调糙率方法的研究以及独流减河入海等工程的模型试验等水利工程科学实验工作。1952年主持设计并建设新中国成立以后第一座水工实验基地及新港回淤试验平台。1956年参加第一个五年计划的水利科研项目“河渠不恒定流沙”的研究，并主持海河闸及海河防洪计算、三峡水电站不恒定流对下游航运影响的计算，以及夹沙模型实验定律的整理及野外测试、船闸地下水三向电拟试验，对部队输油管沿线磨阻测定试验。

陈肇和（1929—），北京人。

1951年北洋大学水利工程系毕业。曾任北京水利水电管理干部学院学术委员会主任、国际水利工程与研究协会会员、中国水利学会水力学专业委员会委员、中国水力发电工程学会水工水力学专业委员会委员、华北水利水电学院北京研究生部教授。长期从事水利高等教育工作。其科研成果“水力发电管道通气量的理论计算”获1988年水利电力部科技进步一等奖；“泄洪管道需气量原型规律的研究”获1989年水利部科技进步三等奖；“水利枢纽坝区三维渗流数值模拟”获1994年电力部科技进步二等奖“通过漫坝风险分析，提高清河水库兴利效益的研究”获1995年辽宁省科技进步三等奖；“土坝漫坝风险及设防标准的研究”获1998年水利部科技进步三等奖。

董光鉴（1929—），天津人。

1951年毕业于北洋大学水利工程系。历任河北省水利勘测设计院结构室主任，岗南水库工程局试验室主任，横山岭水库工程局科长，于桥水库工程局副处长，河北省根治海河指挥部副处长，海河水利委员会副主任、副总工程师等职。兼任《海河志》编委会副主任、海河水利经济研究会第一至三届副理事长、海河水利委员会南水北调规划办公室组长、海河水利水电企业管理协会第一届常务副会长。教授级工程师。

本书专家顾问简介

李振富

天津大学教授。1966 年天津大学水利工程系本科毕业，1981 年天津大学水利水电工程专业研究生毕业后留校任教。为本科生讲授结构力学、弹性力学、结构动力学、水力机械、水电站建筑物等课程；为研究生讲授随机振动理论、水工水电站建筑物抗震与可靠性分析等课程，培养研究生 26 名。科研工作涉及水工水电站建筑物静动力分析、水工建筑物美学研究、水利史和中国水文化研究、水工模型试验理论及其在开发水利水电工程旅游资源方面的应用等领域。发表学术论文有：《重力坝抗震动力可靠度分析》《万家寨水电站机墩组合结构动力分析》《水利资源也是旅游资源》《中国第一水工试验所的历史沿革》等 30 余篇。

主要社会兼职有：全国高校水电工程类教学指导委员会委员、中国水力发电工程学会水工水电站专委会委员、天津市水力发电工程学会理事、天津市水利学会水工专业委员会副主任、天津市水利学会水利史志专委会委员等职。

靳怀堾

研究员、作家。现任水利部海委漳卫南运河管理局副局长。曾任水利部海河水利委员会办公室主任，《海河志》总编辑、《海河水利》期刊主编、《中国水利报》海河记者站站长等职。

社会兼职：中国水利文协水文化研究会会长，中华水文化专家委员会副主任委员，中国水利学会水利史专业委员会理事，中国文物学会大运河专业委员会理事，中国作家协会会员，中国水利作家协会副主席，《中国水利报·现代水利周刊》和《中国水利报·水文化专刊》专栏撰稿人，20 集大型文化专题片《水与中华》总撰稿。

出版了《中华文化与水》《图说诸子论水》《中华水文化概论》《中华水文化通论（水文化大学生读本）》《海河 300 问》等图书。著有散文集《水之礼赞》《追寻大禹的足迹》《智者乐水》，长篇报告文学《悲壮三门峡》，短篇报告文学《毛泽东与南水北调》《红旗渠的故事》《秋到白洋淀》等。

高换婷

北京师范大学历史系毕业，现为中国第一历史档案馆研究馆员。故宫紫禁城协会理事。

主要从事档案管理及档案研究工作，曾承担并参与多项档案史料出版及历史科研项目。在大修清史工程中，参加《清史稿表》中《清朝册封使臣表》《清朝驻使臣、领事表》的编纂工作。参加《大百科全书》（第三版）中国档案事业史明清部分词条的撰写与修改。参加教材《中国档案事业史》明清两朝档案及管理史卷的撰写。出版专著《嘉庆王朝》。与人合著《乾隆皇帝与马戛尔尼》《御笔诏令说清史——影响清朝历史进程的重要档案文献》《紫禁城皇家生活全景》《清代档案图录汇集》等。发表论文：《从“康熙皇帝遗诏”看诸皇子储位之争》《嘉庆朝宗室人口迁移评述》《清册封使赵文楷、李鼎元赴琉球活动浅析》《内阁大库建筑的特点及库藏档案文献考察》《清代档案的副本制度》《试论明清档案的开发与利用》《明清皇家道观：大高玄殿》《乾隆时期文书制度的改革与规范》等30余篇。

张晓唯

南开大学教授、历史学博士。先后任教于南开大学历史研究所、高等教育研究所。主要研究方向为中国近现代史、中外高等教育史。主要著作有：《蔡元培评传》《旧时的大学和学人》《蔡元培与胡适（1917—1937）——中国文化人与自由主义》等，发表文章近百篇。

后记

1900年八国联军入侵天津，北洋大学校舍先被美军抢占，后沦为德国兵营。1937年7月7日，日本发动了全面侵华战争，7月30日天津沦陷，校舍即沦为日军坦克兵营。北洋大学两次遭受劫难，几十年的校藏历史档案毁于一旦。所幸由中国第一历史档案馆、中国第二历史档案馆保存的北洋大学档案及美国部分大学保存的北洋大学留学生学籍档案至今保存完好。

2002年前后，一批尘封了一个多世纪的北洋大学档案真迹相继面世，其中有清光绪二十一年由皇帝朱批创建中国第一所大学——北洋大学的奏折，包括咨呈、清折、抄折；1895年美籍教育家丁家立撰写的创建北洋大学的中英文规划书；经盛宣怀亲笔修改的拟登《申报》《直报》成立北洋大学通告及招生通告的草底；首届毕业生合影；经“一史馆”复原的“钦字第一号”中国第一张大学文凭等。这些档案弥足珍贵，其意义为确定中国创建第一所大学的历史坐标提供了一组相互印证的档案依据，为“世界文化遗产记忆名录”工程填补了中国文化记忆的一项重要空白。

借此，对以上做出特别贡献的中国第一历史档案馆、第二历史档案馆、国家博物馆、国家图书馆、上海图书馆等单位的领导和工作人员表示感谢；向支持校历史文化建设的各级领导、教师、校友表示感谢；向曾为学校档案文化建设做出贡献并负责和从事这项工作的原副校长胡小唐，校档案馆李增武、谢淑珍、邢宝凤、马景复和张荣等档案馆同事表示敬意。

图录历史不同于纯文字纪事，限制条件多、操作难度大，不免存在缺憾，望读者谅解。

编者

鸣谢

《中国第一所大学工程学门绵亘图录》成功出版，承蒙下列单位及人士鼎力支持、提供史料，谨致谢忱：

中国第一历史档案馆原馆长邢永福、邹爱莲

中国第二历史档案馆张开森、陈光

中国国家古籍保护中心办公室主任、研究馆员陈红彦

国家博物馆郭幼安女士

中国地质图书馆陈晶

中国水利学会秘书长于琪洋、副秘书长吴伯健

中国水利水电科学研究院水利史研究所所长谭徐明

水利部海河水利委员主任任宪韶

水利部黄河水利委员会档案馆蔡铁山、张雁

中央电视台新闻评论部《新闻调查》栏目编导、执行制片人胡劲草

天津电视台编导魏民

上海图书馆历史文献中心研究馆员邱五芳、冯金牛

近代天津博物馆馆长刘悦

北京地质大学地质博物馆任德华

钱塘江大桥纪念馆原馆长钟光明

北京市西城区档案馆周海南

吴自良夫人徐仁女士

史绍熙夫人曲贤敬女士

赵天麟之子赵寿民

茅以升之女茅玉麟女士

赵今声之女赵淑清女士

孙辅世之女孙梦莉女士

常锡厚之女步云女士

张国藩之女张晓华女士

张敬如之女李乃华女士

丁仲文之女丁北生女士

胡刚复之女胡珊女士

姜崇熙之女姜乃申女士

马寅初之子马本寅先生

陈荩民之子陈以一先生

徐正之子许乐天先生

张度之子张克潜先生

郑兆珍之子郑民钢先生

梁敦彦之孙梁世平先生

美籍教师丁家立后裔、毛理尔后裔